데일 카네기 내면성장론

Lincoln The Unknown

데일 카네기
내면성장론

데일 카네기 지음 | 이종인 옮김

현대
지성

에이브러햄 링컨Abraham Lincoln, 1809-1865
(알렉산더 가드너, 1863년)

추천사

우리가 몰랐던 링컨의 진짜 얼굴

미국 역사상 가장 격동의 시기에 나라를 이끈 대통령은 누구인가? 미국인이 가장 존경하는 대통령은 누구인가? 그 답은 언제나 에이브러햄 링컨이다. 그는 분열의 한가운데서 '하나의 공동체', '모두를 위한 평등'이라는 미국의 미래 비전을 제시했고, 그 비전은 결국 오늘의 미국을 만든 정신이 되었다.

그러나 우리가 아는 링컨은 어쩌면 겉모습일지 모른다. 데일 카네기는 링컨의 겉이 아닌 '내면의 비밀'에 주목했다. 그는 말의 힘, 인내의 기술, 인간 이해의 본질을 링컨에게서 발견했다.

그래서 우리는 더 알고 싶어진다. 카네기가 본 링컨은 과연 어떤 인물이었을까? 무엇이 한 사람을 절망 속에서도 위대함으로 이끌었을까? 이 책은 그 여정을 따라가며, 당신의 질문에 놀라운 반전과 깊은 통찰로 응답할 것이다.

_최태성 (역사 커뮤니케이터, EBSi 한국사 대표강사, 『최소한의 한국사』 저자)

일러두기

1. 이 책은 데일 카네기의 Lincoln The Unknown(1932)을 완역한 것으로, 1930년대 초에 출간된 대중 교양인을 위한 링컨 전기 중 유일하게 현재까지 발간되고 있다.
2. 원서에는 본문에 소제목이 없으나, 독자의 편의를 위해 옮긴이가 임의로 추가했다.
3. 한글판 본문에 인용된 성경 번역본은 『새번역』(대한성서공회 발행)이다.
4. 각주는 모두 옮긴이가 작성했다.

차례

추천사   5
이 책을 쓰게 된 경위와 이유: 데일 카네기   10

제1부 링컨의 고향과 성장 환경

1. 링컨의 조상   17
2. 링컨의 부모   26
3. 링컨의 학업   33
4. 링컨의 뉴세일럼 시절   41
5. 앤 러틀리지와의 사랑과 이별   51
6. 스프링필드의 변호사 시절   62
7. 메리 토드와의 약혼과 파혼   71
8. 링컨의 우울증   80

제2부 백악관으로 가는 험난한 길

9. 자상한 링컨과 과격한 링컨 부인   89
10. 관대한 변호사 링컨   99
11. 성미 까다로운 링컨 부인   104
12. 링컨 부인의 정치적 집념   112

13. 미주리 협정의 파기   119
14. 링컨의 정치적 좌절   129
15. 공화당 대통령 후보 지명대회   143
16. 제16대 대통령 선거   150
17. 대통령 취임과 전쟁의 서곡   162

제3부   남북전쟁과 인내하는 리더십

18. 준비되지 않은 전쟁: 북군의 첫 시련   171
19. 겁먹은 매클렐런 장군   179
20. 북군의 거듭되는 패배   185
21. 내각의 분열과 링컨의 리더십   195
22. 노예해방령   209
23. 1863년, 남북전쟁의 분기점   220
24. 그랜트 장군의 등장   234
25. 1864년, 새벽이 오기 전의 어둠   246
26. 리 장군의 항복   258
27. 링컨 부인의 까다로운 성격   263
28. 링컨 암살범 존 윌크스 부스   274

제4부 비극적 죽음 이후

29. 링컨의 장례식 289
30. 암살범 부스의 도주 행각 294
31. 부스 시신의 처리 과정 307
32. 링컨 미망인의 품위 없는 행동 316
33. 링컨 시신 도굴 사건 328

해설: 이종인 335
링컨 연보 373

이 책을 쓰게 된 경위와 이유

우리가 알지 못했던 링컨

데일 카네기

몇 해 전 봄날 아침, 나는 런던의 다이사트 호텔에서 아침 식사를 하면서 평소처럼 『모닝 포스트』를 펼쳐 들었다. 미국 관련 소식이 담긴 칼럼들을 별 기대 없이 훑어보던 중, 그날 아침엔 뜻밖의 금맥을 발견하게 되었다.

작고한 T. P. 오코너는 "하원의 아버지"로 명성이 자자했는데, 당시 『모닝 포스트』에 〈사람들과 회고〉라는 제목으로 칼럼을 연재 중이었다. 그날 아침과 이후 여러 날, "T. P. 칼럼" 기사는 에이브러햄 링컨의 개인적 측면을 다뤘다. 그의 슬픔, 반복된 실패, 가난, 앤 러틀리지에 대한 깊은 사랑, 메리 토드와의 비극적 결혼 등이 주요 내용이었다.

나는 연재물을 흥미진진하게 읽으며 깜짝 놀랐다. 생애 첫 20년을 링컨의 고향 인근인 중서부에서 보냈고, 언제나 미국 역사에 큰 관심을 가졌기에 링컨의 생애를 잘 알고 있다고 생각했다. 하지만 내가 별로 아는 게 없다는 사실을 깨달았다. 참으로 부끄러운 일이었다. 미국인이라는 내가 런던에 와서 아일랜드 사람이 영국 신문에 쓴 링컨 기사를 읽고서야 그의 인생 스토리에 눈을 뜨고, 전 세계 역사상 가장 흥미진진한 이야기 중 하나임을 알게 되다니!

나만 이렇게 모르고 있었던 걸까 하는 의문이 들었지만, 곧 그렇지 않다는 것을 알게 되었다. 여러 미국인과 이 주제에 대해 대화를 나눠보니, 그들의 수준도 크게 다르지 않았다. 그들이 링컨에 대해 알고 있는 것은 대략 다음과 같았다.

링컨은 통나무 오두막에서 태어났고, 책을 빌리기 위해 먼 거리를 걸었으며, 벽난로 앞 바닥에 누워 밤새도록 책을 읽었다. 그는 울타리용 나무를 패는 일을 했고, 후에 변호사가 되었다. 그는 유머 감각이 뛰어났는데, 예를 들어 "남자의 다리 길이는 땅에 닿을 정도면 충분하다"라는 농담을 했다고 한다("다리 길이"는 남성의 성기를 에둘러 표현한 것으로, 크기가 과도하게 크지 않아도 '기능'만 할 수 있으면 충분하다는 의미 – 편집자).

"정직한 에이브"라는 별명을 얻었고, 더글러스 판사와 논쟁을 벌였으며, 미국 대통령으로 선출되었다. 그는 비단 중절모를 쓰고 다녔고, 노예 해방을 선언했으며, 게티즈버그 연설로 유명하다. 또한, 그랜트 장군의 음주 습관에 대한 비난이 돌자, 링컨은 그가 마시는 위스키 브랜드가 궁금하다며 재치 있게 응수했다. 다른 장군들은 우물쭈물하는데 그랜트만 진격하고 있으니, 그 위스키를 다른 장군들에게도 보내 그랜트처럼 진격하도록 하겠다는 농담을 한 것이다. 마지막으로, 워싱턴의 한 극장에서 부스라는 사람에게 암살당했다는 것이 그들이 알고 있는 전부였다.

『모닝 포스트』의 연재 기사에 자극받아 나는 대영 박물관 도서관으로 가서 수많은 링컨 관련 책을 탐독했다. 책장을 넘길수록 흥미는 더욱 깊어졌고, 마침내 온몸에 창작열이 불타올라 링컨에 관한 책을 직접 써보기로 결심했다. 나는 학자나 역사가들이 참고할 만한 학술서를 쓸 만큼 열정과 자질, 훈련, 능력을 갖추지 못했다는 걸 잘 알고 있었다. 게다가 그런 학술서를 내야 할 필요성도 별로 느끼지 못했는데, 이미 탁월한 연구서들이 많이 나와 있었기 때문이다.

그러나 많은 링컨 책을 읽어본 결과, 짧은 링컨 전기를 써야 할 필요가 절실했다. 오늘날의 바쁘고 시간 없는 보통 시민들을 위해 링컨 생애 중 가장 흥미로운 사실들을 간결하고 요령 있게 전해주는 그런 전기 말이다. 그래서 나는 그런 전기를 쓰는 일에 착수했다.

나는 유럽에서 집필을 시작해 1년 정도 작업하다가, 이후 뉴욕으로 돌아와 2년을 더 썼다. 하지만 끝내 그때까지 쓴 내용을 전부 갈기갈기 찢어 쓰레기통에 처넣고 말았다. 그런 다음 나는 일리노이로 향했다. 일찍이 링컨 자신이 꿈꾸고 노동했던 바로 그 땅에서 링컨에 대한 이야기를 쓰고 싶었기 때문이다.

나는 몇 달 동안 현지 주민들 사이에 섞여 살았는데, 그들의 아버지들은 일찍이 링컨이 토지를 측량하고, 울타리를 짓고, 돼지 떼를 몰아 시장에 팔러 갈 때 그를 도와주었던 사람들이었다. 링컨의 진면모를 파악하기 위해 오래된 책과 편지, 연설문, 반쯤 잊힌 신문, 곰팡내 나는 법원 기록들을 몇 달간 뒤지며 지냈다.

나는 여름 내내 피터즈버그라는 조그만 마을에서 지냈다. 그곳을 선택한 이유는 링컨의 흔적이 복원된 마을, 뉴 세일럼에서 불과 1마일밖에 떨어지지 않았기 때문이다. 링컨은 뉴 세일럼에서 생애 중 가장 행복하고 보람찬 시절을 보냈다. 그곳에서 방앗간과 식료품 가게를 운영하고, 법률을 공부하며, 대장장이 일을 하고, 닭싸움과 경마 시합의 심판을 맡기도 했다. 앤 러틀리지와 사랑에 빠졌으나 그녀가 병으로 세상을 떠나자 깊은 상처를 입기도 했다.

전성기였던 시절에도 뉴 세일럼의 주민 수는 1백 명이 채 되지 않았고, 마을이 존재했던 기간도 10년 정도에 불과했다. 링컨이 떠난 후 그 마을은 곧 폐허가 되어버렸다. 썩어가는 통나무집에는 박쥐와 참새들이 둥지를 틀었고, 50년이 넘도록 그 주변에선 소 떼가 풀을 뜯었다.

그러던 몇 년 전, 일리노이주 정부가 그 부지를 매입하여 공원으로 만들고, 1백 년 전에 있었던 통나무집들을 복원해냈다. 그래서 지금의 뉴 세일럼 마을은 링컨 시대의 모습을 상당 부분 되찾은 상태다.

링컨이 공부하고, 씨름하고, 연인에게 청혼했던 하얀 참나무들도 여전히 그 자리를 지키고 있다. 나는 아침마다 타자기를 차에 싣고 나무 아래로 가곤 했는데, 이 책의 33개 장 중 절반가량을 그 나무 그늘 아래에서 썼다. 내 앞으로는 생거먼강이 유유히 흐르고, 주변의 숲과 건초밭에서는 메추라기들의 울음소리가 은은하게 퍼졌다. 파란 어치와 노란 멧새, 붉은 홍관조가 날아다닐 때마다 나뭇가지 사이로 신호등처럼 화려한 빛깔들이 번뜩였다. 그런 분위기에서 링컨의 존재를 생생하게 느낄 수 있었다.

여름밤이면 나 홀로 그곳을 찾아가곤 했다. 생거먼 강가의 숲에서는 쏙독새 울음소리가 들려왔고, 달빛이 러틀리지의 술집을 비추며 어스름한 그림자가 밤하늘에 펼쳐졌다. 그런 밤이면 온갖 생각이 뒤섞여 머릿속을 가득 메웠다. 약 1백 년 전, 바로 이런 밤에 링컨과 앤 러틀리지는 달빛 아래 팔짱을 끼고 이 강둑을 걸었을 것이다. 여름 철새들의 노랫소리를 들으며 황홀한 꿈을 함께 꾸었겠지만, 오호라, 그 꿈은 끝내 이루어지지 못했다! 하지만 나는 링컨이 뉴 세일럼 땅에서 생의 가장 행복한 순간들을 맛보았으리라 확신한다.

링컨의 연인 앤 러틀리지에 대한 장을 쓸 때는, 작은 접이식 탁자와 타자기를 차에 실어 시골길을 한참 달려 돼지우리와 소 방목장을 지나 그녀가 묻힌 외딴 장소를 찾아갔다. 그곳은 이미 방치되어 잡초가 무성했고, 무덤 가까이 가려면 무성한 잡초와 잔가지, 얽힌 덩굴을 헤치며 나아가야만 했다. 바로 그 자리, 링컨이 찾아와 눈물 흘렸던 바로 그곳에 앉아 그의 깊은 슬픔을 담은 챕터를 써 내려갔다.

이 책의 여러 장은 스프링필드에서 탄생했다. 어떤 장은 링컨이 불행했던 16년을 보낸 옛집 응접실에서, 어떤 장은 그가 첫 취임 연설문을 쓴 책상에서, 또 어떤 장은 그가 메리 토드에게 청혼하러 갔다가 싸우고 돌아온 바로 그 지점에서 쓰였다.

제1부

링컨의 고향과 성장 환경

〈울타리용 나무를 패는 링컨〉(장 레옹 제롬 페리, 1909년)
켄터키의 황량한 들판에 자리한 통나무집에서 태어난 에이브러햄 링컨은 정규 교육을 받을 기회조차 얻지 못했고, 울타리 만들 나무를 패며 독학으로 세상을 알아갔다. 이 가난한 청년은 재판 변론을 흉내 내며 꿈을 키웠고, 마침내 '정직한 에이브'라는 별명에 걸맞은 굳은 신념의 변호사로 성장했다. 홀로 정치의 세계에 뛰어든 그는 대통령이 되어 전쟁으로 갈라진 국가를 하나로 통합하고, 노예제를 폐지함으로써 미국의 역사를 새롭게 썼다.

1

링컨의 조상

켄터키주 해로즈버그에 앤 맥긴티라는 여성이 살고 있었다. 당시 이 마을은 포트 해로드로 불렸다. 오래된 역사서에 따르면 앤 맥긴티 부부는 켄터키에 최초로 돼지, 오리, 방적기를 들여온 사람들이었다. 그녀는 또한 그 황량하고 피비린내 나는 땅에서 처음으로 버터를 만들어낸 여인이기도 했다. 하지만 그녀의 진정한 명성은 불가능해 보이는 일을 해내면서 시작되었다. 주변에서 구할 수 있는 재료로 튼튼하고 값싼 옷감을 만드는 방법을 찾아낸 것이다.

그 음산한 인디언 지역에서는 목화를 재배할 수도, 구할 수도 없었다. 숲속에서 수시로 출몰하는 회색 늑대 무리가 양들을 잡아먹어 양모 또한 구하기 어려웠다. 그래서 그 지방에서는 옷감을 만들 기본 재료를 구하는 게 쉽지 않았다.

하지만 손재주 좋은 앤 맥긴티는 실을 뽑아 "맥긴티 옷감"을 짜내는 방법을 고안해냈다. 옷감 재료는 그 지역 곳곳에 널린 쐐기풀 보푸라기와 들소의 털이었다. 그것은 놀라운 발견이었고, 150마일 밖에 사는 주부들까지 맥긴티의 오두막을 찾아와 그 새로운 기술을 배워 가려 했다.

여인들은 실을 잣고 옷감을 짜면서 이야기를 나누었다. 그러나 그들이 항상 쐐기풀과 들소 털 얘기만 한 건 아니었다. 대화는 종종 잡담으로 번졌고, 앤 맥긴티의 오두막은 어느새 마을의 소문 공장으로 변했다.

링컨의 강인한 외할머니 루시 행크스

당시 간통은 고발되면 처벌받는 범죄였고, 혼전 임신은 중대한 일탈 행위로 취급받았다. 앤 맥긴티는 곤경에 처한 여성들의 잘못을 찾아내 대배심원들에게 고발하는 일에서 특별한 보람을 느꼈다. 그녀의 삶에서 그보다 더 큰 기쁨과 오래 남는 성취감을 주는 일은 없었다.

포트 해로드 사분기 하급 형사법원[1]의 기록에는 "앤 맥긴티"의 고발로 간통죄에 기소된 한 불행한 소녀의 슬픈 이야기가 반복해서 등장한다. 1783년 해로즈버그에서는 17건의 재판이 열렸는데, 그중 8건이 간통죄였다.

이런 고발 사건 중 1789년 11월 24일 대배심이 다룬 것이 하나 있었다. 그 제목은 이러했다.

"루시 행크스, 간통죄."

이것은 그녀의 첫 범죄가 아니었다. 첫 범행은 몇 년 전 버지니아에서 일어났다. 오래전 일이라 기록이 많이 남아 있진 않았다. 남은 기록도 간단한 제목뿐이고 자세한 배경은 적혀 있지 않았다. 하지만 이런 기록들과 다른 자료들로 관련 이야기를 어느 정도 재구성할 수 있었다. 어쨌든 핵

---

1   당시 영국과 미국의 시골에서는 1년에 4번씩 순회 하급 형사법원이 열렸다. 판사는 물론 변호사들도 법정이 열리는 곳을 따라 이동하며 순회했다. 후에 변호사가 된 링컨 역시 하급 법원이 열리는 마을로 출장을 다니며 맡은 사건을 변호했다.

심 요소들은 잘 정리되어 있었다.

행크스 가족의 버지니아 집은 좁은 모래톱 같은 곳에 지어졌는데, 한쪽으로는 래퍼해녹강이, 다른 쪽으로는 포토맥강이 흘렀다. 이런 비좁은 땅에 워싱턴, 리, 카터, 폰틀로이 가문 등 명문 귀족들이 살고 있었다. 이들은 그리스도 교회에서 예배를 드렸고, 동네에 사는 행크스 가족 같은 가난하고 무식한 사람들도 그 교회에 나갔다.

1781년 11월 둘째 일요일, 루시 행크스는 늘 하던 대로 교회에 갔다. 워싱턴 장군이 라파예트 장군을 초대 손님으로 데려온다는 소식에 많은 주민이 그 프랑스 장군을 보려고 목을 빼고 기다렸다. 라파예트는 불과 한 달 전 워싱턴을 도와 요크타운에서 영국군 사령관 콘월리스의 항복을 받아낸 인물이었다.

그날 오전, 교회에서 마지막 찬송가가 울려 퍼지고 축도가 끝나자 교인들은 줄을 서서 두 전쟁 영웅과 악수를 나누었다.

그러나 라파예트는 군사 전술과 국무 외에도 다른 취미가 있었다. 그는 예쁜 처녀들에게 관심이 많아서, 마음에 드는 아가씨에겐 뺨에 입맞추는 의례를 베풀곤 했다.

그는 그날 오전 그리스도 교회 앞에 선 일곱 처녀에게 입을 맞췄다. 이로 인해 그는 목사가 누가복음 3장을 아무리 낭랑하게 읽어도 그보다 더 많은 화제를 낳았다. 운 좋게 뽀뽀를 받은 일곱 처녀 중에는 루시 행크스도 있었다.

이 입맞춤은 일련의 사건을 연쇄적으로 일으키는 도화선이 되었다. 라파예트가 우리나라를 위해 많은 전투에서 싸웠지만, 그 사건들은 라파예트 못지않게 미국의 운명을 바꾸어 놓을 터였다. 아니, 오히려 더 크게 영향을 미칠 것이었다.

그날 오전 교회에 온 신자 중에는 한 총각 신사가 있었다. 그는 부유한 귀족 자제로, 예전부터 행크스 집안에 대해 알고는 있었으나 자신의 가문과는 비교도 할 수 없는 미천한 사람들로만 여겼다.

그런데 이 청년은 그날 아침, 아마도 자기 상상일 수도 있겠지만 이런 생각을 했다. "라파예트가 다른 처녀들보다 루시 행크스에게 더 열정적으로 입을 맞추는 것 같은데."

루시의 출산과 행크스 집안의 이사

그 청년은 농장 주인이었는데, 라파예트 장군의 군사적 능력과 여인을 대하는 태도에 깊은 인상을 받았다. 그래서 그는 이제 루시 행크스를 손에 넣어야겠다는 꿈을 꾸기 시작했다. 곰곰이 생각해보니, 세상에서 가장 유명한 미녀들도 루시처럼 가난한 집안이나 그보다 더 못한 환경에서 태어났다는 사실이 떠올랐다.

예컨대 넬슨 제독의 애인 해밀턴 부인이 그랬고, 뒤바리 부인은 가난한 재봉사의 사생아 딸이었다. 뒤바리 자신도 글을 거의 읽지 못했지만 루이 15세의 정부가 되어 사실상 프랑스를 지배했다. 이런 역사적 사례들은 그의 양심을 달래주고 욕망에 그럴듯한 이유를 덧씌워주었다.

루시를 본 건 일요일이었다. 다음 날 월요일 내내 궁리하더니, 화요일 아침 청년은 말을 타고 행크스 가족이 사는 맨바닥 오두막을 찾아가 루시를 자기 농장의 하녀로 고용했다.

그는 이미 많은 노예를 부리고 있어 새로운 하인이 필요하지 않았다. 그럼에도 일부러 루시를 고용해 집안일을 맡기고, 흑인 노예들과는 어울리지 말라고 단단히 당부했다.

당시 버지니아의 부유한 집안에선 아들을 영국으로 유학 보내는 게 하나의 관례였다. 루시의 고용주 역시 옥스퍼드 대학을 다녔고, 귀국할 때 아끼는 책들을 가져왔다. 어느 날 그가 서재에 들어가 보니 루시가 먼지

떨이를 든 채 의자에 앉아 역사책 화보를 열심히 들여다보고 있었다.

하인이 그런 행동을 하는 건 좀 이상했지만, 주인은 나무라지 않고 문을 닫은 뒤 함께 앉아 그림 설명을 읽어주며 뜻을 풀이해주었다. 루시는 흥미진진하게 듣더니 이내 글 읽는 법을 배우고 싶다며 주인을 놀라게 했다.

1781년 당시 하녀 신분의 처녀가 그런 소망을 품는다는 것은 상상하기 어려운 일이었다. 당시 버지니아에는 무상 공립학교 제도가 없었고, 부동산 소유자 중 문서에 자기 이름을 서명할 줄 아는 사람이 절반도 안 됐다. 여자들은 토지 양도 문서에 서명 대신 거의 모두 X표를 그렸다.

그런데 여기 글을 배우고 싶다는 하인 처녀가 나타난 것이다. 버지니아의 상류층이라면 아마 그런 생각을 위험하다고, 심지어 혁명적이라고까지 여겼을 것이다. 하지만 루시의 고용주는 오히려 그 제안이 마음에 들었고, 직접 그녀의 가정교사가 되어주겠다고 나섰다. 그날 저녁 식사가 끝나자마자, 그는 루시를 서재로 데려가 알파벳부터 하나씩 가르치기 시작했다. 며칠 뒤엔 깃펜을 쥔 루시의 손에 제 손을 얹고 글씨 쓰는 법을 일러주었다.

주인이 루시에게 글을 가르친 지 오랜 세월이 흘렀지만, 그가 아주 잘 가르쳤다는 것만은 여기 기록함으로써 그의 공로를 인정해야 할 것 같다. 루시의 필적 견본이 하나 전해지는데, 힘차고 당당한 필체에서 그녀의 기개와 개성, 품격이 드러난다. 그녀는 'approbation'(허가)이라는 어려운 단어를 쓰면서 철자까지 정확히 적었다. 결코 쉽게 볼 만한 성과가 아니었다. 당시에는 조지 워싱턴조차 종종 철자를 틀리곤 했으니까.

저녁마다 읽기와 철자 수업이 끝나면 둘은 서재에 나란히 앉아 벽난로 속의 너울거리는 불길을 쳐다보거나 숲 너머로 떠오르는 달을 바라보곤 했다. 루시는 그를 사랑하게 되었고, 온전히 믿었다. 하지만 그것은 너무나 순진한 믿음이었다.

이어 불안과 초조의 나날이 이어졌다. 루시는 밥맛도 잠맛도 잃고 걱정으로 야위어 갔다. 더는 자신에게조차 숨길 수 없게 되자, 그녀는 그에게 사실을 털어놓았다. 잠시 그는 루시와 결혼하는 것을 생각해보기도 했다. 하지만 가문의 체면, 주변의 시선, 사회적 지위와 같은 현실적 문제들이 그의 발목을 잡았다. 불쾌한 상황이 그려졌다. 안 될 일이었다. 게다가 이제는 그녀가 지겨워지기까지 했다. 그래서 그는 제법 많은 돈을 쥐어 주고 농장 밖으로 내보냈다.

여러 달이 흐르자 사람들은 루시를 손가락질하고 피하기 시작했다.

어느 일요일 그녀가 부끄러운 줄도 모르고 아기를 안고 교회에 나타나자 마을이 발칵 뒤집혔다. 얌전한 여인들이 분개하더니 그중 한 명이 예배당에서 벌떡 일어나 "저 창녀를 내쫓아라!"라고 외쳤다.

그걸로 족했다. 루시의 아버지로서는 딸이 더 이상 수모를 겪게 둘 수 없었다. 그는 얼마 안 되는 세간을 마차에 싣고 가족을 이끌고 떠났다. 그들은 윌더니스 로드를 타고 가다가 컴버밴드 골짜기를 통과하여 마침내 켄터키주의 포트 해로드에 정착했다. 그곳에선 아무도 그들을 몰랐기에 아이 아버지에 대해 좀 더 그럴듯한 거짓말을 둘러댈 수 있었다.

루시 행크스와 헨리 스패로의 결혼

그러나 포트 패로드에서도 루시는 여전히 아름다웠고, 버지니아 시절 못지않게 남자들에게 매력적인 여인이었다. 남자들은 그녀 주위를 맴돌며 아첨을 늘어놓았다. 루시는 또다시 사랑에 빠졌고, 이번에는 과거보다 약간 더 쉽게 타락의 길로 접어들었다. 누군가가 그 사실을 알아챘고, 소문은 삽시간에 퍼져나갔다. 앤 맥긴티의 오두막에서도 그 얘기가 반복되었다. 앞서 언급했듯이, 대배심원은 루시를 간통 혐의로 고발했다. 그러나

보안관은 루시가 법의 심판을 받아야 할 그런 부류의 여자가 아니라는 걸 알고 있었다. 그는 소환장을 주머니에 쑤셔 넣은 채 사냥을 떠났고, 결국 루시를 소환하지 않았다.

이 일은 11월에 일어났다. 3월에 법정이 다시 열렸다. 어떤 여자가 루시에 대한 더 많은 험담과 비방을 가지고 나타나, 그 '창녀'를 법정에 세워 죄를 묻고 벌을 내리라고 요구했다. 이에 또 다른 소환장이 발부되었다. 그러나 대담한 루시는 소환장을 가져온 남자가 보는 앞에서 서류를 갈기갈기 찢어 그의 얼굴에 내던졌다. 5월에 또 법정이 열릴 예정이었다. 어떤 멋진 젊은이가 백마 탄 기사처럼 등장하지 않았더라면, 루시는 분명 법정에 끌려갔을 것이다.

그의 이름은 헨리 스패로였다. 그는 말을 타고 마을에 나타나 루시의 오두막 앞에 말을 매어두고 안으로 들어섰다.

"루시." 그가 입을 열었다. "이 여자들이 당신에 대해 무슨 말을 하든 난 전혀 개의치 않소. 난 당신을 사랑하오. 내 아내가 되어 주시오." 그는 어떤 일이 있어도 그녀와 결혼하겠다는 굳은 의지를 비쳤다.

하지만 루시는 즉각 혼인에 응하지 않았다. 스패로가 등 떠밀려 결혼한다는 소문이 마을에 퍼지는 것을 원치 않았기 때문이다.

"헨리, 우리 1년만 기다리는 게 어떨까요." 그녀가 제안했다. "그 기간 동안에 마을 사람들에게 제가 바른 삶을 살 수 있다는 걸 보여드릴 거예요. 1년 후에도 당신이 저를 원한다면 그때 오세요. 기다리고 있을게요."

헨리 스패로는 1790년 4월 26일 당일 혼인 신고를 하고 허가를 받았다. 그 후로는 소환장 얘기가 들려오지 않았다. 거의 1년이 다 되어갈 무렵, 두 사람은 마침내 결혼했다.

앤 맥긴티 무리는 고개를 절레절레 흔들며 수군거렸다. 저 결혼이 오래 가긴 힘들 거라고, 루시는 예전의 악습을 되풀이할 테니까. 헨리 스패로도 그 말을 들었다. 온 마을이 다 들었다. 그는 아내를 지키기 위해 서쪽 개척지로 이주해 새로운 삶을 시작하자고 제안했다. 그러나 루시는 그런 도피를 거부했다. 야반도주하듯 떠나고 싶지 않았던 것이다. 그녀는 포트 해로드에 남아 끝까지 맞서 싸우기로 마음먹었다.

그리고 마침내 그녀는 해냈다. 여덟 명의 자녀를 키워냈고, 한때 그녀를 조롱거리로 삼던 마을에서 명예를 되찾았다. 세월이 흘러 두 아들은 성직자가 되었다. 루시가 버지니아 농장주와의 사이에서 낳은 사생아 딸의 아들은 후에 미국 대통령이 되었으니, 그가 바로 에이브러햄 링컨이었다.

이 얘기를 꺼낸 건 링컨의 가계를 보여주기 위해서였다. 링컨도 자기 외할아버지인 고귀한 버지니아 청년을 높이 평가했다.

윌리엄 H. 헌던은 21년간 링컨과 함께 로펌을 운영한 동업자로, 그 누구보다 링컨을 잘 알고 있었다. 다행히 그는 3권으로 된 링컨 전기(1888)를 남겼는데, 이는 방대한 링컨 관련 문헌 중 가장 중요한 자료 중 하나로 꼽힌다. 그 책의 제1권 3~4쪽에 실린 내용을 인용하겠다.

> 링컨 씨가 자신의 혈통과 가계에 대해 내게 직접 언급한 적은 단 한 번뿐이었다. 1850년경의 일이다. 우리는 그의 마차를 타고 일리노이주 메나드 카운티 법정으로 향하는 중이었다. 우리가 맡은 소송 사건은 직간접적으로 유전적 특성을 언급해야 할 가능성이 높았다. 마차를 타고 가던 중 그는 처음으로 내 앞에서 어머니 얘기를 꺼냈다. 그는 어머니의 성품을 말하며 자신이 어머니에게서 물려받았다고 여기는 자질들을 설명했다.
>
> 무엇보다 그는 자신의 어머니가 루시 행크스와 신분 높은 버지니아 농장주 사이에서 난 사생아였다고 털어놓았다. 그러면서 자신의 분석력과 추리력, 정신력과 야망 같은 특질들은 행크스 가문이 아닌 그 농장주에게서 물려받은 것 같다고 말했다.

유전적 특질을 언급하며 링컨이 강조한 이론은 이랬다. 사생아들이 합법적 부부 사이에서 태어난 아이들보다 때로 더 강인하고 총명할 수 있다는 것이다.[2] 그에게 있어, 자신의 훌륭한 성품과 인격은 분명 정체불명의 고귀한 버지니아 농장주에게서 온 것이었다.

고통스러운 기억이었지만 그 사실을 털어놓자 자연스레 어머니 생각이 들었다. 마차가 길을 더듬어 나아가는 동안, 그는 안타까운 듯한 어조로 덧붙였다. "하나님께서 내 어머니를 축복하시기를. 나의 지금 모습과 앞으로 이루고자 하는 바는 전부 어머니 덕분이라 여깁니다." 그러고는 이내 침묵에 빠졌다. 우리의 대화는 그것으로 끝이 났고, 한동안 덜컹거리는 단마차의 흔들림에 말없이 몸을 맡겼다. 슬픔에 잠긴 그는 깊은 생각에 잠긴 채, 방금 한 말을 되새기며 주위에 감히 침범할 수 없는 보호막을 둘러쳤다. 그의 고백과 우울한 어조는 내게 깊은 인상을 남겼고, 결코 잊을 수 없는 경험이 되었다.

[2] 평생 셰익스피어를 사랑했던 링컨은 아마도 『리어왕』 1막 2장의 에드먼드 대사에서 이런 생각에 대한 영감을 얻은 듯하다. "왜 서자란 말입니까? 무엇이 첩의 자식이란 것입니까? 나 역시 육체는 균형이 잘 짜여 있고, 마음은 우아하며, 체격도 근사합니다. 어디가 정실의 자식보다 빠집니까? 왜 사람들은 우리를 서자라고 낙인을 찍습니까? 첩의 자식이란 말을 왜 하는 겁니까? 무엇이 서자고 무엇이 비천하단 말입니까? 자연스러운 욕구를 은밀하게 충족시키는 가운데 생겨났으니, 지겹고 피곤하고 따분한 침대에서 깼는지 자는지도 모르는 비몽사몽의 상태에서 생겨난 바보들보다 더 우수하고 똑똑한 자질을 갖추고 태어난 게 대체 누구입니까?"

링컨의 부모

링컨의 어머니 낸시 행크스[3]는 친척의 보살핌을 받으며 자랐고, 정규 교육은 받지 못했던 것 같다. 그녀는 글을 쓸 줄 몰라 문서에는 서명 대신 X 자 표시를 했다. 숲속 깊은 곳에 살며 친구도 많지 않았던 그녀는, 22세에 켄터키 전역에서 가장 무식하고 신분이 낮은 남자와 결혼했으니, 그가 바로 둔하고 무지한 품팔이 노동자이자 사냥꾼인 토머스 링컨이었다. 당시 산골 오지나 덩굴 숲 정착촌에서는 그를 "링크혼"이라 불렀다.

링컨의 아버지

토머스 링컨은 이리저리 떠돌아다니는 건달 같은 부랑자였다. 허기를

---

3 링컨의 아버지 토머스 링컨은 1806년 6월 12일경 28세의 나이로 낸시 행크스와 결혼했다. 당시 낸시는 22세로 아름다운 용모를 지녔고, 토머스가 켄터키 비치랜드 부근에서 일할 때 그의 고용주의 조카였다. 낸시의 삼촌 부부는 엘리자베스 행크스와 토머스 스패로였다. 사람들은 낸시를 총명하고 신심 깊으며 다정하고 호감이 가는 여성이라고 평했다. 링컨의 가족 기록에는 낸시의 생일이 1784년 2월 5일로 적혀 있다.

달랠 때만 어쩔 수 없이 일자리를 찾아 아무 일이나 했다. 도로를 보수하고, 잡목을 베어내고, 덫을 놓아 곰을 잡고, 땅을 개간하고, 옥수수를 재배하고, 통나무집을 지었다. 오래된 기록에 따르면 그는 엽총을 든 채 죄수를 감시하는 일도 세 차례나 맡았다. 1805년 켄터키주 하딘 카운티는 말 안 듣는 노예를 때려준 그에게 시간당 6센트를 지불했다.

토머스는 생활력이 전무했다. 인디애나주 농장의 일꾼으로 14년이나 지냈지만, 경작지 임대료 10달러조차 모아둘 줄 모르는 사람이었다. 가족은 극심한 궁핍에 시달렸고, 아내는 야생 가시를 따 단추 대신 옷에 달아야 할 지경이었다. 그럼에도 그는 엘리자베스타운에서 외상으로 멜빵 한 벌을 샀고, 곧이어 경매에서 3달러를 들여 긴 칼까지 구입했다. 아마 그는 맨발로 다니면서도 허리에는 칼을 차고, 비단 멜빵을 멘 채 거리를 돌아다녔을 것이다.

결혼 직후에 그는 숲속 오지에서 마을로 이사해 목수 일을 하려 했다. 하지만 방앗간 건설을 맡았다가 실패했는데, 나무를 반듯하게 자르지도, 원하는 길이로 베어내지도 못했기 때문이다. 의뢰인은 엉터리 일을 해놓았다며 수당 지불을 거부했고, 이는 세 건의 소송으로 이어졌다.

엘리자베스타운 근처에는 "불모의 땅"으로 알려진 거대한 벌판이 있었다. 여러 세대에 걸쳐 인디언들이 화전을 일구며 불을 놓아 나무와 관목, 덤불이 자라지 않게 된 곳이었다. 뜨거운 햇볕 아래서는 거친 초원의 풀만 자랐고, 들소 떼가 가끔 와서 뒹굴며 풀을 뜯었다.

1808년 12월, 톰 링컨은 에이커당 66과 3분의 2센트를 주고 "불모의 땅"에 농장을 샀다. 땅에는 야생 능금나무에 둘러싸인 사냥꾼의 조잡한 오두막이 있었다. 농장에서 반 마일 떨어진 곳엔 놀린 클리크 강의 남쪽 지류가 흘렀고, 봄이면 시냇가에 층층나무 꽃이 피어났다. 여름이면 매들이 푸른 하늘을 유유히 날았고, 웃자란 풀들은 무한히 넓은 초록색 바다처럼 바람 부는 대로 일어났다가 누웠다. 그런 곳에 정착하겠다는 한심한 생각을 하는 사람은 거의 없었다. 겨울이면 그곳은 켄터키주 전역에서 가장 외롭고 황량한 곳이 되곤 했다.

이 외딴 벌판 끄트머리의 사냥꾼 오두막에서 1809년 한겨울에 에이브러햄 링컨이 태어났다. 월요일 아침, 그는 나뭇가지를 엮고 그 위에 옥수수 껍질을 깐 침상에서 세상에 첫울음을 터뜨렸다. 밖에선 눈보라가 몰아쳤고, 2월의 찬바람이 통나무 틈으로 스며들어 낸시 행크스 모자(母子)를 덮은 곰가죽 이불 위로 흩날렸다.

낸시는 아들을 낳고 9년 뒤 35세에 세상을 떠날 운명이었다. 척박한 삶에 시달리며 행복이란 무엇인지 몰랐다. 살던 곳마다 사생아라는 비난을 견뎌내야 했다. 첫아들을 품에 안은 그 아침, 그녀가 이 아이의 위대한 미래를 알지 못했다니 얼마나 안타까운가! 언젠가 그녀가 산고를 치른 바로 그 자리에 고마움을 잊지 않는 이들이 대리석 기념비를 세우리라는 것을.

그 당시 불모지에서 통용되던 지폐는 종종 가치를 의심받았고, 대부분 쓸모없었다. 그래서 돼지, 사슴고기, 위스키, 너구리 가죽, 곰 가죽, 농작물 등으로 물물교환을 했다. 심지어 목사들도 예배 인도 후 보수로 위스키를 받아갔다.

에이브러햄이 일곱 살 때인 1816년, 아버지 톰 링컨은 켄터키 농장을 옥수수 위스키 400갤런과 바꾸고 가족을 데리고 인디애나주 깊은 숲속의 어둡고 외로운 오지로 이사했다. 가까운 이웃이라곤 곰 사냥꾼뿐이었다. 주위는 빽빽한 수풀과 덩굴로 뒤덮여 숲을 지나가려면 낫으로 길을 내야 했다. 이곳은 데니스 행크스[4]의 말처럼 "덤불 숲 한 가운데"였고, 에이브러햄은 그곳에서 이후 14년을 보냈다.

톰 링컨 가족이 그곳에 도착했을 때는 겨울 첫눈이 내리고 있었다. 톰은 "삼면 오두막"이라 불리던 집을 급히 지었다. 오늘날이라면 그냥 헛간이라고 불러야 할 것이다. 바닥도, 현관문도, 창문도 없었다. 세 벽은 막대기를 엮어 덕지덕지 덮었을 뿐이었다. 나머지 한 면은 활짝 열려 바람과 눈, 진눈깨비, 한파가 그대로 들이쳤다. 요즘 인디애나주의 농부라면 가축들도 그런 곳에서 겨울을 나게 하지는 않을 것이다. 그러나 톰 링컨에게는 그 정도면 1816~17년 혹한기를 나기에 충분했다. 그해 겨울은 미국 역사상 가장 혹독한 겨울 중 하나였다.

낸시 행크스와 아이들은 그 혹한기를 오두막 한구석 흙바닥에 깔아놓은 낙엽과 곰 가죽 위에서 개처럼 웅크리고 잤다. 버터, 우유, 달걀, 과일, 채소, 심지어 감자조차 구할 수 없었다. 그들은 주로 야생동물 고기와 나무 열매로 연명했다.

톰 링컨은 돼지를 기르려 했으나, 굶주린 곰들이 돼지를 산채로 물어뜯었다. 에이브러햄 링컨은 인디애나에서 몇 년간 극심한 가난에 시달렸는데, 이는 훗날 그가 해방시킬 노예들의 궁핍함보다도 더했다.

그 지역에는 치과 의사가 전무했고, 가장 가까운 의사라도 35마일이나 떨어져 있었다. 낸시 링컨이 치통으로 고생할 때 톰 링컨은 아마 다른 개척민들처럼 히코리나무 가지로 나무못을 만들어 잇몸에 대고 돌로 세게 쳐서 이를 뽑아냈을 것이다.

뱀풀 독초와 어머니의 죽음

당시 중서부 개척지에서는 "우유병"이라 불리는 정체 모를 질병이 횡행했다. 가축에게는 치명적이었고, 때때로 개척민들이 사는 마을 전체를 쓸

---

4 링컨이 태어난 후에 두 번째로 아기 링컨을 안아본 이가 데니스 행크스였다고 한다. 그는 링컨 어머니와 사촌으로, 낸시를 거둔 엘리자베스 행크스와 토머스 스패로 집에서 함께 자랐다. 스패로 부부가 켄터키에서 쫓겨나 인디애나로 올 때 데리고 온 것이다. 당시 18세였던 데니스는 수다스럽고 명랑한 청년으로, 에이브러햄과 누나 사라는 켄터키 시절부터 그를 알고 있었다.

어버리기도 했다. 그 정체는 오랫동안 미궁에 빠져 있다가 20세기 초 의학계에서 하얀 뱀풀이란 독초를 먹은 가축 때문이라는 걸 밝혀냈다. 그 독은 우유를 통해 인간에게 전염되었다. 울창한 목초지와 깊은 계곡에서 많이 자라는 뱀풀은 오늘날에도 인명을 앗아가고 있어, 일리노이주 농무부는 해마다 독초 제거를 독려하는 방을 법원들에 내붙여 경고하고 있다.

1818년 가을, 이 무시무시한 역병이 인디애나 벅혼 계곡을 휩쓸며 수많은 목숨을 앗아갔다. 낸시 링컨은 반 마일 거리에 사는 곰 사냥꾼 피터 브루너의 아내를 간호하다가 그녀도 죽고 자신도 병에 걸렸다. 머리가 빙빙 돌았고 날카로운 고통이 계속 그녀의 배를 찔러댔다. 마구 토하는 상태로 집으로 실려와 나무 잎사귀와 곰 가죽을 깔아놓은 침대에 누웠다. 사지는 얼음장 같았고, 온몸은 불길처럼 타오르며 그녀를 괴롭혔다. 그녀는 계속 물을 찾아 헤맸다.

톰 링컨은 미신에 깊이 사로잡힌 사람이었다. 낸시가 앓은 지 이틀째 밤, 밖에서 개가 구슬피 짖자 그는 모든 희망을 버리고 그녀가 곧 죽을 것이라고 말했다.

마침내 낸시는 고개조차 들 수 없게 되었다. 겨우 속삭이듯 에이브러햄과 누나를 불러 무언가 말하려 애썼다. 남매가 귀를 기울이자, 어머니는 서로 사랑하고, 평소 가르쳐준 대로 살고, 주님을 경배하라고 애원하듯 말했다. 그것이 그녀의 마지막 말이었다. 목구멍과 내장이 마비되기 시작했다. 긴 시간 의식 없이 누워 있다가 1818년 10월 5일, 발병 7일 만에 숨을 거두었다.

톰 링컨은 아내의 눈을 감겨주기 위해 눈꺼풀 위에 동전 두 개를 얹었다. 이어 숲으로 가서 나무를 베어내 거칠고 울퉁불퉁한 널빤지들로 쪼갠 후 나무못으로 엮어 조악한 관을 만들었다. 그 안에 수척해진 루시 행크스의 시신을 조심스레 모셨다.

2년 전, 그는 썰매에 태워 그녀를 이 정착지로 데려왔다. 이제 다시 한 번 썰매에 그녀를 싣고, 400미터 떨어진 울창한 언덕 정상으로 향했다. 그곳에서 아무런 의식 없이 조용히 그녀를 땅에 묻었다.

에이브러햄 링컨의 어머니는 이렇게 떠났다. 우리는 그녀가 어떤 모습이었는지, 어떤 사람이었는지 알지 못한다. 삶의 대부분을 숲에서 살며 만난 이들에게 흐릿한 기억만 남겼기 때문이다.

링컨의 사망 직후, 한 전기 작가가 그의 어머니에 대한 정보 수집에 나섰다. 그녀가 세상을 떠난 지 이미 50년이 넘은 시점이었다. 그는 그녀를 직접 알았던 소수의 사람을 만나 인터뷰했지만, 그들의 기억은 어젯밤 꾼 꿈처럼 희미하고 불분명했다. 그녀의 외모에 대한 증언도 제각각이었다. 어떤 이는 "살이 찌고 땅딸막한 여자"라 했고, 또 다른 이는 "살집이 없는 가녀린 여자"라고 말했다. 눈동자 색도 검은색, 개암색, 푸른빛 도는 회색 등으로 의견이 갈렸다. 15년간 한 지붕 아래 살았던 사촌 데니스 행크스조차 그녀의 머리카락 색을 금발이라 했다가 한참 뒤 검은색이라고 정정할 정도였다.

새어머니 사라 부시

낸시 행크스가 죽은 뒤 60년 동안 그녀의 무덤에는 비석 하나 세워지지 않았다. 그래서 지금은 그녀의 무덤 자리를 대충 짐작할 뿐이다. 낸시는 그녀를 키워준 이모와 이모부 옆에 묻혔지만, 세 무덤 중 어느 것이 낸시의 것인지 알 길이 없다.

낸시가 세상을 떠나기 직전, 톰 링컨은 새 오두막을 지었다. 네 벽은 있었으나 바닥, 창문, 현관문은 여전히 없었다. 입구에는 때 묻은 곰 가죽이 걸려 있었고, 안은 어둡고 칙칙했다. 톰은 대부분 시간을 숲에서 사냥하며 보냈고, 오두막 관리는 엄마 없는 두 남매에게 맡겼다. 사라는 집 안에서 음식을 만들었고, 에이브러햄은 난롯불을 살피고 1마일 떨어진 샘에서 물을 길어왔다. 남매는 칼과 포크 없이 손으로 밥을 먹었는데, 그 손은 늘 더러웠다. 물은 구하기 어려웠고 비누도 없었다. 낸시가 생전에 만들었을 부드러운 잿물 비누도 바닥났고, 아이들은 비누 만드는 법을 몰랐다. 톰은 비누 만들 생각이 없었다. 그래서 그들은 가난과 불결 속에서 살았다.

추운 겨울 내내 그들은 몸을 씻지 않았다. 더러운 옷을 빨아줄 사람도 없었다. 잎과 동물 가죽으로 덮은 침대는 점점 더 지저분해졌다. 햇빛 한 줄기 들지 않는 통나무집은 오직 벽난로와 돼지기름 등불로 밝혔다. 변경 지역의 다른 통나무집들을 보면, 여자 없는 링컨의 집이 어떠했을지 짐작할 수 있다. 그 집에선 냄새가 났고, 벼룩과 벌레들이 들끓었다.

이런 상태가 1년간 이어지자 톰 링컨도 더는 견딜 수 없었다. 그는 집안을 정리해줄 새 아내를 얻어야겠다고 결심했다. 13년 전 켄터키에서 그가 청혼했던 사라 부시는 당시 그를 거절하고 하던 카운티의 감옥 간수와 결혼했다. 하지만 그 간수가 죽어 과부가 된 그녀에겐 세 자녀와 빚만 남았다. 톰은 다시 청혼할 좋은 기회라 생각했다. 그는 냇가에서 몸을 씻고, 모래로 손과 얼굴을 깨끗이 닦았다. 긴 칼을 차고 깊고 어두운 숲을 지나 켄터키로 향했다. 엘리자베스타운에 도착한 그는 비단 멜빵을 하나 더 사고 휘파람을 불며 거리를 내려갔다.

1819년의 일이었다. 세상은 빠르게 변하고 있었고, 사람들은 국가의 발전을 이야기했다. 증기선이 대서양을 건너 미국까지 왔다!

3

링컨의 학업

1824년, 열다섯 살의 링컨은 알파벳을 알아보고 더듬거리며 글을 읽을 수 있었지만, 쓰는 것은 전혀 못 했다. 그해 가을, 변경 지역을 떠돌아다니는 한 교육자가 피전 크리크 근처 정착촌에 학교를 열었다. 링컨과 누나 사라는 새 선생님 에이절 도시 밑에서 공부하기 위해 아침 저녁으로 매일 4마일씩 숲속을 걸어 다녔다.

도시는 "낭독 학교"를 운영했는데, 아이들이 큰 소리로 학과 내용을 읽게 하는 방식이었다. 그렇게 하면 선생은 학생들이 공부를 열심히 하는지를 바로 알 수 있었다. 선생은 회초리를 들고 교실을 돌며 입 다물고 가만히 있는 학생들을 때렸다. 학생들은 서로 더 큰 목소리로 읽으려 애썼고, 그 소리는 4분의 1마일 밖에서도 들릴 지경이었다.

링컨의 학교생활

링컨은 이 학교에 다람쥐 가죽 모자와 짧은 사슴 가죽 바지를 입고 다녔다. 바지가 너무 짧아 마른 정강이가 바람과 눈에 그대로 노출되었다.

학교라고 해봐야 조잡한 통나무집이었다. 천장이 낮아 선생은 간신히 서 있을 수 있었다. 창문 대신 통나무 틈새에 기름먹인 종이를 발라 햇빛을 들였다. 바닥과 의자는 쪼갠 통나무로 만들었다.

링컨은 성경으로 읽기를 배웠고, 워싱턴과 제퍼슨의 필체를 모방해 글씨를 익혔다. 그의 글씨는 또렷하고 단정해서 무식한 이웃들이 편지 대필을 부탁하러 몇 마일을 걸어오곤 했다.

그는 배움에 깊은 흥미를 느껴 과제물을 집에까지 가져와 공부했다. 종이가 귀해 널빤지에 목탄 조각으로 글을 쓰고, 통나무의 평평한 면에 산수를 연습했다. 표면이 가득 차면 양 끝에 손잡이가 달린 대패로 표면을 깨끗이 밀어내고 다시 사용했다. 산수책을 살 형편이 되지 않자, 그는 책을 빌려 편지지 크기의 종이 묶음에 내용을 모두 베껴 적었다. 그 종이들을 끈으로 묶어 자신만의 산수책을 만들었다. 링컨 사후에도 새어머니는 이 책의 상당 부분을 보관하고 있었다.

이제 오지의 다른 학생들과 구별되는 그의 특징이 드러나기 시작했다. 여러 주제로 자신의 생각을 글로 표현하고 싶어 했다. 가끔은 시도 지었다. 자신의 시와 산문을 이웃인 윌리엄 우드에게 보여주며 평가를 구했고, 지은 시를 외워서 낭송하기도 했다. 그의 글은 사람들의 관심을 끌었고, 어떤 변호사는 그가 쓴 연방 정치 관련 기사에 감명받아 신문사에 보내 게재하게 했다. 오하이오의 한 신문사도 그가 금주에 관한 쓴 글을 실었다.

하지만 이건 훗날의 일이다. 학창 시절 그가 처음 쓴 글은 또래들의 잔인한 장난을 비판한 것이었다. 아이들이 작은 거북이를 잡아 등에 숯을 올리고 불을 지폈다. 링컨은 그만두라 호소하며 달려가 맨발로 거북 등의 숯을 걷어찼다. 그의 첫 작문은 동물에 대한 자비를 호소하는 내용이었다. 어릴 때부터 링컨은 타인의 고통에 깊은 공감을 보였고, 이는 훗날 그의 대표적인 성격이 되었다.

5년 후 그는 다른 학교에 짬짬이 다녔다. 그것을 두고 "조금씩 조금씩 배웠다"라고 회고했다. 이로써 그의 정규 교육은 모두 끝났다. 기간을 다 합쳐봐야 12개월이 채 되지 않았다.

1847년 그가 연방 하원의원이 되어 등원할 때 간단한 인적 사항을 기재했는데, "당신의 교육적 배경은?"이라는 질문에 "특별한 게 없음"이라고 간단히 적었다.

공화당 대통령 후보로 지명되었을 때는 이렇게 말했다. "저는 성인이 되었을 때 아는 게 별로 없었습니다. 읽고 쓰고 비례식으로 계산할 줄 아는 것이 제 지식의 전부였죠. 그 뒤로 학교는 다니지 않았습니다. 제가 교육 면에서 조금이라도 전진이 있었다면, 그건 필요에 몰려 가끔 적극적으로 지식을 쌓았기 때문입니다."

그의 선생님들은 어떤 이들이었나? 마녀의 존재를 믿고 지구가 평평하다고 여기는, 시대에 뒤떨어진 교육자들이었다. 그러나 이 산발적이고 단속적인 학습 기간에, 그는 인간이 얻을 수 있는 가장 소중한 자산 중 하나를 키웠다. 어떤 이는 대학 교육으로도 획득하기 어려운 그것, 바로 지식에 대한 사랑과 학문에 대한 열정이었다.

링컨의 엄청난 독서열

글을 읽을 줄 알게 되자 전에 꿈에도 그리지 못한 신비한 세계가 그의 앞에 펼쳐졌다. 독서는 그를 변화시키고 시야를 넓혀주며 비전을 보여주었다. 25년 동안 책 읽기는 그의 삶을 지배하는 강렬한 열정이 되었다. 새어머니가 가져온 다섯 권의 작은 장서―『성경』, 『이솝 우화』, 『로빈슨 크루소』, 『천로역정』, 『신밧드의 모험』―는 그에게 더없는 보물이었다. 링컨은 이 책들, 특히 『성경』과 『이솝 우화』를 가까이에 두고 틈날 때마다 반복해서 읽었다. 그 영향으로 그의 문체와 어투, 논리 전개 방식이 크게 바뀌었다.

하지만 이 책들로는 부족했다. 그는 더 많은 책을 읽고 싶었으나 돈이 없었다. 그래서 책, 신문, 인쇄물을 빌려 읽기 시작했다. 오하이오 강가까지 걸어가 어떤 변호사에게서 『인디애나주 개정법』을 한 부 빌려왔고, 그때 처음 미국 독립 선언문과 헌법을 접했다.

이전에 그루터기를 캐주고 밭에 김을 매준 농부에게서 2~3권의 전기를 빌렸는데, 그중 하나가 파슨 윔스가 써낸 워싱턴 전기였다. 그 책에 매료된 그는 밤중이 되어 글자가 겨우 보일 때까지 읽었다. 잠들 시간이 되자 다음 날 새벽 해가 뜨는 대로 이어 읽을 수 있도록 통나무 틈에 책을 끼워두곤 했다. 어느 날 밤, 비바람에 책이 흠뻑 젖자, 주인은 책을 돌려받지 않았고 링컨은 책값을 물기 위해 사흘간 농부의 건초 밭에 나가서 풀을 베어 다발로 묶어주어야 했다.

여러 차례 빌려 읽은 책 중 가장 큰 수확은 『스콧 웅변술』이었다. 이 책으로 그는 수사학의 세계에 입문하고, 키케로, 데모스테네스, 셰익스피어 극 중 인물들의 명연설을 알게 되었다.

『스콧 웅변술』을 펼쳐 들고 나무 그늘을 서성이면서, 그는 햄릿이 극단에 내리는 지시를 또박또박 읊었고 안토니우스가 카이사르의 주검 앞에서 한 연설을 되뇌었다. "친구들이여, 로마인들이여, 동포들이여, 귀 기울여 주시오. 나는 카이사르를 찬양하러 온 것이 아니라 장사 지내러 왔소."

특히 마음에 든 대목은 종이에 베끼거나 목탄으로 판자에 적어두었다. 이렇게 해서 그는 투박한 스크랩북을 만들어, 독수리 깃털 펜에 포크베리 즙으로 적신 후 옮겨 적은 훌륭한 연설문들을 간직했다. 이 책을 가지고 다니며 틈틈이 읽던 그는 결국 여러 편의 긴 시와 연설문을 암송할 수 있게 되었다.

들일을 나갈 때면 그 책을 가져갔다. 말들이 밭머리에서 쉴 때면 울타리 맨 위에 걸터앉아 책을 읽었다. 점심때는 식구들과 함께 앉기보다 한 손에 옥수수빵을, 다른 손에 책을 들고 한적한 곳으로 가서 다리를 머리보다 높이 올린 채 책을 열심히 읽으며 무아지경에 빠졌다.

법정이 열리면 링컨은 15마일을 걸어 강가 마을까지 가서 변호사들의 변론을 직접 듣곤 했다. 이후 밭에서 일을 하다가도, 그루터기를 캐던 호미와 갈퀴를 내던지고 울타리에 걸터앉아 록포트나 분빌에서 들었던 변호사들의 말투를 흉내 내며 열변을 토하곤 했다. 때로는 일요일마다 리틀 피전 크리크 교회에 나오는, 목청 높고 완고한 침례교 목사들의 설교를 따라 하기도 했다.

에이브는 가끔 농담 책 『퀸의 농담집』을 들고 들판으로 갔다. 통나무에 앉아 책을 크게 읽어대면 숲의 나무들이 우렁찬 웃음으로 화답해주는 동안, 옥수수밭에서는 풀이 무성해지고 밀밭은 노랗게 익어갔다.

긴장된 부자 관계

링컨을 일꾼으로 부렸던 농부들은 그가 게으르다 못해 "일하기를 끔찍이도 싫어한다"며 불평을 늘어놓았다. 그는 수긍하며 말했다. "아버지는 내게 일하는 법은 가르쳤어도, 일 자체를 사랑하게 하진 못했습니다."

아버지 톰 링컨은 당장 그런 어리석은 짓을 그만두라고 엄히 명령했다. 그러나 링컨은 듣지 않았다. 어느 날 여러 사람이 보는 앞에서 아버지는 아들의 얼굴을 주먹으로 세게 때려 쓰러뜨렸다. 소년은 오열했지만 아무 말도 하지 않았다. 이미 둘 사이엔 불편한 긴장감이 맴돌았고, 이런 서먹한 관계는 평생 계속되었다. 링컨은 노년의 아버지를 경제적으론 도왔지만, 1851년 임종 때조차 작별 인사를 하러 가진 않았다. 그는 말했다. "저와 아버지가 다시 만난다면, 기쁨보단 고통이 훨씬 클 듯합니다."

1830년 겨울, 우유병이 다시 창궐해 인디애나주 벅혼 계곡 일대에 많은 희생자가 발생했다. 떠돌이 생활에 익숙했던 톰 링컨은 공포에 사로잡혀 돼지와 옥수수를 처분하고 그루터기만 남은 초라한 농장을 고작 80달러에 헐값으로 넘겨버렸다. 그리고 자신의 손으로 거친 마차를 만들었다. 그의 첫 마차였다. 가족과 살림을 마차에 싣고 에이브에게 채찍을 쥐여 주며 황소들을 향해 고함을 질렀다. 이렇게 링컨 일가는 인디언들이 생거먼("먹을 것이 풍부한 땅")이라고 불렀던 일리노이의 계곡으로 향했다.

　황소들은 2주 동안 느릿느릿 앞으로 기어갔다. 무거운 짐을 실은 마차는 삐걱대며 인디애나의 굽이진 언덕과 울창한 숲을 지나, 끝없이 펼쳐진 적막한 일리노이 대평원을 향해 천천히 나아갔다. 그 시절의 평원은 작열하는 여름 햇살 아래 6피트나 자란 누렇게 마른 풀로 뒤덮여 있었다.

　빈센즈에서 링컨은 21살에 난생처음으로 인쇄기를 보았다. 디케이터에 당도한 일행은 법원 광장에서 야영을 했다. 26년 후 링컨은 추억에 잠겨 당시 마차가 멈춘 그 자리를 가리키며 말했다.

　"그때는 내가 법조인이 될 만한 머리가 있는지 알 수 없었습니다."

　헌던의 링컨 전기는 이렇게 전한다.

> 링컨 씨는 예전에 그 여행담을 내게 들려주었다. 그때는 아직 겨울 서리가 내리지 않은 때라고 했다. 낮엔 길바닥이 녹았다가 밤엔 얼어붙어, 황소마차로 가는 길은 더디고 피곤했다. 물론 다리 같은 건 없었다. 우회로로 개울을 피할 수 없으면 어쩔 수 없이 걸어서 건너야만 했다. 이른 새벽이나 아침엔 개울이 살짝 얼어 있어서, 황소들은 발을 내디딜 때마다 얇은 얼음을 깨부수며 한 야드씩 힘겹게 앞으로 나아가야만 했다.
>
> 우리 일행이 데리고 온 애완견 한 마리가 있었는데, 줄곧 마차 뒤를 따라왔다. 하루는 일행이 개울을 건널 때 개가 뒤처져 보이지 않았다. 사람

들이 두리번거리자 그 개는 냇가 저쪽 언덕에서 낑낑대며 깡충깡충 뛰어오르고 있었다. 차가운 냇물은 깨진 얼음 조각을 휩쓸며 흐르고 있었고, 불쌍한 개는 건너는 걸 겁냈던 것이다. 개를 데리러 되돌아가려고 건너편으로 간다는 건 말도 안 되는 일이었다. 그래서 대부분은 어서 갈 길 가자며 개를 버리고 가자고 했다. "허나 저는 그 생각을 도저히 받아들일 수가 없었습니다." 링컨이 말했다. "저는 신발과 양말을 벗고 다시 시냇물로 되돌아가, 덜덜 떨던 그 개를 겨드랑이에 끼고 의기양양하게 돌아왔죠. 개는 너무 기뻐 껑충껑충 뛰며 녀석만의 방식으로 제게 고마움을 표했습니다. 전 맨발로 냇물을 되짚어 건넌 보람이 있다고 생각했습니다."

황소들이 평원길 위로 링컨 가족을 실어 나르는 동안, 미 의회에선 개별 주가 연방에서 탈퇴할 권리가 있느냐를 두고 살벌하고 앙금 어린 설전이 오갔다. 그 와중에 연방주의자 대니얼 웹스터는 분노에 휩싸인 채 상원 의석에서 벌떡 일어나더니, 종소리처럼 청아하고 부드러운 목소리로 일장 연설을 쏟아냈다. 링컨은 훗날 이 연설을 "미국 웅변사에서 가장 장엄한 연설"로 치켜세웠는데, "헤인에 대한 웹스터의 답변"[5]으로 알려진 이 연설은 이런 유명한 말로 끝을 맺는다. "자유와 연방은 이제부터 영원까

---

5   웹스터-헤인 논쟁은 주의 권리와 연방의 권리가 충돌한 사안이었다. 1828년 정부가 수입품에 중과세를 매기자 남부가 반발한 것이 발단이었다. 면화를 팔아 유럽 공산품을 사들이던 남부로선 관세가 오르면 직접적인 타격을 입게 돼 있었다. 이에 사우스캐롤라이나 상원의원 헤인은 1828년 관세가 남부에 피해를 준다며 철폐를 요구했고, 불가하면 연방 탈퇴도 불사하겠다고 엄포를 놓았다. 이때 매사추세츠 상원의원 웹스터는, 헌법은 각 주들 사이의 약속이 아니라 미국 국민의 자유를 보장하는 약속이므로 "자유와 연방은 이제부터 영원토록 하나이며, 결코 갈라질 수 없다"라는 유명한 연설로 맞섰다. 후에 관세는 상당히 완화되었고 연방은 유지되었다. 이 사건은 훗날 링컨의 핵심 정치철학으로 자리 잡았다.

지 하나이며 결코 갈라질 수 없습니다." 이 문장은 이후 링컨의 정치적 신조가 되었다.

회오리바람처럼 몰아친 연방 탈퇴 문제는 75년 후에야 해결을 보게 된다. 그 주역은 거물 웹스터도, 재주꾼 클레이도, 명사 캘훈도 아닌, 지금 일리노이로 우마차를 몰고 가는 저 시골뜨기에다 가난한 무명씨였다. 그는 낡은 너구리 모자를 눌러쓰고 사슴 가죽 바지 차림으로, 시골 촌부들이나 부를 법한 소박한 노랫가락을 흥얼거리고 있었다.

컬럼비아여 어서 오게, 행복을 안겨주는 땅.
거기서 진탕 취하지 않는다면 난 멍텅구리가 되겠지.

4

링컨의 뉴세일럼 시절

링컨 가족은 일리노이주 디케이터 근처에 정착했다. 그곳은 생거먼강을 내려다보는 벼랑을 따라 펼쳐진 광대한 삼림 지대였다.

에이브는 나무를 베어 오두막을 짓고, 잡목을 제거해 땅을 골랐으며, 황소에 멍에를 메워 15에이커의 거친 땅을 깊이 갈아엎었다. 옥수수를 심고 울타리 횡목을 쪼개 농지 주위에 울타리를 세웠다.

이듬해 그는 이웃 농장의 품팔이로 일하며 농부들을 위해 갖은 허드렛일을 도맡았다. 밭을 갈고, 풀을 베어 묶어 수레에 던져 싣고, 장작 도끼로 횡목을 패고, 돼지 먹도 땄다.

링컨이 일리노이에서 맞이한 첫 겨울은 주 역사상 유례없이 혹독했다. 눈이 벌판에 15피트나 쌓였다. 소들은 얼어 죽고 사슴과 칠면조는 거의 멸종 지경에 이르렀으며, 사람들마저 동사했다.

이 겨울에 링컨은 바지 한 벌을 얻기 위해 울타리용 횡목 1,000개를 도끼로 쪼개야 했다. 하얀 호두나무 껍질로 물을 들인 갈색 면바지 한 벌을 얻기 위해서였다. 게다가 일터로 가려면 매일 3마일을 걸어야 했다. 한번은 생거먼강을 건너다가 그가 탄 카누가 뒤집혀 얼음장 같은 물에 빠지기도 했다. 가장 가까운 워닉 소령 댁에 도착하기 전에 두 발이 얼어붙고 말았다. 한 달간 꼼짝하지 못한 채 소령 집 벽난로 앞에 누워, 재미난 얘기도 하고 일리노이 법전을 읽으며 시간을 보냈다.

얼마 전 링컨은 소령의 딸에게 청혼했다가 퇴짜를 맞았다. "뭐라고? 내 딸, 워닉 집안 사람이 저 거친 촌뜨기 나무꾼과 결혼한다고? 땅도 돈도 앞날도 없는 녀석과? 절대 안 된다!"

링컨에게 땅이 없다는 건 사실이었다. 그뿐 아니라 땅을 갖고 싶어 하지도 않았다. 22년을 농장에서 살며 개척민 생활에 진저리가 났던 것이다. 뼈 빠지게 고된 노동과 쓸쓸하고 단조로운 나날이 지긋지긋했다. 하지만 그도 명성을 떨치고 사교 생활도 하고 싶었다. 사람들을 만나고 이야기 나누며, 재치로 그들을 배꼽 잡게 웃길 수 있는 직업을 갈망했다.

"반드시 세게 쳐서 박살 낼 거야!"

과거 인디애나 시절, 에이브는 평저선(平底船)을 강 위에 띄우는 일을 도와 뉴올리언스로 내려간 적이 있었다. 새로움과 스릴 넘치는 모험이었다. 어느 밤, 뒤세느 부인 농장 앞 강가에 배를 매어 두었는데 칼과 곤봉으로 무장한 흑인 무리가 기어올라 왔다. 선원들을 죽이고 시신을 강에 던진 뒤, 짐과 함께 뉴올리언스에 있는 도둑들의 아지트로 가려는 속셈이었다.

링컨은 몽둥이를 잡고 긴 팔을 힘껏 휘둘러 세 명을 때려눕혀 물에 처넣었다. 나머지는 강둑까지 쫓아가 물리쳤다. 그 와중에 한 흑인의 칼에 이마가 베여, 오른쪽 눈 위에 평생 지워지지 않는 흉터가 남았다.

아버지 톰 링컨으로서는 아들 에이브를 오지 농장에 붙잡아둘 재간이 없었다.

뉴올리언스를 직접 보고 난 에이브는 이내 또 다른 배 일을 얻었다. 하루 50센트에 보너스를 더하는 조건으로, 그와 의붓동생, 6촌 형은 나무를 베고 토막 내 제재소로 실어다 80피트 길이 평저선을 만들었다. 거기에 베이컨과 옥수수, 돼지를 싣고 미시시피강을 유유히 내려갔다.

링컨은 선원들의 식사를 준비하고 배를 조종하고 익살스러운 이야기로 분위기를 띄웠다. 세븐업 카드놀이를 하고 큰 소리로 노래도 불렀다.

> 세상 꼴 싫어하는 터번 쓴 터키 놈이
> 으스대며 자기 수염을 쓰다듬는구나
> 보는 이 하나 없이 자기만 보는 그 수염을.

이 강 위의 항해는 링컨에게 한동안 잊히지 않는 깊은 인상을 남겼다. 헌던은 이렇게 전한다.

> 뉴올리언스에서 링컨은 처음으로 노예제의 참상을 목도했다. 노예들이 사슬에 묶인 채 채찍에 맞고 몽둥이에 찔리는 광경에, 그의 정의감과 사명감이 들끓었다. 비인간적 만행 앞에서 그의 영혼은 전에 읽고 들었던 노예제의 야만성을 뼈저리게 체감했다. 일행 중 한 명이 말했다. "바로 그 순간, 노예제라는 쇠사슬이 그의 영혼을 옭아맸습니다."⁶

어느 날 아침, 세 사람은 노예 경매장 앞을 스쳐 지나갔다. 건장하고 반반하게 생긴 흑백 혼혈 여성이 경매에 붙여진 참이었다. 입찰자들은 그

---

6   영어 원문은 "The Iron entered into his soul"(쇠사슬이 그의 영혼 속으로 파고들었다)인데 구약성경 시편 105장 18절에 나온다. 히브리어 원문은 his person entered into the iron(그의 몸이 족쇄를 차게 되다)인데, 영역본에서 바꾸었다.

녀의 살을 이곳저곳 더듬으며 살폈다. 그들은 그녀의 살을 꼬집어보았고 경매장 안을 말처럼 이리저리 걸어보게 했다. 온전하게 걷는지, "사려는 물건"에 하자는 없는지 확인하기 위해서였다. 그런 역겨운 광경에 링컨은 "억누를 길 없는 혐오감"을 느끼며 그 자리를 피했다. 일행을 재촉하며 그는 이렇게 말했다. "얘들아, 어서 이곳을 떠나자. 저것을 때려 부술 기회만 있다면 반드시 쳐부수고 말 거야(hit it hard)."[7]

링컨은 뉴올리언스행을 주선한 덴턴 오펏에게 인기가 높았다. 오펏은 그의 익살과 우스갯소리, 정직한 인품을 좋아했다. 그는 링컨을 고용해 일리노이로 돌아가 나무를 베어 뉴세일럼에 식료품점을 차리게 했다. 뉴세일럼은 구불구불 흐르는 생거먼강이 내려다보이는 절벽 위에 자리 잡은 작은 마을로, 통나무집 15~20채가 옹기종기 모여 있었다. 링컨은 이곳에서 6년을 보내며 잡화점 점원으로, 방앗간과 제재소 관리인으로 일했다. 이 시기는 그의 장래에 지대한 영향을 끼쳤다.

마을에는 "클래리의 숲속 청년들"이라 불리는 거칠고 소란을 피우는 깡패 무리가 있었다. 그들은 그 누구보다 술을 많이 마시고 욕을 잘하며 레슬링과 싸움에 능하다고 허세를 떨었다.

속을 들여다보면 나쁜 녀석들은 아니었다. 충직하고 솔직하며 관대하고 동정심 많은 청년들이었다. 다만 과장이 심했을 뿐. 수다쟁이 덴턴 오펏이 마을에 찾아와 가게 점원 에이브 링컨의 완력이 엄청나다고 자랑하자, 숲속 청년들은 옳다구나 하고 기뻐했다. 이 신참에게 한두 가지 보여줄 참이었다.

하지만 정작 그들에게 뭔가 보여준 건 링컨이었다. 이 젊은 거한은 달

---

7   1부 5장의 각주(60쪽)를 참고하라.

리기와 높이뛰기에서 그들을 제압했다. 긴 양팔을 이용하여 그 누구보다 더 멀리 망치와 포환을 던졌다. 게다가 그들이 알아들을 수 있는 재미있는 농담을 많이 했다. 숲속 이야기를 가지고도 그들을 몇 시간이고 웃겼다.

대중 연설을 배워 주 의회에 진출하다

클래리의 청년들과 관련하여, 뉴세일럼에서의 절정의 순간이 찾아왔다. 어느 날 마을 전체가 백참나무 숲에 운집해 링컨과 소년들의 두목 잭 암스트롱의 레슬링 경기를 지켜보았다. 마침내 그가 암스트롱을 때려눕히자, 생애 최고의 쾌감과 기쁨에 도달했다. 그때부터 숲속 소년들은 그와 친구가 되겠다며 우정의 손길을 내밀었다. 경마와 닭싸움 심판으로 위촉했다. 링컨이 일자리를 잃어 갈 곳이 없어지자 그들은 자신들의 거처로 데려가 오두막에 함께 살며 밥을 먹여주기도 했다.

그는 뉴세일럼에서 수년간 찾던 기회를 잡았다. 대중 앞에서 연설하는 법을 익히면서 공포심을 극복할 기회였다. 인디애나에서는 들판에서 소규모 인부들 앞에서 말할 기회밖에 없었다. 하지만 뉴세일럼에는 매주 토요일 밤 러틀리지 주점 식당에서 모이는 "문학회"가 있었다. 링컨은 즉시 가입해 프로그램을 주도했다. 재미난 얘기와 자작시를 들려주고, 생거먼 강 항해에 대해 즉흥 연설을 하고, 시사 문제를 놓고 토론을 벌였다.

이 활동은 매우 소중한 것이었다. 사고의 지평을 넓히고 야망을 일깨워주었다. 말발로 남에게 영향을 끼치는 비상한 능력이 있음을 발견했다. 그 깨달음은 무엇보다 용기와 자신감을 가져다주었다.

몇 달 만에 오픗의 가게가 망해 그는 실직자가 되었다. 때마침 선거철이 다가오고 일리노이주는 정치 얘기로 들끓었다. 이 기회를 놓치지 않고 그는 자신의 연설 재능을 시험해보기로 마음먹었다.

마을 교사 그레이엄 선생의 도움을 받아 몇 주 동안 고심하며 처음으로 대중을 향한 연설문을 완성했다. 주의회 입후보를 선언하면서 "주 정부 발전, 생거먼강 운항, 교육 기회 확대, 정의 실현" 등에 각별한 관심이 있음을 피력했다.

그는 이렇게 마무리했다.

"저는 태어나서 가장 비천한 일을 해왔습니다. 저를 추천할 만한 유력하고 인기 있는 친척이나 벗도 없습니다." 그리고 감상적인 어조로 결론을 맺었다. "그러나 현명하신 유권자 여러분께서 제가 좀 더 뒤에 머물러 때를 기다리는 게 좋겠다 하시면, 그리 화를 내지는 않겠습니다. 저는 이미 너무 많은 실망을 겪어 쉽게 화가 나지 않습니다."

며칠 후 기수(騎手) 하나가 뉴세일럼에 놀라운 소식을 전했다. 인디언 색 족의 추장 블랙 호크가 전사들을 이끌고 전쟁을 일으켜, 집을 불태우고 여인을 납치하며 정착민들을 학살하고 있다는 것이었다. 록강 주변이 인디언발 공포에 휩싸였다고 했다.

레이놀즈 주지사는 경악해 지원병을 모집했다. 마침 실직 중이고 돈도 없으며 공직에 출마했던 링컨은 지원병으로 입대해 중대장에 선출되었다. 그는 "클래리의 숲속 청년들"에게 군사 훈련을 시키고자 했으나, 그들은 링컨의 명령에 콧방귀를 뀌며 "지옥이나 가라"고 쏘아붙였다.

헌던은 링컨의 블랙호크 전쟁 참전을 "일종의 소풍이자 닭 훔치러 가는 장난" 정도로 여겼다고 한다. 사실과 크게 다르지는 않았다.

후에 링컨은 연방의회에서 자신의 참전 경험을 유머러스하게 회고했다. "나는 단 한 번도 인디언을 공격한 적이 없습니다. 다만 들 양파를 서리했고, 인디언 대신 모기들과 핏빛 전투를 벌였을 뿐입니다."

전쟁에서 돌아온 "링컨 대위"는 다시 선거전에 뛰어들었다. 집집마다 돌아다니며 악수하고 익살을 떨고, 만나는 사람마다 동의를 구하고, 어디서든 군중만 있으면 연설을 쏟아냈다.

개표 결과는 낙선이었다. 놀랍게도 뉴세일럼의 208명의 유권자 중 205명이 그에게 표를 던졌음에도, 주의회 입성에는 실패한 것이다.

2년 뒤 재도전 끝에 당선되었고, 의회에 입고 갈 양복을 장만하기 위해 돈을 빌려야 했다. 1836년, 1838년, 1840년, 그는 연이어 재선에 성공했다.

한량 잭 켈소와의 우정

당시 뉴세일럼에는 낚시와 바이올린 연주, 시 암송으로 세월을 보내며 아내가 하숙으로 벌어온 돈으로 살아가는 한량이 있었다. 대부분은 잭 켈소를 인생의 실패자로 깔봤지만, 유독 링컨만은 그를 좋아하고 존경했으며 깊은 영향을 받았다.

켈소를 만나기 전까지 링컨에게 셰익스피어와 번스는 그저 막연하게 들어본 이름에 불과했다. 그러나 이제 잭 켈소가 앉아서 『햄릿』을 읽어주고 『맥베스』를 암송할 때, 난생처음으로 영어 단어로도 교향곡을 연주할 수 있음을 알았다. 정녕 아름다웠고, 이성과 감성에 엄청난 소용돌이를 일으켰다.

셰익스피어가 압도적이었다면 번스는 마음을 사로잡았다. 링컨은 번스를 친척 같은 존재로 느꼈다. 그 역시 링컨처럼 가난한 스코틀랜드 시인이었다. 링컨이 태어난 통나무집과 다를 바 없는 곳에서 태어났고, 농부로 일했다. 밭을 갈다 야생 들쥐의 보금자리라도 건드리면 그걸 비극으로 여기고 시로 써내 불멸의 작품으로 만드는 사람이었다.

번스와 셰익스피어의 작품을 통해 링컨의 눈앞에는 의미와 감흥, 아름다움이라는 전혀 새로운 세계가 펼쳐졌다. 그러나 가장 놀라운 것은 그들 모두 대학을 다니지 않았다는 사실이었다. 둘 다 링컨처럼 변변찮은 교육만을 받았을 뿐이었다.

링컨은 때때로 달콤한 상상에 빠져들었다. 무식한 톰 링컨의 배우지 못한 아들인 자신도 그들처럼 위대한 업적을 이룰 수 있지 않을까. 그렇다면 더는 식료품을 팔거나 대장간에서 일하지 않아도 될지 모른다.

잭 켈소를 알게 된 후, 번스와 셰익스피어가 링컨의 가장 애독하는 작가가 되었다. 그는 다른 모든 작가의 작품을 합친 것보다 셰익스피어를 더 많이 읽었으며, 이는 그의 문체에 깊은 영향을 주었다. 백악관에 입성하여 남북전쟁의 무게로 얼굴에 깊은 주름이 패었을 때조차, 그는 셰익스피어 읽기에 많은 시간을 할애했다. 바쁜 일정 속에서도 틈을 내어 셰익스피어 학자들과 작품을 토론했고, 특정 구절에 대해 편지로 문의하기도 했다. 총격을 당해 세상을 떠난 그 주에도, 그는 친구들에게 『맥베스』를 약 2시간 동안 낭독해주었다.

하릴없는 뉴세일럼 한량이며 낚시꾼인 잭 켈소의 영향력이 백악관까지 따라간 것이다.

링컨의 첫사랑 앤 러틀리지

뉴세일럼 마을을 세우고 술집(여관)까지 연 남부 출신의 제임스 러틀리지에게는 앤이라는 매력적인 딸이 있었다. 링컨이 그녀를 만났을 때, 앤은 19세의 푸른 눈에 갈색 머리를 휘날리는 아름다운 소녀였다. 마을의 부유한 상인과 이미 약혼한 상태였지만, 링컨은 그녀에게 마음을 빼앗겼다.

앤은 이미 존 맥닐과 혼약을 맺은 터였다. 다만 그녀가 대학 2년을 마칠 때까지 결혼은 미루기로 했다.

그런데 링컨이 뉴세일럼에 온 지 얼마 지나지 않아 이상한 일이 일어났다. 맥닐이 가게를 처분하더니 뉴욕으로 가서 부모와 가족을 모시고 오겠다며 떠난 것이다. 떠나기 전 그는 앤에게 뭔가를 고백해 그녀를 당황하게 했지만, 어리고 사랑에 빠진 앤은 그의 말을 곧이곧대로 믿었다.

며칠 후 맥닐은 앤에게 손을 흔들며 자주 편지하겠노라 약속하고는 뉴세일럼을 떠났다.

당시 마을 우체국장이던 링컨에게 우편물은 일주일에 두 번 역마차로 배달되곤 했는데, 그리 많지는 않았다. 거리에 따라 편지 한 통 부치는 데 6.25센트에서 25센트까지 들었기 때문이다. 링컨은 그 편지들을 모자에 넣고 다녔다. 마을 사람들이 길에서 그를 만나 편지가 왔느냐고 물으면, 모자를 벗어 찾아보곤 했다.

일주일에 두 번씩 앤 러틀리지는 편지가 왔는지 물었다. 3개월이 지나서야 간신히 첫 통이 왔다. 맥닐은 오하이오강을 건너다 열병에 걸려 3주를 신음하며(때론 의식불명에 빠져) 누워 지냈기에 늦었노라 변명했다.

그 뒤로 앤은 몇 달 동안이나 편지가 왔느냐고 물으며 오지 않는 편지를 기다렸다. 그가 과연 자신을 사랑했던 걸까? 이젠 의심이 들기 시작했다.

링컨은 너무도 상심한 그녀를 보고 맥닐의 행방을 좀 찾아보겠노라 자청했다.

앤이 대답했다. "아뇨, 그는 제가 어디 있는지 알아요. 내게 편지할 마음이 없다면 굳이 당신보고 그를 찾아달라 할 순 없죠."

이어 그녀는 맥닐이 떠나기 전 털어놓은 충격적인 고백을 아버지에게 말했다. 그는 지난 몇 년간 가명으로 살아왔단 것이다. 그의 이름은 모두가 아는 맥닐이 아니라 넥나마라고 했다.

왜 이런 속임수를 썼을까? 그의 해명은 이러했다. 아버지가 뉴욕에서 사업에 실패해 빚더미에 앉았다. 장남인 그는 돈을 벌러 행선지도 밝히지 않고 서부로 떠나야 했다. 본명을 썼다간 가족이 그를 찾아와 부양을 요구할 테니 감당할 수 없었다. 사업에 매진하는 동안 이런 짐을 지고 싶지 않았다. 그러면 몇 년을 더 공을 들여야 할 테니까. 그래서 가명을 쓴 것이다. 하지만 이제 어느 정도 기반을 잡았으니, 부모를 일리노이로 모시고 와 함께 풍요를 누리고 싶다는 것이었다.

이 이야기가 마을에 삽시간에 퍼지자 큰 파문이 일었다. 사람들은 뻔한 거짓말이라 몰아세우며 그를 사기꾼으로 몰았다. 상황은 좋아 보이지 않았고 소문은 최악의 시나리오로 치닫고 있었다. '쟤가 대체 어떤 놈인지 알 수가 있어? 어쩌면 유부남일지도 몰라. 아니면 두어 명의 아내로부터 달아나는 중일 수도 있지. 그걸 우린 어떻게 알겠어? 은행 강도일지도 모르고. 살인범일 수도 있어. 이런 놈일 수도 저런 놈일 수도 있다는 거야. 어쨌든 그놈은 앤을 차버리고 줄행랑친 거야. 그녀로선 늦게나마 저자의 민낯을 안 것에 하나님께 감사해야 해.'

온 뉴세일럼이 이런 평결을 내렸다. 링컨은 말없이 많은 생각에 잠겼다. 마침내 그가 고대하고 기원하던 기회가 찾아왔다.

5

앤 러틀리지와의 사랑과 이별

러틀리지 주막은 거칠게 만들어진 낡은 통나무집으로, 변방의 다른 수천 채의 오두막과 별반 다를 바 없었다. 낯선 이라면 단 한 번도 눈길을 주지 않고 지나칠 법한 건물이었다. 하지만 링컨은 그 집에서 눈을 뗄 수가 없었고 늘 그곳에 마음이 가 있었다. 그에게 그 집은 대지를 가득 메우고 하늘 높이 치솟은 궁전이나 다름없었다. 현관 앞에만 서도 그의 심장은 쿵쾅거렸다.

링컨과 앤의 연애

그는 잭 켈소에게 셰익스피어 희곡집을 빌려 가게 카운터에 드러누워 한 대목을 읽고 또 읽었다.

> 하지만 기다리라! 어떤 빛이 저 창에서 새어 나오는가?
> 동녘이 저기요, 줄리엣이 태양이로다.[8]

그는 책을 덮었다. 도저히 읽을 수도, 생각할 수도 없었다. 한 시간을 그렇게 누워 공상에 빠져, 전날 밤 앤이 건넨 말을 한없이 곱씹었다. 이제 그의 유일한 삶의 낙은 앤과 함께 보내는 저녁 몇 시간이었다.

당시 여인들 사이에는 누비이불 만들기 모임이 유행이었다. 앤은 어김없이 초대받았고, 그녀의 재빠르고 능숙한 솜씨는 빛을 발했다. 링컨은 아침에 그녀를 말에 태워 행사장에 데려다주고 저녁에 데리러 갔다. 한번은 남자가 잘 들어가지 않는 그 모임에 과감히 끼어 앉기도 했다. 앤은 가슴이 두근거리고 얼굴이 붉어진 나머지 바느질하는 손놀림이 서툴러졌다. 나이 지긋한 여인들은 앤의 그런 모습을 눈치채고 미소 지었다. 주인집은 몇 해 동안 그 이불을 간직했고, 링컨이 대통령이 된 뒤에는 방문객들에게 이불을 펼쳐 보이며 그의 연인이 서툴게 바느질한 부분을 가리켰다고 한다.

여름밤이면 둘은 생거먼 강둑을 거닐었다. 숲에선 쑥독새가 울고 개똥벌레가 반짝이는 불빛으로 한밤의 황금빛 자수를 놓았다.

가을이면 단풍 든 참나무와 저절로 떨어지는 히코리 열매가 깔린 숲속을 산책했고, 겨울에는 눈 쌓인 수풀을 함께 걸었다.

    소나무와 전나무, 호두나무는
    백작도 탐낼 하얀 담비 털옷을 걸치고
    느릅나무 가느다란 가지엔
    크고 영롱한 진주가 주렁주렁.

---

8 셰익스피어의 『로미오와 줄리엣』 2막 2장의 대사로, 로미오가 새벽녘 나타난 줄리엣을 바라보며 읊는 말이다. 로미오는 줄리엣을 달의 여신 다이애나보다 아름다운 '해'에 비유한다. 다이애나가 물러간 뒤 떠오른 줄리엣은 더욱 정숙하다는 의미도 담겨 있다. 즉, 앤 러틀리지 역시 그만큼 아름답고 정숙한 여인이라는 뜻이다.

삶은 이제 놀랄 만한 따뜻함으로 다가와 신비롭도록 아름다운 의미를 드러냈다. 링컨이 우뚝 서서 앤의 푸른 눈동자를 응시하면, 그녀의 심장은 미친 듯이 뛰었다. 그녀가 스치듯 손을 대기만 해도 그는 숨을 멈췄고, 세상에 이런 엄청난 은총이 있다는 사실에 경이마저 느꼈다.

얼마 전 링컨은 목사의 아들인 술고래 베리와 동업을 시작했다. 당시 뉴세일럼은 쇠락의 길로 접어들었고 상점들은 연명하기 급급했다. 하지만 두 사람은 이런 현실을 통찰하지 못했다. 그들은 반쯤 무너진 통나무 가게 셋을 인수해 하나로 합쳐 새 출발을 꿈꿨다.

어느 날 아이오와로 이사 가는 한 남자가 링컨과 베리의 가게 앞에 포장마차를 잠시 세웠다. 길이 질척하고 말들이 지쳐 있어 짐을 덜어야겠다 싶었다. 그는 잡동사니가 가득한 큰 궤짝을 링컨에게 팔았다. 별 쓸모없는 물건들이었지만 말들이 불쌍해 보여 링컨은 50센트를 주고 사들였다. 내용물은 확인도 하지 않고 뒷방 창고로 굴려 처박아 두었다.

보름 뒤 그는 가게 바닥에 궤짝을 쏟아 천천히 뜯어보기 시작했다. 잡동사니 더미 밑바닥에서 블랙스톤의 『주석판 법전』 전집을 발견하고는 즉시 읽기 시작했다. 농번기라 농부들은 들일에 한창이었고, 손님은 뜸했다. 그래서 시간은 충분했다. 읽으면 읽을수록 그는 흥미를 느꼈다. 이렇게 빠져든 책은 난생처음이었다. 4권을 모조리 섭렵할 때까지 손에서 놓지 못했다.

법률가가 되기로 결심하다

그는 중대한 결심을 내렸다. 바로 법률가가 되기로 한 것이다. 앤 러틀리지가 자랑스러워할 만한 남편이 되고 싶었다. 그녀는 링컨의 계획을 지지했고, 그가 변호사 시험에 통과해 자리를 잡으면 결혼하기로 약속했.

블랙스톤 책을 다 읽은 뒤 그는 20마일 떨어진 스프링필드로 초원을 가로질러 걸어갔다. 블랙호크 전쟁 때 만난 변호사에게 다른 법률 서적을 빌리기 위해서였다. 돌아오는 길에 그는 펼친 책을 한 손에 든 채 공부하며 걸었다. 어려운 대목을 만나면 우뚝 멈춰 서서 깨우칠 때까지 계속 궁리를 거듭했다.

이렇게 20~30쪽을 정복하다 보면 어느새 해가 져 더는 책을 볼 수 없었다. 하늘엔 별이 떴고, 배가 고팠던 그는 발걸음을 재촉했다.

이제 그는 오로지 법전에만 매달렸다. 낮엔 느릅나무 그늘 밑에 맨발을 걸치고 누워 읽었고, 밤엔 통 만드는 가게에서 나무 조각 부스러기로 불을 지펴가며 탐독했다. 큰 소리로 외워가며, 때로는 금방 이해한 내용을 종이에 적어놓고 문장을 쉽게 고치면서 어린아이도 알아들을 수 있게 다듬곤 했다.

강둑이나 숲, 밭으로 향할 때면 으레 치티(chitty)나 블랙스톤의 법서를 겨드랑이에 끼고 다녔다. 어떤 농부는 이런 일화를 들려주기도 했다. 장작을 패달라며 고용한 링컨이 오후 내내 헛간에 보이지 않아 찾아가보니, 맨발로 장작더미에 걸터앉아 법률책을 파고들고 있더란다.

스승 그레이엄은 정계나 법조계에 진출하려면 반드시 문법을 익혀야 한다고 조언했다.

"문법책을 어디서 구할 수 있을까요?" 링컨이 물었다.

"세일럼에서 6마일 떨어진 존 밴스 씨가 커컴의 문법책을 가지고 있지."

그는 즉시 자리에서 일어나 모자를 쓰고 책을 빌리러 나섰다.

그는 아주 빠른 속도로 커컴의 문법 규칙을 익혀 그레이엄을 깜짝 놀라게 했다. 30년 후 이 학교 선생은 이렇게 회고했다. "5,000명은 넘게 가르쳤지만 링컨 같은 학생은 처음이었어. 학문과 지식에 대한 열정, 근면함, 진지함이 남달랐지."

이어 그는 덧붙였다. "몇 시간씩 고민해가며 아이디어를 가장 잘 표현할 세 가지 방법을 찾으려 애쓰던 모습이 눈에 선해."

문법을 섭렵한 링컨은 기번의 『로마제국 쇠망사』, 롤린의 『고대사』, 미국 장병들의 일대기, 제퍼슨, 클레이, 웹스터의 전기들, 톰 페인의 『이성의 시대』를 탐독했다.

한 증언에 따르면 그는 "푸른 면 웃옷에 투박한 구두, 하늘색 카시넷(목면 날실과 양털 씨실로 짠 가벼운 바지 옷감) 바지를 입고 다녔다. 바지는 웃옷과 양말 사이를 연결하지 못했다. 웃옷보다 몇 인치 밑에서 시작해, 양말 위 1~2인치에서 끝났다". 이 기이한 청년은 뉴세일럼 일대를 누비며 책을 읽고, 공부하고, 꿈꾸고, 우스갯소리를 하며 "가는 곳마다 수많은 벗을 사귀었다".

당대 걸출한 링컨 연구가 앨버트 비버리지는 그의 획기적인 전기에서 이렇게 적었다.

"재치와 친절함, 박식함이 사람들을 끌어당겼다. 괴상한 차림새와 시골스러움 또한 그를 알리는 데 한몫했다. 짧은 바지는 특히 화제를 모으며 웃음을 자아냈다. 이내 '에이브 링컨'은 마을 전체에 회자되는 이름이 되었다."

결국 링컨과 베리의 가게는 파산했다. 예견된 결과였다. 링컨은 법학서에 파묻혀 있었고, 베리는 늘 술에 취해 있었으니. 식사와 숙식비 1달러조차 없는 형편이라 그는 닥치는 대로 품팔이를 했다. 덤불을 제거하고, 건초 더미를 쌓고, 울타리를 세우고, 옥수수 속껍질을 벗기고, 제재소에서 허드렛일을 하고, 한동안 대장간 일도 했다.

얼마 후 스승 그레이엄의 도움으로 삼각법과 연산법을 익히며 토지 측량기사를 준비했다. 말 한 필과 콤파스를 외상으로 구입하고 포도 넝쿨로 측량용 사슬을 대신했다. 그렇게 건당 37.5센트를 받고 마을 토지를 측량해주었다.

그러는 동안 러틀리지 술집도 망해 앤은 어느 농가에 하녀로 일을 나갔다. 링컨은 곧 그 농장 옥수수밭을 매는 일꾼 자리를 얻었다. 저녁이면 부엌에 들어가 앤이 씻은 접시를 닦아주었다. 그녀의 곁에 있다는 것만으로도 더없이 행복했다. 이런 만족감은 다시는 맛보지 못할 터였다. 그는 죽기 직전에 한 친구에게 이런 사실을 고백했다. "일리노이 농장에서 맨발로 뛰놀던 시절이 지금의 백악관 시절보다 더 행복했네."

앤의 급사와 링컨의 슬픔

두 사람의 황홀경은 강렬했지만 짧았다. 1835년 8월, 앤은 병석에 눕고 말았다. 처음에는 극심한 피로와 무기력증만 호소했다. 일상을 이어가려 했으나 어느 날 아침, 도저히 일어날 수가 없었다. 온몸이 고열로 펄펄 끓었고, 오빠는 뉴세일럼으로 달려가 알렌 의사를 데려왔다. 의사는 장티푸스로 진단했다. 열에 들떠 있으면서도 두 발은 차가워 뜨거운 돌로 덥혀야 했다. 물을 달라 애원했지만 소용없었다. 오늘날 의학계라면 물을 원하는 대로 주면서 얼음찜질을 했겠지만, 알렌 의사는 이런 사실을 알지 못했다.

고통스러운 몇 주가 흘렀다. 앤은 기진맥진한 나머지 이불에서 두 손을 꺼내지도 못했다. 닥터 알렌은 절대 안정을 처방하며 면회를 일절 금했다. 링컨마저 그날 밤에는 문전박대를 당했다. 하지만 앤이 그의 이름을 부르짖으며 애타게 찾자, 이튿날 그를 불러들였다. 그는 즉시 침상으로 갔다. 문이 닫히고, 두 연인만 남았다. 그것이 마지막 시간이었다.

이튿날 앤은 의식을 잃었고, 한동안 혼수상태에 빠졌다가 숨을 거두었다.

이후 몇 주는 링컨 생애의 최악의 나날이었다. 잠도 잘 수 없었고, 음식도 먹지 못했다. 삶의 의욕을 잃고 자살을 입에 올렸다. 겁이 난 친구들은 그의 주머니칼을 빼앗고, 강물에 몸을 던질까 봐 감시를 게을리하지 않았다. 그는 사람 만나기를 피했고, 어쩔 수 없이 만나더라도 말은 하지 않고 허공만 응시하곤 했다. 자신의 이런 상태를 자각하지도 못했다.

매일같이 앤이 잠든 콩코드 공동묘지까지 5마일을 걸었다. 때로는 너무 오래 머물러 친구들이 데리러 가야 할 정도였다. 폭우가 쏟아지면 오열을 터트렸다. 빗줄기가 무덤을 때리는 게 괴로워 견딜 수 없다는 것이었다.

어느 날, 링컨이 생거먼강 둑을 따라 걸으며 혼잣말을 중얼거리는 모습이 목격되었다. 마을 사람들은 그가 정신을 잃은 것이 아닌가 우려했다. 주민들은 서둘러 닥터 알렌을 불렀다. 상황을 파악한 의사는 링컨에게 정신을 집중할 만한 일, 몰두할 수 있는 무언가가 필요하다고 판단했다.

마을 북쪽 1마일 지점에 절친 볼링 그린이 살고 있었다. 그는 링컨을 자기 집으로 데려가 건강을 전적으로 돌보기로 했다. 한적하고 외딴곳이었다. 뒤로는 참나무 우거진 벼랑이, 앞으로는 강까지 펼쳐진 넓은 벌판 양쪽으로 숲이 우뚝 서 있었다. 낸시 그린 부인은 그에게 쉴 틈을 주지 않았다. 장작 패기, 감자 캐기, 사과 따기, 우유 짜기, 그녀가 옷감 짤 때 실 잡아주기 등등.

달이 바뀌고 해가 바뀌었다. 그의 슬픔은 여전했다. 앤을 잃은 지 2년 뒤, 1837년 주의회 동료에게 그는 이렇게 토로했다. "겉으론 때때로 삶을 만끽하는 것처럼 보일지 모르오. 하지만 혼자 있을 땐 우울증이 너무 심해 주머니칼을 갖고 다니는 게 무섭소."

앤이 떠난 그날 이후 그는 완전히 달라졌다. 그에게 찾아온 우울증은 가끔 잠잠해질 때도 있었지만 결국 악화되어 일리노이에서 가장 슬픈 사람이 되고 말았다.

훗날 법률사무소 파트너가 될 헌던은 이렇게 말했다.

"지난 20년간 링컨에게 행복한 날이 있었는지 의심스럽습니다. … 그가 지나가면 우울의 기운이 전신에서 배어 나왔습니다."

　이때부터 죽는 날까지 그는 슬픔과 죽음을 노래한 시에 탐닉했다. 한마디 말없이 몇 시간을 골똘히 앉아 있다가, 문득 〈마지막 잎새〉라는 시의 한 대목을 읊조리곤 했다.

　　이끼 낀 비석은 고요히 누워
　　그가 입 맞추던 꽃 같은 입술 위에
　　잠들어 있네
　　그가 사랑해 부르던 이름들은
　　오래전부터 차가운 무덤 위에
　　새겨져 있었지.

　앤을 떠나보낸 직후에는 "오, 교만할 게 무엇이랴 인간의 영혼아"로 시작되는 〈죽음〉이라는 시를 즐겨 암송했다. 이 시는 그의 애송시가 되어 혼자 있을 때뿐 아니라 여관의 투숙객들 앞에서, 대중 연설에서, 백악관의 하객들 앞에서도 자주 읊었다. 베껴 써서 벗들에게 나눠주기도 하며 "저런 시를 쓸 수만 있다면 재산도 다 주고 빚도 져도 좋겠소"라고 말하곤 했다.

　특히 마지막 두 연을 가장 아꼈다.

　　그렇다! 희망과 낙담, 기쁨과 슬픔이
　　햇살과 소나기처럼 뒤섞여 있구나
　　미소와 눈물, 환희와 애도가 마치
　　끝없는 물결처럼 뒤따르는구나

건강한 혈색에서 죽음의 창백까지

화려한 응접실에서 수의 입은 관까지

눈 깜빡할 사이, 숨 한번 쉴 사이

오, 교만할 게 무엇이랴 인간의 영혼아.

앤 러틀리지의 무덤

앤 러틀리지가 잠든 오래된 콩코드 공동묘지는 고요한 농장 한가운데 자리한 평화로운 곳이다. 삼면은 밀밭이, 나머지 한 면은 가축들이 풀을 뜯는 포아풀 초원이 둘러싸고 있다. 묘지는 이제 잡목과 덩굴로 뒤덮여 찾는 이가 드물다. 봄이면 메추라기가 보금자리를 틀고, 고요함은 풀 뜯는 양의 울음소리와 메추라기의 지저귐이 방해할 뿐이다.

반세기가 넘도록 앤은 이곳에서 평온히 잠들어 있었다. 그러나 1890년, 4마일 떨어진 피터즈버그에서 한 장의사가 새 묘원을 조성하면서 사태가 달라졌다. 피터즈버그에는 이미 아름답고 편리한 로즈힐 묘원이 있었기에, 새 묘지의 분양은 더디기만 했다. 욕심에 사로잡힌 장의사는 끔찍한 계획을 세웠다. 링컨의 연인 무덤을 파헤쳐 유해를 자신의 묘원으로 옮기면, 땅 팔기가 수월해지지 않겠느냐는 얄팍한 심산이었다.

장의사의 충격적인 자백에 따르면 "1890년 5월 15일경" 그는 앤의 묘를 열었다. 과연 그곳에서 무엇을 발견했을까? 우리는 그 결과를 알고 있다. 피터즈버그의 아주 나이 든 할머니 덕분이다. 그녀는 이 책의 저자에게 이야기를 들려주며 진실성을 담보하는 증명서까지 써주었다. 이 할머니는 앤의 사촌 맥그래디 러틀리지의 딸이다. 맥그래디는 종종 링컨과 들일도 하고 측량도 도우며, 그와 함께 식사도 하고 방도 함께 쓴 사이였다. 그 누구보다 앤을 향한 링컨의 사랑을 잘 알고 있었던 셈이다.

조용한 여름 저녁, 베란다 흔들의자에 앉은 할머니는 이렇게 말했다.

"아버지 말씀이, 앤 사망 후 링컨 씨는 5마일이나 걸어가 무덤에서 오랜 시간을 보냈대요. 그가 걱정돼 무슨 변이라도 날까 봐, 아버지가 무덤으로 가서 집으로 모셔왔다고 해요. … 맞아요, 앤의 묘를 열 때 장의사 옆에 아버지도 있었어요. 자주 이런 말씀을 하셨죠. 관 속에서 발견한 앤의 흔적은 수의에 달린 진주 단추 네 개가 전부였다고."

장의사는 진주 단추 네 개와 주변의 흙을 약간 퍼다가 새 오클랜드 묘원으로 옮겼다. 그러고는 앤 러틀리지가 거기 묻혔다는 소문을 냈다는 것이다.

오늘날 여름철이면 수천 명의 순례자가 자동차를 몰고 이른바 앤의 무덤을 찾아온다. 나는 그들이 네 개의 진주 단추 앞에서 고개 숙여 눈물 흘리는 것을 목격했다. 그 위로는 화강암 비석이 우뚝 서 있고, 에드거 리 마스터스의 『스푼강(江) 시집』에서 따온 시가 새겨져 있다.

> 보잘것없고 이름 없는 내게서
> 영원한 선율이 흘러나오네
> '누구에게도 악의 없이, 모두에게 자비를'[9]
> 내게서 수백만을 향한 용서가 흘러나오네
> 정의와 진리로 빛나는 나라의 자애로운 얼굴도
> 나는 앤 러틀리지, 이 잔디 아래 누워 있네
> 에이브러햄 링컨의 한평생, 사랑받았고
> 결혼이 아닌 죽음으로 그와 맺어졌네

---

[9] 원문은 "With malice toward none, with charity for all"이다. 링컨이 두 번째 대통령 취임사에서 사용해 그의 정치 철학을 대표하는 문구가 되었다. 앞에 나온 노예제 철폐 의지를 드러낸 "hit it hard"(반드시 쳐부수겠다)와 더불어 링컨의 대표적인 표어다.

오, 공화국이여, 영원히 꽃피어라
내 심장의 이 진토에서!

하지만 앤의 신성한 유해는 여전히 옛 콩코드 묘지에 남아 있다. 탐욕스러운 장의사는 감히 그녀의 흙을 가져갈 수 없었다. 앤과 그녀를 향한 추억은 아직도 그곳에 머물러 있다. 메추라기가 노래하고 들장미가 피어나는 곳, 에이브러햄 링컨의 눈물로 신성해진 곳, 그의 심장이 함께 묻혔다고 말했던 곳. 앤 러틀리지 역시 누워 있고 싶어 할 바로 그곳에.

6

스프링필드의 변호사 시절

앤이 세상을 떠난 지 2년 뒤인 1837년 3월, 링컨은 뉴세일럼을 떠나 빌린 말을 타고 스프링필드로 향했다. 그곳에서 "변호사 생활을 실험"해보기 위해서였다. 그의 모든 소유는 말 안장 위 자루 하나에 담겨 있었다. 그래봐야 법전 몇 권과 갈아입을 속옷 서너 벌이 고작이었다. 6.25센트와 12.5센트짜리 동전이 가득한 낡은 푸른색 양말도 챙겼다. 뉴세일럼 우체국장을 그만둘 때 우편요금으로 모아놓은 동전이었다.

스프링필드 첫해, 링컨은 종종 급전이 필요했고 간혹 절실할 때도 있었다. 먼저 쓰고 나중에 갚을 수도 있었겠지만, 그건 정직하지 못하다고 여겼다. 우체국 감사가 공금 정산을 위해 찾아왔을 때, 그는 정확한 금액은 물론 지난 몇 년간 우체국장 시절에 받은 동전까지 고스란히 건넸다.

식료품 가게 빚을 모두 떠안은 링컨

스프링필드에 도착한 날 아침, 그의 주머니엔 자유롭게 쓸 돈이 한 푼도 없었다. 설상가상으로 그는 1,100달러의 빚을 안고 있었다. 베리와 함께 뉴세일럼에서 운영하다 망한 가게 때문에 짊어진 손실이었다. 그런데 베리마저 과음으로 세상을 뜨는 바람에, 그 부채를 링컨 혼자 떠안게 된 것이다.

엄밀히 말해 링컨은 그 빚을 반드시 갚아야만 하는 건 아니었다. 분할 책임이나 파산을 주장하며 빠져나갈 구멍은 있었다.

하지만 그것은 링컨의 방식이 아니었다. 그는 채권자들을 일일이 찾아가 충분한 시간만 준다면 이자까지 쳐서 다 갚겠다고 약속했다. 피터 밴 버겐 한 사람을 빼고는 모두 동의했다. 버겐은 즉시 소송을 제기해 판결을 받아내, 링컨의 말과 측량 기구를 경매에 넘겼다.

나머지 채권자들은 인내했고, 링컨은 이후 14년간 허리띠를 졸라매며 그들과의 약속을 이행해나갔다. 1848년 연방 하원의원이 되어서도, 급여 일부를 본가에 보내, 식료품 가게의 마지막 빚까지 말끔히 청산했다.

스프링필드에 도착한 날, 그는 공공 광장 북서쪽 구석의 조슈아 스피드 잡화점 앞에 말을 매었다. 다음은 스피드의 육성 증언이다.

> 그는 빌린 말을 타고 마을에 들어와 유일한 가구점을 찾아 1인용 침대 틀을 주문했다. 내 가게에 들어와 안장 자루를 카운터에 올려놓고 침대 틀에 필요한 장식 가구 비용을 물었다. 석판과 연필을 꺼내 계산해보니 17달러였다.
>
> 그가 말했다. "싸네요. 하지만 지금은 돈이 없습니다. 크리스마스까지 외상으로 해주시면, 변호사 일이 잘 풀리면 갚겠습니다. 실패하면 영영 못 갚을 수도 있고요." 그의 목소리가 너무 처량해 안쓰러웠다. 그의 얼굴을 자세히 보니, 그처럼 어둡고 우울한 얼굴은 난생처음이었고, 그때나 지금이나 같은 생각이다.
>
> 나는 제안했다. "그 정도 빚에도 걱정이 되는 것 같으니, 빚 안 지고도 목

적을 이룰 방도를 하나 일러주겠소. 내 방이 굉장히 크고 더블 침대도 있거든. 마음만 내킨다면 얼마든지 나눠 쓰면 됩니다."

"방이 어디 있나요?" 그가 물었다.

"이층입니다." 계단을 가리켰다.

그는 말없이 안장 자루를 들고 올라가 내려놓더니, 환한 얼굴로 내려와 외쳤다.

"자, 스피드, 이사 끝났습니다."

그렇게 링컨은 이후 5년 반을 스피드와 함께 2층의 더블 침대를 썼고, 집세는 한 푼도 내지 않았다.

그 뒤로는 또 다른 벗 윌리엄 버틀러가 자기 집에 들여 5년간 먹이고 재우고 옷까지 해 입혔다.

형편 될 때는 링컨이 얼마간의 숙식비를 냈겠지만, 뭐라고 따로 정한 건 없었다. 모든 것은 친구들 사이의 즉흥적 결정이었다. 그는 하나님께 이런 행운에 대해 감사드렸다. 버틀러와 스피드의 도움이 없었다면, 변호사로서의 첫발을 제대로 뗄 수 없었을 테니까.

링컨은 스튜어트[10]란 변호사와 공동으로 법률사무소를 꾸렸다. 스튜어트는 대개 일리노이 정가를 어슬렁거리느라 사무실 일은 주로 링컨 몫이었다. 사실 볼일도 많지 않았고, 명함만 번지르르했지 집기라고는 "작고 지저분한 침대, 버팔로 가죽 무릎담요, 의자 하나, 긴 의자 하나"가 전부였다. 서가 비슷한 것에 법전 몇 권이 꽂혀 있을 뿐이었다.

---

10 스튜어트는 블랙호크 전쟁 때 링컨과 함께한 지원병이자 휘그당(공화당의 전신) 소속이었다. 링컨과의 동업은 1837년부터 1841년까지 이어졌다. 1839년 스튜어트가 연방 하원의원에 당선되면서 법률사무소 업무는 거의 링컨이 도맡았다. 한편 링컨은 1836년 9월 일리노이 대법원에서 변호사 자격을 획득했다. 스튜어트는 훗날 링컨의 부인이 될 메리 토드의 사촌이기도 했다.

사무실 기록에 따르면 개업 첫 6개월 동안 수임료는 고작 다섯 건뿐이었다. 2.5달러짜리 한 건, 5달러짜리 두 건, 10달러짜리 한 건이었고, 나머지 한 건은 겉옷 한 벌로 대신 받았다.

낙담한 링컨은 어느 날 스프링필드에 있는 페이지 이턴의 목공소를 찾아가 목수 일을 해볼까 심각하게 고민하고 있노라 털어놨다. 몇 년 전 뉴세일럼에서 법률을 공부하던 시절에는 그만 포기하고 대장장이나 될까 진지하게 생각했던 적도 있었다.

스프링필드에서의 첫해는 외로웠다. 해 질 녘 스피드 가게 뒷마당에 모여 정치 얘기로 시간을 때우던 이들이 그가 만난 전부였다. 일요일에는 일부러 교회에 가지 않았다. 그런 멋진 예배당에선 어떻게 처신해야 할지 몰라서였다고 했다.

그해 고작 한 여성만이 그에게 말을 걸었다. 한 벗에게 보낸 편지에서 "그 여자도 비껴갈 길만 있었다면 절대 말 걸지 않았을 거예요"라고 적었다.

메리 토드와의 만남

그러나 1839년, 한 여인이 마을에 나타나 그에게 말을 걸 뿐 아니라 첫눈에 반해 결혼까지 결심하고 말았으니, 그녀가 바로 메리 토드였다.

누군가 링컨에게 토드 가문은 왜 성을 그리 쓰느냐고 묻자, 그가 받아쳤다. "하나님(God)은 d 하나로 충분한데, 토드(Todd) 집안은 둘이나 필요한 모양이오."

토드 일가는 족보가 서기 6세기까지 올라간다며 으스대곤 했다. 메리의 할아버지와 증조부, 작은아버지들은 장군에 주지사를 지냈고, 그중 한 분은 해군 장관을 역임하기도 했다. 그녀 자신도 켄터키 렉싱턴의 명문 프랑스 학교에서 수학했다. 그 학교는 마담 빅토리 샬로트 르 클레르 망텔과 남편이 운영하는 학교였는데 교장 부부는 프랑스 귀족 출신으로, 혁명기에 단두대를 피해 파리에서 도망쳐 온 인물들이었다. 이들은 메리에게 완벽한 불어 발음과 코티용 춤, 시르카시안 서클 춤을 가르쳤다. 베르사유 궁전에서 비단옷을 차려입은 신하들이 추던 춤들이었다.

그녀는 도도하고 자존심 강한 태도를 지닌 여인이었다. 자신의 우월한 신분을 자랑스러워했고, 언젠가는 대통령이 될 남자와 결혼하리라 확신해왔다. 황당무계한 소리였지만 그녀는 그렇게 믿을뿐더러 공공연히 입에 올렸다. 어리석은 얘기에 사람들은 웃음을 터트리고 흉을 보았지만, 무엇도 그녀의 믿음과 자부심을 꺾지 못했다.

언니는 메리에 대해 이렇게 말했다. "동생은 화려함과 과시, 장엄함, 권력을 사랑해요. 내가 아는 여자 중 가장 야심만만한 사람이죠."

불행히도 메리는 폭발하기 쉽고 통제하기 힘든 성질까지 지녔다. 1839년 어느 날, 계모와 심한 언쟁 끝에 격분해 현관문을 쾅 닫고 나와, 스프링필드로 시집간 언니 집으로 향했다.

장차 대통령이 될 남편감을 찾으려 했다면, 그녀가 선택한 장소는 그야말로 적격이었다. 당시 전 세계 어디에도 일리노이 스프링필드만큼 그녀의 꿈을 이루기에 안성맞춤인 곳은 없었기 때문이다. 사실 스프링필드는 그저 지저분하고 자그마한 변경 마을에 불과했다. 나무 한 그루 없는 벌판에 초라하게 들어선 동네였다. 포장도로도, 가로등도, 인도도, 하수도도 없었다. 소 떼가 길거리를 활보하고 돼지들이 도로 진흙탕에서 뒹굴며, 썩은 오물들이 여기저기 쌓여 악취를 풍겼다. 인구는 고작 1,500명이었으나, 1860년 대선의 양당 후보가 될 청년 둘이 바로 이 마을에 살고 있었으니, 훗날 얘기지만 스티븐 더글러스는 민주당 북부[11]의 대선 주자로, 에이브러햄 링컨은 공화당 후보로 나서게 된다.

이 두 남자는 메리 토드를 만나 동시에 구애했고, 그녀는 두 사람 모두의 품에 안기기도 했다. 나중에 그녀는 예전에 둘 다에게 청혼받았노라 말하곤 했다.

누구와 결혼할 것이냐는 물음에 메리는 늘 이렇게 답했다(언니의 증언이 그랬다). "대통령이 될 가능성이 가장 높은 이와 하겠어요."

이건 사실상 더글러스와 결혼하겠다는 뜻이나 다름없었다. 당시 정치적 전망만 놓고 보면 그가 링컨보다 백배는 앞서 있었다. 스물여섯[12]밖에 안 된 더글러스는 벌써 '작은 거인'이란 별명을 얻고 주정부 국무장관까지 지냈건만, 링컨은 스피드 가게 다락방에 얹혀살며 하숙비조차 제때 못 내는 궁핍한 변호사에 불과했다.

더글러스는 에이브 링컨이 일리노이주 경계를 넘어 이름을 떨치기 훨씬 전에 벌써 전국구 정치인으로 부상하게 될 운명이었다. 실제로 그가 대통령에 당선되기 2년 전만 해도 보통의 미국인들이 링컨에 대해 아는 것이라곤 명석하고 강력한 스티븐 더글러스와 언쟁을 벌인 인물이라는 정도였다.

메리의 친척들은 그녀가 링컨보다 더글러스를 더 좋아한다고 생각했다. 아마 실제로도 그랬을 것이다. 더글러스는 링컨보다 훨씬 더 여자의 비위를 잘 맞추는 남자였다. 개인적인 매력도 더 많았고, 앞날의 전망도 더 좋았고, 매너도 더 뛰어났으며, 게다가 사회적 지위도 더 높았다.

게다가 황금빛 음성에, 검은 퐁파두르(머리카락을 이마 뒤로 모두 넘기는 올

---

11 1860년 대통령 선거에서 민주당은 북부의 더글러스 외에 남부를 대변하는 존 브레킨리지까지 후보로 내세워 분열했다. 입헌통일당(Constitutional Union Party, 1860년 대선 당시 노예제 문제에 대해 중립적인 입장을 취하며, 연방 헌법을 수호하고 연방의 통합을 유지하는 것을 주요 목표로 삼았다) 역시 존 벨을 후보로 띄워 4파전 양상을 빚었다. 결국 링컨은 민주당의 분열 덕에 대통령에 당선될 수 있었다.

12 링컨보다 네 살 아래이다.

백 머리) 스타일의 물결 머리를 하고서는 월츠를 기막히게 추었다. 메리에게는 가끔 화려한 찬사를 아끼지 않았다.

더글러스야말로 메리가 꿈꾸던 남자였다. 거울 앞에서 "메리 토드 더글러스"라 속삭이는 순간, 이름은 놀랍도록 근사하게 들렸다. 곧 황홀한 상상에 빠졌고, 더글러스와 함께 백악관에서 왈츠를 추는 자신을 그려보기도 했다.

그녀에게 구애하던 중에 어느 날, 더글러스는 스프링필드 공공 광장에서 한 신문 편집인과 싸움을 벌였다. 그는 메리의 가장 친한 벗의 남편이기도 했다. 어쩌면 메리는 더글러스에게, 그런 싸움은 품위 없는 행동이라 일렀을지 모른다.

술 취한 후의 주사(酒邪)도 꾸짖었을 것이다. 연회장에서 술에 절어 테이블 위로 올라가 춤추려 하고, 고래고래 소리 지르며 노래하고, 와인잔과 칠면조 구이, 위스키병과 수프 접시를 발로 걷어차 바닥에 내동댕이치는 따위의 짓들 말이다. 더글러스가 메리를 만나는 동안 다른 아가씨와 춤이라도 추면 그녀는 언짢은 기색을 감추지 않았다.

두 사람의 로맨스는 결국 좌절로 끝났다. 링컨 전기 작가 비버리지 상원의원은 이렇게 말했다.

> 한때 더글러스가 메리에게 청혼했다가 성격 문제로 거절당했다는 소문도 돌았다. 하지만 그런 얘기는 흔히 있는 자기 위안용 프로파간다에 불과했다. 그때부터 이미 영리하고 눈치 빠르며 세상 물정에 밝았던 더글러스가 미스 토드에게 결혼을 제안한 적은 없었던 것이다.

크게 실망한 메리는 더글러스의 정적 에이브러햄 링컨에게 관심을 보이는 척하며 그의 질투심을 자극해보려 했다. 그러나 별다른 반응이 없자,

이번엔 링컨을 본격적으로 사로잡을 계획을 세웠다.

메리의 언니 에드워즈 부인은 나중에 두 사람의 구애에 대해 이렇게 회고했다.

> 종종 그들이 앉아 있는 방에 들어가곤 했죠. 메리가 늘 대화를 주도했어요. 링컨 씨는 그저 곁에 앉아 귀 기울일 뿐이었죠. 좀처럼 입을 열지 않고 마치 어떤 보이지 않는 힘에 이끌려 그녀만 바라보고 있었어요. 메리의 재치와 활기찬 지성에 매료된 듯했죠. 메리 같은 숙녀와 끊임없이 대화를 주고받기엔 역부족으로 보였어요.

그해 7월, 몇 달 전부터 소문에 무성하던 휘그당의 대규모 집회에 참석하려는 인파가 스프링필드로 밀려들어 거리를 가득 메웠다. 수백 마일 밖에서부터 당기(黨旗)를 펄럭이며 악대 소리를 앞세운 행렬이 도착했다. 시카고 대표단은 이동용 소형 범선을 타고 일리노이 절반을 향해해 왔다. 갑판에선 음악이 흘러나오고 여인들은 춤을 추었으며, 대포는 허공을 향해 축포를 쏘아 올렸다.

민주당은 휘그당 후보 윌리엄 해리슨을 "통나무집에 처박혀 독한 사과술이나 마시는 노망난 할망구"라며 조롱했다. 이에 휘그당 측은 통나무집을 바퀴 위에 얹어 황소 서른 마리로 끌게 하고는 시내를 행진했다. 히코리 나무가 오두막 옆에서 흔들렸고 너구리가 그 위를 뛰놀았으며, 현관 앞에는 누구든 퍼마실 수 있게 독한 사과술 통이 큼직하게 놓였다.

날이 저물자 링컨은 환한 햇불 아래서 정견 연설을 했다.

어느 집회에선 그가 속한 휘그당이 표면적으로는 서민의 표를 호소하면서도 내심 멋들어진 옷을 차려입은 귀족 정당이라는 비난을 받기도 했다. 이에 링컨은 이렇게 응수했다.

"전 가난하고 이름 없고 벗 없고 무학인 청년으로 이 일리노이에 와서, 한 달에 8달러를 받고 평저선에서 일했습니다. 바지는 한 벌뿐이었는데 그것도 사슴 가죽으로 만든 것이었습니다. 비에 젖고 햇볕에 마르기를 반복하니 쪼그라들 대로 쪼그라들더군요. 계속 줄어들어 바짓단과 양말 윗부분 사이로 정강이가 앙상하게 드러나고 말았습니다. 키가 자라는 동안 바지는 계속 오그라들어 결국 종아리에 푸른 줄을 남겼는데, 오늘날까지 남아 있습니다. 이런 사람을 화려한 옷을 입은 귀족이라고 매도한다면, 기꺼이 받아들이겠습니다."

군중은 휘파람을 불며 함성을 질렀고 "말 한번 잘했다!"를 연호했다.

링컨과 메리가 에드워즈 집에 도착했을 때, 메리는 그가 정말 자랑스럽고 훌륭한 연설가이며 언젠가 대통령이 될 거라며 칭찬을 아끼지 않았다.

링컨은 그녀를 내려다보았다. 달빛 아래 그의 곁에 선 그녀는, 온몸으로 모든 걸 말하고 있었다. 그는 두 팔을 벌려 그녀를 끌어안고 부드럽게 입을 맞췄다.

결혼식 날짜는 1841년 1월 1일로 잡혔다.

불과 6개월 앞이었지만, 그때까지 많은 풍파가 일고 또 몰아칠 터였다.

7

메리 토드와의 약혼과 파혼

메리 토드는 약혼하자마자 링컨의 습관을 고치려 들었다. 옷 입는 법이 못마땅했던 것이다. 종종 그를 친정아버지와 비교하곤 했다. 지난 12년 간 거의 매일 아침, 로버트 토드[13]가 렉싱턴 거리를 활보하는 모습을 지켜봐 왔다. 손잡이에 금장식이 박힌 지팡이를 든 채, 푸른 포플린 웃옷에 흰 리넨 바지를 입고 바짓단은 부츠 속으로 집어넣어 끈으로 동여맸다. 반면 링컨은 더운 날엔 상의를 벗어 던지고, 심지어 목 컬러도 두르지 않을 때가 있었다. 멜빵은 하나뿐이고 단추가 떨어지면 나뭇가지를 깎아 대신 꿰는 지경이었다.

이런 거친 행색은 메리를 짜증 나게 했고, 그녀는 거리낌 없이 불만을 드러냈다. 불행히도 요령이나 재치, 부드러운 화법 따위는 없었다. 렉싱턴의 마담 빅토리 샬로트 르 클레르 망텔 학교에서 코티용 춤은 배웠어도

---

[13] 메리의 아버지는 사위 링컨을 각별히 아껴, 결혼 후 매달 150달러를 지원했고 작고할 때까지 중단하지 않았다.

대인술은 익히지 못한 탓이었다. 그래서 그녀는 남자의 사랑을 망치는 가장 확실하고 빠른 수단, 즉 잔소리를 늘어놓기 시작했다. 링컨은 몹시 불편해졌고 점차 그녀를 피하게 되었다. 전에는 일주일에 두어 번 저녁마다 만나곤 했는데, 이젠 열흘이 지나도록 얼굴 한번 보기 어려웠다. 메리는 불평 가득한 편지를 보내 그의 무관심을 나무랐다.

그러던 중 마틸다 에드워즈가 스프링필드를 찾아왔다. 키 크고 당찼으며 매력적인 금발이었다. 메리의 형부 니니언 에드워즈의 사촌으로, 널찍한 에드워즈 저택에 거처를 정했다. 링컨이 메리를 보러 올 때면 일부러 그의 관심을 끌려 애썼다. 파리 억양으로 불어를 하진 못하고 시르카시안 서클 춤도 출 줄 몰랐지만, 남자 다루는 법쯤은 알고 있었다.

링컨은 그녀를 무척 마음에 들어 했다. 마틸다가 있는 자리에서는, 메리의 말이 링컨의 귀에 들어오지 않는 듯했다. 메리는 이게 못마땅했다. 한번은 링컨이 메리를 무도회에 데려갔다. 그러나 그는 춤을 즐기지 않아 메리더러 다른 남성들과 춤추라 하고, 자신은 한편에 앉아 마틸다와 이야기를 나누었다.

메리는 그가 마틸다를 사랑한다며 비난했고, 링컨은 부인하지 않았다. 그녀는 눈물을 터뜨리며 앞으로 마틸다를 쳐다보지도 말라고 요구했다. 한때 순조롭던 연애는 갈등과 불화, 비난으로 물들어갔다.

이제 링컨은 깨달았다. 둘은 교육과 배경, 성정, 취향, 인생관 등 모든 면에서 정반대라는 것을. 서로 끊임없이 자극하고 있었다. 이 약혼을 파기하지 않으면 결혼 생활은 비참할 게 뻔했다.

메리와의 심각한 불화

그녀의 언니 내외도 비슷한 결론에 이르렀다. 메리에게 결혼 생각을 접으라 권했다. 둘은 도저히 맞지 않아 행복할 리 없다고 경고했다.

그러나 메리는 들으려 하지 않았다.

몇 주 동안 고통스러운 진실을 털어놓기 위해 마음을 다잡던 링컨은, 어느 날 밤 스피드의 가게로 들어섰다. 그는 말없이 벽난로 쪽으로 다가가 주머니에서 한 통의 편지를 꺼내며, 스피드에게 읽어보라고 건넸다. 스피드는 당시를 이렇게 회고한다.

그 편지는 메리 토드에게 보내는 것으로, 솔직한 마음을 털어놓은 내용이었다. 그녀를 충분히 사랑하지 않는 이상 결혼할 수 없다는 게 결론이었다. 그는 내가 대신 편지를 전해주길 바랐다. 내가 거절하자 다른 사람에게 부탁하겠다고 했다. 이 편지를 전하는 순간 미스 토드가 우위에 서게 될 거라고 나는 그에게 말했다. "대화는 금방 잊히고 오해할 수 있지만, 글로 남기면 영원히 당신에게 불리한 증거가 됩니다." 그렇게 말하고 나는 그 불길한 편지를 벽난로 속으로 던져버렸다.

그래서 우리는 링컨이 그녀에게 정확히 뭐라 썼는지 알 수 없다. 하지만 비버리지 의원의 말마따나 짐작하는 일은 어렵지 않다. 미스 오언스에게 보낸 마지막 편지만 봐도 능히 유추할 수 있기 때문이다.

링컨과 오언스의 일화는 4년 전으로 거슬러 올라간다. 오언스는 에이블 부인의 여동생으로, 링컨이 뉴세일럼 시절부터 알던 사이였다. 1836년 가을, 에이블 부인은 켄터키의 고향에 들르면서, 만약 그가 장가들 마음이 있다면 여동생과 함께 일리노이로 돌아오겠다고 링컨에게 제안했다.

링컨은 3년 전에 만나본 적이 있으므로 좋다고 했고, 얼마 뒤 그녀가 도착했다. 얼굴도 아름답고 매너도 세련되었으며 제법 배웠고 재산도 있었다. 하지만 정작 대면하고 보니 결혼할 마음이 들지 않았다. "너무 적극적으로 나온다"라는 생각이 들었던 것이다. 더욱이 한 살 연상에 키는 작고

몸은 뚱뚱했다. 링컨은 이렇게 말했다. "폴스태프[14]에게나 어울릴 배필이군요."

"전혀 맘에 들지 않소. 이제 어찌해야 하겠소?" 링컨이 토로했다.

에이블 부인은 안달복달하며 약속을 지키라고 재촉했다. 그러나 링컨은 아랑곳하지 않았다. 그런 약속을 한 걸 "계속 후회하고" 있으며 "교수형을 앞둔 아일랜드인"처럼 결혼을 피하려 했다. 그는 약속에서 벗어나고자 오언스 양에게 솔직하고 요령 있게 진심을 전하는 편지를 썼다. 아래는 그중 하나로, 1837년 5월 7일 스프링필드에서 쓴 것이다. 이를 통해 링컨이 메리 토드에게 쓰려던 내용도 짐작할 수 있다.

> 친애하는 메리에게,
>
> 이 편지를 부치기 전에 두 통을 썼다가 절반도 못 채우고 찢어버렸소. 첫 번째는 충분히 진지하지 못했고, 두 번째는 지나치게 무거워서 그랬습니다. 이번엔 어찌 되었든 보내기로 했소.
>
> 곰곰 생각해보면 스프링필드에서의 나날은 다소 지루하오. 적어도 내겐 그렇소. 다른 곳에서와 마찬가지로 여기서도 나는 매우 외롭습니다. 이곳에 와서 말을 건 여자는 단 한 명뿐, 그것마저 피할 수 있었다면 피했을 겁니다. 지금껏 교회에 간 적도 없고 앞으로도 당분간은 그러려 합니다. 어떻게 처신해야 할지 몰라 의도적으로 피하는 중이라서 그렇소. 당신이 스프링필드에서 살게 될 모습을 자주 상상해봤지만 만족하지 못할 것 같다는 생각이 듭니다. 화려한 마차가 줄지어 다니지만, 정작 그 화려

---

14 폴스태프는 셰익스피어의 역사극 『헨리 4세』에 등장하는 익살맞고 뚱뚱한 악한이다. 왕자에게 병사 모집 자금을 받았으나 횡령하고는 어중이떠중이를 긁어모아 군대라 우기는 인물이다. 당대에도 영국인들의 큰 사랑을 받아, 엘리자베스 여왕이 특별히 그를 재등장시키는 연극을 주문하기까지 했는데 그것이 바로 셰익스피어의 『윈저의 유쾌한 아낙네들』이다.

함을 누리지는 못하고 그저 바라만 봐야 한다면 괴로울 테니까요. 궁핍을 감출 수단이 없다면 가난하게 살 수밖에 없소. 그런 삶을 견뎌낼 수 있겠소?

한 여인이 나와 함께하려 한다면 온 힘을 다해 그녀를 행복하고 흡족하게 해줘야 한다는 게 내 생각입니다. 그렇게 하지 못한다면 그보다 나를 비참하게 할 일도 없을 거요. 당신과 함께라면 지금보다 훨씬 더 행복할 거예요. 물론 당신도 행복해한다면 말이에요.

당신이 내게 한 말이 농이었다면, 혹은 내가 오해했다면 이제 그만 잊읍시다. 아니라면 결정에 앞서 깊이 생각해주오. 난 이미 결심했소. 원한다면 한 말을 지키겠지만, 바라지는 않소. 당신은 고달픈 인생에 익숙지 않소. 이곳 생활이 당신 예상보다 훨씬 힘들 수도 있소. 당신이라면 올바른 판단을 내릴 지혜가 있다고 믿소. 섣불리 결정 내리지 말고 깊이 고민해주오. 어떤 결론이든 따르겠소.

이 편지를 받고 상세히 회신해주시기 바랍니다. 그것으로 충분합니다. 다 쓰고 읽어보면 별로 흥미롭지 않을지 모르지만 이 번잡한 불모지에선 편지가 큰 위안이 됩니다. 당신 언니에겐 더는 이곳을 정리하고 떠나자는 말을 듣고 싶지 않다 전해주오. 생각할수록 울적해집니다.

링컨 드림

이제 링컨과 메리 오언스[15]의 얘기는 이 정도로 하고 메리 토드로 돌아가 보자. 스피드는 링컨이 미스 토드에게 쓴 편지를 벽난로에 던져 버린

---

15 메리 오언스는 훗날 빈야트 씨와 결혼했는데, 링컨 서거 후 이렇게 말했다. "링컨 씨에게는 여인의 행복이라는 큰 사슬에서 작은 고리가 빠져 있었다고 봅니다." 즉, 여자를 행복하게 만드는 데 필요한 작지만 중요한 무언가가 부족했다고 본 것이다. 링컨 자신이 우울한 기질을 타고났기에 불행한 여성을 행복하게 해주려 애쓰는 성정의 남자는 아니었던 듯하다.

뒤 친구이자 동거인에게 말했다.

"자, 이제 사내답게 용기를 내 직접 메리를 만나게. 그녀를 사랑하지 않으니 결혼할 수 없다고 말하게. 장황하게 하진 말고, 가능한 한 빨리 자리를 뜨게."

이어서 스피드는 이렇게 말했다. "이 충고를 들은 그는 상의 단추를 채우고 단호한 얼굴로 내가 지시한 무거운 임무를 수행하러 밖으로 나갔다." 이후의 전말에 대해서는 헌던은 이렇게 전한다.

그날 밤 스피드는 우리와 함께 2층 침실로 가지 않고 글을 읽겠다며 아래층 가게에 남았다. 그는 링컨이 돌아오기를 기다렸다. 밤 10시가 지나도록 미스 토드와의 만남은 끝나지 않았다. 드디어 11시 직전, 링컨이 느릿느릿 가게로 들어왔다. 스피드는 링컨의 긴 체류 시간으로 보아 자신의 조언을 따르지 않았음을 직감했다.

"이봐, 오랜 친구, 내가 시킨 대로 했나?" 스피드가 곧바로 물었다.

"그래, 그렇게 했지." 링컨이 생각에 잠기며 말했다. "메리에게 사랑하지 않는다고 하니, 그녀가 울음을 터뜨리며 의자에서 튀어나올 듯 괴로워하더군. 손을 비틀며 '남을 속이는 자는 결국 자신도 속임을 당한다'는 식의 말을 했다네." 링컨은 말을 멈췄다.

"그래서 자네는 뭐라고 했나?" 스피드가 더 캐물었다.

"스피드, 자네에게 있는 그대로 말하자면, 나로서는 정말 감당이 안 되었네. 내 뺨에서도 눈물이 흘러내렸다네. 나는 그녀를 내 품에 안고 키스했어."

"뭐? 그게 파혼하는 방식이란 말인가?" 스피드가 비웃었다. "자네는 바보 노릇을 했을 뿐만 아니라 자네의 그런 행동은 약혼을 확인해주는 거나 다름없어. 이젠 예의상 취소할 수도 없게 됐어."

"할 수 없지." 링컨이 천천히 말했다. "약혼을 확인했다면 한 거지. 약속했으니 지켜야겠지."

몇 주가 흘러 결혼식 날짜는 다가왔다. 재봉사들은 메리의 신부 예복을 만드느라고 열심이었다. 에드워즈의 저택은 새로 페인트를 칠하고 거실은 재단장했으며, 카펫은 손을 보고 가구는 광을 내어 제자리에 배치했다.

결혼식에 나타나지 않은 링컨

그러나 링컨에게는 끔찍한 일이 벌어지고 있었다. 묘사하기 힘든 징조였다. 깊은 우울증은 보통의 슬픔과는 차원이 다른 것으로, 정신과 육체 모두를 휘어잡는 무시무시한 질병이었다.

링컨은 나날이 우울의 늪으로 빠져들고 있었다. 거의 정신이 나갈 지경이었다. 그 말로 형언할 수 없는 고통을 몇 주씩 겪고도 엄청난 후유증에서 회복될 수 있을지 의문이었다. 마음은 메리 토드와의 결혼에 전적으로 동의했건만, 영혼이 완강히 거부하고 있었다. 이를 인지하지 못한 채 그는 도피처를 찾았다. 가게 2층 방에 몇 시간이고 멍하니 앉아 있었다. 법률 사무실도, 주의회 모임도 나갈 생각이 들지 않았다. 때론 새벽 3시에 일어나 아래층에 내려가 벽난로에 불을 지피고 동이 틀 때까지 멍하니 불꽃만 쳐다보기도 했다. 식욕을 잃었고 체중이 줄어들기 시작했다. 과민해지고 사람들을 피하며 말수가 없어졌다.

그는 이제 다가오는 결혼식을 생각하기만 해도 오싹했고 차일피일 미루게 되었다. 머릿속은 어둠의 소용돌이에 빠진 것 같았고, 정신을 잃을까 봐 두려웠다. 신시내티의 대니얼 드레이크 박사에게 편지를 써 자신의 증상을 설명하고 치료법을 알려달라 호소했다. 드레이크는 신시내티 대학 의학부 부장 교수였고 서부 최고의 의사였다. 그는 직접 진찰하지 않고는 처방할 수 없다는 회신을 보내왔다.

결혼식은 1841년 1월 1일로 잡혀 있었다. 날은 아주 화창하게 밝아왔다. 스프링필드 상류층은 썰매를 타고 돌아다니면서 신년 인사를 했다. 말들의 콧구멍에서는 김이 모락모락 피어올랐고, 작은 방울 소리가 공기를 가득 채웠다.

에드워즈 저택에선 마지막 준비로 야단법석이 한창 진행 중이었다. 심부름꾼은 막판에 주문한 잡다한 물건들을 뒷문에 쌓아두느라 분주했다. 결혼 피로연을 위해 특별 요리사를 고용했다. 저녁 식사는 낡은 화덕 오븐 대신 막 들여온 신식 스토브에서 만들 참이었다.

설날 초저녁, 은은한 촛불과 감탕나무 화환이 창가를 수놓았다. 온 저택이 흥분과 기대감에 숨을 죽였다.

6시 30분, 축하객들이 밝은 얼굴로 모여들기 시작했다. 6시 45분, 목사가 교회 전례서를 옆구리에 낀 채 당도했다. 화분과 색색의 꽃이 늘어서 있었다. 벽난로에선 장작이 타오르며 밝은 불빛을 내뿜었다. 집 안은 즐겁고 다정한 잡담으로 시끌벅적했다.

7시가 되었다. … 7시 반. 링컨은 도착하지 않았다. … 늦고 있었다. 시간이 흘러갔다. … 15분, 한 시간이 지났다. … 신랑은 여전히 오지 않았다. 에드워즈 부인은 현관에 나가 긴장한 얼굴로 거리를 바라보았다. 무슨 일이지? 설마? 아니야! 그럴 리 없어! 상상조차 하기 싫었다!

가족들은 응접실로 물러나 귓속말을 주고받으며 급히 상의했다.

옆방에선 면사포를 쓰고 비단 드레스를 입은 메리 토드가 기다리고 또 기다렸다. … 머리에 꽂은 꽃을 조바심 나게 만지작거리며. 창가로 다가가 길을 자꾸만 내려다보았다. 손바닥엔 땀이 배어 나오고 이마에도 송글송글 맺혔다. 다시 한 시간이 느릿느릿 지나갔다. 그는 약속했었다. 분명히….

9시 반, 하객들이 하나둘 자리를 뜨기 시작했다. 궁색해하고, 의아해하며, 당황해하면서.

마지막 하객마저 사라지자 예비 신부는 베일을 벗어 던지고 머리의 꽃을 바닥에 내팽개쳤다. 훌쩍이며 2층으로 올라가 침대에 쓰러졌다. 비통함에 가슴이 찢어질 듯했다. 아, 하나님! 사람들은 뭐라고 할까? 그녀는 웃음거리가 될 것이었다. 동정과 치욕의 대상이 될 것이었다. 부끄러워 거리도 활보할 수 없을 것이다. 슬픔과 분노의 거대한 물결이 그녀를 덮쳤다. 어느 순간 링컨이 나타나 꼭 껴안아주길 바랐다. 하지만 다음 순간엔 그에게 떠안긴 고통과 수치심에 그를 죽여버리고 싶었다.

도대체 링컨은 어디 있는 걸까? 뜻밖의 사정이라도 있었나? 사고를 당한 걸까? 달아난 것일까? 자살한 건가? 아무도 알 길이 없었다.

자정에 제등을 든 사람들이 도착했고 수색대가 여러 갈래로 흩어졌다. 일부는 그가 자주 가는 곳을, 일부는 시골로 통하는 길을 샅샅이 뒤졌다.

8

링컨의 우울증

밤새도록 계속된 수색 끝에 동틀 무렵 링컨을 그의 법률 사무실에서 발견했다. 정신이 오락가락한 채 혼잣말을 중얼거리고 있었다. 친구들은 그가 미쳐버린 게 아닌가 걱정했다. 메리의 친척들은 벌써 정신이 나갔다며, 그래서 결혼식에 나오지 않은 거라 단언했다.

의사 헨리를 급히 불렀다. 링컨이 자살하겠다고 위협하자 의사는 스피드와 버틀러에게 그를 밀착 감시하라 지시했다. 앤 러틀리지가 세상을 떴을 때처럼 그의 주머니칼을 빼앗았다.

헨리 의사는 정신을 집중할 무언가가 필요하다며 주의회에 열심히 출석하라고 권했다. 휘그당 원내대표로서 당연한 의무이기도 했다. 하지만 기록에 따르면 3주간 겨우 4번 모습을 드러냈고, 그마저도 한두 시간 얼굴만 비추는 게 고작이었다. 1841년 1월 19일에 존 하딘이 그의 병증을 의회에 보고할 지경이었다.

결혼식에서 달아난 지 3주 만에 링컨은 법률 사무소 파트너인 스튜어트에게 생애 가장 비통한 편지를 써 보냈다.

나는 지금 이 세상에서 가장 비참한 사람입니다. 제 슬픔을 인류 모두에게 고루 나눠 준다면 이 땅에 행복한 이는 단 한 명도 남지 않을 겁니다. 앞으로 좋아질지 저도 모르겠습니다. 좋아지지 않으리라는 무서운 예감이 듭니다. 그렇다고 이대로 있을 순 없으니, 회복되든 죽든 둘 중 하나겠지요.

2년 동안 메리를 피해 다니다

고 윌리엄 E. 바튼 박사는 그의 유명한 링컨 전기에서 이렇게 평했다. "이 편지는 에이브러햄 링컨이 얼마나 큰 정신적 혼란을 겪고 있었는지를 잘 보여준다. … 제정신을 유지할 수 있을지 그 자신조차 심각하게 의심하고 있었던 것이다."

그는 이제 죽음에 집착했고, 자살을 노래한 시를 써서 『생거먼 저널』에 발표하기까지 했다.

스피드는 링컨이 목숨을 끊을까 봐 두려워 그를 루이빌 근처의 본가로 데려갔다. 그에게 성경 한 권과 조용한 방을 마련해주었는데, 창밖으로는 초원을 구불구불 돌아 1마일 밖 숲으로 이어지는 작은 시내가 보였다. 매일 아침 흑인 노예가 잠자리에 커피를 가져다주었다.

메리의 언니 에드워즈 부인은 동생에게 충고했다. "몸가짐을 바르게 하고 링컨의 마음을 풀어주려면 편지를 써서 약혼에서 해방시켜 주겠다고 해." 그러나 그렇게 풀어주면서도 메리는 "원한다면 관계를 재개할 특권을 주겠다"라는 말을 덧붙였다고 에드워즈 부인은 말했다.

하지만 링컨은 그런 특권을 전혀 바라지 않았다. 다시는 그녀를 만나고 싶지 않았다. 결혼식 파탄 이후 1년이 흘렀지만 그의 상태는 나아지지 않았다. 그의 친구 제임스 매트니는 "링컨이 자살할지도 모른다"라고 우려할 정도였다.

"치명적인 1841년 1월 1일" 이후 거의 2년간 링컨은 메리 토드를 철저히 외면했다. 자신을 잊고 다른 이에게로 가주길 간절히 바랐다. 그러나 그녀는 잊지 않았다. 명성이 땅에 떨어졌고, 자존심이 허락지 않았다. 자신은 물론 경멸과 동정의 눈길을 보내는 이들에게, 반드시 에이브러햄 링컨과 결혼할 것이며 또 할 수 있음을 입증해 보이리라 굳게 결심했다.

하지만 링컨 역시 혼인을 거부하는 마음이 그에 못지않았다.

실제로 파혼 1년도 안 돼 또 다른 여인에게 청혼할 만큼 그 의지는 확고했다. 당시 서른두 살이었던 그는 절반 나이인 열여섯 소녀 사라 리커드에게 구애했다. 그녀는 링컨이 4년간 하숙했던 버틀러 부인의 막내 여동생이었다. 적극적으로 구애에 나선 그는 자신의 이름이 '아브라함'이고 그녀가 '사라'[16]인 걸 보면 천생연분임이 분명하다 주장했다.

그러나 그녀는 거절했다. 나중에 친구에게 보낸 편지에서 그 일을 이렇게 고백하고 있다.

> 나는 겨우 열여섯 어린 나이여서 결혼에 대해 그리 깊이 생각해보지 않았어. … 링컨 씨를 친구로는 좋아했지만, 그의 독특한 매너와 행동은 사교계에 막 발을 들인 어린 소녀의 마음을 사로잡기엔 부족했거든. … 그는 큰 언니의 식구나 다름없는 사람이라 큰 오빠 같은 느낌이 들었고.

링컨은 지역 휘그당 신문 『스프링필드 저널』에 논설을 자주 썼는데, 절친한 사이였던 편집장 시몬 프랜시스의 부인은 유감스럽게도 예절 바른 처신은 배우지 못한 여성이었다. 불혹을 넘긴 나이에 자식은 없던 그녀는

---

[16] 구약성경 창세기 17장에 등장하는 부부. 아브라함 백 세, 사라 구십 세에 하나님의 힘으로 아들을 얻어 이스라엘 민족의 시조가 된다.

자칭 스프링필드의 중매쟁이였다.

링컨과 메리의 결혼

1842년 10월 초, 프랜시스 부인은 링컨에게 편지를 보내 다음 날 오후에 그녀의 집에 들러달라고 요청했다. 그 요청은 다소 이상했지만, 링컨은 무슨 일인지 궁금해하며 그녀를 방문했다. 그는 도착해서 응접실로 안내를 받았고, 거기에 메리 토드가 앉아 있는 것을 보고 깜짝 놀랐다.

링컨과 메리가 어떤 대화를 나눴는지는 기록으로 남아 있지 않다. 하지만 마음이 약하고 착한 링컨은 그 집에서 도망칠 기회를 잡지 못했을 것이다. 만약 그녀가 울었다면—실제로 그랬을 것이다—그는 즉시 그녀의 두 손에 자신을 맡기며 그동안 그녀를 떠나 있었던 것을 미안해하고 사과했을 것이다.

그 후 그들은 자주 만났으나, 언제나 은밀하게 프랜시스 집의 닫힌 문 뒤에서만 만남을 가졌다. 처음에 메리는 링컨과 다시 만나고 있다는 사실을 언니에게조차 말하지 않았다. 마침내 언니가 그 사실을 알게 되었을 때, 그녀는 메리에게 "왜 그렇게 비밀스럽게 행동하느냐"라고 물었다.

메리는 다소 애매하게 이렇게 대답했다. "과거에 일어난 일들도 있고 해서, 사람들의 시선을 피해 교제하는 게 좋을 것 같아. 세상 연인들의 앞날은 불확실하고 어떤 일이 벌어질지 모르잖아. 만약 이 교제가 결실을 맺지 못한다면, 사람들에게 숨길 수도 있을 거고."

좀 더 직설적으로 말하자면, 그녀는 지난번 일로 큰 충격을 받았기에 이번에는 링컨이 확실히 결혼하겠다고 할 때까지 비밀로 하고 싶었던 것이다.

그렇다면 이번에 미스 토드는 어떤 전략을 구사했을까? 제임스 매트니의 말에 따르면, 링컨은 그에게 이런 말을 자주 했다고 한다. "나는 그 결혼을 강요받았네. 미스 토드는 내가 명예를 지키려면 반드시 그녀와 결혼해야 한다고 했지."

헌던은 그 누구보다 그 사정을 잘 아는 사람이었는데, 이렇게 말했다.

> 링컨이 메리 토드와 결혼한 것은 그의 명예를 지키기 위함이었음이 명확해 보인다. 그는 깊이 자신을 성찰했고, 그녀를 사랑하지 않는다는 것을 알았다. 그러나 그는 결혼을 약속한 상태였다. 이 끔찍한 생각은 악몽처럼 그를 괴롭혔다. 결국 그는 명예와 가정의 평화 사이에서 큰 갈등에 직면했다. 그는 명예를 택했고, 그 대가로 수년간 자신을 갉아먹는 고통과 희생을 감내해야 했으며, 끝내 행복한 가정마저 영영 잃고 말았다.

링컨은 결혼을 진행하기 전에 스피드에게 편지를 보냈다. 스피드는 당시 가게를 정리하고 고향인 켄터키로 돌아가 결혼한 상태였다.

링컨은 그에게 결혼 생활이 행복한지 물었고, 간절히 요청했다. "제발 빨리 대답 좀 해주게. 정말 알고 싶어 안달이 나네."

스피드는 결혼 전에 예상했던 것보다 훨씬 더 행복하다고 답했다.

그래서 다음 날 오후, 1842년 11월 4일 금요일에 링컨은 마지못해 아픈 마음으로 메리 토드에게 아내가 되어 달라고 청했다. 그녀는 그날 밤으로 결혼식을 올리기를 원했다. 그는 놀라 망설였고, 일이 너무 빠르게 진행돼 두려움까지 느꼈다.

링컨은 그녀가 미신을 믿는다는 걸 알고 있었기에, 그날이 불길한 금요일이라는 점을 지적했다. 그러나 메리는 이전에 무슨 일이 있었는지 생생히 기억하고 있었기에, 이제는 무엇보다 지연을 두려워했다. 그녀는 24시간도 더 기다리려 하지 않았다. 게다가 그날은 그녀의 24번째 생일이기도 했다.

그래서 그들은 급히 채터턴 보석상으로 가서 결혼반지를 샀고, 그 안에 "사랑은 영원하다"라는 문구를 새겨 넣었다. 그날 오후 늦게 링컨은 제임스 매트니에게 들러리를 서 달라고 부탁하면서 이렇게 말했다. "짐, 나 저 아가씨와 결혼해야 할 것 같아."

링컨이 그날 저녁 버틀러의 집에서 가장 좋은 옷을 꺼내 입고 구두에 광을 내는 동안, 버틀러의 막내아들이 방으로 뛰어 들어와 어디 가느냐고 물었다.

링컨이 대답했다. "지옥이 아닐까?"

메리 토드는 2년 전에 결혼식을 위해 준비했던 웨딩드레스를 남에게 줘버린 상태였다. 그래서 이번에는 수수한 흰색 모슬린 드레스를 입고 결혼해야 했다.

결혼식 준비는 매우 급하게 이루어졌다. 메리의 언니는 예식 2시간 전에야 소식을 들었고, 급히 구운 웨딩 케이크는 당의가 채 굳지 않아 자를 때조차 제대로 모양이 나지 않았다.

전례복을 갖춰 입은 찰스 드레서 목사가 성공회 예식서의 혼인 예배 기도문을 읽어 내려가는 동안, 링컨은 쾌활하거나 행복해 보이지 않았다. 그의 들러리를 섰던 사람은 이렇게 증언했다. "그는 마치 도살장으로 끌려가는 것처럼 보였고 그렇게 행동했다."

링컨이 자신의 결혼과 관련해 남긴 유일한 논평은 결혼식 일주일 뒤 새뮤얼 마셜에게 보낸 편지의 추신에 간단히 적은 것뿐이다. 이 편지는 현재 시카고 역사 학회에 보관되어 있다. "제가 결혼했다는 것 말고는 여기 새로운 소식이 없군요. 저로서는 그게 정말 경이로운 일입니다."

제2부

백악관으로 가는 험난한 길

〈에이브러햄 링컨의 첫 번째 대통령 취임식〉(작자 미상, 1861년 3월 4일)

1860년, 무명의 변호사이자 정치인이었던 링컨은 모든 예상을 뒤엎고 대통령에 당선되어 백악관에 입성했다. 대통령 선거 승리 후 석 달이 지난 1861년 3월 4일, 워싱턴 D.C. 국회의사당 앞에서 그의 첫 취임식이 거행되었다. 취임 직후 미국은 남북전쟁이라는 거대한 소용돌이에 휘말렸으며, 링컨은 이 국가적 위기 속에서도 1864년 재선에 성공해 두 번째 취임식에서 역사에 길이 남을 명연설을 남겼다.

9

자상한 링컨과 과격한 링컨 부인

내가 일리노이주 뉴세일럼을 직접 찾아가서 이 책을 쓰는 동안, 현지 법률가이며 나의 좋은 친구인 헨리 폰드가 여러 번 말했다. "지미 마일스 아저씨를 한번 만나보시게. 마일스 아저씨의 숙부 중 한 분이 링컨의 법률 사무소 파트너인 헌던이었고, 숙모 중 한 분은 링컨 부부가 한동안 살았던 하숙집을 운영했었지."

흥미로운 정보였다. 그래서 폰드 씨와 나는 7월의 어느 일요일 오후, 그의 차를 타고 뉴세일럼 근처에 있는 마일스 농장을 방문했다. 그곳은 링컨이 법률책을 빌리러 스프링필드까지 걸어가던 도중 잠시 들러 사과주를 나누며 이야기를 나눴던 바로 그 농장이었다.

우리가 찾아가자 지미 아저씨는 마당 앞 커다란 단풍나무 그늘로 흔들의자 세 개를 가져왔다. 어린 칠면조들이 주위 풀밭을 시끄럽게 돌아다니는 가운데, 우리는 몇 시간 동안 이야기를 나누었다. 지미 아저씨는 지금껏 책에 실린 적 없는, 흥미롭고도 슬픈 링컨 일화를 들려주었다. 그 이야기는 다음과 같다.

링컨 부부의 신혼 생활

마일스 씨의 숙모 캐서린은 제이콥 M. 얼리라는 의사와 결혼했다. 링컨이 스프링필드에 정착한 지 1년 후인 1838년 3월 11일 밤, 정체불명의 남자가 말을 타고 나타나 닥터 얼리를 집 밖으로 유인한 뒤 그의 몸에 엽총 두 발을 퍼붓고는 번개처럼 말에 올라타 어둠 속으로 사라졌다. 당시 스프링필드는 작은 마을이었음에도, 그 누구도 살인 혐의로 기소되지 않았다. 그 사건은 오늘날까지도 미제로 남아 있다.

닥터 얼리가 남긴 재산은 그리 많지 않았고, 그의 미망인은 생계를 유지하기 위해 하숙을 치게 되었다. 링컨 부부는 결혼 직후 얼리 부인의 하숙집에서 신혼살림을 시작했다.

지미 마일스 아저씨는 숙모 얼리 부인에게서 이런 얘기를 자주 들었다. 어느 날 아침, 링컨 부부가 아침을 먹던 중 링컨이 아내의 화를 돋우는 말을 했다. 무슨 내용인지는 아무도 기억하지 못하지만, 링컨 부인은 격분해 남편의 얼굴에 뜨거운 커피를 끼얹었다. 그것도 다른 하숙생들이 지켜보는 가운데서 벌어진 일이었다.

링컨은 한 마디도 없이 침묵과 굴욕에 잠긴 채 그저 앉아 있었고, 얼리 부인이 재빨리 젖은 수건으로 그의 얼굴과 옷을 닦아주었다. 이 일은 아마도 이후 25년간 링컨 가정의 전형적인 모습이었을 것이다.

당시 스프링필드에는 변호사가 11명 있었고, 마을 내 소송만으론 생계를 꾸릴 수 없었다. 그들은 말을 타고 데이비드 데이비스 판사를 따라 제8사법지구 관내 곳곳을 다니며 재판에 참여해야 했다. 이처럼 지방 출장을 나간 변호사들은 보통 토요일이면 스프링필드로 돌아와 가족과 함께 주말을 보냈다.

그러나 링컨은 그렇게 하지 않았다. 그는 집에 가는 걸 두려워했다. 봄과 가을, 각각 석 달씩 순회 재판을 하는 동안에는 스프링필드 근처에도 가지 않았다. 이런 출장 스케줄을 여러 해 계속 유지했다.

지방 여관에서의 생활 여건은 때로 매우 열악했지만, 그래도 그는 아내의 끊임없는 잔소리와 격한 분노보다는 여관 생활을 더 좋아했다. 이웃들은 메리에 대해 이렇게 말했다. "그녀는 화를 내며 그의 영혼을 엄청 괴롭혔어요." 그들은 그녀를 직접 봤고, 그녀의 고함을 들을 수밖에 없었기에 잘 알고 있었다.

링컨 전기 작가 비버리지 상원의원은 이렇게 말했다. "링컨 부인의 찢어지는 듯한 큰 목소리는 길 건너에서도 들렸고, 그녀의 분노는 근처에 사는 모든 이에게 들렸다. 분노는 때로 말 이외의 방식으로도 표출됐는데, 그녀의 거친 행동을 증언한 이들은 많았고, 모두 근거가 분명했다."

헌던은 이렇게 말했다. "그녀는 남편을 상대로 거칠고 제멋대로인 춤을 췄다." 그리고 그녀가 왜 그토록 실망하고 분노했는지 알 것 같다고 했다. 그건 복수심 때문이었다. "링컨이 그녀의 콧대 높은 자존심을 짓밟아 세상에서 드러나게 모욕감을 줬기에, 복수가 사랑을 대신하게 된 것이다."

그녀는 끊임없이 남편을 비난했다. 그가 하는 모든 것이 마음에 들지 않았다. 구부정한 등, 어색한 걸음걸이, 인디언처럼 발을 들어 올렸다 내리는 듯한 걸음새까지 트집 잡았다. 그의 움직임에 탄력도, 우아함도 없다며, 마담 망텔의 학교에서 배운 대로 발가락을 아래로 내리고 걸으라며 그의 걸음걸이를 흉내 내곤 했다.

머리와 직각을 이루는 큰 귀, 비뚤어진 코, 튀어나온 아랫입술, 폐병 환자 같은 얼굴, 지나치게 큰 손, 작은 머리까지 마음에 들지 않았다. 그녀는 이 모든 것을 그의 면전에서 지적했다.

개인 용모에 대한 링컨의 무관심은 예민한 아내의 신경을 건드렸고 우울함을 안겼다. 헌던은 이렇게 말했다. "링컨 부인이 사나워진 데는 이유가 없지 않았다." 때로 링컨은 한쪽 바지 단은 구두 안에, 다른 쪽은 밖으로 내민 채 거리를 활보했다. 구두를 닦거나 광을 낼 줄 몰랐고, 목 칼라는 자주 갈아입지 않아서 꾀죄죄했으며 상의는 솔질을 하지 않아 늘 구겨져 보였다.

여러 해 동안 링컨 부부 옆집에 살았던 제임스 골리는 이런 글을 남겼다. "링컨 씨는 헐렁한 슬리퍼를 신고 낡아빠진 바지를 하나뿐인 멜빵으로 겨우 붙들어 매고선 우리 집에 자주 놀러 왔습니다." 링컨은 멜빵을 "바지걸이"라고 불렀다.

날씨가 더우면 "그는 지저분한 린넨 점퍼를 입고 출장을 다녔다. 땀에 흠뻑 젖은 얇은 옷 뒤로 대륙 지도 같은 등 모양이 비쳤다". 시골 여관에서 링컨을 만난 적이 있는 젊은 변호사는 한탄하며 회상했다. "잠자리에 들 때 그는 집에서 만든 노란 플란넬 잠옷을 입고 있었는데, 잠옷 바짓단은 무릎에서 발목까지 축 늘어져 있더군요. 정말 초라해 보였습니다."

그는 평생 면도기를 가진 적이 없었고, 부인이 원하는 만큼 자주 이발소에 가지 않았다. 뻣뻣한 머리카락을 제대로 빗지 않아 사방으로 뻗쳐 있었는데, 이런 모습이 메리 토드를 몹시 화나게 만들었다. 그녀가 빗겨주어도 금세 원래대로 돌아갔다. 모자 속에 은행 통장, 편지, 법률 문서를 넣고 다녔기 때문이다.

어느 날 링컨이 시카고에서 사진을 찍을 때, 사진사가 머리를 좀 가다듬으라고 권했다. 그는 이렇게 답했다. "머리카락을 잘 빗은 링컨 사진은 스프링필드 사람들이 알아보지 못할 겁니다."

식탁 매너 역시 제멋대로였다. 나이프 쓰는 법을 몰랐고, 포크로 생선과 빵을 제대로 베어 먹지 못했다. 가끔 고기 그릇을 들고 기울여 돼지고기를 긁어내리기도 했다. 링컨이 자기 나이프로 버터를 베어 가려 하면 부인은 식탁 예법에 어긋난다며 소란을 피웠다. 한번은 그가 닭 뼈를 상추가 담긴 샐러드 접시 위에 무심코 던져놓자 그녀는 거의 기절할 뻔했다.

링컨 부부의 성격 차이

메리는 여자들이 들어올 때 링컨이 일어서지 않는다며 불평했다. 그가 숙녀들의 외투를 받아들지 않고, 손님을 문까지 배웅하지 않는다고 비난했다.

그는 비스듬히 누워 책 읽기를 좋아했다. 퇴근 후엔 웃옷과 신발, 칼라를 벗고 하나뿐인 '바지걸이'를 풀어낸 뒤, 현관 의자를 가져다 뒤집어 베개를 받쳐 놓고 등을 기댄 채 바닥에 다리를 쭉 뻗고 누웠다. 그런 자세로 몇 시간이고 글을 읽곤 했다.

주로 신문을 읽었고, 때로는 『앨라배바의 호경기』라는 책에서 지진에 관한 우스운 이야기를 읽기도 했다. 무엇보다 시를 즐겨 읽었는데, 언제나 큰 소리로 낭독했다. 인디애나의 낭독 학교에서 익힌 버릇이었다. 소리 내어 읽으면 청각과 시각으로 내용을 받아들여 오래 기억할 수 있다고 생각했던 것이다.

가끔은 바닥에 누워 눈을 감고 셰익스피어, 바이런, 에드가 앨런 포의 시를 암송하기도 했다. 가령 이런 시를 읊조렸다.

> 달이 빛날 때면 언제나 내게 꿈을 가져오네
> 아름다운 애너벨 리에 대한 꿈을
> 별들이 떠오를 때마다 난 느낄 수 있지
> 아름다운 애너벨 리의 반짝이는 눈동자를.

링컨 부부와 2년을 함께 산 한 친척은 이렇게 회상했다. 어느 저녁, 링컨이 거실 바닥에 누워 책을 읽고 있는데 손님들이 찾아왔다. 그는 하인이 응대하길 기다리지 않고 셔츠만 걸친 채 일어나 그들을 안내하며 "여자들이 황급히 달려 나올 것"이라 말했다.[17]

링컨 부인은 옆방에서 여성 손님들이 들어오는 것을 보고, 남편이 한 농담도 들었다. 그녀의 분노는 즉각적이었고 상황은 급변해 그가 감당하기 어려웠다. 링컨은 서둘러 집을 빠져나갔고, 그날 밤 한참 늦은 시간에야 뒷문으로 살금살금 돌아왔다.

메리 링컨은 질투심이 강했는데, 특히 남편의 가장 가까운 친구 조슈아 스피드를 못마땅해 했다. 그가 링컨의 결혼식 불참을 부추겼다고 의심했기 때문이다. 결혼 전 링컨은 스피드에게 편지를 쓸 때 "패니에게 사랑을 보내네"라는 말로 마무리하곤 했다. 그러나 결혼 후 메리는 남편에게 그 인사말을 "스피드 부인에게 안부를"로 바꾸라고 요구했다.

링컨은 남에게 받은 은혜를 결코 잊지 않았다. 이것이 그의 가장 빛나는 덕목 중 하나였다. 그래서 감사의 표시로 첫아들의 이름을 조슈아 스피드 링컨으로 짓겠다고 약속했다. 하지만 메리 토드는 이 말을 듣고 격분했다. 자기 아이니까 자신이 이름을 정하겠다며, 조슈아 스피드는 절대 안 된다고 했다. 그녀는 친정아버지 이름을 따 로버트 토드로 하자고 우겼다.

그렇게 해서 당연히 첫아들의 이름은 로버트 토드가 되었다. 그 아이는 링컨의 네 아들 중 유일하게 성인이 된 인물이다. 에디는 1850년 스프링필드에서 4살에 죽었고, 윌리는 12살 때 백악관에서 세상을 떠났다. 태드는 1871년 18세에 시카고에서 숨졌다. 로버트 토드 링컨은 83세까지 장수하다 1926년 7월 26일 버몬트주 맨체스터에서 생을 마감했다.

---

17 원어는 'trot out'인데 "말을 끌어내어 걸음걸이를 보여주는 것"에서 유래했다. 이후 사람이나 물건을 자랑스럽게 내보이는 의미로 확장되었다. 링컨 부인은 이 표현이 여성을 말에 비유한 것으로 여겨 저속하다고 생각해 화를 낸 것이다.

링컨 부인은 꽃과 나무, 사계절의 색채가 부족한 마당을 탓했다. 이에 링컨은 장미 나무 몇 그루를 심었지만, 곧 흥미를 잃고 관심을 두지 않아 나무들은 시들어 죽고 말았다. 메리는 남편에게 화초를 심으라고 졸라댔다. 어느 해 봄, 그가 화단을 만들기는 했으나 이내 잡초가 우거지도록 내버려두었다.

링컨은 육체노동을 즐기진 않았지만, 말 "올드 벅"만큼은 직접 먹이를 주고 털을 빗겨주었다. 또한 그는 "암소에게 사료를 주고 젖을 짜며, 장작을 패는" 일도 했다. 이런 일들은 그가 대통령에 당선된 후 고향을 떠날 때까지 이어졌다.

링컨의 몽상가 기질

링컨의 6촌 형제인 존 행크스는 이렇게 말했다. "에이브는 공상에 빠지는 거 말곤 어떤 일도 잘하지 못했어요." 메리 링컨은 그의 말에 동의했다. 링컨은 자주 멍해졌다. 막연한 생각에 깊이 빠질 때면 주변의 모든 것을 의식하지 못했다.

일요일이면 어린 아들을 작은 수레에 태우고 집 앞 도로를 오가며 즐겁게 해주곤 했다. 그런데 때로는 아이가 이리저리 구르다가 수레에서 굴러 떨어져도 땅만 바라보며 계속 걸어가다 아이의 큰 울음소리조차 듣지 못했다. 부인이 문밖으로 고개를 내밀고 날카롭게 소리쳐야만 무슨 일이 일어났는지 알아차렸다.

퇴근 후 집에 돌아온 링컨은 때때로 아내를 바라보긴 했지만, 실제로는 보고 있지 않은 듯했고 말도 걸지 않았다. 그는 음식에도 거의 관심을 보이지 않았다. 메리가 식사하러 오라고 부르면 듣지 못하는 듯했고, 그녀는 남편을 식탁으로 부르는 데 종종 애를 먹었다.

식탁에 앉아서도 링컨은 멍한 눈으로 허공을 바라보곤 했다. 아내가 재촉하기 전까지는 식사조차 잊은 채 깊은 생각에 빠져 있었다. 저녁 식사 후에는 때때로 30분씩 아무 말 없이 벽난로만 응시하기도 했다.

아이들이 그의 몸 주변을 기어다니며 머리카락을 잡아당기고 말을 걸어도, 그들의 존재조차 의식하지 못하는 듯했다. 그러다 정신이 들면 갑자기 농담을 하거나 애송시를 읊었다.

> 오, 인간의 정신이 교만해질 이유가 무엇인가?
> 재빠르게 사라지는 유성, 급히 날아가는 구름,
> 번쩍거리는 번개, 노호하는 파도처럼,
> 그의 생명은 무덤의 적막 속으로 사라지는데.

링컨 부인은 남편이 아이들을 훈육하지 않는다고 나무랐다. 하지만 그는 아이들을 너무 사랑해서 "그들의 잘못엔 귀먹고 눈먼 사람"이 되곤 했다.

메리는 이렇게 불평했다. "아이들이 잘한 건 결코 그냥 넘기지 않고 늘 칭찬해줍니다. 그러면서 말하죠. '우리 아이들이 부모의 억압 없이 자유롭고 행복한 게 정말 기쁘구나. 사랑이 부모와 자식을 이어주는 끈이란다.'"[18]

링컨이 아이들에게 허용한 자유는 때로 지나쳤다. 이런 일도 있었다. 그가 주 대법원 판사와 체스를 두고 있을 때, 아들 로버트가 저녁 식사 시간이라고 알려왔다. 링컨은 "그래, 알았다"라고 대답했지만 게임에 열중해

---

[18] 링컨의 이 말은 셰익스피어의 『맥베스』 4막 3장의 "아아, 나의 새끼들, 저 고귀한 존재의 이유, 저 강력한 사랑의 매듭"이라는 구절을 연상시킨다. 앞서 언급했듯, 셰익스피어의 희곡은 성경과 더불어 링컨이 평생 가장 즐겨 읽은 책이었고, 특히 정신적으로 힘들 때마다 그에게 큰 위안이 되었다.

아들 말을 잊어버리고 계속 두었다.

아들은 다시 와서 어머니의 재촉을 전했다. 링컨은 또 가겠다고 하고선 깜빡했다. 로버트가 세 번째 왔을 때도 약속하고 또 잊었다. 그러자 갑자기 소년은 뒤로 물러났다가 체스판을 세게 걷어차 선수들의 머리보다 높이 날려버렸고, 체스 말들은 사방으로 흩어졌다.

"판사님, 이 게임은 나중에 끝내야겠네요." 링컨이 웃으며 말했다.

아들의 무례한 행동에 대해서는 훈계할 생각조차 없어 보였다.

해가 지면 링컨의 아이들은 울타리 뒤에 몸을 숨기고, 가느다란 막대기를 울타리 틈새로 슬쩍 내밀어 행인들을 놀라게 했다. 주위엔 가로등이 없어 지나가는 이들은 막대기에 걸려 모자가 벗겨지기 일쑤였다. 한번은 아이들이 실수로 아버지 모자를 그렇게 벗겨버렸다. 그는 아이들을 나무라지 않고, 앞으론 조심하라고만 했다. 행인이 몹시 화를 낼 수 있다면서.

자상한 아버지 링컨

링컨은 어느 교회에도 속하지 않았고, 가장 가까운 친구에게조차 종교 얘기를 꺼리곤 했다. 그러나 헌던에게는 인디애나 시절 알던 글렌 노인의 생각과 자신의 종교관이 비슷하다고 털어놓았다. 그 노인은 어떤 종교 모임에서 이렇게 말했다고 한다.

"좋은 일을 하면 기분이 좋아요. 반대로 나쁜 짓을 하면 기분이 나빠지죠. 이게 제 종교랍니다."

일요일 아침이면 링컨은 큰 아이들과 함께 산책을 나갔다. 그런데 어느 날은 아이들을 집에 두고 부인과 제1장로교회에 예배를 보러 갔다.

반 시간 뒤, 아버지가 없는 것을 알게 된 태드가 거리를 따라 달려가 예배 중인 교회로 돌진했다. 그 아이의 머리카락은 헝클어졌고, 구두끈은 풀렸으며, 양말은 엉성하게 흘러내렸다. 얼굴과 두 손엔 일리노이의 진흙이 잔뜩 묻어 새카맸다. 우아한 일요일용 옷차림을 한 링컨 부인은 놀라 당황하며 어쩔 줄 몰라 했다. 그러나 링컨은 긴 팔을 뻗어 태드를 다정히 끌어안더니, 아이 머리를 가슴에 묻었다.

때때로 일요일 오전이면 링컨은 아이들을 데리고 마을 한가운데의 법률 사무소로 갔다. 거기선 마음껏 뛰놀게 내버려뒀다. 헌던의 말이다. "아이들은 곧 서가에서 책들을 뽑아내서 내던지고, 내 금촉 펜 끝을 망가뜨렸다. … 연필들을 침통에 던져 넣고, 잉크통을 문서들 위에 엎지르고, 사무실 사방에다 편지들을 흩뿌리고는 그 위에서 춤을 추었다."

그럼에도 링컨은 "아이들을 나무라거나 엄한 표정을 짓지 않았다. 제가 아는 한 가장 다정한 아버지였다"라고 헌던은 결론 내렸다. 링컨 부인은 변호사 사무실에 좀처럼 가지 않았다.

하지만 막상 갈 일이 있을 땐 충격을 받곤 했다. 그럴 만도 했다. 사무실엔 질서도 체계도 없었고, 물건들은 뒤죽박죽 어질러져 있었다. 링컨은 서류 뭉치에 이런 메모를 붙여두곤 했다. "아무 데서도 찾을 수 없을 때는 여기를 찾아볼 것."

스피드의 말마따나 링컨의 습관은 "규칙적일 정도로 불규칙했다". 사무실 한쪽 벽에는 큰 먹물 자국이 있었다. 한 법대생이 다른 학생 머리를 향해 던진 잉크병이 빗나가 벽에 부딪혀 남긴 흔적이었다.

청소는 거의 하지 않았고, 바닥은 아예 닦지 않았다. 책장 위에 우연히 떨어진 화초 씨앗은 사무실의 먼지와 흙 덕분에 거기서 싹을 틔우고 자라났다.

10

관대한 변호사 링컨

여러모로 봤을 때 스프링필드에선 메리 링컨만큼 알뜰한 가정주부가 없었다. 그렇지만 체면을 차리는 일에는 꽤 사치스러웠다. 링컨이 재정적으로 그럴 형편이 안 되는데도 마차를 샀고, 마을로 사교 방문을 갈 때는 이웃 소년을 마부로 고용해 25센트를 줬다. 당시 스프링필드는 작은 마을이라 걸어가거나 마차를 빌릴 수도 있었다. 하지만 그녀에겐 있을 수 없는 일이었다. 체면이 구겨질 테니까. 아무리 가난해도 형편에 벅찬 옷을 사는 돈만큼은 늘 마련했다.

링컨 부인의 과시욕

1844년, 부부는 찰스 드레스 목사의 집을 1,500달러에 샀다. 목사는 2년 전 그들의 결혼식 주례를 맡았던 인물이었다. 집에는 거실, 주방, 응접실, 침실이 있었고, 뒤뜰에는 장작더미, 별채, 헛간이 자리했다. 링컨은 거기에 암소와 말 '올드 벅'을 뒀다.

처음에는 메리에게 그 집이 지상낙원처럼 보였다. 방금 떠나온 삭막한 하숙집 방과는 차원이 달랐다. 내 집을 가졌다는 기쁨과 자부심도 컸다. 그러나 그런 행복도 잠시, 그녀는 날마다 집의 흠을 찾아내기 시작했다.

언니는 거대한 2층집에 사는데, 자신은 다락방 딸린 1.5층집이라는 거였다. 남편에게는 출세한 사람치고 1.5층집에 사는 이가 어디 있느냐며 불평을 늘어놓았다.

보통 때 링컨은 아내가 무언가를 요구하면 그냥 "필요한 게 뭔지 당신이 잘 알 테지. 가서 사도록 해요"라고 할 뿐이었다. 하지만 이번엔 반발했다. 식구가 적은데 이 정도면 충분하다며, 게다가 자신은 가난하다고 했다.

결혼할 때 5백 달러를 갖고 있었지만 그 뒤로 저축을 거의 하지 못했다. 지금 당장 2층으로 증축할 형편이 안 된다는 것을 잘 알고 있었다. 마지막으로 아내의 요구를 잠재우려고 건설업자에게 일부러 높은 견적을 내달라 부탁했다.

업자는 그렇게 했고, 링컨은 아내에게 그 금액을 보여주었다. 그녀가 기겁을 하자 이제 일단락됐다 여겼다. 하지만 그건 너무 낙관적인 생각이었다. 링컨이 순회 재판을 떠나자마자, 그녀는 새 목수를 불러 저렴한 견적을 받아내고는 바로 증축 공사에 들어가버렸다.

링컨이 지방 출장을 마치고 스프링필드 8번가로 돌아왔을 때, 처음엔 자기 집을 알아보지 못했다. 한 친구를 만나자 그는 장난스럽게 물었다. "낯선 이여, 링컨 씨의 집이 어딘지 알려주시겠습니까?"

그의 법률 사무소 수입은 넉넉지 않았다. 그가 자주 말했듯 "근근이 생활하기도" 정도였다. 그런데 집에 돌아와 보니 기존 생활비에 불필요한 공사비까지 추가되어 있었다.

이에 슬퍼한 링컨은 솔직히 심정을 털어놓았다. 링컨 부인은 이런 비판에 그녀만의 방식, 즉 공격으로 대응했다. 남편이 돈 감각이 없고, 돈 관리도 못하며, 수임료도 너무 낮게 받는다고 비난했다.

이는 그녀의 단골 불평이었고, 주변 사람들도 고개를 끄덕일 정도였다. 다른 변호사들도 링컨의 낮은 수임료에 짜증을 내거나 당혹해했으며, 그가 업계의 질서를 흐린다고 비난했다.

과거의 은혜를 기억하다

1853년, 링컨이 44살이 되고 백악관에 입성하기 8년 전인 해였다. 그해 그는 맥린 순회법정에서 네 건을 맡아 총 30달러를 받았다. 그는 이렇게 말했다. "제 의뢰인들도 저만큼 가난합니다. 그들에게 비싼 수임료를 요구할 순 없었습니다."

한번은 어떤 의뢰인이 25달러를 보내자 그는 금액이 지나치다며 10달러를 되돌려주었다. 또 다른 사건에서는, 한 사기꾼이 정신 박약한 소녀의 1만 달러어치 땅을 가로채려 하자 그걸 막아냈다. 링컨은 불과 15분 만에 승소했다. 한 시간 뒤, 동료 변호사 애드 레이먼이 찾아와 250달러 수임료를 반반 나누자고 제안했다. 링컨은 그를 호되게 꾸짖었다. 레이먼은 그 금액이 사전에 정해진 것이며, 소녀의 오빠도 기꺼이 지불하려 한다고 항변했다.

"그럴지도 모르지요." 링컨이 대답했다. "하지만 난 못 받겠소. 그 돈은 가난하고 정신 박약한 소녀 주머니에서 나온 거요. 그녀의 돈으로 나 자신에게 사기 치느니 차라리 굶는 게 낫소. 적어도 수임료 반은 돌려주시오. 그렇지 않으면 난 단 1센트도 받지 않겠소."

또 한 번은, 연금 지급 회사가 한 혁명전쟁 군인의 미망인에게 밀린 연금 400달러의 절반을 수수료로 요구했다. 그 노부인은 가난에 시달리고 있었다. 링컨은 그녀에게 소송을 권유했고, 승소를 이끌어냈다. 하지만 수임료는 한 푼도 받지 않았다. 오히려 그녀의 여관비를 대신 내주고, 기차

표를 살 돈까지 쥐여 주었다.

어느 날 암스트롱 부인이 수심 가득한 얼굴로 링컨을 찾아왔다. 그녀의 아들 더프가 술집 싸움 끝에 살인 혐의로 기소된 것이다. 에이브에게 아들의 목숨만은 구해달라고 애원했다. 링컨은 뉴세일럼 시절부터 암스트롱 가족을 알고 지냈다. 사실 더프가 갓난아기일 때 요람을 흔들어 잠을 재우기도 했던 그였다.

암스트롱 식구들은 들판에서 살아온 거친 사람들이었지만, 링컨은 그들을 좋아했다. 더프의 아버지 잭 암스트롱은 "클래리의 숲속 청년들"의 두목이었고, 역사에 기록된 레슬링 시합에서 링컨이 일찍이 쓰러트린 바 있었던 유명 운동선수였다.

늙은 잭은 이미 세상을 떠났다. 링컨은 흔쾌히 배심원들 앞에 나섰고, 변호사 생활 중 가장 절절하고 애틋한 변론으로 더프를 교수형의 위기에서 구해냈다. 홀로 된 어머니가 세상에서 가진 것은 40에이커 땅뿐이었다. 그녀는 그 땅을 링컨에게 수임료로 주겠다고 했다.

링컨이 말했다. "한나 아주머니, 여러 해 전, 제가 가난하고 떠돌 때 저를 거두어주시고 끼니를 챙겨주시고, 옷도 기워주셨잖아요. 아주머니, 전 당신에게 단 한 푼도 받을 수 없습니다."

때론 의뢰인들에게 법정 밖 합의를 권하고, 그들이 받아들이면 수임료를 전혀 요구하지 않았다. 어떤 사건에선 한 사람에 대해 가혹한 판단을 내리길 거부하며 이렇게 말했다. "그 사람 정말 불쌍해요. 가난한 데다 몸도 성치 않잖아요."

이런 따뜻한 마음씨와 배려는 귀감이 될 만했지만, 재산을 모으는 데는 도움이 되지 않았다. 그래서 메리 링컨은 이런 남편을 비난하며 답답해했다. 다른 변호사들은 수임료와 투자로 점점 부자가 되어 가는데, 자신의 남편은 세상을 살아가는 법을 통 모르는 것 같았기 때문이다.

데이비드 데이비스 판사나 로건 판사[19]가 그랬고, 스티븐 A. 더글러스는 말할 것도 없었다. 그는 시카고 부동산 투자로 큰돈을 벌어 자선사업가가 되었고, 시카고대학에 10에이커 땅을 기부해 그 땅에다 대학 부속 건물을 세울 수 있게 했다. 이제 그는 전국적인 정치인으로 이름을 날리고 있었다.

메리 링컨은 더글러스를 떠올리며 차라리 그와 결혼했더라면 얼마나 좋았을까 공상에 빠져들었다. '더글러스 부인'이 되었더라면 워싱턴의 사교계 리더가 되어, 파리에서 주문한 옷을 입고 유럽 여행을 다니며 왕비들과 식사도 할 수 있었을 것이다. 장차 백악관의 주인이 될 수도 있었겠지. 그녀는 아마 그런 헛된 꿈에 빠져 화려한 자신의 모습을 그렸을 것이다.

그에 비해 링컨의 아내로서 그녀의 앞날은 어땠을까? 링컨은 앞으로도 지금처럼 살아갈 것이 뻔했다. 1년의 절반은 그녀를 홀로 두고 순회 법원을 돌아다닐 것이고, 사랑도 관심도 주지 않을 게 분명했다. 이는 오래전 마담 망텔의 신부학교에서 꿈꾸었던 낭만적인 미래와는 너무나도 다른 현실이었다.

---

19 링컨은 스튜어트에 이어 로건 판사와 3년간 함께 일했다. 판사 출신 로건은 법률에 정통했고 일리노이 법조계를 대표하는 인물이었다. 링컨은 그에게서 폭넓고 훌륭한 법률 교육을 받아 탄탄한 기반을 가진 변호사가 되었다. 로건 덕에 링컨은 그 지역에서 지위와 신용을 얻고 안정적인 직업을 갖게 되었다. 비록 변호사로서 큰돈을 벌지는 못했지만, 풍부한 법률 지식과 정치적 통찰력을 쌓아 훗날 백악관 진출의 초석이 되었다. 1844년부터 로건이 자기 아들과 동업을 하게 되어, 링컨은 윌리엄 헌던과 파트너가 되었다. 헌던은 링컨을 직접 알았던 인물로, 최초의 링컨 전기(전3권)를 썼다. 대부분의 링컨 관련 자료는 이 헌던의 저서에서 나온 것이다.

11

성미 까다로운 링컨 부인

앞서 말했듯 메리 링컨은 알뜰한 살림꾼이었고, 이를 자랑스럽게 여겼다. 물건은 까다롭게 고르고 식탁은 검소하게 차렸으며, 식사 후에는 고양이 먹이로 줄 부스러기 하나 남기지 않았다. 링컨 부부는 개는 기르지 않았다.

그녀는 향수를 한 병씩 사서 뜯어보고 냄새를 맡아본 뒤 반품했다. 향이 기대에 못 미친다거나 성분이 표기대로 들어 있지 않다는 등의 이유를 대며 말이다. 이런 행동이 잦아지자 향수 가게 주인은 그녀의 주문을 거절하기 시작했다. 그의 장부에는 지금도 "링컨 부인이 반품한 향수"라는 메모가 남아 있다.

마을 사람들과 싸우는 링컨 부인

메리는 종종 동네 상인들과 다투었다. 한번은 얼음장수 마이어스가 무게를 속인다고 생각해 그를 맹렬히 비난했다. 그녀의 고함이 너무 커서 한 블록 떨어진 이웃들까지 달려왔다.

이런 일은 두 번째였다. 마이어스는 지옥이 얼어붙기 전엔 절대 그녀에게 물건을 팔지 않겠다고 다짐했다. 그는 정말로 납품을 중단했다. 메리에게는 큰 문제였다. 얼음이 많이 필요했지만 마을에서 얼음 파는 곳은 그곳뿐이었기 때문이다. 결국 메리는 처음으로 고개를 숙였다. 하지만 직접 하진 않았다. 대신 이웃에게 25센트를 주며 마이어스를 달래 납품을 재개하도록 부탁했다.

링컨의 친구가 『스프링필드 공화당원』이란 작은 신문을 창간했다. 그가 마을을 돌며 구독을 부탁하자 링컨은 정기 구독을 신청했다. 첫 신문이 현관에 도착하자 메리 토드는 격분했다. "또 쓸데없는 신문을 신청했어? 집에선 푼돈 아끼느라 애쓰는데 이런 데 돈을 낭비해!" 그녀가 비난하자 링컨은 신문 배달을 요청한 적이 없다며 발뺌했다. 엄밀히 말하자면 그의 말이 맞았다. 그는 단지 구독료를 내겠다고 했을 뿐, 배달을 요청하진 않았다는 것이었다. 변호사다운 말장난이었다.

그날 저녁 메리는 몰래 편집인에게 격한 편지를 보냈다. 신문에 대한 혹평과 함께 배달 중단을 요구했다. 편지가 너무 모욕적이어서 편집인은 신문 칼럼에 공개 답변을 실었고, 링컨에게 해명을 요구했다. 링컨은 이런 노골적인 망신거리에 괴로워 병이 날 것만 같았다. 그는 굴욕감을 느끼며 편집인에게 모든 게 오해라고 설명하는 편지를 보냈다.

한번은 링컨이 크리스마스에 계모를 초대하고 싶어 했으나, 메리 토드가 반대했다. 그녀는 나이 든 시부모를 얕보고, 링컨의 아버지 톰과 외가 행크스 가족을 경멸했다. 그들을 창피하게 여겨, 링컨은 가족들이 방문해도 아내가 집에 들이지 않을 거로 생각했다. 23년간 링컨의 새어머니는 스프링필드에서 70마일 떨어진 곳에 살았다. 링컨이 어머니를 방문하긴 했지만, 그녀가 링컨의 집을 찾은 적은 없었다.

결혼 후 링컨 집을 찾은 유일한 친척은 먼 사촌 해리엇 행크스였다. 성품이 곱고 눈치도 빠른 소녀 해리엇을 링컨이 마음에 들어해 스프링필드 유학 기간 동안 자택에 머물도록 했다. 하지만 링컨 부인은 해리엇을 하녀 취급하며 사실상 집안 노예로 삼으려 했다. 링컨이 이런 처사에 반발하며 용납할 수 없다고 하자, 부부간 심각한 갈등으로 번졌다.

가정부들과의 불화

그녀는 "고용된 여자애들"과 끊임없이 갈등을 빚었다. 한두 번 폭발하면 하녀들은 짐을 싸서 떠나곤 했다. 그들은 메리를 혐오했고, 친구들에게 링컨 집은 피하라고 경고했다. 머지않아 링컨의 집은 하녀들의 블랙리스트에 올랐다. 메리는 화를 내며 "고집 센 아일랜드 계집"에 대해 편지를 썼다. 하지만 링컨 집에선 모든 아일랜드 하녀가 고집불통이 되고 말았다.

메리는 자신이 남편보다 오래 산다면 남부에 가서 여생을 보내겠다고 공공연히 말했다. 과거 그녀가 자란 렉싱턴에서는 하인들의 건방짐을 절대 용납하지 않았다. 흑인 노예가 말을 듣지 않으면 공공 광장의 매질 기둥에 보내 매를 맞게 했다는 거였다. 토드 가의 이웃 중 한 명은 노예 여섯을 그렇게 때려죽였다고 했다.

스프링필드에서 유명한 "롱 제이크"는 노새 한 쌍과 낡은 마차로 "급행 업무 대행"을 한다며 으스댔다. 그의 조카딸이 불행히도 링컨 집 하녀가 되었다가, 며칠 만에 여주인과 언쟁을 벌이고 앞치마를 내팽개치고는 짐 가방을 싸서 쾅 소리를 내며 문을 닫고 떠났다.

그날 오후, 롱 제이크는 노새가 끄는 마차를 타고 8번가와 잭슨가 모퉁이에 있는 링컨의 집으로 가서 조카딸이 두고 간 짐을 찾겠다고 말했다. 링컨 부인은 벌컥 화를 내며 제이크와 조카딸에게 거친 욕설을 퍼부었고, 집 안으로 들어오면 따귀를 때리겠다고 위협했다. 제이크는 분노에 휩싸여 링컨의 사무실로 달려가 불쌍한 그에게 아내의 잘못된 행동을 사과하라고 요구했다.

링컨은 제이크의 이야기를 모두 듣고 슬픈 목소리로 말했다.

"안타까운 일이군요. 하지만 솔직히 부탁드리겠습니다. 저는 지난 15년간 매일같이 이런 일을 겪으며 살아왔어요. 그러니 당신은 단 몇 분 동안에 당한 그 일을 좀 참아줄 수 없겠습니까?"

두 사람의 대화는 이렇게 끝났다. 롱 제이크는 링컨에게 동정심을 표하며, 이렇게 찾아와 폐를 끼쳐 죄송하다고 말하고 물러갔다.

한번은 링컨 부인이 2년 넘게 하녀를 고용했던 적이 있어서 이웃들은 매우 이상하게 여겼다. 그들의 상식으론 이해할 수 없는 일이었다. 설명은 사실 간단했다. 링컨이 그 하녀와 비밀 협약을 맺은 것이었다.

마리아라는 하녀가 처음 왔을 때, 링컨은 그녀를 불러 앞으로 겪을 일들을 솔직하게 얘기해주었다. 안타까운 일이지만 어쩔 수 없으니 무시하라고 조언했다. 링컨은 마리아가 그렇게 해준다면 매주 1달러를 더 주겠다고 약속했다.

링컨 부인의 분노는 여느 때처럼 폭발했다. 하지만 비밀 약속과 금전적 지원 덕분에 마리아는 꿋꿋이 버텼다. 링컨 부인이 마리아에게 호되게 꾸짖으면, 링컨은 근처에서 지켜보다가 기회를 봐 혼자 있는 마리아를 몰래 찾아가 등을 토닥이며 격려했다.

"잘했어. 용기 내, 마리아. 그녀의 말을 참아줘. 계속 있어줘."

이 하녀는 훗날 결혼했는데, 남편은 그랜트 장군 밑에서 싸웠다. 남군의 로버트 리 장군이 항복했을 때, 마리아는 남편의 조속한 전역을 위해 서둘러 워싱턴의 링컨을 찾아갔다. 남편 없이 그녀와 아이들이 굶주리고 있었던 것이다.

링컨은 반갑게 맞이하며 옛날 이야기를 나누었다. 그는 마리아를 저녁 식사에 초대하고 싶어 했지만, 메리 토드가 허락하지 않았다. 대신 링컨은 마리아에게 과일 바구니와 옷 살 돈을 주면서 다음 날 다시 오라고 말했다. 그때 전선을 통과해 남편을 만날 수 있는 통행증을 주겠다고 약속했다. 하지만 그녀는 다시 방문할 수 없었다. 바로 그날 밤, 링컨이 암살당했기 때문이다.

링컨의 불행한 가정생활

링컨은 그리스도와 같은 인내로 이 모든 것을 감내했고, 아내를 원망하는 법이 거의 없었다. 하지만 그의 친구들은 그리 호의적이지 않았다.

헌던은 그녀를 "들고양이" 혹은 "암늑대"라며 비난했고, 링컨을 열렬히 숭배한 터너 킹은 그녀를 가리켜 "난폭한 여자 악마"라 하며, 링컨을 집에서 쫓아내는 모습을 여러 번 목격했다고 주장했다.

백악관 시절 대통령 비서였던 존 헤이는 그녀를 너무나 저속한 별명으로 불렀는데, 그 말은 여기에 적지 않는 게 좋겠다.

스프링필드 감리교회 목사는 링컨 집 근처에 살며 그와 친구가 되었다. 목사 부인은 이렇게 증언했다. "링컨 부부는 가정생활이 무척 불행했어요. 링컨 부인이 빗자루로 남편을 쫓아내는 것을 자주 봤죠."

링컨 옆집에 16년간 살았던 제임스 걸리는 "링컨 부인 안에는 악마가 들어 있다"라고 단언했다. 때로는 제정신이 아닌 듯 행동했고, 그녀의 울부짖음은 온 동네를 뒤흔들 정도였다. 그녀는 어떤 악한이 자신을 해치러 온다며, 제발 누구라도 와서 집을 지켜달라고 애원하기도 했다.

시간이 흐를수록 그녀의 분노는 더욱 자주, 더욱 맹렬하게 터져 나왔다. 링컨의 친구들은 그가 불쌍하다고 여겼다. 그는 가정생활이 없었고, 절친한 친구라도 저녁 식사에 초대하지 못했다. 헌던이나 데이비스 판사 같은 단골손님도 마찬가지였다. 친구들을 집에 부르면 무슨 일이 벌어질지 몰라 두려웠던 것이다.

링컨 자신도 가능한 한 메리를 피했다. 저녁엔 법률 도서관에서 변호사 동료들과 잡담을 나누거나, 딜러스 약국에 가서 사람들에게 재미난 이야기를 해주며 시간을 보냈다. 가끔은 한밤중에 홀로, 고개를 숙인 채 인적 없는 거리를 방황하는 모습이 목격되기도 했다. 그렇게 울적하고 슬픈 사람이 없었다. 그는 때때로 "집에 가기 싫다"라고 말했다. 그의 사정을 아는 친구 한 명은 자기 집에 데려가 밤을 보내게 해주곤 했다.

링컨 부부의 비극적 가정사를 헌던만큼 잘 아는 이는 없었다. 그는 링컨 전기 제3권 430-434쪽에서 이렇게 말한다.

> 링컨 씨는 진심으로 신뢰할 만한 사람이 없어 누구에게도 마음속 이야기를 털어놓지 않았다. 그는 자신의 고난에 대해 나는 물론 다른 이들에게도 절대 입을 열지 않았다. 그건 혼자 감당하기엔 너무 큰 짐이었다. 하지만 그는 한탄 없이 슬픔을 견뎌냈다.
>
> 그가 말하지 않아도 나는 그의 고뇌를 금세 알아차릴 수 있었다. 그는 일찍 일어나는 사람이 아니었다. 보통 오전 9시쯤 출근했다. 보통 나는 한 시간 일찍 나왔는데, 가끔 그가 7시에 출근할 때도 있었다. 한 번은 동틀 무렵에 사무실에 온 적도 있었다.
>
> 그를 보는 순간, 어젯밤 그의 가정에 거센 풍랑이 휘몰아쳤음을 직감할 수 있었다. 그럴 때면 그는 긴 의자에 드러눕거나, 의자에 앉아 뒷창 턱에 두 발을 얹고 웅크리고 있었다. 내가 들어와도 쳐다보지 않았고, 나의 "굿모닝" 인사에 어, 어 하고 대답할 뿐이었다.
>
> 나는 재빨리 펜과 종이를 집어 들거나 책장을 넘겼다. 하지만 그의 우울과 번뇌가 너무 뚜렷하고, 침묵이 무겁게 느껴져 나마저 불안해졌다. 그래서 어디 볼 일이 있다며 사무실을 빠져나갔다.
>
> 좁은 복도로 통하는 문의 위쪽 절반은 유리로 되어 있고, 거기에 커튼이

달려 있었다. 철사줄에 고리로 걸려 있어 커튼을 밀고 당길 수 있는 구조였다. 나는 그런 울적한 상황에서 사무실을 나설 때면 그 커튼을 유리 위로 쳐주었다. 계단을 내려가기도 전에 그가 문 잠그는 소리가 들렸다. 링컨은 칠흑 같은 어둠 속에 홀로 남겨진 것이었다.

법원 서기실에서 한 시간쯤 있거나, 옆 잡화점에서 한 시간을 더 보낸 뒤 사무실로 돌아가면, 찾아온 의뢰인에게 그가 관련 법률을 설명하고 있곤 했다. 아니면 절망의 먹구름이 걷혀, 슬픔을 떨쳐내려는 듯 재미난 인디언 이야기를 늘어놓느라 분주했다.

정오가 되면 나는 점심을 먹으러 집에 갔다. 한 시간 뒤 돌아오면 그는 여전히 사무실에 있었다. 집이 몇 블록 안 되는 거리에 있건만, 그는 치즈 한 조각과 크래커로 끼니를 때웠다. 내가 없는 동안 아래층 가게에서 사온 것이었다. 오후 5, 6시쯤 퇴근할 때도 나는 여전히 그를 사무실에 남겨둔 채 나와야 했다.

그는 계단 아래 상자 위에 앉아 사람들에게 유쾌한 이야기를 들려주거나, 법원 계단에서 재미있는 얘기로 청중들을 즐겁게 했다. 깜깜해진 후에도 사무실에 불이 켜져 있는 것으로 보아 그가 늦게까지 머물러 있음을 알 수 있었다.

그리고 모두가 잠든 깊은 밤, 훗날 미국 대통령이 될 인물이 가로수와 건물 그늘 사이로 홀로 걸어가다, 초라한 목조 가옥으로 슬며시 모습을 감추는 것이 목격되곤 했다. 상식적으로 그의 집이라 불러야 할 그곳에, 그런 식으로 몰래 들어가는 거였다.

어떤 이들은 이 묘사가 너무 과장됐다고 주장할지 모른다. 하지만 난 그들에겐 그저 진실을 모를 뿐이라고 답하고 싶다.

한 번은 링컨 부인이 남편을 오랫동안 야만적으로 공격한 나머지, "누구에게도 악의 없이, 모두에게 자비를"이라던 링컨조차 자제력을 잃고 그녀의 팔을 움켜쥐었다. 그는 아내를 부엌을 가로질러 벽까지 끌고 가 밀어붙이며 말했다. "당신은 내 인생을 망치고 있어. 이 집을 지옥으로 만들고 있다고. 이 빌어먹을 여자야, 어서 이 집에서 나가!"

12

링컨 부인의 정치적 집념

링컨이 앤 러틀리지와 결혼했다면 아마 행복했겠지만, 대통령은 되지 못했을 것이다. 그는 생각과 행동이 느린 사람이었고, 앤은 정치적 야망을 위해 그를 밀어붙일 타입이 아니었다. 반면 메리 토드는 백악관에 입성하고자 하는 강박에 사로잡혀, 결혼하자마자 링컨에게 휘그당 지명을 받아 연방의회 선거에 출마하도록 재촉했다.

그 선거는 매우 치열했다. 믿기 힘들겠지만, 링컨의 정적들은 그가 어떤 교회에도 속하지 않았다는 이유로 이교도라고 비난했다. 또한 그들은 링컨이 결혼을 통해 오만한 토드 가문과 에드워즈 가문과 연결되어 있으므로 부자와 귀족의 앞잡이라고 비방했다. 이런 비난은 터무니없는 것이었지만, 링컨은 정치적으로 해악을 끼칠 수 있다고 판단했다. 그래서 그는 이렇게 반박에 나섰다.

"내가 스프링필드로 온 후 나를 방문한 친척은 단 한 명뿐입니다. 그런데 그 친척은 마을을 떠날 때 유대인의 하프(jew's harp, 실제로는 유대인과 관련이 없는 작고 저렴하며 볼품없는 금속 악기로 '거지 동냥 그릇'에 비견된다 – 편집자)를 훔쳤다는 고소를 당했죠. 이런 친척이 오만한 귀족이라면, 그 비난을 받아들이겠소."

선거 결과, 링컨은 패배했다. 그의 정치 인생에서 첫 번째 좌절이었다.

재수 끝에 연방의회 의원으로

2년 뒤 다시 출마해 당선되자, 메리 링컨은 크게 기뻐했다. 남편의 정치적 승리가 이제 막 시작되었다고 여기며, 새 이브닝드레스를 주문하고 프랑스어 동사 변화를 다시 공부하기 시작했다. 남편이 수도에 가면 보내는 편지에 "A. 링컨 각하"라고 써달라고 요구하려 했으나, 링컨은 즉각 제지했다.

메리는 워싱턴에서 살며 사회적 특권을 누리고 싶어 했다. 그러나 실제로 가보니 기대와는 천양지차였다. 링컨은 너무 가난해서 첫 봉급이 나오기 전까진 생활비를 스티븐 A. 더글러스에게 빌려야 했다. 부부는 더프 그린스가의 스프리그 부인 하숙집에 묵어야 했다.

집 앞 도로는 포장도 안 돼 있었고, 골목은 재와 자갈로 깔려 있었다. 하숙집 방들은 수도 시설조차 없을 만큼 초라했다. 하숙집 뒷마당에는 여주인의 별채와 거위 우리, 텃밭이 있었지만, 이웃집 돼지들이 자주 침입해 채소를 먹어치웠다. 여주인의 어린 아들은 수시로 몽둥이를 들고 뛰어나가 돼지들을 쫓아내야만 했다.

당시 워싱턴은 쓰레기 수거를 하지 않았다. 하숙집 주인은 음식물 찌꺼기를 뒷골목에 버리고, 거리를 배회하는 소, 돼지, 거위가 처리해주길 바랄 뿐이었다.

메리는 워싱턴 상류층의 문이 자신에게 굳게 닫혀 있음을 깨달았다. 그녀는 냉대받았고, 황량한 하숙집 방에 고립된 채 버릇없는 아이들과 지독한 두통을 견뎌야 했다. 때로는 하숙집 아들이 뛰쳐나가 텃밭 망치는 돼지를 쫓는 소리를 들어야 했다.

그것은 실망스러운 일이었지만, 저 멀리서 다가오는 정치적 재앙에 비하면 아무것도 아니었다. 링컨이 하원에 입성할 무렵, 미국은 멕시코와 20개월째 전쟁 중이었다. 탐욕이 불러일으킨 치욕스러운 전쟁이었다. 하원의 노예주 출신 실세들은 더 많은 영토를 확보하고자 의도적으로 전쟁을 부추겼다. 새 영토를 얻어 노예주를 세우고, 친노예제 상원의원을 당선시킬 속셈이었다.

사악한 멕시코 전쟁에 반대한 링컨

미국은 그 전쟁으로 두 가지를 얻었다. 하나는 멕시코 땅 텍사스를 빼앗은 것이다. 미국은 멕시코에 텍사스에 대한 권리를 포기하라고 압박했다. 다른 하나는 멕시코 영토 절반을 강탈해 뉴멕시코, 애리조나, 네바다, 캘리포니아주로 삼은 것이다.

그랜트 장군은 이를 역사상 가장 사악한 전쟁 중 하나로 꼽으며, 거기 참전한 자신을 결코 용서하지 못할 거라고 말했다. 많은 병사들이 반란을 일으켜 적군으로 넘어갔다. 멕시코의 산타 아나 군대 중 한 대대는 온통 미군 탈영병으로 구성됐다.

링컨은 의회에서 다른 휘그당 의원들처럼 대통령을 공격했다. "대통령은 약탈과 학살의 전쟁, 강탈과 치욕의 전쟁을 시작했습니다. 신은 약자와 무고한 자를 지키는 것을 잊으셨고, 지옥의 살인자와 악마 무리가 남녀노소를 죽이고 정의로운 이들의 땅을 파괴하고 약탈하도록 내버려두었습니다."

워싱턴 사람들은 이름 없는 정치인의 연설에 눈길조차 주지 않았다. 하지만 스프링필드에서는 엄청난 파장이 일었다. 일리노이는 자유를 위해 싸운다며 6천 명을 전쟁터로 보냈는데, 그들이 뽑은 하원의원이 이 젊은 이들을 지옥의 악마, 살육자로 매도하고 있었기 때문이다.

흥분한 당원들은 분노에 차서 공개 집회를 열고 링컨을 성토했다. "비열하고 저속하고 사악하고 배신적인 게릴라, 제2의 베네딕트 아놀드(미국 독립전쟁 때 영국군에 투항한 미군 장군 - 옮긴이)"라고 비난했다.

한 집회에서는 "일찍이 이런 불명예는 없었다"라는 선언이 채택되었다. "이런 검은 모략과 불명예를 살아 있는 용사와 전사자에게 씌우다니, 일리노이 사람들은 모두 분노해 궐기해야 한다."

이 증오는 너무나 격렬하여 그 여파가 10년 넘게 이어졌다. 13년 후 링컨이 대선에 나섰을 때도, 사람들은 다시 그에게 이 비난을 퍼부었다.

"나는 정치적 자살 행위를 했습니다." 링컨은 법률 사무소의 파트너에게 말했다. 그는 고향에 돌아가 격노한 유권자들과 마주하는 것이 두려웠다. 그래서 워싱턴에 계속 머무를 자리를 알아봤다. 우선 토지국의 국장 자리에 임명되고자 막후 교섭을 벌였으나 실패했다. 그 후에는 오리건 준주의 지사직을 요청했다. 오리건이 주로 편입될 때 초대 상원의원이 되려는 속셈이었다. 하지만 이것도 물거품이 됐다.

할 수 없이 링컨은 스프링필드의 지저분한 변호사 사무실로 돌아왔다. 그리고 다시 낡은 마차에 올드 벅을 끌며 제8법률지구 순회 재판을 쫓아다녔다. 그는 일리노이에서 가장 낙담한 사람 중 한 명이었다.

이제 그는 정치는 잊고 변호사 일에만 전념하기로 했다. 일 처리에 체계적인 방식이 없고 정신 수양도 부족함을 깨달았다. 그래서 추론력과 논증력을 기르고자 기하학책을 구입해 출장길에 가져갔다.

헌던은 링컨 전기에 이렇게 적었다.

시골의 작은 여인숙에 묵을 땐 보통 같은 침대를 썼다. 대개 침대가 링컨에겐 너무 짧아서 발이 삐죽 나오고 정강이가 일부 드러났다. 그는 침대

곁 의자에 초를 올려놓고 몇 시간이고 책을 탐독했다. 한 번은 새벽 두 시까지 그러는 것을 본 적이 있다. 같은 방 쓰는 나나 다른 이들은 그사이 곤히 잠들었다. 이렇게 해서 그는 순회 재판 기간에 유클리드 기하학 책 6권을 정복하고, 그 명제들을 손쉽게 논증할 수 있게 됐다.

기하학을 마스터한 링컨은 대수학과 천문학을 연달아 공부하고, 언어의 기원과 발달에 관한 강연을 준비했다. 하지만 셰익스피어만큼 그를 사로잡은 공부는 없었다. 잭 켈소가 뉴세일럼 시절 심어준 문학 사랑은 이처럼 그의 평생을 따라다녔다.

슬픔과 우울은 링컨의 한 평생 친구

이 시기부터 생애를 마감할 때까지 에이브러햄 링컨의 가장 뚜렷한 특징은 깊은 슬픔과 우울감이었다. 그 증상은 너무나 심각해서 단순히 단어를 나열하는 것만으로는 그 깊은 의미를 온전히 전달하기 어렵다.

제시 웨이크는 헌던을 거들어 불멸의 링컨 전기를 완성하는 데 일조했다. 당시 웨이크는 링컨의 슬픔에 대한 묘사가 과장됐으리라 여겼다. 그래서 스튜어트, 휘트니, 매트니, 스웨트, 데이비스 판사 등 링컨과 오랜 기간 교류한 이들을 찾아가 이 문제를 오래도록 논의했다.

그 결과 웨이크는 이런 확신을 얻었다. "링컨을 직접 만나보지 못한 사람은 그의 우울 성향을 결코 이해하지 못할 것이다." 헌던 역시 동의하며 내가 앞서 인용한 말을 남겼다. "지난 20년간 링컨이 단 하루라도 행복한 날을 보냈는지 모르겠다. 끊임없는 슬픈 표정이 그의 가장 뚜렷한 특징이었다. 그가 걸어가면 온몸에서 우울함이 흘러내렸다."

순회 재판 출장길에 링컨은 종종 두세 명의 변호사와 한 방을 썼다. 그들은 아침 일찍 그의 목소리에 잠에서 깨곤 했는데, 침대 가에 앉아 혼잣

말을 중얼거리는 모습을 자주 봤다. 그럴 때면 링컨은 이런 시를 읊조렸다. "오, 인간의 정신이 교만해질 이유가 무엇인가?"

때로 길을 걸을 때도 생각에 너무 깊이 잠겨, 말을 걸어도 듣지 못하는 듯했다. 사람들과 악수하면서도 자신이 무엇을 하는지 모르는 것 같았다. 링컨과의 추억을 소중히 간직한 조나단 버치는 이렇게 회고했다.

> 블루밍턴 법원에 왔을 때, 링컨은 법정과 사무실, 거리에서 만난 이들을 한 시간 내내 웃겼다. 그러곤 다음 한 시간은 너무 자기 생각에 빠져, 아무도 흔들어 깨울 수 없었다. … 그는 벽에 기댄 의자에 앉아, 양발을 의자 가로대에 올리고 무릎을 턱까지 끌어올렸다. 모자는 살짝 기울어져 있고, 두 손으로 무릎을 감싸 안았다. 그의 눈은 한없이 슬퍼 보였고, 마치 낙담과 우울의 화신 같았다. 나는 링컨이 이런 자세로 몇 시간 동안 움직이지 않고 앉아 있는 것도 목격했다. 이럴 때는 가장 가까운 친구조차 그에게 다가가기 어려웠다.

그 누구보다 방대하게 링컨의 삶을 연구한 비버리지 상원의원은 이런 결론을 내렸다. "1849년부터 생을 마감할 때까지, 링컨 인생에서 가장 지배적인 정서는 깊은 슬픔이었다. 그 슬픔의 깊이는 범인으로선 가늠할 수조차 없는 정도였다."

유머와 이야기는 링컨의 우울 치료제

그러나 링컨의 무한한 유머와 이야기 재주 또한 그의 우울 못지않은 탁월한 자질이었다. 데이비스 판사조차 링컨의 우스갯소리를 듣기 위해 재판을 잠시 중단해야 할 때가 있었다.

"사람들이 그의 주위로 모여들곤 했다. 때론 2, 3백 명씩이나 되는 군중이었다." 헌던은 링컨이 그들을 몇 시간 동안 배꼽 잡게 웃게 만들었다고 회상했다. 한 목격자에 따르면, 링컨이 재미난 얘기의 절정에 이르면 청중들은 환호성을 지르며 의자에서 굴러떨어졌다.

링컨을 잘 아는 이들은 "그의 깊은 슬픔"의 원인을 두 가지로 보았다. 하나는 처참한 정치적 실패의 연속이고, 다른 하나는 비극적인 결혼 생활이었다.

이렇게 정치적 망각 속의 고통스러운 6년이 흘렀고, 이 세월은 영원히 이어질 것만 같았다. 그러다 갑자기 링컨의 인생 항로를 완전히 바꾸고 그를 백악관 문턱까지 이르게 할 결정적 사건이 터졌다.

그 사건의 배후 인물은 다름 아닌 메리 링컨의 옛 연인, 스티븐 A. 더글러스였다.

13

미주리 협정의 파기

1854년, 링컨에게는 엄청난 사건이 터졌다. 그것은 미주리 협정의 폐기로 촉발된 사태였다. 미주리 협정을 간단히 요약하면 이렇다. 1819년, 미주리는 노예주로 연방에 가입하길 원했다. 북부는 이에 반대해 상황이 심각해졌다. 결국 당대 최고의 정치인들이 타협안을 만들어냈는데, 그게 바로 미주리 협정이다.[20]

남부는 원하는 바를 이뤘다. 미주리가 노예주로 연방에 편입된 것이다. 북부 역시 소기의 목적을 달성했다. 이후 미주리 남쪽 경계선 이북의 서부 지역에서는 노예제를 영구히 금지하기로 한 것이다(노예제 허용 여부를 두고 대립하던 남북은 1820년 '미주리 협정'을 통해, 미주리는 노예주로 받아들이되 미

---

[20] 미주리 협정이 맺어진 1819년 당시 미국은 북부에 11개 자유주, 남부에 11개 노예주가 있어 균형을 이뤘다. 만약 미주리가 노예주로 가입하면 이 균형이 11 대 12로 깨진다. 이에 매사추세츠주를 분할해 메인주를 자유주로 신설함으로써 12 대 12의 균형을 맞췄다. 그러나 링컨은 정계에 입문한 이래 "미국이 반은 자유이고 반은 노예인 상태를 영구히 지속할 순 없다"라는 신념을 일관되게 견지했다.

주리 이북 서부지역[위도 36도 30분 이북]에서는 노예제를 금지하기로 합의했다 – 편집자).

사람들은 이로써 노예제 논쟁이 끝날 거라 여겼다. 하지만 실제로는 단지 일시적으로 종식되었을 뿐이었다. 그로부터 35년 후, 더글러스는 미주리 협정의 철폐를 밀어붙였다. 그 결과 미시시피강 서쪽의 새 영토[21]에 노예제가 가능해졌다. 그 땅은 건국 초기 13개 주의 면적과 맞먹는 규모였는데, 이제 그곳에 노예제의 저주가 드리우게 된 것이다.

더글러스는 미주리 협정 폐기를 위해 하원에서 맹렬히 싸웠다. 그 투쟁은 몇 달간 이어졌다. 남북 의원들 사이에 격렬한 논쟁이 오가는 가운데, 칼이 번뜩이고 총이 뽑혔다. 더글러스가 밤을 새워 열변을 토하자, 상원은 1854년 3월 4일 그 법안을 통과시켰다.

이는 엄청난 사건이었다. 잠에서 덜 깬 워싱턴 거리를 전령들이 뛰어다니며 그 소식을 외쳤다. 해군기지에서는 새 시대의 개막을 축하하는 축포가 울려 퍼졌다. 하지만 그건 피로 물든 새 시대의 서막이 될 터였다.

더글러스가 미주리 협정을 파기한 속셈

더글러스는 왜 그런 행동을 했을까? 아무도 그 저의를 모르는 듯하다. 박사학위를 지닌 역사가들조차 아직 그 문제로 논쟁 중이다. 하지만 한 가지는 확실하다. 더글러스는 1856년 대선에서 승리하길 갈망했다. 미주리 협정 폐기를 통해 남부 표심을 사로잡을 수 있으리라 계산했던 것이다.

그럼 북부는 어떨까? "솔직히 거기선 엄청난 폭풍을 일으킬 것을 알고

---

21 이 땅은 "루이지애나 구입지"로 불린다. 미국은 1803년, 전비 조달에 급급한 나폴레옹에게서 이 광활한 땅을 사들였다. 남북으로 멕시코만에서 캐나다까지, 동서로 미시시피강에서 로키산맥에 이르는 이 땅은 미국 지도의 약 3분의 1을 차지한다.

있소." 더글러스가 말했다. 그의 예측은 정확히 들어맞았다. 거대한 회오리바람이 일어나 여러 정당을 분열시키고, 결국 이 나라를 남북전쟁의 소용돌이로 밀어 넣었다.

북부의 수백 개 도시와 마을, 촌락에서 항의와 분노의 집회가 들불처럼 번져나갔다. 스티븐 아놀드 더글러스는 "반역자 아놀드"로 조롱당했다. 사람들은 그의 가운데 이름 아놀드가 반역자 베네딕트 아놀드에서 왔다고 수군댔다. 그는 현대판 가룟 유다로 낙인찍혔고, 배신의 대가였던 은전 서른 닢과 교수형 집행용 밧줄이 선물처럼 날아들었다.[22]

북부 교회들도 거룩한 분노를 터트리며 싸움에 가담했다. 뉴잉글랜드의 3,050여 명의 성직자들은 "전능하신 하나님의 이름으로" 항의서한을 써서 상원에 제출했다. 언론의 격앙된 사설은 대중 사이에 번지는 분노를 부채질했다. 시카고에선 민주당 지지 신문마저 더글러스를 맹비난했다.

8월, 의회가 산회하자 더글러스는 귀향길에 올랐다. 그 길에서 본 광경에 그는 놀라 후에 이렇게 말했다. "보스턴에서 일리노이까지, 교수형에 처한 내 인형을 태우는 불빛만으로도 여행이 충분할 정도였다."

더글러스는 적개심이 최고조에 달한 고향 시카고에서 굳이 연설하겠다며 당당히 선언했다. 언론은 맹공을 퍼부었고, 격분한 목사들은 "그 더러운 배신자의 입김으로 일리노이의 맑은 공기를 더럽히지 말라"며 귀향을 막으려 들었다. 사람들은 시내 철물점으로 몰려가, 해 질 무렵엔 도시 전역에서 권총이 동났다. 그의 적들은 "그자를 더는 살려두어 불명예스러운 행적을 변명하게 해선 안 된다"라며 성토했다.

---

22 마태복음 27장에 따르면, 예수를 배반한 가룟 유다는 자신의 행동을 후회했다. 그는 무고한 사람을 죽음에 이르게 한 죄책감에 시달렸다. 결국 유다는 배신의 대가로 받은 은전 30개를 성전에 던져버리고 떠나 스스로 목숨을 끊었다.

더글러스가 도시에 들어서자 항구의 배들은 조기를 내걸었고 수십 개의 교회에서는 자유의 죽음을 애도하는 조종이 울렸다.

그의 연설이 있던 그날 밤, 시카고는 유례없는 무더위에 시달렸다. 의자에 앉은 청중의 얼굴에서는 땀방울이 줄줄 흘러내렸다. 호숫가 모래사장에서 잠을 청하려던 여인들은 더위에 지쳐 기절했다. 말들은 길거리에서 고삐를 맨 채로 쓰러져 죽어갔다.

고향에서 냉대받는 더글러스

이러한 폭염 속에서도 수천 명의 격앙된 남성들이 주머니에 권총을 숨긴 채 더글러스의 연설장으로 밀려들었다. 시카고 최대 규모의 강당으로도 그 인파를 감당할 수 없었다. 그들은 광장을 메웠고, 수백 명이 발코니나 근처 옥상에 앉아 있었다.

더글러스가 입을 뗐을 때, 군중 사이에서 신음과 야유가 터져 나왔다. 그가 연설을 이어가려 안간힘을 썼지만, 청중은 야유와 조롱을 퍼붓고 상스러운 노래를 불러대며 험악한 욕설을 쏟아냈다.

열광한 지지자들은 그와 맞붙고 싶어 안달이었다. 더글러스가 제발 조용히 해달라 호소하며 성난 군중을 달래려 했지만 번번이 실패했다. 그가 『시카고 트리뷴』을 비난하자 대규모 군중이 오히려 신문을 옹호했다.

더글러스는 "청중이 연설을 허락하지 않는다면 밤새도록 이렇게 서 있겠다"라고 으름장을 놨다. 그러자 8천여 군중이 합창했다. "우리도 새벽까지 집에 안 갈 거야. 우리도 새벽까지 집에 안 갈 거야."

토요일 한밤중, 4시간 내내 모욕을 당한 더글러스는 회중시계를 꺼내 고함치는 군중을 향해 외쳤다. "자, 일요일 아침이 밝았소. 전 예배당으로 가겠소. 당신들은 지옥에나 가시오!" 완전히 지친 그는 연설을 포기하고 단상에서 내려왔다. 작은 거인은 처음으로 치욕과 패배를 맛보았다.

다음 날 신문들이 사건을 상세히 보도했다. 그리고 스프링필드에서, 통통하고 오만한 갈색 머리의 중년 여인이 그 기사를 만족스럽게 읽어 내려갔다. 15년 전, 그녀는 더글러스 부인이 되는 꿈을 꾼 적이 있었다. 오랫동안 더글러스가 계속 승승장구하며 전국구 거물 정치인으로 성장하는 것도 지켜봤다. 반면 그녀의 남편은 굴욕적인 패배로 입지가 추락하기만 했다. 마음 깊은 곳에서 그녀는 이에 대한 울분을 삭이고 있었다.

하지만 이제 하나님 덕분에, 건방진 더글러스가 정치적 낭떠러지 앞에 서게 되었다. 그는 선거를 앞두고 망언을 일삼더니 일리노이주 민주당을 둘로 쪼개버린 것이다. 이건 분명 링컨에게 절호의 기회였다. 메리 링컨은 단번에 그 사실을 간파했다. 1848년 남편이 잃은 대중적 인기를 되찾을 좋은 기회였다. 정계에 복귀할 뿐 아니라 연방 상원의원에 당선될 수 있는 호기였다. 물론 상원의원 더글러스의 임기는 4년 넘게 남아 있었다. 하지만 그의 동료 의원 한 명이 불과 몇 달 앞으로 다가온 선거에서 재선에 도전할 참이었다.

링컨의 정치적 반등 기회

그렇다면 더글러스의 동료는 누구인가? 그는 거만하고 호전적인 아일랜드계 쉴즈였다. 메리 링컨은 그와 앙숙이었다. 1842년, 그녀가 직접 쓴 모욕적인 편지[23]로 인해 쉴즈는 링컨에게 결투를 신청한 적이 있었다. 결투가 성사돼 두 사람은 각자 친구를 대동하고 기병대 장검으로 무장한 채 미시시피강 유역의 모래사장에서 상대를 찌르기로 했다. 하지만 막판에

---

23 한 익명의 풍자 편지가 현지 신문에 게재되었다. 언론인 쉴즈는 이런 익명 편지를 자주 쓰던 링컨을 필자로 의심하고 그에게 결투를 신청했다. 링컨은 메리의 명예를 위해 이 도전을 받아들일 수밖에 없었다. 이 사건으로 메리는 링컨에 대해 더 깊은 호감을 갖게 되었다.

지인들이 나서 유혈 사태는 모면했다. 그 뒤로 쉴즈는 정계에 진출해 계속 승승장구한 반면, 링컨은 하락을 면치 못했다.

그러나 이제 링컨은 바닥을 치고 반등을 꿈꿨다. 자신이 말했듯 미주리 협정 폐기가 그의 분노에 불을 지폈다. 더는 입 다물고 있을 수 없었다. 그는 온 힘과 신념을 다해 반격하기로 결심했다.

링컨은 연설 준비에 돌입했다. 주 도서관에 처박혀 역사서를 뒤적이고, 관련 사실을 캐내며, 법안이 상원을 통과할 때까지 양당이 벌인 뜨거운 설전을 분류하고 정리하며 연구에 몰두했다.

10월 3일, 주정부 박람회가 스프링필드에서 열렸다. 수천 명의 농부가 도시로 모여들었다. 남자들은 최상급 돼지와 말, 소, 옥수수를 가져왔고, 여자들은 수제 젤리와 잼, 파이, 통조림을 내다 팔았다. 그러나 이 전시품들은 한 흥분 넘치는 사건 때문에 거의 잊혔다. 더글러스가 개막일에 연설한다는 소식이 며칠 전부터 퍼진 것이다. 그래서 일리노이 전역의 정치 지도자들이 그의 말을 듣고자 박람회장에 운집했다.

그날 오후, 더글러스는 3시간 넘게 연설하며 자신의 이력을 되짚고, 해명하고, 반박했다. "노예제를 어떤 새 주에 강요하거나 금지하려 입법한 적 없다"라며 그런 주장을 일축했다. 자신의 주장은 단지 신생 주의 주민들이 노예 문제를 스스로 결정하도록 하자는 것뿐이라고 역설했다. 더글러스는 외쳤다. "캔자스와 네브래스카 주민이 자치할 수 있다면, 당연히 그들은 소수의 비참한 흑인도 지배할 수 있을 것이오!"

맨 앞자리의 링컨은 연설에 귀 기울이며 모든 논지를 꼼꼼히 살폈다. 더글러스가 말을 마치자 링컨이 선언했다. "내일 저자의 가죽을 벗겨 울타리에 걸어두마."

다음 날 아침, 도시 곳곳과 박람회장에 전단이 뿌려졌다. 링컨이 더글러스의 연설을 반박한다는 내용이었다. 대중의 관심이 뜨거워 오후 2시 전

이미 강당은 만원이었다. 이내 더글러스가 나타나 연단 뒤편 의자에 앉았다. 늘 그랬듯 그의 차림새는 완벽했고 옷엔 티 하나 없었다.

메리 링컨도 청중석에 자리했다. 그 아침, 그녀는 남편의 상의를 정성껏 털어주고 새 칼라를 내주며 최고급 넥타이를 손수 다려줬다. 남편을 최대한 멋지게 꾸미려 애썼다. 하지만 더운 날씨에 강당은 후텁지근할 게 뻔했다. 그래서 링컨은 상의를 벗고 연단에 섰다. 물론 조끼도, 칼라도, 넥타이도 없었다. 헐렁한 셔츠 밖으로 갈색의 깡마른 목이 길게 나왔다. 머리카락은 부스스했고 구두는 먼지 투성이었다. 유일한 수제 멜빵이 짧고 꼭 맞지 않는 바지를 겨우 받치고 있었다. 남편을 본 순간, 메리의 얼굴은 분노와 당혹감으로 붉게 달아올랐다. 너무 실망스럽고 절망적이라 눈물이 날 것만 같았다.

그때는 그 누구도 이런 결말을 예상하지 못했다. 그러나 지금 우리는 안다. 아내조차 부끄러워한 이 촌스러운 사내가 바로 그날 오후, 불멸의 위인 반열에 오르는 첫걸음을 내디딘 것을.

링컨의 최초 명연설

그날 오후, 링컨은 생애 첫 위대한 연설을 했다. 만약 이 연설을 기점으로 그 이전의 모든 연설을 한 권으로, 이후의 모든 연설을 또 한 권으로 묶는다면 우리는 두 책의 저자가 같은 사람이란 사실을 좀처럼 믿지 못할 것이다. 연단에 오른 링컨은 이제 달라져 있었다. 저 엄청난 불의[24]에 영

---

24 더글러스가 제안한 1854년 캔자스-네브라스카 법은 미주리 협정을 무효화했다. 이 법은 새로 생기는 캔자스와 네브라스카주에 더글러스의 주민주권 원리(principle of popular sovereignty)를 적용, 노예주가 될 가능성을 열어두었다. 이로 인해 캔자스에서는 자유주와 노예주 지지자들이 과반수 확보를 위해 경쟁했고, 이 과정에서 폭력 사태가 벌어졌다. 링컨은 이런 상황이 노예제의 영구화로 이어질 것을 우려했다.

혼이 흔들린 새로운 인물이었다. 그는 억압받는 사람들을 위해 간절히 호소하며, 스스로의 도덕적 신념에 영감을 받아 명연설을 쏟아냈다.

노예제의 역사를 되짚으며 그것을 혐오해야 할 다섯 가지 이유를 격정적으로 토해냈다. 그러나 놀라울 정도로 관대한 자세로 이렇게 선언했다. "저는 남부 사람들에 대해 편견이 없습니다. 우리도 그들 처지라면 그랬을 것입니다. 지금 노예제가 그들 사회에 없다면 그들도 그걸 받아들이지 않았을 테고, 그것이 우리에게 있다 해도 우리도 즉각 포기하진 않았을 것입니다. 남부인들이 노예제 발생에 대해 우리 북부인만큼이나 책임이 없다고 하더라도, 저는 그 말을 인정합니다. 어떤 제도가 이미 존재하는데 그걸 순조롭게 폐지하기 어렵다는 말도 이해하고 존중합니다. 저 자신도 어떻게 해야 할지 모르는 문제로 그들을 비난할 수는 없습니다. 설령 온 세상의 권력을 준다 해도, 기존 제도를 어찌해야 할지 모를 겁니다."

얼굴에 땀방울이 맺히는 와중에도 링컨은 3시간이 넘도록 더글러스 상원의원의 주장이 궤변임을 낱낱이 파헤치고, 주민주권론의 허구를 완벽하게 폭로했다. 이는 심오한 연설이었고 청중에게 엄청난 감동을 안겼다. 더글러스는 듣는 내내 얼굴을 찌푸리며 몸을 비틀었다. 그는 여러 번 자리를 박차고 일어나 링컨의 말을 끊어먹었다.

얼마 남지 않은 상원의원 선거, 진보적인 젊은 민주당원들은 이미 탈당하며 더글러스를 공격하고 있었다. 일리노이 유권자들의 주의원 투표 결과, 더글러스파 민주당원들은 대패했다.

상원의원 선거에서 패배

당시 상원의원은 주의회 의원들이 선출했다. 1855년 2월 8일, 일리노이주 입법부가 선거를 위해 소집됐다. 링컨 부인은 새 드레스와 모자를 장만했고, 그녀의 형부 니니언 W. 에드워즈는 당선이 유력한 링컨을 위해 저녁 리셉션을 준비했다.

1차 투표에서 링컨은 선두를 달렸고 당선까지 6표가 모자랐다. 그러나 이후로 계속 표를 잃더니 10차 투표에선 완패했고, 라이먼 W. 트럼불이 당선됐다.

라이먼 트럼불은 줄리아 제인의 남편이었다. 제인은 메리 링컨의 결혼식 때 신부 들러리를 섰던 절친이었다. 메리와 줄리아는 그날 오후 하원 방청석에 나란히 앉아 선거를 지켜봤다. 줄리아의 남편이 이기자 링컨 부인은 화를 내며 의사당을 뛰쳐나갔다. 그녀의 분노는 맹렬했고 질투는 너무나 신랄했다. 그날 이후 생을 마감할 때까지, 그녀는 줄리아 트럼불과 다시는 말을 하지 않았다.

슬픔과 우울증에 빠진 링컨은 자신의 지저분한 법률 사무소로 돌아갔다. 벽에는 잉크 얼룩이 선명했고, 화초 씨앗은 서가 위의 수북한 먼지 속에서 싹을 틔우고 있었다.

일주일 후, 그는 올드 벅을 이륜마차에 매고 초원을 가로질러 미개척지를 누비며 출장을 다니기 시작했다. 하지만 그의 관심은 더 이상 변호사 일에 있지 않았다. 그는 이제 정치와 노예제 외에는 거의 말하지 않았다. 수백만의 사람들이 노예의 굴레 속에서 살아가고 있다는 생각만 하면 그는 한없이 마음이 비참해졌다.[25]

우울증 발작이 전보다 더 잦아지고 오래 지속됐으며, 증상도 심각해졌다.

어느 날 밤, 그는 한 시골 여인숙에서 동료 변호사와 침대를 함께 썼다.

---

25 1619년 8월, 약 20명의 앙골라 출신 흑인 포로들이 네덜란드 배로 버지니아 제임스타운에 처음 도착했다. 1691년까지 버지니아의 흑인 노예는 약 2천 명으로 늘었다. 그로부터 약 160년 후, 링컨 시대인 19세기 중반에 이르러 미국 내 흑인 노예의 수는 4백만 명을 넘어섰다.

동료는 새벽 일찍 깨어나 잠옷 바람으로 침대 끝에 걸터앉은 링컨을 발견했다. 그는 깊은 생각에 잠겨 침울하게 중얼거렸고, 주변을 전혀 인식하지 못하는 듯 멍한 상태였다. 마침내 링컨이 입을 열었을 때 그의 첫마디는 이랬다. "정말 당신에게 말하는데, 이 나라는 반은 노예이고 반은 자유인 채로 영원히 지속될 수 없소."

이 일이 있고 얼마 뒤, 스프링필드의 한 흑인 여성이 슬픈 사연을 가지고 링컨을 찾아왔다. 그녀의 아들은 세인트루이스에 가서 미시시피 증기선에 취직했다가 뉴올리언스에 도착하자마자 감옥에 갇혔다. 자유민으로 태어났지만 그것을 증명할 서류가 없었기 때문이다. 그사이 배는 떠나버렸고, 이제 그 아들은 감옥에 머문 비용을 갚으려면 노예로 팔려갈 처지가 됐다.

링컨은 이 사건을 들고 일리노이 주지사를 만났다. 주지사는 이 일에 관여할 권한이 없다고 했다. 링컨이 항의 서한을 보내자 루이지애나 주지사 역시 자신은 나설 권한이 없다며 답장을 보냈다. 그래서 링컨은 일리노이 주지사를 다시 찾아가 조치를 취해달라고 강력히 요구했다. 그러나 주지사는 고개를 절레절레 흔들었다.

링컨은 자리에서 일어서며 단호한 목소리로 외쳤다. "알겠습니다, 주지사 님. 당신에겐 이 불쌍한 청년을 풀어줄 법적 권한이 없겠지요. 하지만 저는 이 나라에서 노예주들이 발붙일 땅을 없애버리고 말겠소!"

이듬해인 1855년, 링컨은 46살이 됐다. 그는 친구 휘트니에게 "안경이 필요할 것 같아"라고 말하고는 보석상에 가서 37.5센트를 주고 생애 첫 안경을 샀다.

14

링컨의 정치적 좌절

이제 우리는 1858년 여름에 와 있다. 곧 에이브러햄 링컨이 처음으로 대규모 전투에 나서는 장면을 목도하게 될 것이다. 시골 출신 무명 인사에서 미국 역사상 가장 유명한 정치 싸움의 한복판으로 뛰어드는 모습을 보게 될 것이다.

49세의 그는 지금 어디쯤 와 있을까? 사업에선 실패자였다. 결혼 생활은 노골적으로 비참했다. 변호사로는 약간의 성공을 거둬 연간 3천 달러를 벌어들였다. 그러나 정치와 그가 가장 열망하는 분야에서는 좌절과 패배뿐이었다. 그는 이렇게 고백했다. "나 자신에 대해 말하자면, 야망을 좇는 경쟁에서는 실패자, 철저한 실패자였습니다."

하지만 이제 상황은 어지러울 만큼 빠른 속도로 돌아가기 시작한다. 남은 7년 동안, 그는 대대로 이어질 명성과 영예를 얻게 될 것이다.

캔자스의 친 노예 vs 반노예 갈등

우리가 지켜볼 링컨의 정적은 스티븐 A. 더글러스다. 그는 이제 국민적 우상이자 세계적 명사가 되어 있었다. 미주리 협정이 폐기된 1850년 이후 4년간, 더글러스는 역사상 가장 놀라운 부활극을 연출했다. 극적이고 장대한 정치 투쟁 끝에 명예를 완전히 회복한 것이다. 그 과정은 이러했다.

캔자스가 노예주 지위를 요청하며 연방정부의 문을 두드렸다. 하지만 더글러스는 "안 된다"라고 했다. 캔자스 주의회가 주 헌법을 제정했지만, 그건 정당한 주의회가 아니었기 때문이다. 의원들은 노골적인 사기와 총기 위협으로 선출됐고, 투표권을 가진 캔자스 정착민의 절반은 유권자 명부에서 제외되어 투표조차 할 수 없었다는 것이다.

그런데 5천 명의 친노예제 민주당원들, 즉 캔자스 투표권조차 없는 미주리 서부 주민들이 연방 무기고를 습격해 무장한 채 선거일에 나타났다. 그들은 깃발을 흔들고 군악을 울리며 투표소로 쳐들어가 노예제에 찬성표를 던졌다. 이 선거는 사기극이자 정의에 대한 모독이었다.

자유주 진영도 대응에 나섰다. 그들은 권총을 손질하고 소총에 기름칠을 하며, 사격 연습을 위해 나무 표지판이나 헛간 문의 틈새를 겨냥했다. 곧이어 행진과 훈련, 술판이 벌어졌다. 참호를 파고 보루를 쌓아 여관을 요새로 만들었다. 투표로 정의를 세우지 못하면 총알로 쟁취하겠다는 의지였다!

북부의 거의 모든 도시와 마을에서는 웅변가들이 군중 앞에서 연설을 하고 모자를 돌려 모금 활동을 벌였다. 캔자스를 자유주로 만들 무기를 사기 위해서였다. 헨리 워드 비처[26]는 브루클린 연단을 주먹으로 내려치며, 캔자스를 구하는 데는 성경보다 무기가 더 위력을 발휘할 것이라고 소리쳤다. 이때부터 샤프스 소총은 "비처의 성경"으로 불렸다. 그 총들은

---

26 이 사람은 『톰 아저씨의 오두막』의 작가 해리엇 비처 스토의 오빠다. 예일대를 졸업한 후, 아버지 라이먼 비처와 같이 목사가 되었다. 목사가 이렇게 강력히 선동했다는 사실은 북부에서 노예제에 대한 증오가 얼마나 깊었는지를 잘 보여준다.

동부에서 상자나 통에 담겨 캔자스로 운송됐는데, 겉면엔 "성경", "식기", "법전" 등의 라벨이 붙어 있었다.

자유주 정착민 다섯 명이 살해당하자, 양치기이자 포도 재배 농부인 한 노인이 캔자스 평원에 우뚝 서서 외쳤다. "다른 선택지가 없소. 전능하신 주께서 저 친노예제 악당들을 응징하라 명하셨소." 그의 이름은 존 브라운, 그는 캔자스의 오사와토미에 살고 있었다.

5월의 어느 밤, 그는 성경을 펼쳐 가족들에게 다윗의 시편을 읽어주었고 무릎 꿇고 기도했다. 찬송가를 부른 후 그와 네 아들, 사위는 말을 타고 벌판을 가로질러 친노예제 인사의 오두막으로 갔다. 그들은 그 남자와 두 아들을 침대에서 끌어내려 도끼로 양팔을 절단하고 머리를 잘랐다. 아침이 오기 전 내린 비는 죽은 사람들의 머리에서 튀어나온 뇌수를 일부 씻어냈다.

이때부터 양측은 서로 칼부림하고 총격전을 벌였다. 이렇게 "피 흘리는 캔자스"라는 말이 역사책에 기록되었다. 이제 스티븐 A. 더글러스는 사기와 폭력이 판을 치는 속에서 만들어진 캔자스의 위장 주 헌법이, 서명된 종이 한 장만큼의 가치도 없다는 사실을 인식했다. 그는 캔자스 주민들에게 공정하고 평화로운 선거권을 부여해야 한다고 주장했다. 오직 그런 선거만이 캔자스의 자유주 여부를 결정할 수 있다는 것이었다.

뷰캐넌 대통령과 더글러스 상원의원의 갈등

그의 요구는 정당했지만, 당시 제임스 뷰캐넌 대통령과 워싱턴의 오만한 친노예제 정치인들은 받아들이지 않았다. 뷰캐넌과 더글러스는 정면으로 맞섰다. 대통령은 더글러스를 정치적으로 파산시키겠다고 위협했고, 더글러스는 이렇게 받아쳤다. "쳇, 지난번엔 내가 제임스 뷰캐넌[27]을 대통

---

27 민주당 출신 대통령인 제임스 뷰캐넌은 1856-1860년 단임으로 끝났다.

령으로 만들었소. 하지만 이번엔 그를 끌어내릴 수 있소."

이는 단순한 위협을 넘어 역사적 분기점이었다. 그 순간, 노예제는 정치적 권력과 오만의 절정에 달했다가 급격히 쇠퇴하기 시작했다. 이어진 싸움은 종말의 서막이었다. 더글러스가 민주당을 심각하게 분열시켜 1860년 민주당의 대패를 불가피하게 했기 때문이다. 이는 링컨의 당선을 가능하게 했을 뿐 아니라 필연적으로 만들었다.

더글러스는 숭고한 원칙을 위해 자신의 정치적 미래를 걸었다. 그는 그 원칙을 믿었을 뿐만 아니라 북부의 거의 모든 사람이 그것을 믿었다. 이제 그는 고향 일리노이주에 돌아와 전국에서 가장 존경받고 우상시되는 인물이 되었다.

1854년만 해도 시카고는 더글러스의 귀향을 야유와 비난으로 맞이했었다. 그러나 이제 그 도시는 취주단과 환영 리셉션 위원회를 태운 특별 기차를 보내 그를 영접했다. 더글러스가 도시에 들어서자 디어본 공원의 대포 150문이 일제히 환영 예포를 울렸고, 수백 명의 남성들이 먼저 악수하려 앞다투어 달려들었으며, 수천 명의 여성들이 그의 발아래 꽃잎을 흩뿌렸다. 사람들은 첫째 아들에게 그의 이름을 지어주었고, 일부 열성 지지자들은 그를 위해서라면 기꺼이 교수대에 오를 수 있다고 말했는데, 이는 결코 과장된 표현이 아니었다. 더글러스가 사망한 지 40년이 지난 후에도 사람들은 자신을 "더글러스 민주당원"이라고 자랑스럽게 말했다.

더글러스가 승리자처럼 시카고에 입성한 지 몇 달 후, 일리노이 주민들은 연방 상원의원 선거를 치르게 되어 있었다. 민주당은 당연히 더글러스를 지명했다. 그에 맞설 공화당의 대항마는 무명의 링컨이었다.

이어진 선거 유세전에서 링컨과 더글러스는 치열한 논쟁을 벌였다. 그 논쟁은 링컨을 단숨에 유명 인사로 만들었다. 두 후보는 첨예한 쟁점을 두고 열띤 대결을 벌였고, 민심의 열기는 최고조에 이르렀다. 그들의 연설을 듣기 위해 전례 없는 대규모 청중이 몰려들었다. 그 많은 사람을 수용할 강당이 없어 연설 집회는 숲속이나 들판에서 열렸다. 기자들이 그들을 따라다녔고, 전국 신문들은 화제 만발한 토론을 다루며 열기를 더했다. 두 연사는 곧 전 국민을 청중으로 끌어모았다.

그리고 2년 후, 링컨은 백악관에 입성했다.

내부 분열된 집과 연방제의 유지

더글러스와의 논쟁은 링컨의 이름을 널리 알렸고, 그에게 대통령의 길을 열어주었다. 논쟁에 앞서 링컨은 몇 달에 걸쳐 철저히 준비했다. 그는 떠오르는 생각과 착상, 인상적인 표현들을 편지 봉투 뒷면, 신문 여백, 종이봉투 겉면 등 손에 잡히는 대로 메모해두었다. 마침내 그 내용들을 전지에 정서하고 큰 소리로 낭독하며 문장을 다듬고 조정해 나갔다.

첫 연설문을 완성한 어느 날 밤, 그는 친한 친구들을 주의회 도서관으로 불러 모았다. 문을 걸어 잠그고 연설문을 읽어주며 각 문단이 끝날 때마다 의견을 물었다. 이 연설문에는 후에 유명해진 예언적 문구들이 담겨 있었다.

"내부가 분열된 집[28]은 온전히 서 있을 수 없습니다. 이 정부가 영원히 절반은 자유, 절반은 노예인 상태로 지속될 수 없다고 생각합니다. 나는 연방이 해체되기를 기대하지 않습니다. 집이 무너지기를 바라지 않습니

---

[28] "분열된 집"은 마태복음 12장 25-27절에서 유래한 말로, 링컨의 정치 철학을 잘 요약하는 유명한 비유다. 이 연설 당시 링컨은 연방의 유지를 위해 자유주와 노예주의 현상 유지를 원했다. 그는 기존 노예주를 인정하면서도 연방의 통합이 노예제 폐지보다 중요하다고 보았다. 그러나 대부분의 북부 주민들은 즉각적인 노예제 폐지를 주장했다. 캔자스의 유혈 사태 이후, 남부는 노예제도가 점차 사라질 것을 우려했고, 북부는 노예제가 영구화될 것을 걱정했다. 이러한 견해 차이로 인해 전쟁은 불가피했다.

다. 다만 분열 상태가 끝나기를 바랄 뿐입니다. 연방은 온전히 유지되어야 합니다. 그렇지 않으면 연방이라 할 수 없습니다."

연설문을 듣고 친구들은 깜짝 놀라 경악했다. 너무 과격한 주장이라며 "바보 같은 발언"이고 유권자들의 등을 돌리게 할 것이라고 했다.

마침내 링컨이 자리에서 일어나 지난 몇 달간 깊이 고민해 온 바를 말했다. 그리고 이런 선언을 하면서 모임을 끝냈다.

"분열된 집은 온전히 서 있을 수 없습니다. 이는 인류가 오랜 역사를 통해 체험한 진리이며, 지난 6천 년간 변함없는 사실이었습니다. 저는 이 널리 알려진 비유로 우리 시대의 위험을 모든 이에게 일깨우고자 합니다. 이제는 이 진리를 말해야 할 때입니다. 저는 제 주장을 바꾸거나 수정하지 않기로 굳게 결심했습니다. 설령 이 발언으로 죽음을 맞이하게 되어도, 저는 기꺼이 진리를 지키며 죽을 것입니다. 정의와 진실을 위해 장렬히 죽고 싶습니다."

기회주의자 더글러스와 원칙주의자 링컨

두 후보 간의 일곱 차례 논쟁 중 첫 번째는 1858년 8월 21일, 시카고에서 75마일 떨어진 작은 농촌 마을 오타와에서 열렸다. 군중들은 전날 밤부터 몰려들기 시작해 호텔, 민가, 마구간을 가득 메웠다. 연설이 펼쳐질 계곡 주변으로는 1마일에 걸쳐 벼랑과 저지대에 모닥불이 타올라 마을이 적군에 포위된 듯한 장관을 이루었다.

동트기 전, 이미 인파가 밀려들기 시작했다. 아침 해는 일리노이 들판 너머로 높이 떠올라 단두 이륜 마차, 대형 사륜 짐마차, 보행자들, 말을 탄 남녀들로 북적이는 시골길을 내려다보았다. 무더운 날씨에 몇 주간 가뭄이 계속되면서 거대한 먼지구름이 옥수수밭과 풀밭 위로 뭉게뭉게 피어올랐다.

정오, 열일곱 량의 특별 열차가 시카고에서 도착했다. 좌석은 만원이었고 통로마저 발 디딜 틈 없이 사람들로 가득 찼으며, 열성적인 승객들은 기차 지붕에까지 올라탔다.

40마일 반경의 모든 마을에서는 악단을 앞세우고 왔다. 북소리는 우렁찼고 피리소리는 날카로웠으며, 행진하는 민병대의 발걸음 소리가 사방에서 들려왔다. 돌팔이 의사들은 무료 뱀 쇼를 보여주며 만병통치 진통제를 팔았고, 곡예사와 마술사들은 술집 앞에서 재주를 뽐냈다. 거지들과 창부들 또한 분주히 영업에 나섰다. 폭죽이 터지고 예포가 울리자 놀란 말들이 뒷걸음질 쳤다.

저명한 더글러스는 백마 여섯 마리가 끄는 화려한 마차를 타고 몇몇 마을을 행진하며 지나갔다. 그가 지나갈 때마다 군중들 사이에서 엄청난 환호성이 터져 나왔다.

링컨 지지자들은 그의 허세와 과시를 조롱하고자 후보를 흰 노새가 끄는 낡은 건초 마차에 태워 행진시켰다. 뒤따르는 또 다른 건초 마차 위에는 32명의 처녀가 각 주의 이름이 적힌 띠를 두르고 올라탔고, 그 위로 거대한 현수막이 휘날렸다.

제국의 별은 서쪽으로 가고 있구나.

과거에 어머니들이 클레이[29]를 지지했다면

---

29 휘그당(공화당의 전신) 소속의 헨리 클레이(1777-1852)를 가리킨다. 그는 다섯 번의 대선 실패에도 불구하고 '협상의 대가'로 불렸다. 그는 1820년 미주리 협정과 30년 후의 1850년 타협을 이끌어냈다. 1850년 타협에서 클레이는 캘리포니아를 자유주로 인정하고 컬럼비아 지구의 노예무역을 폐지하는 한편, 북부로 도망친 노예를 엄격히 단속하는 도망노예법을 제안했다. 이로써 남북 갈등을 일시적으로 진정시켰으나, 도망노예법은 오히려 사태를 악화시켰다. 해리엇 비처 스토의 『톰 아저씨의 오두막』은 이 도망노예법의 문제점을 다루고 있다.

오늘날 처녀들은 링컨을 지지하네.

연사들과 위원회, 기자들이 연단에 다가가려면 빽빽한 군중을 30분 넘게 헤치고 나가야 했다.

연단 위에는 뙤약볕을 가려주는 나무 차양이 설치돼 있었다. 스무 명 가까운 사람들이 그 위로 올라가자 무게를 견디지 못한 차양이 꺼지면서 나무판자들이 더글러스 쪽으로 무너져 내렸다.

거의 모든 면에서 두 후보는 달랐다.

더글러스는 165센티미터(5.4피트)에 불과한 반면 링컨은 195센티미터(6.4피트)나 되었다.

키 큰 링컨은 새된 테너 목소리였지만, 키 작은 더글러스는 풍성한 바리톤이었다.

더글러스는 우아하고 세련됐으나 링컨은 소박하고 어색해 보였다.

더글러스에겐 대중을 사로잡는 타고난 매력이 넘쳐났다. 반면 링컨의 할쑥하고 주름진 얼굴에는 깊은 슬픔이 감돌았고 신체적 매력은 전혀 없었다.

더글러스는 주름 셔츠에 진청 상의, 하얀 바지, 챙 넓은 흰 모자를 쓴 부유한 남부 농장주 차림이었다. 링컨의 외양은 어색하고 기이했다. 닳은 검은색 상의의 소매는 턱없이 짧았고 헐렁한 바지도 짧게 올라갔으며, 높은 중산모는 햇빛에 변색되어 누추해 보였다.

더글러스에겐 유머 감각이 없었지만, 링컨은 세상 그 누구보다 위대한 이야기꾼이었다. 더글러스는 어디를 가든 같은 말을 반복했다. 그러나 링컨은 자신의 주제를 끊임없이 파고들며 연구했고, 새로운 연설문 준비가 낡은 이야기 되풀이보다 훨씬 쉽다고 여겼다.

더글러스는 허영심이 강해 화려함과 요란함을 좋아했다. 그는 깃발로 뒤덮인 특별 열차를 타고 주 전역을 돌아다녔다. 기차 맨 뒤 화차 위에는 놋쇠 대포가 실려 있어, 그가 새로운 마을에 들어설 때마다 위대한 인물의 등장을 알리는 예포를 쏘아 올렸다.

반면 "허장성세와 불꽃놀이"를 싫어하는 링컨은 대중마차와 일반 기차를 이용했다. 그는 낡고 더러운 카펫백(19세기 미국에서 양탄자 조각이나 두꺼운 직물로 만든 크고 편평한 여행 가방으로, 당시 장거리 여행자들에게 널리 쓰였던 필수품 – 편집자)을 들었고, 손잡이 없는 녹색 면 우산을 들고 다녔으며, 우산이 갑자기 펴지는 걸 막기 위해 중간을 끈으로 묶어두곤 했다.

더글러스는 기회주의자였다. 링컨이 지적한 대로 그에겐 "확고한 정치 도덕"이 없었고, 오로지 선거에서의 승리만이 목표였다. 반면 링컨은 위대한 원칙을 위해 싸웠다. 정의와 자비가 결국 승리한다면 이번 선거에서 누가 이기든 링컨에게는 그리 중요치 않았다.

링컨은 이렇게 말했다.

"사람들은 나를 야심가라 하지만, 선거 초기부터 그런 욕망에서 자유롭게 해달라고 기도해왔음을 하나님은 아십니다. 나도 정치적 영예를 모르진 않습니다. 그러나 오늘날 미주리 협정이 원상 회복되어 노예제 문제가 과거 기준으로 돌아간다면, 즉 노예제가 이미 시행 중인 곳에서는 필요에 따라 그 제도를 '관용'하되 다른 지역으로의 확산은 막을 수 있다면, 더글러스가 평생 상원의원직을 유지하고 제가 그 자리에 들어가지 않더라도 좋습니다. 우리 둘 다 살아 있든, 둘 중 하나가 죽든 말입니다.

더글러스와 나 둘 중 누가 연방 상원의원이 되든 그건 중요치 않습니다. 그러나 오늘 우리가 여러분 앞에 내놓은 이 커다란 문제는 개인의 이익이나 정치적 장래를 훨씬 넘어서는 문제입니다. 더글러스나 제가 무덤에 들어가 두 사람의 가녀리고 허약한 혓바닥이 침묵해버린 후에도 이 문제는 계속 살아남아 숨 쉬며 사람들을 고통스럽게 할 것입니다."

일곱 차례 논쟁에서 더글러스는 한결같이 이렇게 주장했다. 언제 어디서든 새 주는 주민 과반수가 노예제를 지지하는 쪽으로 투표하면 그 제도를 도입할 권리가 있다는 것이다. 그는 투표 결과가 찬성이든 반대든 상관하지 않았다. 더글러스의 유명한 구호는 이런 것이었다. "각 주는 자기 일만 신경 쓰고 다른 주에 대해서는 개입하지 말라."

링컨은 정반대 입장을 취했다. 그는 이렇게 설명했다.

"더글러스는 노예제를 문제 삼지 않지만, 저는 그것이 잘못된 제도라 생각합니다. 누가 옳고 그른가, 그것이 우리 논쟁의 핵심입니다. 그는 어떤 사회든 주민이 노예를 원하면 그 제도를 채택할 권리가 있다고 합니다. 노예제가 나쁘지 않으니 투표로 도입할 수 있다는 것이지요. 그러나 그 제도가 투표 전부터 널리 나쁜 제도로 인식된다면 어떨까요? 그는 사람들에게 나쁜 것을 할 권리가 있다고 말하는 셈입니다.

그는 이웃이 텃밭에 담배를 심든 뿔 달린 소를 키우든 신경 쓰지 않듯, 어떤 주가 노예주가 되든 자유주가 되든 상관하지 않습니다. 그러나 대부분은 더글러스와 다른 생각을 하고 있습니다. 그들은 노예제가 주민의 선택과 무관한, 도덕적으로 매우 잘못된 제도라고 여기고 있는 겁니다."

더글러스는 주 전역을 돌며 링컨이 흑인에게 사회적 평등을 주려 한다고 거듭 비난했다.

링컨은 즉시 반박했다. "아닙니다. 제가 흑인에 대해 말하는 것은 이것뿐입니다. 흑인이 싫다면 그를 그냥 내버려두라는 것입니다. 하나님이 그에게 조금이라도 주셨다면, 흑인이 그것을 누릴 수 있게 하라는 겁니다. 흑인은 여러 면에서 저와 동등하지 않습니다. 하지만 그도 '생명, 자유, 행복 추구'의 권리가 있습니다. 자기 손으로 번 빵을 자기 입에 넣을 권리가 있습니다. 이런 권리에 있어서 그는 저와 동등하고, 더글러스와 동등하며, 이 세상 모든 사람과 동등합니다."

논쟁이 벌어질 때마다 더글러스는 링컨이 백인들에게 "흑인과 포옹하고 결혼하기를" 바란다고 비난했다.

링컨은 이러한 비난을 계속해서 부인해야 했다. "제가 흑인 여성이 노예되길 반대한다고 해서, 흑인 여성과 결혼해야 한다는 주장은 받아들일 수 없습니다. 저는 오십 평생 흑인 여성을 노예로 둔 적도, 아내로 맞은 적도 없습니다. 백인 남성이 결혼할 백인 여성은 얼마든지 있고, 흑인 남성이 결혼할 흑인 여성도 많습니다. 그러니 그렇게 하면 되는 겁니다."

더글러스는 노예제 폐지와 연방 존속이라는 근본 쟁점들을 회피하거나 모호한 입장으로 일관했다. 링컨은 그의 논증이 터무니없다며 "굶어 죽은 비둘기의 그림자로 끓인 수프"에 비유했다. 그는 객관적 사실을 말하는 게 아니라 "황당하고 거짓된 말을 앞뒤로 꿰어, 비둘기 그림자를 가리키며 모든 그림자가 비둘기라 주장하는 사람"이라고 폭로했다.

링컨은 이런 말도 덧붙였다. "전혀 말이 안 되는 주장에 대꾸하려니 오히려 제가 바보 같습니다."

더글러스는 사실이 아닌 것들을 말했다.[30] 그는 그것들이 허위임을 알았고, 링컨도 이를 간파하고 있었다.

링컨이 받아쳤다. "만약 누군가 자리에서 일어나 2 더하기 2는 4가 아니라고 계속 우긴다면 그걸 멈출 방법이 없습니다. 이런 말도 안 되는 소리에 논리적 일관성을 내세우며 부인하는 사람의 입을 막을 순 없는 겁니다. 저는 더글러스를 거짓말쟁이라고 말하고 싶진 않습니다. 하지만 그의

---

30 더글러스의 주민주권 원칙은 겉보기엔 그럴듯하지만, 사실은 새 주에 적용하면 심각한 갈등만 초래하는 주장이었다. 그래서 거짓된 주장이라 하는 것이다. 더글러스는 노예제를 지지하지도, 반대하지도 않는 모호한 입장이었다. 그렇게 하면 2년 후 대선(1860)에서 자유주와 노예주 양쪽의 지지를 모두 얻을 수 있으리라 판단했다. 그러나 오히려 양쪽 모두에게 배척당해 박쥐 같은 입장이라는 비난만 받고 말았다.

실체를 정직하게 말하려면 그것 외엔 다른 표현이 떠오르지 않습니다."

또다시 상원의원 선거에서 패배

두 후보의 싸움은 몇 주에 걸쳐 치열하게 전개됐다. 링컨은 연일 공세를 멈추지 않았고, 다른 인사들도 이 전투에 동참했다. 라이먼 트럼불은 더글러스를 거짓말쟁이라 하면서 "그 누구도 저지르지 않은 가장 저주받을 뻔뻔함을 보였다"라고 비난했다. 유명한 흑인 웅변가 프레더릭 더글러스도 일리노이에 와서 공격에 동참했다.

뷰캐넌 대통령을 지지하는 민주당원들조차 더글러스의 태도가 모호하다며 거세게 비난의 목소리를 높였다. 독일계 미국인 개혁가 카를 슈르츠는 더글러스를 맹렬히 몰아붙이며 외국 출신 유권자들에게 그에게 표를 던지지 말라고 독려했다. 공화당 지지 언론은 그를 "사기꾼"으로 지목하는 헤드라인으로 연일 몰아세웠다.

소속 정당인 민주당마저 더글러스 지지를 놓고 분열돼 있었고, 사방의 공격에 시달리며 자신도 엄청난 고통을 받고 있었다. 더글러스는 불리한 싸움을 벌이고 있었다. 그는 절망에 빠져 친구 어셔 F. 린더에게 이런 전보를 보냈다. "지옥의 사냥개들이 나를 추격하고 있네. 제발, 린더, 어서 와서 내가 그들과 싸우는 걸 좀 도와주게."

전보 교환수는 이 전보를 공화당에 팔아넘겼고, 그것은 스무 개 신문의 헤드라인을 장식했다. 더글러스의 적들은 즐거워서 환호성을 질렀고, 그날 이후로 죽을 때까지 수신자 어셔 린더는 "제발, 린더"라는 별명이 붙었다.

선거 당일 밤, 링컨은 전신국에서 개표 결과를 지켜보다가 자신의 패배를 확인하고 집으로 돌아왔다. 어둡고 비 오는 음울한 밤이었다. 사람들의 잦은 통행으로 돼지 등마냥 우툴두툴해진 집으로 향하는 길은 미끄럽기 그지없었다. 그는 갑자기 미끄러지면서 한 발을 헛디뎌 다른 발을 찼다. 하지만 재빨리 중심을 잡았다. "순간 미끄러졌어. 그래도 넘어지진 않았어."

직후 그는 일리노이의 한 신문에 실린 자신에 관한 사설을 읽었다. 거기에는 이렇게 쓰여 있었다.

> 에이브 링컨은 분명 일리노이에서 입신한 정치인 중 가장 불운한 사람이다. 그는 정치적으로 손대는 모든 일에서 실패할 운명인 듯하다. 정치 역정에서 그가 겪은 잦은 좌절은 보통 사람 같으면 목숨을 잃었을 정도의 충격이다.

더글러스와 일곱 차례의 논쟁 때 군중이 운집한 걸 보고, 링컨은 앞으로 연설회를 열면 돈을 벌 수 있으리라 생각했다. 그는 "발견과 발명"이란 제목으로 블루밍턴의 한 강당을 빌려 건물 앞에서 젊은 여성에게 입장권을 팔게 했다. 그러나 그 유료 강연회에는 단 한 명도 나타나지 않았다. 한 사람도!

그래서 그는 다시금 어수선한 법률 사무소로 발걸음을 돌렸다. 사무실 벽에는 여전히 잉크 자국이 남아 있었고, 화분 씨앗은 책장 위 먼지 속에서 싹을 틔우고 있었다.

이제 그는 사무실로 복귀해야 했다. 지난 6개월간 변호사 일을 하지 않아 수입이 없었기에 저축은 바닥이 났다. 푼돈조차 남지 않아 고기며 채소를 살 수도 없을 형편이었다.

그리하여 그는 늙은 말 올드 벅을 낡은 마차에 매달고 일리노이 벌판을 가로질러 순회 재판을 다니기 시작했다.

11월, 추위가 엄습해왔다. 링컨의 머리 위 잿빛 하늘에서는 야생 거위

떼가 남쪽을 향해 울부짖으며 날아갔다. 길가에서는 토끼가 재빨리 질주해 길을 가로질렀다. 멀리 숲속 어딘가에서는 늑대가 울부짖었다. 그러나 마차에 앉은 울적한 사내는 주변에서 일어나는 일들을 듣지도, 보지도, 의식하지도 못한 채 턱을 가슴에 묻고 깊은 생각과 절망에 빠져들었다.

15

공화당 대통령 후보 지명대회

휘그당이 해체되고 새로 결성된 공화당은 1860년 봄, 대통령 후보 지명을 위해 시카고에서 전당대회를 열었다. 당시 에이브러햄 링컨이 선출될 가능성을 점치는 이는 거의 없었다. 대회 직전 링컨은 한 신문사 편집장에게 직접 편지를 보내 "솔직히 나 자신이 대통령감이라고 생각하지 않는다"라고 털어놓기까지 했다.

1860년, 지명의 영예는 준수한 용모의 뉴욕 출신 정치인 윌리엄 H. 슈어드에게 돌아갈 것이라는 데 의심의 여지가 없어 보였다. 시카고로 향하는 기차에서 실시한 모의 투표에서 슈어드는 다른 모든 후보의 득표수를 합친 것보다 두 배나 많은 표를 얻었기 때문이다. 많은 열차에서 링컨 지지표는 단 한 표도 나오지 않았고, 일부 대의원은 그런 사람이 출마했는지조차 제대로 알지 못했다.

공화당의 강력한 후보 슈어드

전당대회는 슈어드의 59번째 생일에 열렸다. 이 얼마나 상서로운가! 그는 생일 선물로 자신이 후보 지명을 받으리라는 확신에 차 있었다. 미 상원 동료 의원들에게 작별 인사를 미리 하고, 친구들을 뉴욕주 오번에 있는 자택으로 불러 성대한 축하연을 베풀 정도였다. 심지어 저택 마당에 예포까지 설치해 하늘을 향해 포구를 겨눴다. 경사스러운 소식을 온 도시에 예포로 알리려 했던 것이다.

만일 투표가 예정대로 목요일 저녁에 이뤄졌더라면, 예포는 발사됐을 것이고 미국의 역사는 달라졌을지 모른다. 그러나 투표지 인쇄업자가 집계용 용지를 제때 납품하지 않아 선거가 지연됐다. 아마도 그는 전당대회장으로 오는 길에 술집에 들러 맥주 한잔하느라 늦은 것 같다. 어쨌든 그가 늦어지는 바람에 대의원들은 목요일 저녁 자리에 앉아 그를 기다려야만 했다.

강당은 모기가 들끓고 환기가 잘 되지 않아 후덥지근했다. 배고픔과 갈증에 시달리던 일부 대의원이 자리에서 일어나 대회를 다음 날 오전 10시로 연기하자고 제안했다. 연기 동의안은 언제나 우선으로 처리되고 다른 모든 안건에 앞서 상정되기에 호응을 얻었다. 다른 대의원들도 연기 제안에 열렬히 호응했다.

이렇게 전당대회가 재개될 때까지 17시간이 주어졌다. 그리 긴 시간은 아니었으나, 슈어드의 정치 경력을 망가뜨리고 링컨의 경력을 크게 도약시키기에는 충분히 긴 시간이었다.

저격수 호레이스 그릴리

슈어드의 입지를 무너뜨린 주역은 호레이스 그릴리였다. 멜론 같이 둥그런 머리에 하얀 토끼털처럼 부드럽고 가는 머리카락을 가진 괴상한 인물이었다. 그는 폭이 좁은 넥타이를 매고 다녔는데, 매듭은 늘 왼쪽 귀 아래로 삐뚤어진 채 늘어져 있었다.

그릴리는 본래 링컨의 지명을 주도하려는 인물이 아니었다. 다만 그는 온 영혼을 다해 윌리엄 H. 슈어드와 그의 참모 덜로 위드에게 앙갚음하겠다는 강철 같은 의지로 불타고 있었다. 그 앙금의 배경은 이러했다. 그릴리는 14년간 그들과 한배를 타며 함께 싸웠다. 슈어드를 뉴욕 주지사와 상원의원으로 만드는 데 힘을 보탰고, 위드가 뉴욕 정계의 보스로 군림하는 데에도 도움을 아끼지 않았다.

그런데 그 대가로 그릴리는 무엇을 얻었나? 완전히 무시당한 것 말고는 없었다. 뉴욕주 출판국장 자리를 노렸지만 위드가 가로채 갔다. 뉴욕시 우체국장이 되길 바랐으나 위드는 그를 추천하지 않았다. 주지사나 부지사가 되고 싶어 했으나 위드는 "안 된다"라고 일축했을 뿐 아니라 아주 모욕적인 방식으로 거절했다.

결국 그릴리는 참다못해 슈어드에게 장황한 비난의 편지를 써 보냈다. 그 전문을 실으려면 이 책의 일곱 쪽을 채울 만큼 격렬한 분노로 가득 차 있었다.

그 불같은 편지는 1854년 11월 11일 토요일 밤에 쓰였다. 그 뒤로 6년, 그릴리는 복수의 기회만을 엿보며 기다려왔다. 그리고 마침내 그 기회를 잡자 최대한 활용했다. 공화당 전당대회가 휴회한 그 운명적인 목요일 밤, 그는 밤을 꼬박 지새웠다. 해 질 녘부터 다음 날 해 뜰 때까지 이 대의원 저 대의원을 찾아다니며 논리를 펼치고 열정적으로 호소했다.

그가 발행인으로 있는 《뉴욕 트리뷴》은 북부 전역에서 널리 읽히며 여론에 지대한 영향력을 발휘하는 신문이었다. 게다가 그 자신이 유명 인사였기에 가는 곳마다 사람들은 숨소리를 죽이고 귀를 기울였다. 그만큼 대의원들도 그의 말을 경청하지 않을 수 없었다.

그릴리는 슈어드를 반대하기 위해 모든 주장을 총동원했다. 슈어드가 프리메이슨을 반복적으로 비난했고, 1830년에는 안티메이슨당[31] 후보로 뉴욕주 상원의원에 당선되어 광범위한 분노를 불러일으켰으며 그 여파가 오늘날까지도 남아 있다고 지적했다.

또한, 뉴욕 주지사 시절에는 공립학교 설립 기금을 폐지하고 이민자와 가톨릭을 위한 별도 학교 설립을 지시해 또다시 불같은 증오심을 불러일으켰다고 비난했다. 심지어 일부 무지당[32] 지지자들은 슈어드에게 투표하느니 차라리 사냥개에게 표를 던지겠다고 말할 정도였다.

그러나 그릴리의 비난은 여기서 끝나지 않았다. 그는 슈어드가 "대선동가"로서 지나치게 과격하고 "유혈적인 정책"을 밀어붙이며, 헌법보다 높은 법[33]이 있다고 떠들어대므로 변방 주들을 자극해 그들 모두가 등을 돌리려 한다고 힐난했다. 그릴리는 "그 변경 주들의 주지사 후보를 불러와 보여줄 수 있다. 그러면 내 말이 맞다는 걸 금방 확인해줄 것"이라며 실제로 그들을 데려왔고, 이로써 경선의 열기는 더욱 뜨거워졌다.

펜실베이니아와 인디애나의 주지사 후보들은 슈어드가 지명되면 자기 주에서 반드시 패하고 결국 대선마저 질 거라며 두 주먹을 불끈 쥐고 눈을 부라리며 경고했다. 공화당원들은 대선 승리를 위해선 이런 경합주에서 반드시 이겨야 한다고 믿었다.

---

31 1820년대 말 미국에서 최초로 등장한 제3정당이다. 이들은 프리메이슨의 비밀결사 방식, 의식 그리고 귀족주의적 성향이 민주공화제에 위협이 된다고 주장했다. 슈어드와 위드가 이 정당에서 배출한 대표적 정치인이다. 안티메이슨당은 1836년 휘그당에 흡수되며 그 역사를 마감했다.

32 무지당(無知黨)은 1850년대 미국에서 결성된 군소 정당이다. 이 이름은 당원들이 당의 역할에 대해 질문받았을 때 "나는 모릅니다"라고 답한 데서 유래했다. 반(反) 가톨릭, 반(反) 이민자 정책을 주요 노선으로 내세웠으나, 오래 지속되지 못하고 빠르게 해체되었다.

33 슈어드는 노예제의 완전 철폐를 주장하는 급진적 입장을 취했다. 그는 노예제를 허용하는 헌법보다 노예제를 도덕적 악으로 간주하는 '도덕의 법'이 우선한다고 주장했다. 공화당 대의원들은 1856년 대선 패배가 변경주들의 지지 상실 때문이라고 믿었기에, 그릴리의 주장은 상당한 설득력을 얻었다.

링컨의 추격과 역전

이렇게 슈어드로 향하던 흐름이 돌연 반대로 흐르기 시작했다. 링컨의 벗들은 대의원 사이를 누비며 슈어드 반대파에게 링컨을 밀어달라며 호소했다. 민주당에선 더글러스가 유력한데, 그에 맞설 인물로는 이 땅에서 링컨만 한 자가 없다는 것이었다. 그는 이미 더글러스와 맞붙어본 경험이 있어 익숙할뿐더러, 켄터키 출신이라 접전 주에서 표를 모을 수 있고, 더욱이 그는 북서부 사람들이 원하는 그런 종류의 사람이다. 울타리 가로목을 패고 들판을 일구는 일부터 시작해 여기까지 올라왔으니 서민의 마음을 누구보다 잘 이해할 것이란 주장이었다.

달래도 설득이 안 되면 별의별 술수를 다 썼다. 칼렙 B. 스미스에겐 내각 자리를 약속해 인디애나 대의원단을 손에 넣었고, 시몬 카메론이 링컨의 오른팔이 되리란 확약으로 펜실베이니아의 56표도 거머쥐었다.

금요일 오전에 투표가 시작되었다. 4만여 명의 흥분한 군중이 시카고로 몰려들었다. 1만 명은 전당대회장을 가득 메웠고, 3만 명은 대회장 밖 거리와 주변 몇 블록에 빽빽이 들어섰다.

1차 투표에선 슈어드가 앞섰다. 그러나 2차 투표에서 펜실베이니아가 링컨에게 52표를 몰아주면서 역전의 발판이 마련됐고, 3차 투표는 링컨의 압도적 독주로 이어졌다.

대회장 안의 1만 명은 흥분으로 넋이 나간 채 자리에서 벌떡 일어나 고함을 질렀고, 모자를 벗어 던지며 서로의 머리에 씌웠다. 지붕에선 예포가 터졌고, 밖에 있던 3만 군중은 우레와 같은 함성을 터트렸다. 사람들은 부둥켜안고 미친 듯이 춤추며 울고 웃고 소리쳤다.

트레몬트 하우스에서는 100문의 예포가 일제히 발사되었다. 1천 개의 종이 그에 화답했다. 기차와 증기선, 공장의 경적이 그날 종일 울려 퍼졌다.

24시간 내내 열광이 끓어올랐다.

『시카고 트리뷴』은 "여리고 성벽[34]이 무너진 이래 그토록 거대한 함성이 지상에 울린 적 없었다"라고 전했다.

이런 축제 분위기 속에 호레이스 그릴리는 한때 '대통령 메이커'로 불리던 덜로 위드가 씁쓸히 눈물짓는 모습을 지켜봤다. 마침내 그는 달콤한 복수를 이뤄낸 것이다.

그때 스프링필드에선 어떤 일이 벌어지고 있었을까? 링컨은 그날 아침에도 평소처럼 법률 사무소에 출근해 재판 서류를 검토하고 있었다. 그러나 도무지 집중이 안 돼 이내 서류를 밀어내고 건물 밖으로 나가 가게 뒤뜰에서 캐치볼을 하고 당구를 한두 게임 쳤다. 그러다 마침내 신문사로가 후보 지명 소식을 들었다.

전신실은 신문사 2층에 있었다. 그가 1층 큰 안락의자에 앉아 2차 투표 이야기를 나누고 있는데, 갑자기 2층 교환원이 계단을 내려오며 소리쳤다. "링컨 선생님, 당신이 지명됐습니다. 당신이요!"

링컨은 아랫입술을 살짝 떨며 얼굴을 붉혔다. 몇 초간 숨도 쉴 수 없었다. 그의 평생에서 가장 극적인 순간이었다. 19년 동안 처참한 패배만 되풀이하다가 단숨에 승리의 정점으로 솟구친 것이다.

사람들은 거리를 오가며 이 소식을 외쳤고, 시장은 100발의 예포 발사를 명령했다.

수십 명의 오랜 친구가 링컨 주위에 몰려들어 웃기도 하고 울기도 하며 악수를 나누고, 모자를 공중에 던지며 광적으로 고함을 질렀다.

---

34 구약성경 여호수아 6장 20절에 나오는 이야기를 정치적으로 비유한 것이다. 여호수아가 약속의 땅 가나안에 들어가기 위해 여리고 성벽을 무너뜨려야 했듯, 링컨에게 약속의 땅은 백악관이었고, 그 길목을 가로막는 여리고 성벽은 슈어드와 더글러스였다.

"여러분, 이만 가봐야겠소." 링컨이 애원했다. "8번가에 한 작은 여인이 이 소식을 기다리고 있을 테니까."

그는 외투자락을 휘날리며 집을 향해 달려갔다.

스프링필드의 밤거리는 빈 타르 통과 헌 울타리 가로목으로 지핀 모닥불에 밤새 장밋빛이었고, 술집들은 밤새 문을 닫지 않았다.

머지않아 국가의 절반이 노래를 부르게 될 것이었다.[35]

> 에이브 링컨은 황무지에서 왔다네.
> 황무지에서 왔다네, 황무지에서 왔다네.
> 에이브 링컨은 황무지에서 왔다네,
> 저기 저 아래 일리노이에서.

---

35 2년 뒤의 대선 승리를 말하는 것이고 국가의 절반이라고 한 것은 링컨이 북부 표만으로 대통령에 당선되었기 때문이다.

16

제16대 대통령 선거

스티븐 A. 더글러스는 누구보다도 링컨의 백악관 입성에 기여한 일등공신이었다. 민주당이 분열되어 자신을 포함한 두 명의 후보를 내세웠기에, 링컨은 1대1 대결이 아닌 제3당 후보까지 가세한 1대3 구도에서 경쟁할 수 있었기 때문이다.[36]

집권당이 이처럼 심각하게 갈라진 덕분에 링컨은 대선 초반부터 승리를 확신할 수 있었다. 그러나 정작 자신의 지역구와 고향에서 이기지 못할까 봐 걱정이었다. 공화당 선거위원회가 가가호호 방문해 스프링필드 주민들의 투표 성향을 알아본 결과, 링컨은 경악을 금치 못했다. 고향의 목사 23명과 신학생 중 셋을 빼곤 전부 그에게 반대했다. 그들이 이끄는 수많은 신실한 신도들도 마찬가지였다.

링컨은 비통한 심정으로 말했다. "그들은 성경 말씀을 믿고 하나님을 두려워하는 기독교인인 척합니다. 그러나 정작 투표할 땐 노예제 문제는

---

[36] 실제로는 입헌통일당의 후보 존 벨까지 포함하여 4파전이었다.

안중에도 없습니다. 하지만 저는 하나님과 모든 이가 이 문제를 신경 쓴다는 걸 압니다. 만약 그렇지 않다면 그들은 성경을 제대로 읽지 못한 겁니다."

링컨의 아버지 쪽 친척 전원과 어머니 쪽 친척 한 명을 빼곤 모두가 그에게 반대표를 던졌다. 왜였을까? 그들은 민주당원이었기 때문이다.

총투표 40퍼센트로 대통령에 당선된 링컨

링컨은 대선에서 과반수에 미치지 못하는 득표율로 당선됐다. 나머지 세 후보가 60퍼센트를 얻은 것이다. 그야말로 진영 간 승부였다. 북서부에서 투표자의 5퍼센트가 더글러스에게 표를 더 던졌더라면 선거인단 득표수가 같아져 하원으로 넘어갔을 것이다. 하원에서 대통령을 뽑았다면 남부가 이겼을지도 모른다.

남부 9개 주는 공화당에 한 표도 주지 않았다. 앨라배마, 아칸소, 플로리다, 조지아, 루이지애나, 미시시피, 노스캐롤라이나, 테네시, 텍사스에서 단 한 사람도 에이브러햄 링컨에게 투표하지 않은 것이다. 이는 매우 불길한 징조였다.

링컨이 당선된 직후 무슨 일이 일어났는지 이해하려면, 허리케인처럼 북부를 휩쓴 운동의 역사를 살펴봐야 한다. 지난 30년간 노예제 폐지를 외치는 종교적 열정에 사로잡힌 극단주의 세력이 국가를 내전의 벼랑 끝으로 몰아넣었다. 이 시기 그들의 인쇄기에서는 격렬한 주장이 담긴 팸플릿과 성토로 가득한 책자들이 쏟아져 나왔다. 유료 강사들은 북부의 모든 도시와 마을을 돌며 노예들의 남루하고 찢어진 옷가지, 그들의 쇠사슬과 수갑, 피 묻은 채찍과 못 박힌 목걸이, 갖은 고문 도구를 전시했다. 도망친 노예들 또한 노예제 반대 운동에 가담해 북부 전역을 순회하며 직접 목격하고 겪은 잔혹한 일들을 증언하고 선동했다.

1839년 미국 반노예제 협회는 『미국 노예제의 실상: 목격자 천 명의 증언』이란 소책자를 발간했다. 여기서 목격자들은 그들이 본 구체적 학대 사례를 진술했다. 노예들은 펄펄 끓는 물에 손을 처넣는 고문을 당하고, 달궈진 쇠로 지져지며, 펜치로 이를 뽑히고, 칼로 거세당하고, 사냥개에게 살점을 물어뜯기고, 매질에 숨졌다. 아이를 뺏기고 울부짖는 흑인 어미들의 비명은 아랑곳없이, 그 아이들은 노예시장이나 경매장에 팔려 나갔다. 여자 노예들은 아이를 낳지 못한다고 매질을 당했고, 건장한 백인 남성은 흑인 여성과 동거하는 대가로 25달러를 받았다. 그들의 혼혈 자식, 특히 여자아이는 값이 더 나갔기 때문이다.

노예제 반대론자들이 특히 빈번히 지적하며 강력하게 규탄한 것은 백인의 흑인 여성 강간이었다. 남부 남성들은 "무제한의 성적 욕망"을 채우려 노예제를 고수한다는 비난을 받았다.

웬델 필립스는 외쳤다. "남부는 거대한 창녀촌이다. 그곳에선 50만의 여성이 매 맞으며 창녀 노릇을 강요당하고 있다."

온갖 음탕한 이야기들은 너무 혐오스러워 여기 옮길 수 없지만, 당시 노예제 반대 협회의 소책자를 통해 널리 퍼졌다. 노예 주인들은 자신의 혼혈 딸을 강간한 뒤 다른 남자의 첩으로 팔아넘겼다는 비난을 받았다.

스티븐 S. 포스터는 이렇게 선언했다. 남부 침례교회의 흑인 여신도 5만 명은 매질 당하며 부도덕한 삶을 강요받고 있다. 남부 침례교 목사들이 노예제를 지지하는 이유는 흑인 여성을 첩으로 삼고 싶어서라는 것이다.

링컨 역시 더글러스와 논쟁하면서 1850년 현재 미국엔 혼혈아가 405,751명이라고 밝혔다. 거의 모두 흑인 노예와 백인 주인 사이에서 난 자식이라는 것이다.

노예제 폐지론자들은 노예 소유주의 권리를 보호하는 헌법을 가리켜 "죽음과의 계약이자 지옥과의 합의"라며 규탄했다.

노예제 반대 문학의 최고봉은 『톰 아저씨의 오두막』(1852)이었다. 가난한 신학 교수의 아내였던 스토 여사는 식탁에 앉아 끊임없이 흐느끼며 격정에 휩싸인 채 이 소설을 썼다. 그녀는 나중에 하나님이 불러주신 대로 받아 적었을 뿐이라고 말했다. 이 작품은 그 어떤 글보다도 강렬하게 노예제의 참상과 비극을 생생히 그려냈다. 수백만 독자의 가슴을 울렸고, 전례 없는 판매고를 기록했으며, 사회에 엄청난 영향을 미쳤다.

링컨은 스토 여사를 만났을 때 "당신이 바로 이 거대한 전쟁을 촉발한 작은 여인이로군요"라고 말했다.

북부 노예제 반대론자들의 선의에서 출발했으나 종종 과장되고 격앙된 이 운동은 결국 무엇을 낳았는가? 남부인들에게 그들의 잘못을 깨우쳐 주었을까? 전혀 그렇지 않았다. 그런 결과는 예견된 것이었다. 노예제 반대 세력이 부추긴 증오는 다시 증오를 낳았을 뿐이다. 그들은 남부인들에게 오만하고 참견 잘하는 비판자들과 갈라서고 싶다는 마음만 키워주었다. 정치적·감정적으로 팽팽한 긴장 속에서는 진실이 꽃필 수 없었다. 이에 메이슨-딕슨 라인[37] 양쪽에서 비극적 오류가 반복되더니 끝내 피비린내 나는 시기로 치달은 것이다.

연방정부와 주 정부 사이의 주권 갈등

"음흉한 공화당원들"이 1860년 링컨을 당선시키자, 남부인들은 노예제의 종말이 다가왔다고 보았다. 그들은 노예제 폐지를 받아들이거나 연방을 탈퇴하거나 둘 중 하나를 선택해야 한다고 믿었고, 자신들에게는 연방 탈퇴의 권리가 있다고 생각했다.

---

37 미국 펜실베이니아주와 메릴랜드주의 경계선을 말한다. 1763-67년 영국인 C. 메이슨과 J. 딕슨이 측량했으며 이후 북부와 남부의 분계선으로 여겨졌다.

주 정부의 주권 문제는 지난 50년간 뜨거운 논쟁거리였다. 그동안 여러 주가 연방 탈퇴를 위협해왔다. 1812년 전쟁 때 뉴잉글랜드 몇몇 주는 독립국 수립을 진지하게 논의했고, 코네티컷 주의회는 "코네티컷은 자유로운 주권을 가진 독립주이다"라는 결의안을 통과시키기도 했다.

링컨 자신도 한때는 연방 탈퇴의 권리를 지지했던 적이 있었다. 연방 하원에서 이렇게 연설했던 것이다.

링컨은 1848년 이렇게 말했다.

"의지와 능력이 있는 자라면 누구든 어디서나 기존 정부를 무너뜨리고 더 나은 정부를 세울 권리가 있다. 그것은 가장 소중하고 신성한 권리다. 우리는 그 권리가 세상을 자유롭게 할 것이라 믿고 바란다. 그 권리는 기존 정부(연방정부-옮긴이)하의 모든 이가 행사하길 바라는 경우로 국한되지 않는다. 그런 주민들의 일부(주 정부의 주민들-옮긴이)라도 연방에 혁명을 일으켜 그들의 땅을 차지할 수 있다."

그러나 지금은 1860년, 그는 더는 주의 연방 탈퇴권을 믿지 않았다. 하지만 남부는 믿었다. 링컨 당선 6주 만에 사우스캐롤라이나 주의회는 탈퇴령을 통과시켰고, 화려한 축제로 새로운 "독립선언"을 자축했다. 남부의 다른 6개 주도 신속히 뒤를 이었다. 링컨이 취임식을 위해 스프링필드를 떠나기 이틀 전, 제퍼슨 데이비스는 새 나라의 대통령에 올랐다. 그 나라는 소위 "위대한 진실, 즉 노예제야말로 흑인의 자연스럽고 정상적인 삶의 조건"이라는 명제를 건국 이념으로 내세웠다.

물러나는 마지막 시기의 뷰캐넌 정부는 내부 분열로 제 기능을 잃어, 남부의 탈퇴를 막기 위한 어떤 조치도 취하지 못했다. 링컨은 취임 전 3개월 내내 연방이 무너지고 공화국이 파멸 직전으로 내달리는 것을 속수무책으로 바라볼 수밖에 없었다. 그는 남부 연합이 무기를 사들이고 요새를 짓고 병사를 훈련시키는 광경을 목도했다. 자신이 국민을 격렬하고 피비린내 나는 내전으로 이끌게 될 것을 알고 있었다. 걱정으로 밤잠을 설치 던 그는 근심 때문에 무려 40파운드(16킬로그램)나 살이 빠졌다.

링컨에게 나타난 불길한 조짐

미신을 믿던 링컨은 다가올 일이 꿈과 징조로 자신에게 그림자를 드리우고 있다고 여겼다. 1860년 당선이 확정된 다음 날 오후, 그는 퇴근해 말총으로 짠 거친 천으로 만든 소파에 누웠다. 맞은편엔 큰 거울이 달린 옷장이 있었다. 누워서 거울을 들여다보니 몸은 하나인데 얼굴은 두 개가 비쳤다. 한 얼굴은 죽은 듯 창백했다. 그는 화들짝 놀라 벌떡 일어났고, 환영은 사라졌다. 다시 누우니 거울 속 유령이 돌아왔다. 아까보다 더 선명한 그 창백한 얼굴이 그를 불안하게 만들었고 강박증처럼 따라다녔다.

그는 아내에게 그 이야기를 털어놓았다. 부인은 대수롭지 않게 여기며 재선될 징조라 긍정적으로 해석했다. 하지만 링컨은 그 죽음 같은 얼굴이 자신이 재선 때까지 살지 못함을 예고하는 것으로 받아들였다.

링컨은 이내 죽음을 맞으러 워싱턴에 가는 것이라고 확신하게 됐다. 그에게는 교수대와 단도 그림이 그려진 편지가 수십 통 배달됐고, 거의 모든 우편물이 죽음의 위협을 전하는 내용이었다.

선거 후 링컨은 친구에게 말했다. "어떻게 집을 처리해야 할지 모르겠소. 팔고 싶진 않은데, 세 놓고 나면 내가 돌아올 때쯤엔 꽤 망가져 있겠지."

다행히 집을 잘 보살피고 고장 나면 수리해주겠다는 이를 만나 연간 90달러에 임대를 놓았다. 이어 그는 『스프링필드 저널』에 이런 공고를 냈다.

8번가와 잭슨가 모퉁이 집에서 응접세트, 침구류, 양탄자, 소파, 의자, 옷장, 거울 달린 장롱, 침대, 난로, 자기 그릇, 크림색 자기, 유리 제품 등을 저렴한 가격에 한정 없이 판매합니다. 자세한 건 즉시 해당 가옥으로 연락 바랍니다.

이웃들이 와서 물건을 구경했다. 어떤 이는 의자 몇 개와 취사용 난로를, 또 어떤 이는 침대 값을 물었다. "필요한 건 가져가시고, 적당하다 싶은 값만 내세요." 링컨이 말했다. 그들은 터무니없이 낮은 가격을 지불했다. 그레이트 웨스턴 철도 사장 L.L. 틸턴은 가구 대부분을 사들여 시카고로 가져갔지만, 1871년 대화재로 모두 잿더미가 됐다.

소수 품목만 스프링필드에 남았다. 몇 해 뒤 한 책 판매상이 그 물건들을 최대한 많이 사서 워싱턴으로 옮겨, 링컨이 숨을 거둔 하숙집에 배치했다. 그 집은 포드 극장 맞은편에 있었는데 지금은 정부 소유로 국립 사당 겸 박물관이 들어서 있다.

한 이웃이 1.5달러에 산 중고 의자는 이제 같은 무게의 금, 백금의 가치를 지니게 됐다. 그가 직접 썼던 물건은 무엇이든 가치와 명예의 상징이 됐다. 암살 당시 링컨이 앉았던 검은 호두나무 흔들의자는 1929년 경매에서 2,500달러에 팔렸다. 후커 장군을 포토맥군 총사령관에 임명하는 친필 서한은 얼마 전 경매에서 1만 달러를 받았고, 남북전쟁 때 보낸 485통의 전보 뭉치는 현재 브라운 대학이 소장 중인데 25만 달러로 평가됐다. 별로 중요찮은 대화 내용을 적은 서명 없는 자필 원고도 최근 1만8천 달러에 팔렸으며, 직접 쓴 게티즈버그 연설문은 수십만 달러를 호가한다.

1861년 스프링필드 사람들은 링컨이 얼마나 위대한 인물인지, 앞으로 어떻게 평가받게 될지 잘 몰랐다. 이 미래의 걸출한 대통령은 거의 매일 아침 장바구니를 들고 목에 숄을 두른 채 거리를 걸어 식료품점과 정육점에서 먹거리를 사다 집으로 돌아왔다. 그는 여러 해 저녁마다 동네 변두리 초지로 가서 여러 암소 중 자기 소를 골라내 끌고 와 젖을 짜고, 말을 돌보고, 외양간을 치우고, 장작을 패서 부엌 난로 옆에 갖다 놓곤 했다.

대통령 취임 연설문의 준비

워싱턴으로 출발하기 3주 전, 링컨은 취임 연설문 준비에 착수했다. 한적하고 조용한 곳이 필요했기에 잡화점 2층의 법률 사무실 방에 틀어박혀 집필을 시작했다. 그의 수중에는 책이 많이 없었기에, 헌던에게 미국 헌법, 연방 법령 무효화에 반대하는 앤드루 잭슨 대통령의 성명[38], 헨리 클레이의 1850년 연설, 헤인에 대한 웹스터의 반박문 등을 빌려달라고 부탁했다. 지저분하고 먼지투성이인 환경 속에서, 빌려온 책들에 둘러싸인 채 남부 주들에게 간곡히 호소하는 그 역사적 연설문을 완성해 나갔다.

> 나는 이 연설을 끝내고 싶지 않습니다. 우리는 적이 아니라 친구입니다. 우리는 적이 되어선 안 됩니다. 감정이 격해질 수는 있어도, 그것이 우리의 유대를 깨뜨려선 안 됩니다. 기억의 신비로운 현들은 모든 전장과 애국자의 무덤에서 길게 뻗어, 이 광활한 땅의 모든 이들의 마음과 가정으로 이어지며 미국 연방의 아름다운 화음을 만들어낼 것입니다. 이번에도 그 현들은 분명 우리 본성의 더 나은, 천사 같은 손길을 받아 그 소리를 크게 울려 퍼지게 할 것입니다.

---

[38] 연방 법령 무효화란 각 주가 연방정부의 법률을 무효화할 수 있다는 주장이다. 엔드류 잭슨 대통령은 1832년 12월 10일 무효화 반대 선언에서, 주의 권리가 있다고 해서 연방 법률을 무효화하거나 연방에서 탈퇴할 권리로 확대 해석하는 것은 절대 안 된다고 강력히 주장했다. 연방 탈퇴 문제는 사우스캐롤라이나 주가 연방정부의 관세 정책에 반대하며 제기되었다. 남부 주들은 목화를 수출하고 외국 완제품을 많이 수입했는데, 이에 관세가 부과되면 더 큰 부담을 지게 되기 때문이었다. 그러나 실제로는 연방이 노예제 유지를 어렵게 할 것이라는 두려움이 연방정부 법령 무효화의 주된 배경이었다.

고향을 떠나기 전, 링컨은 70마일 떨어진 일리노이주 찰스턴을 방문해 새어머니에게 작별 인사를 전했다. 그는 늘 그랬듯 새어머니를 "마마"라 불렀다. 그녀는 아들을 감싸 안고 흐느끼며 말했다. "에이브, 난 네가 대통령에 입후보하지 않기를 바랐어. 네가 당선되길 바라지도 않았지. 가슴 깊이 네게 뭔가 심상찮은 일이 일어날 것 같았고, 우리가 천국에서 만나기 전엔 다시 보지 못할 것만 같은 느낌이 들었단다."

스프링필드에서의 마지막 나날, 그는 자주 과거와 뉴세일럼, 앤 러틀리지를 떠올리며, 이룰 수 없었던 꿈을 다시금 꾸었다. 워싱턴으로 떠나기 며칠 전, 링컨은 마지막으로 한 뉴세일럼 개척민에게 앤에 대해 이야기했다. 그 개척민은 작별 인사를 하러 스프링필드에 왔고, 그 자리에서 옛날 얘기를 나눴다. 링컨은 이렇게 말했다. "나는 그녀를 정말 사랑했다오. 요즘에 그녀 생각을 아주 자주 하고 있지."[39]

스프링필드를 영원히 떠나기 하루 전, 링컨은 지저분한 법률 사무소에 마지막으로 들러 소소한 업무를 처리했다. 헌던은 그 상황을 이렇게 전한다.

> 잔무를 마친 후, 그는 사무실 건너편으로 가서 낡아 벽에 기대어 놓인 오래된 소파에 드러누웠다. 그는 천장을 올려다보며 잠시 그렇게 누워 있었고, 우리는 말없이 있었다. 이윽고 그가 물었다. "빌리, 우리가 함께 일

---

[39] 아이작 코그스데일은 링컨과의 면담 내용을 헌던에게 전했고, 이는 헌던의 『링컨 전기』에 기록되었다. 링컨은 앤 러틀리지에 대해 이렇게 말했다고 한다. "나는 오늘날까지도 러틀리지 가문을 사랑하고 있습니다. 뉴세일럼을 떠난 이래로 그 가문의 소식을 늘 주시해왔지요. 나는 앤을 깊이 사랑했습니다. 그녀는 아름다운 처녀였고, 남편을 사랑하는 훌륭한 아내가 되었을 겁니다. 그녀는 자연스럽고 교육은 많이 받지 못했으나 총명했습니다. 나는 진심으로 그녀를 사랑했습니다. 지금도 그녀 생각을 자주 합니다."

한 지 얼마나 됐지?"

"16년이 넘었어." 내가 대답했다.

"그 오랜 세월 동안 우린 얼굴 붉힐 만한 말은 한 번도 없었지." 내가 열렬히 화답했다. "맞아. 정말 그런 일은 없었어."

그는 변호사 초창기 시절을 회상하며, 순회 재판에서 겪었던 여러 소송들의 우스꽝스러운 면모를 자세히 이야기하며 즐거워했다. … 그는 가져갈 책과 서류들을 한 더미 꾸려 떠날 채비를 했다. 그러나 사무실을 나서기 전, 그는 계단 입구 녹슨 경첩에 걸린 사무실 간판은 그대로 두라는 다소 이상한 부탁을 했다.

"저건 건드리지 말고 그냥 놔둬." 그가 의미심장한 목소리로 말했다. "내가 대통령에 당선되었어도 링컨/헌던 법률사무소에는 변함이 없다는 걸 고객들에게 알려줘. 내가 살아 돌아온다면, 우린 아무 일 없었던 것처럼 변호사 업무를 계속 함께 하자고."

그는 오래된 사무실을 마지막으로 둘러보려는 듯 잠시 멈췄다가, 문을 나서 좁은 복도로 들어섰다. 나는 그를 아래층까지 배웅했다. 내려가는 길에 그는 대통령직을 둘러싼 불편한 심정을 토로했다. "난 벌써 대통령이란 자리가 넌더리가 나." 그는 불평했다. "앞으로 해야 할 일들을 생각하면 몸서리를 친다네."[40]

---

[40] 헌던의 『링컨 전기』에서 이 대목의 다음 부분은 다음과 같다. "그는 옛 친구들과의 이별을 보통 사람들이 상상하는 것 이상으로 깊이 슬퍼했다. 그의 슬픔이 각별했던 건, 그가 살아서 돌아오지 못할 것이라는 예감을 강하게 갖고 있었기 때문이다. 나는 그런 생각에 강력히 반대하며, 대통령이라는 고위직에 어울리지 않는 터무니없는 생각이라고 일축했다. 그러나 링컨은 '그 생각은 내 철학과도 부합하는 거야'라고 짤막하게 답했다." 인용문 바로 앞에 나온 "내가 살아 돌아온다면…"이라는 링컨의 말은 그의 이런 심경을 잘 드러낸다.

링컨의 재산은 당시 약 1만 달러였다. 하지만 그는 현금이 부족해 워싱턴 여행 경비를 마련하고자 친구들에게 돈을 빌려야 했다.

링컨 부부는 스프링필드에서의 마지막 주를 체너리 하우스(호텔)에서 보냈다. 출발 전날 밤, 그들의 여행 가방과 짐 상자를 호텔 로비로 내려놓았고, 링컨 자신이 직접 그 짐을 노끈으로 묶었다. 그는 호텔 직원에게 호텔 꼬리표를 달라고 해 뒷면에 "A. 링컨, 백악관 관저, 워싱턴 D.C."라고 적은 뒤 짐에 붙였다.

고향을 떠나며 눈물을 흘리다

다음 날 아침 7시 30분, 낡고 오래된 승합마차가 호텔에 도착해 링컨과 가족을 태우고 와바시 역으로 향했다. 그곳에서 특별 열차가 링컨 가족을 워싱턴으로 모셔가기 위해 대기하고 있었다.

비 오는 흐린 날씨였지만, 역 승강장에는 그가 오랫동안 알고 지내온 천여 명에서 천오백 명의 이웃들이 북적이며 그를 기다리고 있었다. 그들은 일렬로 서서 천천히 링컨 앞을 지나며 그의 큰 앙상한 손을 잡고 악수를 나눴다. 마침내 기차 엔진 벨이 울려 퍼지며 그에게 탑승 시간을 알렸다. 그는 앞쪽 승강구로 전용 차량에 올라탔고, 1분 후 뒤쪽 출입구에 모습을 드러냈다.

그는 연설할 생각이 없었다. 역에서 별로 할 말이 없어 기자들에게는 나오지 말라고 이미 당부해두었다. 그러나 옛 이웃들의 얼굴을 마지막으로 마주하자, 뭔가 한마디 해야겠다고 마음먹었다. 그가 그날 아침 빗속에서 한 짧막한 연설은 게티즈버그 연설이나 두 번째 취임사처럼 숭고한 명연설은 아니었다. 하지만 이 작별사는 다윗왕의 시편만큼 아름다웠고, 다른 연설문보다 한층 더 개인적인 정서와 슬픔이 깃들어 있었다.

링컨이 연설 중에 눈물을 흘린 적은 생애에 단 두 번뿐이었는데, 그날 기차역에서의 작별 연설이 그중 하나였다.

"친구 여러분, 나의 처지에 있지 않은 사람은 아무도 이 작별의 순간에 제가 느끼는 깊은 슬픔을 이해하지 못할 것입니다. 이 고향과, 고향 사람들의 친절에 저의 모든 것을 빚졌습니다. 저는 여기서 25년을 살며 청년에서 노년에 이르렀습니다. 이곳에서 제 아이들이 태어났고, 그중 하나는 여기에 묻혀 있습니다. 언제 돌아올 수 있을지 모른 채 이제 이곳을 떠납니다. 그리고 앞으로는 워싱턴 장군이 맞닥뜨렸던 것보다 더 큰 과제가 기다리고 있습니다. 장군을 돌보아주신 신성한 분의 도움 없이는 저는 성공할 수 없을 것입니다. 그분의 도움이 함께한다면 실패하지 않을 것입니다. 저와 함께하시고 여러분과 함께하시며, 어디서나 선을 이루시는 그분을 믿으며, 모든 일이 잘 풀리기를 희망합시다. 여러분이 기도로 저를 그분께 맡기듯, 저도 여러분을 그분의 손에 맡기며, 이제 애정 어린 작별 인사를 드립니다."

17

대통령 취임과 전쟁의 서곡

링컨이 취임식을 위해 워싱턴으로 이동하는 동안, 백악관 경호실과 민간 탐정들은 그가 볼티모어를 지나는 순간을 노린 대통령 암살 음모 정황을 포착했다. 링컨의 친구들은 경악하며 예정된 일정을 변경하고 밤중에 몰래 워싱턴으로 잠입하라고 간곡히 요청했다.

그런 행동은 비겁해 보였다. 링컨은 그렇게 하면 엄청난 경멸과 조롱을 받게 될 것을 분명히 알고 있었다. 그는 단호히 그런 행동을 반대했다. 그러나 친구들의 몇 시간에 걸친 호소에 그는 신임하는 측근들의 뜻을 받아들여 남은 여정은 비밀로 하기로 했다.

링컨 부인은 일정 변경 소식을 듣자마자 남편과 동행하겠다고 고집했다. 그녀는 기차를 타고 나중에 와야 한다는 지시를 받자 크게 화를 내며 거세게 반발해 변경된 계획이 발각될 뻔했다.

암살 위협에 변경된 여행 코스

암살 위협으로 여정이 바뀌었다. 링컨이 1861년 2월 22일 펜실베이니아주 해리스버그에서 연설하고 그날 밤 그곳에서 묵은 뒤 이튿날 아침 볼티모어와 워싱턴으로 출발한다는 것은 이미 공지되어 있었다.

그는 예정대로 해리스버그에서 연설을 마쳤다. 하지만 그날 밤 그 도시에 머물지 않고 저녁 6시경 호텔 뒷문으로 빠져나와, 낡은 겉옷과 처음 써 보는 부드러운 모직 모자를 쓴 채 마차에 올라 불이 꺼진 기차에 몸을 실었다. 몇 분 뒤 열차는 그를 필라델피아로 실어 날랐다. 해리스버그 전신망은 잠시 차단해 대통령의 행선지가 암살범에게 누설되지 않도록 했다.

필라델피아에서 링컨 일행은 갈아탈 기차를 기다리느라 한 시간가량 대기해야 했다. 그동안 사람들에게 알려지는 것을 피하고자 링컨과 저명한 사립탐정 앨런 핑커턴은 불 꺼진 마차를 타고 시내를 한 바퀴 돌았다.

오전 10시 55분, 링컨은 자신의 큰 키가 눈에 띄지 않도록 핑커턴의 팔에 기대어 허리를 구부린 채 기차역 옆문으로 들어섰다. 그는 고개를 숙이고 낡은 여행용 숄을 끌어당겨 얼굴을 거의 다 가렸다. 그 모습으로 그는 대합실을 가로질러 맨 뒤 침대칸으로 향했다. 핑커턴의 부하 여성 탐정이 그 침대칸을 다른 칸과 분리시켰다. 그녀는 '병든 오빠'를 위해 예약했다면서 칸에 두꺼운 커튼을 쳐 놓았다.

링컨은 살아서 백악관에 입성하지 못하리라는 협박 편지를 수십 통이나 받았다. 육군 총사령관 윈필드 스콧 장군은 링컨이 취임사 도중 총격을 받을지 모른다고 우려했다. 그렇게 걱정하는 이가 수천 명에 달했다.

워싱턴 시민 다수가 취임식 참석을 두려워했다. 이에 노장군 스콧은 링컨이 취임 연설을 할 국회의사당 동쪽 계단 아래에 60명의 병사를 배치했다. 대통령 뒤편 의사당 건물에도 병사들을 경계병으로 세웠고, 앞쪽 청중석도 병력으로 둘러쌌다. 취임식이 끝나고 새 대통령은 마차를 타고 펜실베이니아 대로를 따라 백악관으로 들어갔다. 도로변 건물에는 녹색 제복을 입은 명사수들이 진을 치고, 양옆으로는 번쩍이는 총검을 든 보병들이 늘어섰다.

마침내 그가 가슴에 총탄을 맞지 않고 백악관에 당도하자 많은 이가 놀라워했다.

또 어떤 이들은 실망했다.

1861년 이전 몇 년간 미국은 극심한 재정난에 시달렸다. 그 고통이 얼마나 컸던지 굶주린 군중이 재무부 지청으로 난입하는 것을 저지하고자 미국 정부는 뉴욕시에 군대를 파견해야 했다.

링컨이 취임했을 때, 쇠약하고 절망에 빠진 수천 명이 일자리를 구하고 있었다. 사람들은 사상 처음 집권한 공화당이 민주당 출신 관리를 모조리 쫓아낼 거라 생각했다(1861년에 에이브러햄 링컨이 공화당 소속으로 제16대 대통령에 당선되면서, 공화당은 창당된 지 불과 6년 만에 처음으로 집권하게 되었다. 이전까지는 민주당과 휘그당 출신 대통령들이 번갈아 집권해왔다 – 편집자). 주급 10달러짜리 서기 자리조차 예외는 아니었다.

취업 청탁자들의 행렬

지원자 수십 명이 일자리 하나에 몰려들었다. 링컨은 백악관에 들어선 지 두 시간도 채 되지 않아 그런 취업 청탁자들을 만났다. 그들은 홀로 쇄도했고 복도에 넘쳐났으며, 이스트룸은 발 디딜 틈 없이 가득 찼고, 심지어 개인 사무실까지도 밀려들었다.

거지들도 찾아와 점심값을 요구했다. 어떤 남자는 링컨에게 낡은 바지 한 벌만 달라고 했다.

한 과부는 방문해 어떤 남자의 취직을 부탁했다. 그 남자는 가족을 부양할 일자리만 구해주면 자신과 결혼하겠다고 약속했다는 것이다.

수백 명이 친필 사인을 받으려고 왔다. 하숙집을 운영하는 한 아일랜드계 여성은 백악관으로 달려와 어떤 정부 관리에게서 밀린 하숙비를 받아내도록 도와달라고 간청했다.

현직 관료가 중병에 걸렸다는 소식이 전해지자마자 수십 명의 청탁자가 링컨을 찾아와 "그 사람이 죽으면" 자신을 임명해달라고 호소했다.

모두가 추천서를 들고 왔지만, 링컨은 그중 10분의 1도 읽을 수 없었다. 어느 날 한 자리를 놓고 다투는 두 사람이 링컨에게 두툼한 서류 뭉치를 건넸다. 링컨은 간단한 해결책을 택했다. 두 서류 뭉치를 읽어보지도 않고 저울에 달아, 더 무거운 쪽을 가져온 사람을 그 자리에 임명했다.

수십 명이 링컨을 반복적으로 찾아와 일자리를 요구하다가 거절당하면 그를 격렬히 비난했다. 그중 다수가 아무런 능력도 없는 불한당이었다. 어떤 여자는 남편의 일자리를 구하러 와서는 남편이 너무 취해 직접 올 수 없다고 말하기도 했다.

그들의 추악한 이기심과 끝없는 탐욕은 링컨을 경악하게 했다. 그들은 점심 먹으러 가는 링컨에게 접근했다. 거리로 외출하려는 그의 마차에 달려들어 이력서를 내밀며 자리를 구걸했다. 그가 대통령에 취임한 지 1년이 지나고 온 나라가 10개월째 전쟁 중인데도, 수많은 사람이 끊임없이 괴롭혔다.

"그들은 언제쯤 그만 오려나?" 링컨은 한탄했다.

구직 청원자들의 광기 어린 행렬은 취임한 지 1년 반밖에 안 된 재커리 테일러 대통령을 죽음으로 몰아넣었다. 이러한 무리의 끊임없는 괴롭힘으로 "티페커누" 해리슨 대통령은 취임한 지 겨우 4주 만에 숨을 거두었다. 그러나 링컨은 그 청탁자들의 행렬을 견디는 동시에 전쟁도 수행해야 했다. 마침내 그의 강철 같은 체력도 스트레스에 시달려 거의 고갈되었다. 그때 갑자기 천연두에 걸리자 그가 말했다.

"청탁자들에게 지금 당장 모두 함께 오라고 전하시오. 내가 그들 모두에게 나눠 줄 만한 것이 생겼으니 말이오."

전쟁의 발화점인 포트 섬터

링컨은 백악관에 입성한 지 24시간도 안 돼 심각하고 중대한 문제에 직면했다. 사우스캐롤라이나주 찰스턴에 있는 포트 섬터 요새를 지키는 경비대의 식량이 거의 바닥나 가고 있었다. 대통령은 그 요새에 군량을 보낼 것인지, 아니면 남부 연합에 그 요새를 내줄 것인지 선택해야 했다.

육군장관과 해군장관은 이렇게 조언했다. "식량을 보내지 마십시오. 그것은 곧 전쟁입니다."

7명[41]의 내각 각료 중 6명이 같은 의견을 냈다. 그러나 링컨은 섬터 요새 철수가 사실상 주들의 연방 탈퇴를 인정하고 부추기는 일이며, 더 나아가 연방 해체로 이어질 거라고 판단했다. 그는 취임사에서 연방을 "보존하고, 보호하고, 수호하겠다"라는 엄숙한 맹세를 "하늘에 두고" 했다. 링컨은 자신의 맹세를 지킬 작정이었다. 그래서 대통령은 군량을 조달하라고 지시했다. 군함 U.S.S. 포하탄호는 섬터 요새에 공급할 베이컨, 콩, 빵 등을 싣고 출항했다. 하지만 총기와 병력, 탄약은 실어 나르지 않았다.

그 소식을 들은 남부 연합의 대통령 제퍼슨 데이비스는 보리가드 장군에게 전보를 쳐서, 필요하다 판단되면 섬터 요새를 공격하라고 명령했다. 요새의 경비대장 앤더슨 소령은 보리가드 장군에게 전령을 보내 앞으로 나흘만 기다려달라고 요청했다. 경비대는 지금도 염장 돼지고기로 간신히 연명하는 중이라, 그 나흘이 지나면 배고파서라도 철수할 수밖에 없다는 전언이었다. 그러니 보리가드가 기다려주지 못할 이유가 무엇이겠는가?

---

41 링컨 시대의 미국 정부 내각은 7인으로 구성되어 있었다. 여기에는 부통령, 국무장관, 국방장관(당시 육군 장관), 해군장관, 재무장관, 법무장관, 우정장관이 포함되었다. 이 내각의 각료 대부분은 자신의 정치 경력이나 출신 배경이 대통령인 링컨보다 우월하다고 여기며 오만하게 굴었다.

한편, 장군의 몇몇 측근은 이런 우려를 품었다. "만약 사람들의 얼굴에 피가 튀지 않는다면" 기존에 연방을 탈퇴한 주 중 몇몇은 연방으로 돌아갈지도 모른다. 양키들에게 충격을 가하는 게 민심을 들끓게 할 것이고, 남부 연합은 더욱 단단해질 거야.

이에 보리가드는 비극적인 명령을 내렸다. 1861년 4월 12일 새벽 4시 30분, 포탄이 허공을 가르며 요새 성벽 근처 바다에 떨어지며 휘파람을 불었다.

이후 34시간 동안 포격이 멈추지 않았다.

남부 연합은 그 사건을 하나의 사교 행사로 만들었다. 말쑥한 제복을 입은 씩씩하고 용맹한 청년들이 사교계 여인들의 환호 속에 대포를 쉼 없이 쏘아댔다. 여인들은 즐거운 마음으로 부두와 포대 근처를 거닐었다.

토요일 오후, 북부 연방군은 항복하고 요새 자체와 염장 돼지고기 4통을 남부 연합에 넘겼다. 그들은 성조기를 휘날리고 군악대가 "양키 두들"을 연주하는 가운데 배에 올라 뉴욕으로 떠났다.

한 주 동안 찰스턴시는 환희에 들떠 있었다. 대성당에서는 웅장하고 화려하게 주님을 찬양하는 노래가 울려 퍼졌고, 장교들은 거리를 활보하고, 술을 마시고 노래 부르며, 호텔 바와 술집에서 신나는 한때를 보냈다.

인명 피해로 따지자면, 섬터 요새 포격전은 아무 소득이 없었다. 양측 모두 단 한 명의 사상자도 내지 않았다. 하지만 이 전투가 불러일으킨 연쇄 사태를 감안하면 이처럼 중대한 사건도 없다. 그것은 그때까지 세상에 알려진 그 어느 전쟁보다 더 피비린내 나는 전쟁의 서막이었다.

제3부

남북전쟁과 인내하는 리더십

〈게티즈버그 연설 기록화〉(애디슨 T. 스미스, 1941년)

1863년 11월 19일, 링컨은 남북전쟁 최대 격전지였던 게티즈버그 전투의 전몰자 추모식에 참석했다. 그 자리에서 그는 미국 민주주의의 본질을 천명하는 짧지만 강렬한 연설을 남겼다. "국민의, 국민에 의한, 국민을 위한 정부는 이 땅에서 결코 사라지지 않으리라." 그날의 목소리는 오늘날까지도 자유와 평등의 이상을 되새기게 한다.

18

준비되지 않은 전쟁: 북군의 첫 시련

링컨은 7만 5천 명을 징집하는 강제 징병령을 발동해 온 나라를 애국적 열기로 들끓게 했다. 수천 곳의 회관과 광장에서 대규모 집회가 열렸고, 군악대가 연주하고, 깃발이 펄럭였으며, 연설가들이 격앙된 목소리로 웅변했고, 불꽃놀이가 밤하늘을 수놓았다. 장정들은 쟁기와 연필을 내팽개치고 군기 아래로 몰려들었다.

10주 만에 19만 명의 신병이 훈련받고 행진하며 노래를 불렀다.

존 브라운의 육신은 무덤에서 썩어가지만
그의 영혼은 계속 행진하네.

로버트 리, 북군 사령관직 거절

그러나 누가 이 신병들을 승리로 이끌 것인가? 당시 미군에는 군사적 천재로 알려진 장교가 단 한 명 있었다. 로버트 E. 리였다. 그는 남부 출신이었다. 그럼에도 링컨은 그에게 연방군(북군) 총사령관직을 제안했다. 만일 리가 그 제안을 받아들였다면 남북전쟁의 전체 역사가 크게 달라졌을 것이다. 그는 한동안 진지하게 고민했다. 곰곰이 생각하고 성경을 읽으며, 무릎 꿇고 기도하며 옳은 결정을 내리게 해달라고 간구했고, 밤새 침실을 서성이며 바른 결론에 이르기를 간절히 바랐다.

그는 여러모로 링컨에게 공감했다. 리도 링컨 못지않게 노예제를 혐오했고, 오래전에 자신의 노예를 모두 자유인으로 풀어주었다. 그는 링컨만큼이나 연방을 사랑했다. 그는 연방이 "영속적"이라 믿었고 연방 탈퇴는 "엄청난 변화"이자, 국가로서는 "그보다 더한 재앙"이 없다고 여겼다.

그러나 문제는 그가 버지니아 사람이라는 점이었다. 그는 자부심 강한 버지니아인으로 고향을 국가보다 더 아꼈다. 지난 200년간 그의 선조들은 먼저 식민지 주민으로, 그다음엔 버지니아 주민으로 그 주의 명운에 깊이 관여해왔다. 일찍이 그의 아버지 "날쌘 기병대 해리" 리는 워싱턴 장군과 함께 영국 조지 3세의 붉은 군복 부대를 쫓아냈다. 이후 리의 아버지는 버지니아 주지사를 지냈고, 아들 로버트에게 연방보다 고향을 더 사랑하라고 가르쳤다.

버지니아주가 남부 편에 운명을 걸자, 리는 이렇게 선언했다. "나는 내 친척과 자식, 고향을 치려는 적군을 지휘할 순 없소. 나는 내 고향 사람들과 고난을 함께하겠소."

리의 결정으로 남북전쟁은 2, 3년 더 길어졌다.

그렇다면 이제 링컨은 누구에게 조력과 지도를 구할 것인가? 당시 육군 총사령관은 윈필드 스콧 장군이었다. 스콧은 늙고 지친 노장이었다. 그는 1812년 전쟁[42] 때 런디스 레인 전투에서 빛나는 승리를 거뒀다. 하지만 40년이 흘러 지금은 1861년이었다. 장군은 이제 심신이 모두 지쳐 있었다. 젊은 시절의 대담함과 용맹은 온데간데없이 사라진 지 오래였다.

게다가 척추 질환까지 앓고 있었다. 그는 이렇게 적었다. "3년 동안 말도 못 타고 한 번에 몇 걸음도 걷지 못하고 있습니다. 걷는다 해도 극심한 통증이 뒤따릅니다."

거기에 이제 수종과 현기증이라는 새로운 병까지 얻었다. 이런 노인네더러 북군을 승리로 이끌어 달라고 요청해야 하는 처지였다. 그는 야전군을 지휘할 혈기 왕성한 장군은커녕, 당장이라도 병원에 입원해 간호사의 보살핌을 받으며 물침대에 누워야 할, 늙고 병든 군인일 뿐이었다.

링컨은 4월에 7만 5천 명을 3개월 기한으로 징집하라고 명령했다. 그들의 복무 기간은 7월에 끝날 예정이었다. 그래서 6월 말이 되자 북부 전역에 "어서 싸워라! 싸워! 싸워!"라는 함성이 메아리쳤다.

편집장 호레이스 그릴리는 뉴욕 트리뷴 1면에 대문짝만 한 글씨로 "국가는 전투를 요청한다!"라는 헤드라인을 날마다 실었다. "총공세로 리치먼드로 진격하라!"

당시 경제 사정은 좋지 않았다. 은행들은 대출 연장을 꺼렸다. 심지어 미국 정부조차 돈을 빌리려면 연 12퍼센트의 이자를 물어야 했다. 대중은 초조해졌다. 그들은 입을 모아 외쳤다. "자, 이걸 보시오. 더는 질질 끌며 빈둥거릴 때가 아니오. 남군을 강타하고 리의 군대를 생포한 뒤 이 난장판을 단숨에 끝장내야 하오."

이는 매력적인 제안이었고 모두가 흔쾌히 동의했다.

대중은 그렇게 생각했지만 북군 지휘부의 견해는 달랐다. 군 수뇌부는 북군이 아직 준비가 안 됐음을 알고 있었다. 그러나 대통령은 여론의 압

---

42 1812년부터 1814년까지 미국과 영국 사이에 벌어진 충돌이다. 이 전쟁은 영국의 해상봉쇄 정책으로 인해 미국의 해외 상품 수출이 제한되면서 시작되었다. 미국 내 강경파들은 캐나다를 공격하면 영국이 정책을 변경할 것이라고 주장했고, 이에 미국은 1812년 6월 18일 영국에 선전포고를 했다. 그러나 미국의 캐나다 공격은 큰 성과 없이 끝났다. 영국 역시 전쟁을 지속하기 어렵게 되었고, 결국 1814년 12월 24일 벨기에의 겐트에서 양국 간 휴전 협정이 체결되었다.

박에 굴복해 북군에 진군 명령을 내렸다.

제1차 불런 전투

이에 어느 무더운 여름날, 맥도웰 장군은 휘하 3만 명의 대군을 이끌고 불런에 주둔 중인 남군을 공격하러 나섰다. 불런은 버지니아주의 한 시내 이름이다. 그때까지 미국의 어떤 장군도 맥도웰처럼 많은 병력을 거느려 본 적이 없었다.

그러나 그들은 엉성한 군대였다. 군기도, 훈련도 부실했다. 예하 여러 연대는 출발 열흘 전에 꾸려진 급조된 부대였고, 군기란 게 뭔지도 몰랐다.

당시 한 여단을 지휘한 셔먼 장군은 이렇게 말했다. "내가 아무리 노력해도 병사들이 물 마시러 가고, 딸기 따러 가고, 마음대로 행동하는 것을 막을 수 없었다."

당시에는 알제리의 주아브족과 투르코족 병사가 용맹한 전사로 명성이 자자했다. 그래서 많은 병사가 알제리 병사처럼 차려입고 그들처럼 행동하려 했다. 이에 그날 불런으로 진군한 수천 명이 머리에 보라색 터번을 둘렀고, 펑퍼짐한 붉은색 바지를 입었다. 군인이라기보다 코믹 오페라단원 같아 보였다.

실크 모자를 쓴 여러 하원의원이 전투를 구경하러 마차를 타고 현장에 나타났다. 그들은 아내와 애완견을 데려왔고, 샌드위치와 보르도 와인이 든 도시락 바구니까지 챙겨 왔다.

마침내 7월 말 무더운 여름날 오전 10시, 남북전쟁 최초의 실전이 벌어졌다.

결과는 어떠했나?

경험 없는 북군 병사들은 나무 사이로 날아드는 포탄을 보고, 찢어지는 비명을 듣고, 동료가 입에서 피를 쏟으며 쓰러지는 광경을 목격했다. 그 순간, 펜실베이니아 연대와 뉴욕 포병대는 자신들의 90일 복무 기간이 끝났음을 떠올렸다. 그러자 당장 제대시켜 달라고 아우성을 쳤다. 전투가 한창인 그 현장에서 말이다! 지금 당장 해제해달라고 그들은 고함을 질렀다. 맥도웰 장군은 이렇게 보고했다. "그들은 적의 대포 소리를 듣자마자 후퇴했다." 그럼에도 나머지 연대는 오후 4시 30분까지 놀랍도록 선전했다.

그런데 갑자기 남군이 2만 3천 명의 증원군을 투입해 전장을 기습했다. "남군 존스턴 장군이 이끄는 부대가 증원으로 도착했다"라는 소식이 북군 병사들 사이에 퍼졌다.

북군은 패닉에 휩싸였다.

2만 5천 명의 북군 병사가 명령을 무시하고 전장에서 미친 듯이 도망치기 시작했다. 맥도웰 장군과 수십 명의 장교가 필사적으로 막으려 했지만 소용없었다.

곧 남군의 포가 도로를 향해 포격을 퍼부었다. 그 길에는 북군의 도주병, 수송마차, 앰뷸런스, 실크 모자를 쓰고 전투 구경 나온 하원의원들의 마차가 뒤엉켜 큰 혼잡을 빚고 있었다. 여자들은 비명을 지르다 기절했다. 남자들은 고함치고 욕설을 내뱉으며 안절부절못했다. 마차는 다리 위에서 뒤집혔다. 큰길은 마비됐다. 겁에 질린 말들이 발길질하며 마차와 구급차, 대포에서 이탈했다. 보라색 터번을 두르고 펑퍼짐한 붉은 바지를 입은 겁먹은 병사들은 말에 올라타 길거리로 재빨리 달아났다. 도망치는 병사들 뒤로는 먼지만 자욱했고, 말발굽 뒤로 마구가 질질 끌려가고 있었다. 그들은 남군 기병대가 바짝 뒤쫓아온다고 상상했다. 공포에 질려 벌벌 떨며 "기병이다! 기병이 온다!"라고 외쳤다.

북군의 처참한 패주

진형이 크게 무너지자, 그들은 이제 군대가 아니라 겁에 질린 군중에 불과했다.

미국 전쟁사에 그런 광경은 일찍이 없었다.

패주병들은 미친 듯이 달아나며 소총과 외투, 모자, 허리띠, 검 등을 모조리 내던지고, 알 수 없는 맹렬한 분노에 쫓기듯 줄행랑을 쳤다. 어떤 이들은 탈진해 도로에 풀썩 주저앉았다가 말발굽과 마차 바퀴에 깔려 죽었다.

그날은 일요일이었다. 20마일 밖에서 울리는 먼 포성이 교회에 앉은 링컨의 귀에도 들렸다. 예배가 끝나자마자 그는 전쟁부로 서둘러 달려가 각 전선에서 도착한 전문들을 확인했다. 파편적이고 불완전했지만, 링컨은 서둘러 스콧 장군과 그 전황을 의논하고 싶어 했다. 그는 급히 노장군 사령부로 달려갔는데, 장군은 낮잠을 자고 있었다.

스콧 장군은 잠에서 깨어 하품을 하며 눈을 비볐다. 그러나 몸이 너무 쇠약해 도움 없이는 일어날 수조차 없었다. "그는 천장에 설치된 도르래를 붙잡고 육중한 몸을 겨우 일으켜 세운 뒤, 소파에서 발을 바닥에 내려놓았다."

장군이 말했다. "모르겠습니다. 야전에 병력이 얼마나 나갔는지, 무장과 장비는 어떤지, 전투는 어떻게 치르고 있는지. 아무도 나에게 보고하러 오지 않습니다. 그래서 전황을 전혀 모르겠습니다."

이런 사람이 북군 총사령관이었다!

노장군은 전선에서 날아든 전보 몇 장을 훑어보더니 링컨에게 걱정하지 말라고 했다. 그러곤 허리가 너무 아프다며 다시 소파에 누워 잠이 들었다.

한밤중, 패주하는 북군은 대혼란 속에 비틀거리며 포토맥강 롱 브리지를 건너 워싱턴으로 밀려들었다.

가로변에 급히 식탁이 차려지고, 어디선가 빵 실은 마차가 나타났다. 자원봉사 여성들이 커다란 솥에서 뜨거운 수프와 커피를 끓여 병사들에게 건넸다.

기진맥진한 맥도웰 장군은 나무 그늘에서 보고서를 쓰다 연필을 쥔 채 글을 끝내지 못하고 그만 잠이 들고 말았다. 그의 병사들은 이제 너무 지쳐 그 어떤 것에도 신경 쓸 수 없었다. 그들은 인도 위에 쓰러져 비를 맞으면서도 시체처럼 깊은 잠에 빠져들었다. 어떤 병사는 머스킷총을 움켜쥔 채로 곯아떨어졌다.

링컨은 그날 밤 잠을 이루지 못하고 새벽까지 밤을 지새우며, 기자들과 실크 모자를 쓴 민간인 목격자들의 얘기를 들었다. 많은 공직자가 공황에 휩싸였다. 호레이스 그릴리는 어떤 조건이라도 당장 전쟁을 끝내고 싶어 했다. 그는 남부가 결코 굴복하지 않으리라 확신했다.

런던 은행가들은 연방의 해체를 확신한 나머지, 워싱턴 지점장에게 일요일 오후라도 재무부로 달려가 미국 정부로부터 미수금 4만 달러의 지불 보증서를 당장 받아오라고 지시했다. 그러나 지점장은 미국 정부가 그때까지도 그 자리에서 업무를 볼 테니 월요일 아침에 오라는 답변을 받았다.

링컨은 실패와 패배가 낯선 사람이 아니었다. 평생을 그것들과 함께해 왔다. 그러나 좌절하지 않았다. 정의가 반드시 승리한다는 신념과 자신감은 확고했다. 그는 낙담한 병사들 사이를 돌아다니며 악수를 나누고 이렇게 말했다. "하나님의 가호가 있기를. 하나님의 축복이 있기를." 그는 그들을 격려하고 함께 앉아 식사하며, 사기를 북돋고 밝은 내일을 얘기했다.

그것은 기나긴 싸움이 될 터였다. 이제 그는 그걸 알았다. 링컨은 의회에 40만 명을 징집하는 명령을 승인해줄 것을 요청했다. 의회는 우선

10만 명의 동원령을 통과시키고, 50만 명을 3년간 예비군으로 확보하는 것을 승인했다.

하지만 누가 그 병사들을 지휘할 것인가? 제대로 걷지도 못하고, 도르래 없인 침대에서 일어나지도 못하며, 전쟁 중에도 오후 내내 코를 골며 자는 노장군 스콧에게? 결코 아니었다. 그는 퇴역해야 마땅했다. 그리고 바로 그때, 가장 매력적이면서도 가장 실망스러운 장군이 말을 타고 스포트라이트를 받으며 등장했다.

그러나 이는 링컨의 고난의 끝이 아니라 시작에 불과했다.

19

겁먹은 매클렐런 장군

전쟁 초반 몇 주간, 잘생긴 젊은 장군 매클렐런이 20문의 포와 이동식 인쇄기를 이끌고 웨스트버지니아로 진군해 소수의 남군을 격파했다. 전투 자체는 대단한 것이 아니었다. 단지 몇 차례 소규모 교전이 있었을 뿐이었다. 그러나 그것은 북군의 첫 승리였기에 커다란 전과로 받아들여졌다. 매클렐런은 이 점을 정확히 꿰뚫고 있었다. 그는 휴대용 인쇄기를 이용해 자신의 공적을 과장하고 미화한 보고서 20여 건을 군 사령부에 보내며 이름을 알렸다.

전쟁이 한창이었다면 그의 어리석은 장난질은 조롱거리가 될 터였다. 그러나 당시엔 전쟁이 막 시작된 터라 사람들은 혼란스러워하며 훌륭한 지휘관이 나타나길 간절히 바랐다. 그래서 그들은 이 허풍쟁이 젊은 장교의 말을 그대로 믿었다. 사람들은 그를 "젊은 나폴레옹"이라 불렀다. 이에 제1차 불런 전투가 패배로 끝나자, 링컨은 그를 워싱턴으로 불러 포토맥 군 사령관에 임명했다.

군대의 조련에 뛰어난 매클렐런

그는 타고난 리더였다. 백마를 타고 등장할 때마다 병사들은 일제히 박수를 치며 환호성을 올렸다. 또한 그는 세심하고 근면한 장군이었다. 그는 불런에서 패한 북군을 맡아 훈련시키고, 자신감을 북돋우며 사기를 높였다. 병사를 조련하는 일에서는 그의 적수가 없었다. 1861년 10월, 그는 서방에서 일찍이 보지 못한 대규모의 정예 군대를 거느리게 되었다. 그의 군대는 전투 준비를 마쳤을 뿐 아니라 전장에 뛰어들길 간절히 원했다.

북부의 모두가 당장 싸우라고 외치는데, 오직 한 사람 매클렐런만이 꿈쩍도 하지 않았다. 링컨이 그에게 거듭 공격을 촉구했지만, 그는 움직이지 않았다. 그는 열병식을 열고 앞으로 할 일에 대해서는 입에 올렸다. 하지만 그게 전부였다. 말뿐이었다.

그는 갖가지 변명을 늘어놓으며 시간을 끌고 공격을 지연했다. 출병할 생각이 없었다. 한번은 군대가 휴식 중이라 공격할 수 없다고 했다. 링컨은 군대가 뭘 해서 피곤하냐고 되물었다.

앤티텀 전투 후에는 더 놀라운 일이 벌어졌다. 당시 매클렐런은 리의 군대보다 병력이 우세했고, 리는 앤티텀에서 패배한 상태였다. 만약 매클렐런이 남군을 추격해 리의 부대를 포획했다면 그날로 전쟁이 끝날 수도 있었다. 링컨은 서둘러 리의 군대를 추격해 궤멸하라고 여러 차례 명령했다. 편지와 전보를 보내고 특사까지 파견하며 거듭 재촉했다. 그러자 마침내 매클렐런은 말들이 지쳤고 구내염까지 걸려 더는 전진할 수 없다고 답했다.

지금도 뉴세일럼을 찾아가면, 링컨이 일했던 오펏의 식료품점에서 언덕 아래로 약 한 로드(rod, 약 5미터) 떨어진 곳에 움푹 파인 자리를 볼 수 있을 것이다. "클래리의 숲속 청년들"은 여기서 닭싸움을 즐겼고, 링컨이 심판을 봤다. 배브 맥내브는 생거먼 카운티의 그 어떤 수탉도 당해낼 수 없다며 수개월 동안 젊은 싸움닭을 자랑하고 다녔다. 마침내 경기장에 투입되자, 그 수탉은 꼬리를 내리고 싸움을 거부했다. 배브는 화가 나서 녀석을 홱 잡아 공중으로 내던졌다. 녀석은 옆 장작더미에 내려앉아 이리저리 삐기며 걸어다니다가 깃털을 다듬고는 요란스레 울었다.

"저놈 봐라!" 맥내브가 소리쳤다. "정장 행진에는 으시대는데, 막상 싸움에선 쥐꼬리만 한 가치도 없구나." 링컨은 매클렐런이 배브 맥내브의 그 수탉을 떠올리게 한다고 말했다.

싸울 생각 없이 병력만 요청하다

한번은 반도 전역에서 남군 매그루더 장군이 5천 명으로 매클렐런의 10만 대군에 맞섰다. 하지만 공격이 두려웠던 매클렐런은 참호 주변에 높은 방벽을 쌓아놓고는 링컨에게 추가 병력만을 요청했다.

링컨은 이렇게 말했다. "내가 마법을 부려 매클렐런에게 10만 병력을 보내주면, 그는 기뻐하고 감사하며 내일 당장 리치먼드를 치겠다고 할 겁니다. 하지만 그 내일이 오면 이런 전보를 칩니다. '적이 40만 병력을 거느리고 있다는 첩보를 입수했습니다. 그러니 증원군을 보내주지 않으시면 공격할 수 없습니다.'"

스탠턴 전쟁장관은 이런 비난을 했다. "매클렐런에게 100만 병력을 주면, 적군은 200만일 거라 우길 겁니다. 그리곤 흙바닥에 주저앉아 300만을 보내달라 하겠지요."

'젊은 나폴레옹'은 단번에 명성을 얻더니 샴페인에 취한 것처럼 자만에 빠졌다. 그의 자기중심적 성향은 극에 달했고, 링컨과 각료들을 "사냥개", "한심한 자들", "내가 본 중 가장 멍청한 자들"이라 폄하했다. 심지어 그는 대놓고 링컨을 모욕하기도 했는데, 한번은 대통령이 그를 방문했을 때 30분이나 대기실에서 기다리게 한 것이다.

또 한 번은 이런 일이 있었다. 매클렐런이 밤 11시 퇴근 후 집에 오자, 하인은 링컨 대통령이 그를 만나려고 3시간이나 기다리고 있다고 알렸다. 하지만 매클렐런은 대통령이 앉아 있는 방을 그냥 지나쳐 2층으로 올라가더니, 자신이 벌써 잠들었다는 말을 전해 내려 보냈다.

신문들은 이런 사건들을 상세히 보도했고, 이는 곧 워싱턴 정가의 화제이자 추문거리가 되었다. 링컨 부인은 눈물을 줄줄 흘리며 남편에게 "저 빌어먹을 허풍선이"를 해임하라고 간청했다.

"여보, 나도 그의 행동이 옳다고 보지 않아요. 하지만 이런 중대한 시기에 내 감정을 앞세울 순 없어요. 그가 우리에게 승리를 안겨준다면 매클렐런의 모자라도 들라면 들겠소."

1861년의 여름이 가을로, 가을이 겨울로 흐르고, 마침내 1862년의 봄이 찾아왔다. 그러나 매클렐런은 여전히 공격 계획 없이 병사 훈련과 사열식만 반복했고, 입으로만 공격을 외칠 뿐이었다.

온 국민이 들끓었고, 링컨은 매클렐런의 직무 유기로 사방에서 비난과 조롱을 당했다.

"당신의 지체가 우리를 망치고 있소." 링컨은 매클렐런에게 공식 진격 명령을 내리며 말했다.

매클렐런은 이제 출병하든지 사임하든지 해야 했다. 그는 하퍼스 페리로 달려가 부하 부대에 즉시 따라오라 명령했다. 그는 그곳 부두에서 버지니아를 침공할 계획이었다. 체서피크만과 오하이오 운하로 실어 온 배로 포토맥강에 부교를 놓고 건너갈 예정이었다. 그러나 출병 직전, 계획을 포기해야 했다. 배의 폭이 운하 수문보다 6인치나 커서 통과가 불가능했던 것이다.

매클렐런이 이 황당한 결과를 보고하며, 부교가 준비되지 않아 진군이 어려울 것 같다고 내비치자, 인내심 많고 오래 참아 온 대통령도 결국 폭발했다. 그는 인디애나주 피전 크릭 건초밭 농부들이 쓰는 말투로 사정없이 몰아붙였다. "대체 왜 그 빌어먹을 부교는 아직도 준비가 안 된 것이오?"

온 국민이 동시에 같은 어조로 물었다.

마침내 1862년 4월, '젊은 나폴레옹'은 황제 나폴레옹처럼 장황한 연설을 한 뒤, "내가 뒤에 남겨 둔 아가씨"를 노래하는 12만 병사와 함께 출발했다.

전쟁이 벌어진 지 거의 1년이 되어 갔다. 매클렐런은 이 엉망진창 상황을 수습하고 병사들을 귀향시켜, 늦었지만 옥수수와 수수를 심게 하겠노라 큰소리쳤다.

놀랍게도 링컨과 전쟁장관 스탠턴은 이 말을 믿고 결과를 지나치게 낙관했다. 두 사람은 각 주지사에게 지원병 모집을 중단하고 신병 모집소를 닫으며, 관련 국유지를 매각하라는 전보까지 보냈다.

프리드리히 대왕의 군사 격언에 이런 게 있다. "먼저 싸워야 할 상대를 잘 알아야 한다." 리와 스톤월 잭슨은 그들이 맞닥뜨릴 겁 많은 나폴레옹이 어떤 인물인지 잘 알고 있었다. 매클렐런은 겁이 많고 소심하며 투덜거리는 나폴레옹일 뿐이었다. 그는 피 냄새가 싫어 전장에 가 본 적도 없는 장군이었다.

7일 전투에서 패배한 북군

그래서 리는 그가 3개월에 걸쳐 더디게 리치먼드에 다가오도록 가만 두었다. 매클렐런이 마침내 그 도시 코앞까지 다가서자, 북군은 시내 교회 종소리가 정시를 알리는 소리까지 들을 수 있었다.

그때 군신 리 장군은 매클렐런을 상대로 무시무시한 공세를 펼쳐, 7일 만에 그를 함포선의 은신처로 쫓아버리고 북군 1만 5천 명을 도륙했다.

이렇게 매클렐런이 "장엄한 작전"이라 이름 붙인 전투는 가장 피비린내 나는 대참사로 끝이 났다. 그러나 그는 늘 그랬듯 패배를 "워싱턴의 배신자들" 탓으로 돌렸다. 그들의 "비겁함과 우둔함"이 그의 피를 끓게 한다는 것이었다. 그는 남군을 경멸하는 것 이상으로 링컨과 내각을 증오했다. 그는 그들의 행태를 두고 "역사상 가장 비열한 행위"라 비난했다.

매클렐런은 언제나 남군보다 병력이 우세했다. 훨씬 더 많은 병력을 거느리고 있었다. 그러나 그는 계속 증원을 요청했다. 처음엔 1만 명을 달라더니, 그다음엔 5만 명으로 불어났고, 끝내 10만 명을 요구했다. 그런 병력은 도저히 불가능한 것이었다. 자신도 그걸 알고 있었고, 링컨 또한 매클렐런이 이를 인지하고 있음을 간파했다. 링컨은 그에게 그런 요구가 "정말 터무니없다"라고 일갈했다.

매클렐런이 스탠턴과 대통령에게 보낸 전보는 분노와 모욕으로 가득 찬 악담이었다. 마치 미친 자의 횡설수설과도 같았다. 그 전보들은 링컨과 스탠턴이 북군을 망치려 혈안이 돼 있다고 비난했다. 그 내용이 너무 심해 전보 교환원이 전달을 거부할 지경이었다.

북부는 충격에 빠졌고, 월가는 공포에 휩싸였으며, 온 나라가 암울한 분위기에 휩싸였다.

링컨은 살이 빠지고 초췌해졌다. "나는 세상 그 누구보다도 깊은 슬픔에 잠겨 있으며 어떠한 위안도 얻지 못하고 있소."

매클렐런의 장인이자 군 참모총장 P. B. 마시는 항복 외엔 도리가 없다고 했다. 링컨은 그 말에 화가 나 얼굴이 붉게 달아올랐다. 그는 즉시 마시를 불러 이렇게 말했다.

"장군, 자네가 '항복'이란 말을 썼다고 하는군. 그건 우리 북군과 관련해 절대 입에 담아서는 안 될 말일세."

20

북군의 거듭되는 패배

링컨은 뉴세일럼 시절 이런 사실을 깨달았다. 잡화점을 빌려 물건을 진열하는 건 쉬웠다. 그러나 장사를 해서 돈을 버는 데는 자신이나 술꾼 동업자에겐 없는 특별한 재주가 필요했다.

그리고 피로 물든 비통한 세월을 지나오면서, 그는 비슷한 교훈을 다시 되새겼다. 목숨을 바칠 50만 병사를 모집하고, 그들에게 총과 탄환, 담요를 지급하기 위해 100만 달러를 마련하는 것은 어렵지 않았다. 그러나 전쟁에서 승리하려면 탁월한 지도력이 절실했음에도, 그런 자질을 갖춘 장군을 찾는 것은 하늘의 별 따기만큼 어려웠다.

"군사 작전은 결국 고위 사령관 한 명에게 달려 있구나!" 링컨은 한탄했다. 그래서 그는 자주 무릎 꿇고 하나님께 기도했다. 로버트 E. 리, 조지프 E. 존스턴, 스톤월 잭슨[43] 같은 명장을 북군에 보내달라고.

43　토머스 스톤월 잭슨은 남북전쟁의 전설적인 남군 기병대 장군이었다. 리 사령관 다음으로 뛰어난 전공을 세웠으며, 제1차 불런 전투의 견고한 방어로 "스톤월"(돌벽)이라는 별명을 얻었다.

링컨은 말했다. "스톤월 잭슨은 용맹하고 정직한 장로교도 장군이오. 우리 북군에 이런 장군이 한 명만 있어도 국가가 이 많은 참화에 놀라지 않았을 거요."

그러나 북군 어디에서 잭슨 같은 인물을 찾을 수 있을지 아무도 몰랐다. 에드먼드 클래런스 스테드먼은 유명한 시를 발표했는데, 매 연이 "에이브러햄 링컨, 우리에게 단 한 사람만 주소서"로 끝났다.

그건 단순한 후렴구가 아니었다. 피를 흘리며 혼란에 빠진 온 국민의 절규였다. 대통령은 그 시를 읽다 눈물을 흘렸다.

링컨 대통령은 2년간 국민의 열망에 부응할 군 지휘관을 찾기 위해 고심했다. 그가 임명한 장군들은 번번이 군대를 잘못 이끌었고, 그 결과 수많은 병사가 헛되이 목숨을 잃었다. 전투가 끝날 때마다 1만 명, 3만 명, 때로는 4만 명에 달하는 과부와 고아들이 슬픔에 잠겨 통곡하는 상황이 반복되었다. 무능한 장군이 물러나면 또 다른 부적합한 지휘관이 그 자리를 채웠고, 이로 인해 또다시 1만 명 이상의 병사가 의미 없는 죽음을 맞이했다. 링컨은 잠옷 가운을 걸치고 슬리퍼를 신은 채 전황 보고를 받으며 밤새 백악관을 서성였다. 그러면서 계속 외쳤다.

"하나님! 국민이 뭐라고 하겠습니까? 나의 하나님, 국민이 뭐라고 하겠습니까?"

그 후 또 다른 장군이 지휘봉을 잡았고, 무의미한 희생이 계속되었다.

1862년 셰넌도어 계곡 전투에서 기습과 양동작전으로 북군 3개 군단을 워싱턴에 묶어 매클렐런의 반도 캠페인을 좌절시켰다. 이후 제2차 불런, 앤티텀, 프레데릭스버그 전투에서도 전략적 역량을 발휘하며 남군 승리에 기여했다. 1863년 챈슬러스빌 전투에서 북군 후방을 기습했으나, 야간 순찰 중 아군의 오인 사격으로 부상당해 사망했다. 임종 시 "강 건너 숲속 나무 그늘에서 쉬고 싶다"는 말을 남겼다고 한다. 리 장군은 게티즈버그 패배 후 "스톤월이 살아 있었다면 이런 결과는 없었을 것"이라며 그의 죽음을 아쉬워했다. 이는 남군에 큰 손실이었으며, 전쟁의 향방에도 영향을 미쳤다.

일부 군사 평론가들은 수많은 결점과 무능함에도 불구하고 매클렐런이 포토맥군이 보유한 최고의 지휘관일지 모른다고 주장했다. 나머지 장군들이 얼마나 형편없었는지를 상상해보라.

'선언 장군' 존 포프와 제2차 불런 전투의 패배

매클렐런이 실패한 후, 링컨은 존 포프를 시험해보았다. 포프는 미주리에서 전공을 세웠는데, 미시시피강의 한 섬을 탈환하고 수천의 남군을 사로잡은 바 있었다.

그는 두 가지 면에서 매클렐런과 비슷했다. 첫째, 잘생겼고, 둘째, 허풍을 잘 떨었다. 그는 자신의 사령부를 "안장 위"라 불렀다. 그는 허세 가득한 선언을 너무 많이 쏟아내 곧 "선언자 포프"란 별명을 얻었다.

"나는 서부에서 제군 앞에 왔소. 우린 이미 서부에서 적의 뒷모습을 보았소." 이렇게 거칠고 뻔뻔한 말로 포프는 부하들 앞에서 연설했다. 그는 동부 병사들이 아무 성과도 내지 못한 걸 비난하며, 그들을 겁쟁이로 몰아세웠다. 그는 앞으로 자신이 이룰 군사적 기적을 장담하며 연설을 끝냈다. 이 허풍 어린 선언 때문에 새 사령관은 등에 다이아몬드 무늬 박힌 한여름 살모사만큼이나 인기가 없었다. 장교와 병사 할 것 없이 모두 그를 싫어했다.

포프를 향한 매클렐런의 증오심은 극에 달했다. 포프가 자신의 자리를 빼앗으려 한다는 사실을 누구보다 절절히 느꼈기 때문이다. 매클렐런은 벌써 뉴욕에서 새 직장을 알아보려 이력서를 쓰는 중이었다.[44] 그는 질투

---

44 매클렐런은 전쟁 전에 철도 회사 수석 엔지니어로 일했다. 사령관직에서 해임된 후 뉴욕항 부두 수석 엔지니어를 거쳐 철도 회사 사장으로 승진했다. 1864년 대통령 선거에서는 민주당 후보로 출마해 링컨에 대한 정치적 도전을 시도했으나 실패했다.

와 분노, 시기로 거의 미쳐가고 있었다.

포프는 포토맥군을 이끌고 버지니아로 진격했다. 곧 큰 전투가 벌어질 참이었다. 그는 동원 가능한 모든 병력을 그 싸움에 투입하려 했다. 이에 링컨은 매클렐런에게 계속 전보를 쳐서 부하 부대를 재빨리 포프군에 합류시켜 지원하라고 명령했다.

매클렐런이 대통령의 명을 따랐을까? 아니다. 그는 반대했고, 질질 끌었으며, 항의하고, 변명 일색의 전보를 보냈다. 이미 파견한 부대마저 소환했다. "포프가 증원군을 받지 못하게 하려고 악마적인 교묘함의 모든 수단을 동원했다." 그는 경멸 섞인 말투로 "포프 씨가 스스로 곤경에서 빠져나와야지"라고 말했다. 남군 포성이 울리는데도 매클렐런은 수하 3만 병력이 못마땅한 라이벌을 돕는 일을 하지 못하게 했다.

그리하여 리는 이미 한 차례 전투가 벌어진 불런에서 포프의 군대를 무찔렀다. 병사들의 희생은 엄청났다. 북군은 또다시 겁에 질려 달아났다. 제1차 불런 전투의 재현이었다. 또다시 피 흘리는 패잔병들이 워싱턴으로 밀려들었다.

리는 승리의 군대를 이끌고 북군을 추격해왔다. 이에 심지어 링컨마저 수도 함락을 걱정해야 할 정도였다. 강 상류에 포를 정박시키라는 지시가 내려갔고, 민간인과 관리 할 것 없이 워싱턴의 모든 직원은 무장하고 수도 방어에 나서라는 명령을 받았다.

스탠턴 전쟁장관은 크게 놀라 6개 주 지사에게 전보를 쳐서 급행열차로 민병대와 지원병을 보내달라 애원했다. 술집은 문을 닫았고 교회는 종을 울렸다. 사람들은 무릎 꿇고 기도하며 하나님께 수도를 지켜 달라 빌었다. 노인과 부녀자, 아이들은 겁에 질려 피신했다. 거리에는 급히 내달리는 말발굽 소리가 가득했다. 메릴랜드 쪽으로 서둘러 가는 마차들의 덜컹거리는 소음도 끊이지 않았다.

스탠턴은 정부를 뉴욕으로 옮길 채비를 하며 조병창을 해체해 그 안의 군수품을 모조리 북부로 수송하라 지시했다. 체이스 재무장관은 국가의 금은을 급히 월가의 재무부 지청으로 옮기라 명령했다.

낙담하고 지친 링컨은 탄식과 한숨 속에 외쳤다.

"이제 어쩌면 좋단 말인가? … 이제 어찌해야 하나? … 욕조 밑바닥이 빠져버렸어. 욕조 밑바닥이 떨어져 나갔어."

사람들은 매클렐런이 "포프 씨"의 패배와 군대 궤멸을 보고 싶어 복수심에 불타 그런 짓을 했다고 믿었다. 심지어 링컨도 이미 매클렐런을 백악관으로 불러, 사람들이 그를 반역자로 몰아세우며 워싱턴이 함락되고 남부가 승리하기를 바란다고 비난한다는 얘기를 전했다.

스탠턴은 격분해 펄펄 뛰었고 그 얼굴에는 엄청난 분노와 증오가 끓어올랐다. 그런 장관을 직접 본 이들은 그때 매클렐런이 작전실로 걸어 들어왔다면 스탠턴이 달려들어 마구 두들겨 팼을 거라 말했다. 체이스 재무장관은 더 격앙됐다. 그는 매클렐런을 때리는 걸로는 성이 차지 않고 당장 총살해야 한다고 주장했다.

독실한 체이스는 단순한 비유나 과장이 아닌 진심을 담아 한 말이었다. 그는 정말로 매클렐런의 얼굴에 머리싸개를 뒤집어씌우고 돌담에 기대 세운 뒤, 수십 발의 총알로 그 심장을 꿰뚫어야 한다고 생각했다.

그러나 링컨은 거의 신적인 인내심을 발휘해 그 누구도 단죄하지 않았다. 포프가 실패한 건 사실이지만 최선은 다하지 않았는가? 링컨 자신도 과거에 패배를 너무 많이 겪었기에 남의 실패를 비난할 처지가 아니었다.

그래서 그는 포프를 북서부로 보내 수족 인디언들의 반란을 진압하게 했고, 포토맥군 지휘봉을 다시 매클렐런에게 넘겼다. 그 이유에 대해 링컨은 이렇게 설명했다. "우리 군에서 병사들을 재편성해 다시 전투 부대로 만드는 일을 그처럼 잘하는 자가 없소. … 비록 스스로 잘 싸우진 못해도 남들을 싸움에 준비시키는 재주는 있소."

대통령은 "리틀 맥"(매클렐런을 비아냥거리는 말)을 다시 사령관에 앉히면 비난을 살 줄 알고 있었고, 실제로 맹렬한 비난을 받았다. 심지어 내각 각료들까지 가세했다. 스탠턴과 체이스는 저 반역적이고 한심한 매클렐런에게 북군을 다시 맡기느니, 차라리 리 장군이 워싱턴을 점령하게 놔두는 편이 더 좋겠다고 말할 정도였다.

링컨은 각료들의 거친 반발에 너무 상심하여 만약 내각이 원한다면 자신이 물러나겠다고까지 말했다.

앤티텀 전투의 신승과 매클렐런의 해임

몇 달 후 앤티텀 전투[45]가 벌어진 뒤, 매클렐런은 리를 추격해 섬멸하라는 링컨의 명령을 완전히 무시했다. 이에 링컨은 그의 지휘권을 다시 박탈했고, 이로써 매클렐런의 군 경력은 영원히 막을 내렸다.

포토맥군은 이제 또 다른 사령관을 필요로 했다. 그러나 그런 인물이 누구며 어디 있는지 아무도 몰랐다. 링컨은 절망 속에서 군 지휘권을 번사이드에게 넘기려 했다. 번사이드는 적임자가 아니었고 스스로도 알고 있었다. 그는 두 번이나 임명을 고사했다. 하지만 받아들이라는 강요에 눈물을 흘렸다. 이어 그는 포토맥군을 맡아 프레데릭스버그의 리 군대 요새를 무모하게 공격해 1만 3천 명의 병력을 잃었다. 성공 가능성이 전무했던 공격으로 북군의 귀한 병사들이 헛되이 목숨을 잃은 것이다.

---

45 1862년 9월 17일, 앤티텀 전투가 시작되었다. 그에 앞서 9월 9일, 리 장군이 남군 배치를 지시하는 특별 군령 제191호를 발령했는데, 남군 통신병이 이 문서를 풀숲에 떨어뜨렸고 북군 병사가 우연히 발견해 매클렐런에게 전달했다. 적군의 배치를 사전에 파악한 북군은 초반 우세를 점했으나, 리를 지나치게 경계한 매클렐런이 적극적인 추격을 하지 않는 바람에 남군은 후방으로 안전하게 퇴각할 수 있었다. 결국 북군은 결정적 승리의 기회를 놓치고 말았다.

병사들은 물론 장교들까지 무더기로 탈영하기 시작했다. 이에 번사이드는 해임됐고, 포토맥군의 지휘봉은 허풍쟁이 "파이팅 조" 후커에게 넘어갔다. 후커는 이렇게 허세를 부렸다. "신이 리에겐 자비를 베푸시길. 난 자비를 모를 테니."

후커는 자신이 "지상 최고의 군대"라 부른 부대를 이끌고 리에 맞섰다. 그는 남군의 두 배나 되는 병력을 거느리고 있었다. 그러나 리는 챈슬러스빌 전투에서 후커의 군을 강 너머로 몰아내고 북군 1만 7천 명의 목숨을 빼앗았다. 남북전쟁 전체를 통틀어 가장 처참한 패배 중 하나였다.

챈슬러스빌 전투는 1863년 5월에 벌어졌다. 링컨의 개인 서기는 이렇게 기록했다. 대통령은 밤새 잠을 이루지 못하고 방 안을 서성이며 "졌다! 졌어! 모든 걸 잃었어!"라고 외쳤다. 그러나 링컨은 이내 프레데릭스버그로 내려가 "파이팅 조"를 격려하고 장병들의 사기를 북돋았다.

링컨은 병사들의 그 무의미한 죽음으로 인해 거센 비난을 받았다. 온 나라가 우울과 낙담에 빠져들었다.

군사적 참화에 더해 집안의 비극까지 겹쳤다. 링컨은 어린 두 아들 태드와 윌리를 한없이 아꼈다.[46] 그는 여름날 저녁마다 일부러 시간을 내 아이들과 함께 "동네 야구"를 하며 상의 자락을 펄럭이며 이 베이스에서 저 베이스로 열심히 뛰어다녔다. 때로는 아이들과 공 돌리기를 하며 백악관에서 참모실까지 걸어갔다. 밤이면 바닥에 앉아 아이들과 뒹굴며 놀았다. 화창한 날이면 백악관 뒷마당에 나가 아이들이 애들이 기르는 염소들과 함께 놀았다.

태드와 윌리는 백악관을 시끄럽게 했다. 민스트렐 쇼(흑인처럼 얼굴을 검게 칠하고 밴조를 연주하며 흑인 가곡을 부르는 쇼-옮긴이)를 조직하고, 하인들

---

[46] 맏아들 로버트는 이때 북군에 입대하여 전선에 나가고 없었다.

에게 군사 훈련을 시키고, 구직 청원자들 틈을 왔다 갔다 했다. 그중 마음에 드는 사람이 있으면 즉시 "올드 에이브"를 만나게 해줬다. 앞문으로 소개할 수 없으면 뒷문으로 들이는 방법을 알고 있었다.

아버지처럼 아이들도 격식이나 관례는 아랑곳하지 않았다. 그들은 백악관 지하 고양이가 막 새끼를 낳았다는 중대 사건을 알리려 내각 회의실로 뛰어들어 회의를 중단시켰다.

또 한 번은 엄숙한 새먼 P. 체이스 재무장관이 짜증 내며 얼굴을 찡그렸다. 체이스가 국가의 심각한 재정난을 대통령에게 보고하는데, 태드가 아버지 상체를 타고 올라와 결국 목을 비스듬히 껴안고 어깨에 걸터앉았기 때문이다.

셋째 아들 윌리의 죽음

어떤 이가 윌리에게 조랑말을 선물했다. 윌리는 겨울비가 내리는 날에도 말을 타겠다고 고집을 부렸고, 결국 온몸이 젖어 오한이 났다가 독감으로 쓰러졌다. 병세는 곧 심각한 열병으로 발전했다. 링컨은 매일 밤 몇 시간씩 아들의 침상을 지켰지만, 어린 아들은 결국 숨을 거두고 말았다. 윌리의 나이 겨우 열두 살이었다. 그는 통곡하며 소리쳤다.

"오, 내 불쌍한 아들아! 내 가엾은 아들! 너는 이 세상에 살기엔 너무 착했구나. 하나님이 그 애를 하늘나라로 데려가신 거야. 어린것이 이렇게 죽다니 너무, 너무 가슴이 아파."

그때 함께 있던 케클리 부인은 이렇게 말했다.

> 그는 두 손으로 얼굴을 가렸고 그의 거구는 비통함에 떨렸습니다. … 링컨 부인은 죽은 아이의 창백한 얼굴을 보며 몸을 부르르 떨더니 슬픔에 압도돼 장례식에도 참석하지 못했습니다.

윌리가 죽은 뒤 링컨 부인은 아들 사진을 볼 수 없었다. 케클리 부인은 이렇게 말했다.

> 그녀는 그 애가 사랑하던 물건들, 심지어 꽃을 보는 것조차 고통스러워했습니다. 비싼 꽃다발을 선물 받으면 몸서리치며 외면하더니 보이지 않는 곳에 치우거나 창밖으로 던졌습니다. 그녀는 윌리의 장난감을 모두 처분했습니다. … 그 아이가 죽고 난 후 그녀는 아이가 숨진 객실이나, 시신을 염한 그린룸엔 다시 발을 들이지 않았습니다.

미칠 듯한 슬픔에 링컨 부인은 "로드 콜체스터"라는 가명으로 활동하는 영매를 백악관으로 불렀다. 이 뻔뻔한 사기꾼은 나중에 정체가 탄로 나 다시 도시에 나타나면 감옥에 가둔다는 위협을 받고 추방당했다. 그러나 링컨 부인은 너무 슬프고 고통스러워 그를 백악관에 들였다. 그녀는 영매의 속임수에 넘어가, 어두운 방에서 들리는 벽판 긁는 소리, 벽 두드리는 소리, 탁자를 톡톡 치는 소리가 죽은 아들이 보내는 다정한 메시지라 믿으며 흐느껴 울었다.

링컨 또한 깊은 슬픔에 빠져 불안한 절망으로 곤두박질쳤다. 그는 공무를 거의 보지 못했다. 책상에 쌓인 편지와 전보에 답장을 하지 못했다. 주치의는 링컨이 회복되지 못하고, 깊은 절망에 정신을 잃지나 않을까 우려했다.

대통령은 수행 비서만 곁에 둔 채 몇 시간씩 큰 소리로 책을 읽었다. 주로 셰익스피어였다. 어느 날 그가 비서에게 『존 왕』을 읽어주다 콘스탄스가 사망한 아들을 애도하는 대목에서 책을 덮고 방금 읽은 구절을 암송했다.

아, 추기경 님, 전에 당신이 하신 말씀을 들었어요.

우리가 천국에서 친구들을 다시 만나 알아보리라는 말씀.

그게 사실이라면, 나도 곧 내 아이를 다시 보겠군요.[47]

"대령[48], 자네는 죽은 아이 꿈을 꾼 적 있나?" 대통령이 물었다. "그 아이를 다시 만나 감미로운 영혼의 교감을 나누는데, 그게 현실이 아님을 아는 슬픈 꿈 말일세. 나는 그렇게 자주 내 아들 윌리 꿈을 꾸네." 그리고 링컨은 탁자에 얼굴을 묻고 서럽게 흐느꼈다.

---

[47] 셰익스피어의 『존 왕』 3막 4장에 나오는 대사이다. 콘스탄스는 비극적으로 죽은 아더의 어머니인데, 존 왕은 왕권에 위협을 느끼자 조카인 아더를 투옥시켰고, 이로 인해 아더는 결국 자살하게 된다.

[48] 링컨의 수행 비서인 존 니콜라이를 말한다.

21

내각의 분열과 링컨의 리더십

링컨은 자신의 내각을 살펴보며 거기에도 북군 내부 못지않은 심각한 분열과 질시가 가득함을 깨달았다. 슈어드 국무장관은 자신을 "국무총리"로 여기며 다른 각료들을 무시하고 그들의 업무에 간섭하여 큰 반감을 샀다. 체이스 재무장관은 슈어드를 멸시했고, 매클렐런 장군을 혐오했으며, 스탠턴 전쟁장관을 증오했고, 블레어 우정장관을 짜증 나는 인물로 여겼다.

블레어 우정장관은 링컨의 말마따나 "호떡집에 불난 것처럼" 날뛰면서, 자신이 "한번 싸움을 시작하면" 결국에는 "초상이 난다"라고 허세를 부렸다. 그는 슈어드를 가리켜 "원칙도 없는 거짓말쟁이"라 매도하며 일절 상종하려 들지 않았다. 스탠턴과 체이스 같은 "불한당들"과는 말도 섞지 않으려 했고, 심지어 각료회의에서도 그쪽은 눈길조차 주지 않았다.

블레어는 너무 자주 시비를 걸다가 결국 자기 초상을 치렀다. 그의 정치 생명이 끝난 것이다. 그가 불러일으킨 증오가 너무 거세고 만연해서 링컨은 마침내 그를 물러나게 할 수밖에 없었다.

이처럼 내각 곳곳에 적대감이 가득했다.

부통령 한니발 햄린은 해군 장관인 기드온 웰스와는 말도 섞으려 들지 않았다. 정교한 가발을 쓰고 덥수룩한 구렛나룻을 기른 웰스는 매일 일기를 썼는데, 거의 모든 페이지마다 동료들을 향해 "조롱과 경멸의 화살"을 쏘아댔다. 웰스는 특히 그랜트와 슈어드, 스탠턴을 싫어했다.

성격이 거칠고 오만한 스탠턴은 각료 중 가장 증오심 가득한 인물이었다. 그는 체이스와 웰스, 블레어, 링컨 부인 그리고 세상 거의 모든 이를 깔봤다. "그는 남의 감정은 안중에도 없는 사람이다." 그랜트의 글이다. "남의 부탁을 들어주기보다 거절하는 걸 더 좋아한다."

셔먼 역시 스탠턴을 매우 싫어했다. 그는 수많은 구경꾼 앞에서 연단에 선 스탠턴을 모욕했고, 10년 뒤 자서전에서 그 일을 즐겁게 회고했다. "내가 스탠턴 씨에게 다가서자 그가 내게 손을 내밀었다. 하지만 나는 공개적으로 악수를 거부했다. 많은 사람이 그 광경을 지켜봤다."

스탠턴처럼 미움받은 인물도 드물 것이다.

거의 모든 내각 각료는 자기가 링컨보다 우월하다고 생각했다. 그들이 모셔야 하는 저 촌스럽고 투박하고 수다스러운 서부 출신은 대체 누구란 말인가? 그는 정치적 우연의 산물에 불과했다. 갑자기 등장한 "다크호스"로서 순전히 요행으로 그들을 제치고 자리에 오른 인물이었다. 베이츠 법무장관은 1860년 대선에서 자신이 후보가 되길 간절히 바랐던 사람이었다. 그는 일기에 이렇게 썼다. "공화당이 링컨을 후보로 선택한 것은 '치명적 실수'였다. 그에겐 의지와 목적도, 지휘할 권위도 없다." 체이스 재무장관 또한 1860년에 링컨 대신 자신이 지명되길 바랐던 이였다. 그는 생애 마지막까지 링컨을 "일종의 우호적인 경멸"의 눈으로 내려다봤다.

대통령 노릇을 하려는 슈어드 국무장관

슈어드 역시 실망과 분노에 휩싸였다. "실망? 자넨 내게 실망이라 하는

가?" 그는 한때 응접실을 서성이며 친구에게 말했다. "공화당 후보가 되어야 마땅했던 내가 밀려나고, 무명의 일리노이 변호사가 지명되는 걸 지켜본 나에게? 그런 내게 실망이라니!"

슈어드는 호레이스 그릴리만 아니었다면 자신이 대통령이 됐으리라 확신했다. 그는 통치술을 잘 알고 있었고, 20년간 광범위한 국정 현안을 다뤄 온 경력이 있었다.

그에 비해 링컨은 뭘 해봤단 말인가? 뉴세일럼에서 통나무집 가게나 운영한 게 고작 아닌가? 그것도 결국 "쫄딱 망하고" 말았지. 그래, 옛날에 시골 우체국장을 하긴 했다지. 중절모에 편지를 쑤셔 넣고 돌아다니면서 말이다. 이 "촌놈 출신 정치인"의 행정 이력이라곤 고작 그게 전부라고!

그런 자가 이제 백악관 주인 노릇을 하며 실수와 혼란만 거듭하고 있었다. 기름칠한 비탈길을 따라 국가가 나락으로 떨어지고 있는데도 말이다.

슈어드는 자신이 국무장관이 된 것을 정부 운영 전체를 맡게 된 것으로 받아들였고, 많은 사람도 그렇게 생각했다. 그들 눈에 링컨은 그저 허수아비일 뿐이었다. 사람들은 슈어드를 국무총리라 불렀고, 그 역시 그 호칭을 즐겼다. 그는 미국을 구하는 일이 오로지 자기 어깨에 달렸다고 믿었다.

그는 국무장관직을 수락하며 이렇게 말했다. "자유와 조국을 지키기 위해 최선을 다하겠습니다."

링컨 취임 5주 무렵, 슈어드는 대통령에게 매우 건방진 메모를 보냈다. 놀라운 일이었다. 건방짐을 넘어 모욕적이기까지 했다. 미국 역사상 내각 각료가 대통령에게 그토록 뻔뻔하고 오만한 서한을 보낸 적이 없었다.

슈어드는 그 문서를 이렇게 시작했다. "행정부 출범 한 달이 다 되어 갑니다. 그러나 대내외 뚜렷한 정책이 없습니다." 이어 자신의 우월한 지혜를 과시하며 뉴세일럼 출신의 예전 잡화점 주인을 비판하면서 국정 운영의 요령을 알려주었다. 그러면서 슈어드는 이 뻔뻔한 말로 매듭지었다. 이제 링컨은 제자리인 뒷전에 물러나 있고, 노련한 슈어드가 정국을 주도해 국가의 지옥행을 막아야 한다고.

슈어드의 일부 제안은 너무 오만방자하고 황당무계해서 링컨조차 놀랐다. 슈어드는 당시 멕시코에서 프랑스와 스페인이 벌이는 행태가 못마땅했다.[49] 그래서 두 나라를 응징하자고 제안했다. 나아가 이참에 대영제국과 러시아도 손보자고 했다. 그들의 "만족스런 해명"이 없으면 그땐 어떻게 해야 하나?

대통령이 전쟁을 선포해야 한다는 것이다. 당연히 그래야지. 이 국무장관 나으리는 국내전 하나로는 성이 차지 않았다. 국내외에서 동시다발로 전쟁을 벌이고 싶어 안달이었다.

그는 정말로 오만한 서한을 써서 영국에 보내자고 제안했다. 경고와 위협, 모욕으로 점철된 편지였다. 링컨이 최악의 문구들을 삭제하고 다른 부분의 어조를 크게 완화하지 않았다면, 그 편지는 틀림없이 전쟁을 초래했을 것이다.

슈어드는 유럽 열강의 움직임에 낌새를 느끼고, 그들이 사우스캐롤라이나를 도우려 든다면 "북부가 주제넘은 외국에 한 방 먹여야 한다"라고 선언했다. 그러면 남부 모든 주가 외세를 상대로 한 싸움에 가세할 거라고 말이다.

---

49 1860년대 중반, 스페인과 나폴레옹 3세의 프랑스는 멕시코에 왕국을 세우고 오스트리아-헝가리 황제의 동생 막시밀리안 대공을 황제로 옹립했다. 그러나 멕시코 국민은 이를 반대했고, 1867년 6월 반란군이 막시밀리안을 체포해 처형함으로써 제국은 붕괴되었다. 대공비 칼로타는 남편 처형 1년 전, 지원을 요청하기 위해 유럽으로 돌아왔다. 교황의 도움을 얻고자 로마로 향하던 중 그녀는 정신이 혼미해졌다. 거리의 오르간 연주자를 변장한 멕시코 군인으로 오인하고, 스파이들이 자신을 독살하려 한다고 망상했다. 독살을 피하고자 오렌지와 견과류만 섭취했으며, 교황의 수프에 손가락을 담그고 빨면서 그것만이 안전한 음식이라 주장했다. 결국 칼로타의 오빠인 벨기에의 레오폴드 왕은 그녀를 정신병원에 입원시켰고, 그녀는 그곳에서 생을 마감했다.

실제로 영국과의 전쟁 위기도 있었다. 북부 군함이 공해상에서 영국 우편선을 나포하고, 영국과 프랑스로 향하던 남부 특사 두 명을 체포해 보스턴 감옥에 수감했기 때문이다. 이에 영국은 즉각 전쟁 준비에 돌입했고, 수천 명의 병력을 대서양을 건너 캐나다로 보내 북부 공격 태세를 갖추었다. 링컨은 그 사건을 두고 "평생 삼킨 것 중 가장 쓴 약"이라 말했다. 그는 남부 특사 둘을 풀어주고 영국에 사과했다.

링컨은 슈어드의 황당한 제안 일부를 듣고 깜짝 놀랐다. 취임 초 링컨은 대통령직이란 광범위하고 혹독한 직책을 감당하기에 자신이 경험이 부족함을 인지하고 있었다. 그는 도움이 필요했고, 슬기롭고 조언을 간절히 원했다. 바로 그것을 얻고자 슈어드를 임명한 것이다. 그런데 결과가 이런 것이었다!

워싱턴 사람들은 슈어드가 행정부를 사실상 좌지우지한다고 수군거렸다. 이는 링컨 부인의 자존심을 건드렸고, 그녀의 불같은 기질을 자극했다. 그녀는 눈에 쌍심지를 켜고 온순한 남편더러 단호하게 나서라 다그쳤다.

"난 아마 날 다스리지 못할 거요." 링컨은 아내를 달랬다. "하지만 이 점만큼은 확실해요. 슈어드가 결코 날 다스리진 못해요. 내가 섬기는 유일한 통치자는 나의 양심과 하나님뿐이요. 이 사람들도 곧 깨닫게 될 겁니다."

실제로 모두가 그 사실을 깨우친 날이 왔다.

보직이 불만인 체이스 재무장관

새먼 P. 체이스는 링컨 내각의 체스터필드[50]로 통했다. 잘생기고, 키 189센티미터(6.2피트)에 타고난 지도자 풍모, 교양 있는 고전학자이자 워

---

50 영국의 정치가, 외교관, 재담가(1694-1773)로 『아들에게 보내는 편지』의 저자로 유명한 인물이다.

싱턴 사교계 최고 인기 처녀의 아버지였다. 솔직히 그는 고급 식당에서 식사 주문조차 제대로 못 하는 사람이 백악관 주인이 된 걸 보고 충격을 받았다.

체이스는 신앙에 독실했다. 일요일엔 예배를 세 번 보고, 욕조에서 목욕하면서도 다윗의 시편을 줄줄 외웠으며, 미국 동전에 "우리는 하나님을 믿는다"(In God We Trust)라는 문구를 새긴 장본인이었다. 매일 밤 잠들기 전 성경과 설교집을 읽었기에, 유머작가 아테머스 워드나 풍자소설가 페트롤리엄 내스비의 책을 들고 침실로 가는 대통령을 도무지 이해할 수 없었다. 언제 어디서나 장소와 시간을 불문하고 터져 나오는 링컨의 유머는 체이스를 짜증 나게 하고 불편하게 만들었다.

어느 날 일리노이 출신 링컨의 옛 친구가 백악관을 찾았다. 의심의 눈초리로 살피던 수위는 대통령이 각료 회의 중이라 만날 수 없다고 했다.

"문제없어요." 방문객이 우겼다. "에이브한테 올란도 켈로그가 와서 말더듬이 판사 이야기 해주려 한다고만 전해요. 그럼 날 만나줄 겁니다."

링컨은 즉시 켈로그를 들이라 지시하고 정답게 악수하며 반겼다. 대통령은 각료들에게 고개를 돌리며 말했다.

"여러분, 이분은 제 오랜 친구 올란도 켈로그입니다. 그가 우리에게 말더듬이 판사 얘기를 해주고 싶어 하네요. 아주 재밌는 얘깁니다. 회의를 잠시 중단하고 한번 들어봅시다."

이에 올란도는 가져온 이야기를 들려줬고, 링컨이 크게 웃는 동안 엄숙한 각료들과 중대한 국정 사안은 뒷전이 되어야 했다.

체이스는 혐오감을 느꼈다. 그는 나라의 앞날이 걱정되었다. 그는 링컨이 "전쟁을 농담거리로 만들고", "국가를 파산과 몰락의 벼랑으로 끌고 있다"라고 불평했다.

체이스는 고등학생 학생회 간부처럼 질투심이 강했다. 그는 국무장관이 되길 바랐다. 왜 자기가 임명되지 않은 걸까? 왜 밀린 걸까? 왜 그 영예로운 자리가 거만한 슈어드에게 돌아간 걸까? 왜 재무장관에 만족해야 할까? 그는 쓰라림과 분노로 가득 찼다.

이제 그는 내각 서열 3위에 머물러야 했다. 좋다. 하지만 두고 보자. 1864년 대선이 다가오고 있었다. 그는 그 선거에 나가 대통령 자리를 차지하리라 굳게 마음먹었다. 이제 다른 것은 아무것도 안중에 없었다. 그는 오로지 링컨 말대로 "대통령직을 향한 광적인 추구"에만 매달릴 작정이었다.

그는 링컨 면전에서는 친구인 척했다. 하지만 대통령의 눈과 귀에서 멀어지기만 하면, 쉬지 않고 악독하게 그를 헐뜯는 적이 되었다. 링컨은 종종 유력 인사들의 심기를 건드리는 결정을 내려야만 했다. 대통령이 그런 결정을 내리면, 그는 불만을 품은 피해자를 찾아가 그 입장이 옳다며 편을 들어주고 위로하면서, 새면 P. 체이스가 정권을 잡았다면 더 공정한 대우를 받았으리라며 링컨에 대한 그들의 분노에 부채질했다.

"체이스는 파리 같은 작자야." 링컨이 말했다. "아무 데나 알을 까고 다닌다니까."

링컨은 벌써 몇 달 전부터 체이스의 그런 못된 행각을 알고 있었다. 하지만 관대하게도 대통령 권한 행사를 자제하며 이렇게 말했다.

"체이스는 아주 유능한 사람이야. 하지만 대통령 역할에 대해 좀 괴상한 견해를 갖고 있어. 그의 최근 행보가 수상해. 그래서 사람들이 나보고 '지금이야말로 저자를 혼내줄 때'라고 하더군. 하지만 난 누구든 혼내는 걸 싫어해. 어떤 이가 어떤 일을 잘하면, 그냥 하게 놔두라는 거야. 그래서 그가 재무부 책임자로서 임무를 훌륭히 수행하는 한, 이따금 도지는 그 대통령병은 눈감아줄 생각이야."

그러나 상황은 꾸준히 악화되었다. 체이스는 자기 뜻대로 안 되면 사표를 제출했다. 무려 다섯 번씩이나 사표를 던졌다. 때마다 링컨은 그에게 가서 칭찬을 늘어놓고 마음을 추스르고 직무에 매진하라고 격려했다. 그러나 오래 참는 링컨에게도 한계가 있었다. 두 사람의 불화는 극도로 악화돼 서로 대면하는 것조차 거북해졌다. 그래서 6번째로 체이스가 사직서를 내자 대통령은 그걸 그대로 받아들여 수리했다.

체이스는 깜짝 놀랐다. 그저 허세로 내민 건데 통하지 않았던 것이다.

상원 재무위원회가 단체로 백악관에 달려가 반발했다. 체이스의 사직은 국가적 불행이자 재앙이 될 거라는 주장이었다. 링컨은 가만히 듣고 있다가 의원들이 하고픈 말을 다 쏟아내게 놔뒀다. 이어 대통령은 그들에게 체이스와의 고통스러운 경험담을 풀어놓았다. 체이스가 줄곧 통치권을 갈망하며 자신의 권위에 도전해왔다는 것이다.

"그는 나를 화나게 만들려고 작정한 사람입니다." 링컨이 말했다. "아니면 제가 그를 어깨 위에 태우고 계속 얼러주길 바랍니다. 나는 그를 더는 달랠 순 없습니다. 그의 사표를 그대로 수리하겠습니다. 내각 각료로서 그의 효용은 다한 겁니다. 전 이젠 그와 함께 일할 수 없습니다. 필요하다면 대통령직도 사퇴할 각오입니다. 이 상황을 계속 참으려면 차라리 일리노이 농장으로 돌아가 쟁기나 휘두르며 밥벌이하는 게 나을 것 같습니다."

그런데도 그에게 무례를 일삼은 이에 대한 링컨의 평가는 어떠했을까? "내가 아는 위인들 중 체이스는 최고보다 1.5배는 더 훌륭한 인물이다."

그간의 앙금에도 링컨은 정치 인생 중 가장 아름답고 관대한 조치를 취했다. 그는 체이스에게 대통령이 줄 수 있는 최고의 영예를 안겼다. 그를 연방대법원장에 임명한 것이다.

미친 사람 같은 스탠턴 국방장관

하지만 체이스는 폭풍 같은 스탠턴에 비하면 얌전한 새끼 고양이에 불과했다. 땅딸막하고 황소 같은 체구의 스탠턴은 야수 같은 사나움과 맹렬함을 지녔다. 그는 평생 무모하고 변덕스러운 삶을 살았다. 그의 의사 아버지는 아들이 노는 헛간에 인간 두개골을 매달아 놓고 그 역시 의사가 되길 바랐다. 어린 스탠턴은 친구들 앞에서 그 해골과 모세, 대홍수에 대해 설교했다.

후에 그는 오하이오주 컬럼버스로 가 서점 점원이 되었다. 어느 집에서 하숙을 했는데, 어느 날 그가 출근한 뒤 그 집 딸이 콜레라로 쓰러졌고, 저녁에 돌아오니 벌써 관에 들어가 있었다. 하지만 그는 그 사실을 믿지 못했다. 그녀가 산 채로 화장된 건 아닌지 걱정되어, 공동묘지로 달려가 몇 시간을 파헤쳐 시신을 꺼내 확인하기도 했다.

몇 년 뒤 자신의 딸 루시가 죽자 비탄에 빠져, 13개월 된 시신을 다시 파내 침실에 1년 넘게 보관하기도 했다. 아내가 죽자 그녀의 수면 모자와 잠옷을 매일 밤 침대 곁에 두고 눈물을 흘렸다. 이 정도로 그는 기인이었다. 그래서 어떤 이들은 그를 반쯤 미쳤다고 말했다.

링컨과 스탠턴은 특허 재판으로 처음 만났다. 당시 두 사람은 필라델피아 조지 하딩과 함께 피고 측 변호를 맡았다. 링컨은 사건을 꼼꼼히 연구하고 자료를 철저히 준비해 법정에서 변론하려 했다. 그러나 스탠턴과 하딩은 그를 창피하게 여겨서 그가 법정에서 발언하는 것을 막았다. 링컨이 준비한 변론문을 건네주자, 그들은 그 문장이 '쓰레기'라며 읽어 보지도 않았다. 그들은 법원을 오갈 때 링컨과 함께 걸으려고도 하지 않았다. 자기들이 투숙하는 호텔방에 그를 초대하지 않았고, 같은 식탁에 앉는 것도 거부했다. 마치 사회에서 추방된 사람 취급을 했다.

스탠턴은 이런 말을 했고 링컨은 그 말을 직접 들었다.

"나는 이 빌어먹을, 긴 팔다리 달린 원숭이 같은 자와는 상종 안 하겠소. 이 사건에서 나 같은 신사와 함께할 수 없다면, 이 사건을 맡지 않겠소."

링컨은 이렇게 말했다. "스탠턴한테 당한 것처럼 그런 모욕을 받아본 적이 없었다." 그는 치욕을 느끼며 귀가했고, 다시 한번 엄청난 우울증에 빠져들었다.

링컨이 대통령이 되자 스탠턴의 경멸과 증오는 더욱 짙어지고 깊어졌다. 그는 링컨을 "저 지긋지긋한 바보"라고 불렀다. 링컨은 국정 능력이 전무하니 군사 독재자가 축출해야 한다고 말했다. 스탠턴은 고릴라를 관찰하기 위하여 아프리카까지 달려간 뒤 샤이유(프랑스의 인류학자)는 어리석은 사람이라고 말했다. 지금 백악관에 원조 고릴라가 버티고 있는데 무엇 하러 아프리카까지 가느냐는 것이었다. 전직 대통령 뷰캐넌에게 보낸 편지에서 스탠턴은 현 대통령을 너무 거칠게 욕해 차마 여기 옮길 수 없을 정도였다.

링컨 취임 후 10개월도 안 돼 전국을 뒤흔드는 스캔들이 터졌다. 정부 자금이 새고 있고, 그것도 수백만 달러가 증발했다! 모리배들 소행이다! 군납 계약에 부정이 있다, 등등이었다. 여기에 링컨과 시몬 캐머런 전쟁장관은 노예 무장 문제로 의견이 크게 엇갈렸다. 링컨은 캐머런을 경질했다. 이제 대통령은 전쟁부를 이끌 능력 있는 장관이 필요했다. 링컨은 이 선택에 국운이 걸려 있음을 잘 알았다. 그리고 어떤 인물을 원하는지도 명확히 알고 있었다. 그래서 그는 친구에게 이렇게 말했다.

"나는 내 자존심은 모두 내려놓기로 결심했네. 자존심은 자존감의 일부일 뿐이지. 그래서 나는 스탠턴을 전쟁장관에 임명했다네."

이는 링컨의 각료 임명 중 가장 현명한 결정이었다.

스탠턴은 전쟁부 집무실 책상 앞에 우뚝 섰다. 그야말로 바지 입은 토네이도의 모습이었다. 전쟁부 직원들은 파샤 앞의 동양 노예들마냥 오들오들 떨었다. 그는 밤낮으로 일하며 귀가조차 하지 않았다. 집무실에서 먹고 자며, 빈둥거리고 허세 부리며 무능한 북군 장교들에게 분노와 원망을 쏟아냈다. 그는 이런 무능한 장교들을 앞에서도 뒤에서도, 왼쪽에서도 오른쪽에서도 해고해댔다.

그는 욕설을 퍼붓고 참견쟁이 하원의원들을 능멸했다. 부정직한 납품업자들과 무자비하고 격렬한 전쟁을 벌였다. 헌법을 무시하고 위반했으며, 심지어 장군들까지 구속해 몇 달간 재판 없이 감옥에 가뒀다. 그는 마치 연대 병력 훈련하듯 매클렐런을 꾸짖고 전투를 재촉했다. "당장 포토맥강에서 샴페인에 굴 먹으며 흥청망청 파티 여는 짓을 그만둬라"라고 질타했다. 모든 철로와 전신 시설을 강제 징발했고, 링컨조차 참모실을 통해서만 전황을 보고받게 했다. 모든 군을 장악했고, 그랜트 장군의 명령서조차 그의 재가 없이는 인사참모부(군령을 예하 부대에 전달하는 업무를 담당하는 참모부-옮긴이)를 통과하지 못했다.

스탠턴은 수년간 두통과 천식, 소화불량으로 고생했다. 그러나 그는 기관차처럼 단 하나에만 매달려 돌진했다. 남군을 찌르고 베고 쏴 결국 남부를 연방에 복속시키겠다는 일념 하나였다. 링컨은 그 목표만 달성할 수 있다면 무엇이든 참아낼 수 있었다.

어느 날 한 하원의원이 대통령을 설득해 특정 연대들을 재배치하라는 명을 받아냈다. 그는 참모실로 뛰어가 그 명령을 스탠턴의 책상에 들이댔다. 스탠턴은 아주 날카로운 어조로 불가하다고 잘랐다.

그 정치인이 반박했다. "하지만 이건 제가 대통령에게 받은 지시라는 걸 잊으신 것 같군요." 스탠턴이 거침없이 대꾸했다. "대통령이 당신에게 이런 명령을 내렸다면, 그는 빌어먹을 바보일 뿐이오."

의원은 다시 링컨에게 달려가 하소연했다. 그는 링컨이 즉석에서 스탠턴을 해임하길 내심 바랐다.

그러나 링컨은 그 말을 듣더니 눈을 반짝이며 이렇게 답했다. "스탠턴이 날 빌어먹을 바보라 했다면, 난 아마 그럴 거요. 그는 거의 언제나 맞는 말만 하니까요. 내가 참모실에 가서 직접 만나봐야겠소."

링컨이 가보니 스탠턴은 그 명이 잘못되었음을 납득시켰고, 링컨은 한 발 물러섰다. 스탠턴이 간섭을 극도로 싫어한다는 것을 아는 링컨은, 그가 자기 뜻대로 하도록 내버려두곤 했다.

"전 스탠턴 장관의 고민에 고민을 더하고 싶진 않습니다." 링컨이 말했다. "그의 자리는 이 세상에서 가장 버거운 자리입니다. 군 내에선 수천 명이 진급을 안 시켜준다며 그를 원망합니다. 또 다른 수천 명은 자리를 안 줬다며 불평합니다. 그에게 가해지는 압박은 엄청나고 끝이 없습니다. 그는 우리 국가라는 해변에 우뚝 선 벼랑입니다. 미친 파도가 그 절벽을 향해 끊임없이 몰아칩니다. 그는 그 광포한 파도와 싸우며 홍수가 나라를 덮치지 않도록 필사적으로 막아내고 있습니다. 그가 이 압력에 부서지지 않고 살아 있다는 게 신기할 따름입니다. 그가 없었다면 저도 파괴되고 말았을 겁니다."

누가 통치권자인지 보여준 링컨

그러나 대통령은 가끔 그가 말한 바 "발을 내려 찍어 누르기도 했다". 그리고 상대의 반응을 살폈다. 만약 "올드 마스"(軍神)가 그 지시를 따를 수 없다고 하면, 링컨은 아주 조용히 말했다. "장관, 저는 당신이 이대로 해야 한다고 생각합니다." 그러면 장관도 따랐다.

한번은 그가 스탠턴을 향해 이런 지시를 내렸다. "만약, 그리고, 그러나 같은 접속사 없이, 엘리엇 W. 라이스 대령을 미 육군의 준장으로 진급시킬 것. - 에이브러햄 링컨." 또 어떤 경우에는 어떤 사람을 어떤 자리에 임명하라고 스탠턴에게 지시했다. "그 사람이 율리우스 카이사르의 머리카락 색깔이 뭔지 알고 있는지 여부와 상관없이 무조건 임명할 것."

결국, 스탠턴, 슈어드, 그리고 처음에는 에이브러햄 링컨을 욕하고 경멸했던 사람들이 모두 그를 존경하게 되었다. 링컨이 포드 극장 길 건너편 하숙집의 한 방에 누워 죽어가고 있을 때, 링컨을 가리켜 "지겨운 바보"라고 했던 강철 같은 스탠턴도 이렇게 말했다. "저기에 일찍이 이 세상이 알았던 가장 완벽한 통치자가 누워 있다."

링컨의 비서인 존 헤이는 대통령이 백악관에서 일하는 방식을 생생하게 묘사했다.

> 그는 전혀 체계가 없는 분이었다. 4년 내내 니콜라이와 나는 그분께 좀 더 체계적인 절차를 도입하도록 설득하느라 애를 먹었다. 그는 어떤 규정이든 만들자마자 스스로 그것을 깨뜨리곤 했다. 특히 사람들과의 직접적인 소통을 방해하는 어떠한 장벽도 허용하지 않았다. 그 사람들이 터무니없는 불평과 요구로 대통령을 거의 미치게 했음에도 말이다.
>
> 그는 편지를 거의 쓰지 않았고, 받은 편지 50통 중 1통에만 답장을 썼다. 처음에 우리는 그런 편지들의 내용을 그에게 알려드리려고 애썼다. 그러나 마침내 그는 모든 일을 내게 맡기고, 내가 대통령 이름으로 쓴 편지들을 읽어보지도 않고 서명했다. 그는 일주일에 여섯 통 정도의 편지를 썼고 그 이상을 쓰는 일이 없었다. 워싱턴 외부에서 처리해야 할 미묘한 사안이 있으면 편지 대신 나나 니콜라이를 직접 파견해 해결하게 했다.
>
> 그는 밤 열 시에서 열한 시 사이에 잠자리에 들었고, … 일찍 일어났다. 교외에 있는 제대군인 휴양소[51]에 머무를 때면 아침 일찍 일어나 옷을

---

51 원어는 Soldier's Home이다. 대통령의 여름 별장이 있었던 곳으로 요즘으로 따지면 미국 대통령의 산장(山莊)인 캠프 데이비드(Camp David) 같은 곳이다. 이 장소는 대통령의 휴식과 업무를 위한 공간이었다. 오늘날의 캠프 데이비드가 산속 산장인 것처럼, Soldier's Home도 당시 대통령이 워싱턴 D.C.의 분주함에서 벗어나 휴식을 취하고 중요한 결정을 내릴 수 있는 조용한 장소였다.

입고 식사를 했다. 달걀, 토스트 한 조각, 커피 등으로 된 아주 간단한 음식이었다. 그리고 아침 8시 이전에 말을 타고 워싱턴으로 들어갔다. 겨울에 백악관에서 지낼 때는 그리 일찍 일어나지 않았다. 그는 불면에 시달려 침상에서 오랜 시간을 보내야 했다.

점심으로 겨울에는 비스킷에 우유 한 잔을, 여름에는 과일이나 포도로 간단히 해결했다. … 그는 철저한 금주를 지켰다. 내가 아는 그 어떤 사람보다 소식(小食)이었다. 그는 오로지 물만 마셨다. 어떤 원칙 때문이 아니라 와인과 위스키를 싫어했기 때문이었다. …

때때로 그는 잠시 휴식을 취하기 위해 강연회, 연주회, 극장 등을 찾았다. … 그는 거의 신문을 읽지 않았다. 특정 주제를 다룬 신문 기사를 읽어보시라고 내가 권하지 않는 이상 신문을 들여다보는 일이 거의 없었다. 그는 자주 이렇게 말했다. "난 그 누구보다도 그 건에 대해 잘 알고 있어." 그를 겸손한 사람이라고 부르는 것은 어리석은 일이다. 진정으로 위대한 사람은 겸손과는 거리가 멀다.

22

노예해방령

오늘날 평균적인 미국인에게 남북전쟁의 목적이 무엇이었냐고 물어보면, "노예들을 해방하기 위해서"라고 대답할 가능성이 높다. 하지만 과연 그런가? 한번 살펴보자.

다음은 링컨의 첫 번째 임기 취임 연설에서 가져온 내용이다. "저는 기존에 노예제도가 존재하고 있는 미국의 지역들에 대해서는 직접적이든 간접적이든 간섭할 의사가 없습니다. 그렇게 할 수 있는 법적 권한도 없고, 그렇게 할 의향도 없습니다."

역사적인 사실을 말하자면, 링컨이 노예 해방을 선언하기 전에 18개월간 이미 대포는 불을 뿜었고 부상병의 신음은 하늘을 찔렀다. 그 기간에 과격분자와 노예제 폐지론자들은 링컨에게 즉시 조치를 취하라고 다그쳤고, 언론을 통해 맹폭을 가했으며, 여론의 장에서 대놓고 대통령을 비방했다.

한번은 시카고 목사들의 대표단이 백악관을 찾아와 전능하신 하나님의 직접적인 명령이라며 지금 당장 노예를 해방하라고 요구했다. 이에 링컨은 전능하신 하나님께서 제안하실 게 있다면 시카고를 경유해오시는 게 아니라 정부 청사를 직접 찾아오실 것이라고 대답했다.

결국 링컨의 시간 끌기와 무대응에 짜증이 난 호레이스 그릴리는 "2천만 국민의 기도"라는 제목의 기사에서 대통령을 대놓고 공격했다. 그것은 분노와 불평이 가득한 2단 칼럼이었다. 그릴리에 대한 링컨의 답변은 전쟁 서간문의 고전이 되었다. 명확하고 간결하면서도 힘이 실린 문장이었다. 그는 그 답변을 이런 인상적인 말로 마무리했다.

> 이 전쟁에서 저의 지상 목표는 연방을 구제하는 것이지, 노예제를 구제하거나 파괴하려는 것이 아닙니다. 만약 제가 노예를 해방하지 않고서도 연방을 유지할 수 있다면 그렇게 할 것입니다. 일부 노예는 해방하고 일부는 그대로 둬야 연방을 유지할 수 있다면 이 또한 그렇게 할 것입니다. 제가 노예제와 유색인종에 대해 취하는 조치는 그것이 연방을 유지하는 데 도움이 되기에 그렇게 하는 것입니다. 제가 행하는 조치가 이 대의에 피해를 입히는 것이라면 그 조치를 가능한 한 하지 않을 것입니다. 그 조치가 대의를 촉진한다면 더욱 열심히 수행할 것입니다. 과오로 증명된 부분은 시정하려 할 것이며, 새로운 의견이 진실한 것으로 밝혀지면 그 즉시 시행할 것입니다.
>
> 저는 여기서 공식적 소임에 따라 제 목적을 밝혔습니다. 저는 어디에서나 모든 사람이 자유로워야 한다는 개인적 소망을 자주 표명했습니다. 그 의지를 바꿀 생각은 추호도 없습니다.

링컨은 연방을 유지하고 노예제가 서부로 확산되는 것만 막을 수 있다면, 노예제는 시간이 흐르면서 자연히 소멸하리라 믿었다. 하지만 연방이 해체된다면 노예제는 앞으로 수백 년간 존속할지도 모른다고 우려했다.

당시 네 개의 노예주[52]는 북부에 그대로 남아 있었다. 링컨은 만약 전쟁 초기에 노예해방령을 선포한다면 이 네 주를 남부 연합으로 밀어붙이는 꼴이 되어 오히려 남부 세력을 강화시킬 것으로 판단했다. 그렇게 되면 연방은 영구히 분열될 수도 있었다. 당시에는 이런 속담이 떠돌았다. "링컨은 전능하신 하나님을 자기편에 모시고 싶겠지만, 그에 앞서 반드시 켄터키를 확보해야 한다."

그래서 그는 때를 기다리며 아주 조심스럽게 움직였다. 링컨 자신도 노예를 소유하는 경계주(켄터키) 출신 여성과 결혼했다. 친정 아버지의 유산을 정리할 때, 링컨 부인이 친정에서 받은 상속금 일부는 노예 판매에서 나온 돈이었다. 그리고 그가 가장 친하게 지냈던 친구 조슈아 스피드는 켄터키의 노예 소유 가문 사람이었다.

링컨은 남부의 견해에도 동정심을 느꼈다. 게다가 그는 법률가답게 미국 헌법과 법률, 재산을 존중했다. 그는 누구에게도 어려움을 강요하고 싶지 않았다. 그는 미국의 노예제에 대해 북부도 남부 못지않은 책임이 있다고 생각했다. 노예제를 철폐하기 위해서는 남부와 북부가 똑같이 부담을 나눠 가져야 한다고 보았다.

그래서 그는 마음속에 깊이 간직하고 있던 계획을 구체화했다. 연방에 계속 머문 4대 경계주의 노예주에게 흑인 한 명당 400달러의 보상금을 지급하는 방안이었다. 노예들은 아주 천천히 해방될 것이었다. 링컨의 계획대로라면 그 과정은 1900년 1월 1일이 되어서야 완성될 예정이었다.[53]

그는 경계주들의 주지사를 백악관으로 초청해 자신의 계획을 받아들

---

52 델라웨어, 메릴랜드, 켄터키, 미주리.
53 링컨은 이렇게 점진적인 노예 해방을 계획했지만, 실제로는 1863년 1월 1일의 노예해방령과 1865년 12월 18일에 비준된 미 헌법 수정 제13조로 노예제가 완전히 폐지되었다. 그러나 전쟁 후에도 미국 남부에서는 짐 크로(Jim Crow) 법이라는 흑인 차별법이 지속되었다. 1960년대의 시민권 운동으로 흑백 차별이 상당히 완화되었지만, 미국의 인종 갈등은 여전하다.

여 달라고 호소했다. "이 계획이 구상하는 변화는 하늘의 이슬처럼 천천히 내려와 그 어떤 것도 찢어놓거나 파괴하지 않을 겁니다. 그걸 받아들여 주지 않겠습니까? 역사상 한 번의 행동으로 이토록 위대한 선(善)을 이룬 적이 없었습니다. 이제 하나님의 섭리에 따라 그런 선행을 행할 특권이 여러분에게 주어졌습니다. 후대 사람들이 여러분이 이 기회를 놓쳤다고 한탄하는 일이 없기를 바랍니다."

그러나 주지사들은 이 역사적 기회를 놓쳤고, 계획을 전면 거부했다. 링컨은 깊은 실망감에 빠졌다. "저는 가능하다면 이 정부를 구제해야 합니다." 링컨은 말했다. "쓸 수 있는 카드가 있는데도 그걸 쓰지 않고 이 게임을 포기하는 일은 결코 없을 것입니다. … 노예를 해방시키고 흑인들을 무장시키는 것이 이제 필수불가결한 군사적 필요성이 되었다고 생각합니다. 저는 그렇게 하거나 아니면 연방을 포기해야 하는 양자택일의 기로에 서 있습니다."

남부 연합과 유럽 열강

링컨은 즉시 행동에 나서야만 했다. 프랑스와 영국이 남부 연합을 국가로 인정하기 직전까지 와 있었기 때문이다. 그 이유는 간단했다.

먼저 프랑스를 보자. 당시 세상에서 최고의 미녀로 알려진 테바 백작 부인 몽티요의 마리 외제니와 결혼한 나폴레옹 3세는 자신의 위력을 과시하고 싶어 했다. 그는 자신의 유명한 숙부 나폴레옹 보나파르트처럼 영광과 명예로 온몸을 휘감고 싶어 했다. 그래서 미국 남북이 내전에 휩싸여 서로 칼로 찌르고 총을 쏘는 상황을 보고, 미국이 내분에 정신이 팔려 먼로주의[54]를 단속할 겨를이 없으리라 판단했다. 그는 프랑스 군대를 멕시코로 보내 수천 명의 현지인을 총으로 쏴서 죽이고 그 나라를 정복한 뒤, 멕시코를 프랑스 제국의 영토로 편입시키고 막시밀리안 대공을 멕시코 황제로 추대했다.

나폴레옹 3세는 정확한 판단을 내렸다. 남부가 전쟁에서 승리한다면 새로운 멕시코 제국에 우호적일 것이고, 북부가 이긴다면 즉시 개입해 프랑스군을 멕시코에서 몰아낼 것이라고 보았다. 따라서 그는 남부의 연방 탈퇴를 영구적인 것으로 만들고 싶어 했고, 별 부담 없이 할 수 있는 선에서 최대한 남부를 도와주려 했다.

남북전쟁 초기에 북부의 해군은 남부 인근 해역을 봉쇄하고 189개 항구를 차단했으며, 해안과 해협, 하구, 하천 등 총 9,614마일의 수로를 감시했다. 일찍이 세상이 본 적 없는 대규모 해상 봉쇄였다.

남부 연합은 절체절명의 위기에 몰렸다. 남부는 목화를 해외에 팔 수 없었고, 총포와 탄약, 신발, 의약품, 식량 등을 수입할 수도 없었다. 그들은 밤 껍질과 면화씨를 끓인 것으로 커피를 대신했고, 블랙베리 잎과 사사프라스 뿌리를 우려 차 대용으로 마셨다. 신문은 벽지에 인쇄했다. 훈제소 바닥에 고인 베이컨 기름을 긁어모아 끓여 소금 대용으로 썼다. 교회 종을 녹여 대포를 만들었다. 리치먼드의 전차 철로는 뜯어내 함포용 무기로 제작했다.

철로 보수와 새 장비 구입이 불가능해지며 남부 연합의 운송 체계는 거의 마비되었다. 조지아에서 한 부셸에 2달러면 살 수 있는 옥수수가 리치먼드에선 15달러나 했다. 버지니아 주민들은 굶주림에 시달렸다.

뭔가 즉각적인 조치가 필요했다. 그래서 남부는 프랑스에 이런 제안을 했다. 프랑스가 당장 남부 연합을 국가로 승인하고 북부의 해상 봉쇄를 풀어준다면 1,200만 달러어치의 목화를 제공하고, 엄청난 물량의 프랑스

---

54 1823년 미국 대통령 제임스 먼로가 의회에 제출한 교서에서 선언한 외교 정책이다. 유럽 국가들이 아메리카 대륙의 국가들에 정치적으로 개입하는 것을 금지한다는 원칙을 분명히 선언했다. 이 독트린은 미국 대외 정책의 근간이 되어, 아메리카 대륙 국가들의 독립성을 보호하고 유럽 강대국들의 추가적인 식민지 확장을 막는 역할을 했다.

제품을 주문해 프랑스 전역의 공장들이 밤낮으로 연기를 뿜어내며 돌아가게 해주겠다고 말이다.

이에 나폴레옹 3세는 러시아와 영국에 모두 함께 남부 연합을 인정하자고 조르기 시작했다. 영국을 지배하는 귀족들은 외알안경을 고쳐 쓰고 조니 워커 위스키 몇 잔을 홀짝이며 그의 제안에 귀를 기울였다. 미국이 너무 부유하고 강해져서 영 마음에 들지 않았던 그들은 미국이 분열되고 연방이 해체되길 바랐다. 게다가 영국은 남부의 목화가 절실했다. 수십 개 공장이 문을 닫고 백만 명의 노동자가 일자리를 잃고 빈둥거리며 궁핍에 허덕이고 있었다. 아이들은 먹을 것을 달라고 울부짖었다. 수백 명이 굶어 죽어갔다. 영국 노동자들을 돕기 위한 모금은 인도와 가난한 중국에서까지 이루어지고 있었다. 영국이 목화를 구할 수 있는 길은 오직 하나, 나폴레옹 3세에 동참해 남부 연합을 국가로 인정하고 해상 봉쇄를 해제하는 것뿐이었다.

만약 그렇게 된다면 미국에는 어떤 일이 벌어질까? 남부는 총포와 화약, 차관, 식량, 추가 장비 등을 얻게 되고, 주민들의 자신감과 사기는 크게 오를 것이었다. 반면 북부는 강력한 적 둘을 새로 얻게 될 터였다. 지금도 상황이 좋지 않은데 사정은 더 나빠질 게 뻔했다.

에이브러햄 링컨은 이런 상황을 누구보다 잘 알고 있었다. "이제 우리의 마지막 카드를 써야 합니다." 그는 1862년 상황을 이렇게 정리했다. "우리는 전략을 바꿔야 하고, 안 그러면 이 게임에서 질 것입니다."

영국의 입장에서 보면, 미국의 13개 주는 애초에 대영제국에서 모두 탈퇴한 세력이었다. 그런데 이제 남부 주들이 북부 주들에서 탈퇴했다. 그리고 북부는 남부를 제압하고 복종시키려 싸우고 있었다. 런던의 귀족이나 파리의 왕자가 보기에 테네시와 텍사스가 워싱턴 정부의 지배를 받든, 리치먼드 정부의 지배를 받든 별 차이도 없었다. 그들이 보기에, 이 전쟁은 아무 의미도 없고 어떤 고귀한 목적도 없는 무익한 싸움이었다. 칼라일은 이렇게 썼다. "내 생애에 벌어진 전쟁 중에, 남북전쟁보다 더 바보 같아 보이는 전쟁은 없었다."

링컨은 이 전쟁에 대한 유럽의 태도를 바꿔야 한다는 걸 알았고, 그렇게 할 수 있는 방법도 알고 있었다. 유럽의 백만 독자가 『톰 아저씨의 오두막』(1852)을 읽었다. 그 소설을 읽고 눈물 흘렸을 뿐 아니라 노예제의 잔인함과 부당함을 증오하게 되었다. 그래서 링컨은 노예해방령을 선포하면 유럽인들이 남북전쟁을 다른 관점에서 볼 것임을 잘 알았다. 그 전쟁은 더는 그들 눈에 무의미해 보이는 연방 수호를 위한 유혈 투쟁이 아니라, 노예제를 폐지하려는 숭고한 십자군 전쟁으로 격상될 터였다. 그렇게 되면 유럽 정부들은 남부를 국가로 인정하기 어려워질 것이고, 유럽 여론은 북부에 우호적으로 변해 인간을 영구히 노예로 삼으려는 남부를 돕지 못하게 될 것이었다.

노예해방령은 유럽 열강의 개입을 막으려는 조치

그리하여 링컨은 1862년 7월, 노예해방령을 선포하기로 결심했다. 그러나 매클렐런과 포프가 최근 남군과 싸워 치욕스러운 패배를 당한 터였다.[55] 슈어드 국무장관은 대통령에게 지금은 때가 안 좋으니 좀 기다렸다가 승전 분위기를 탄 시점에 선포하는 게 낫겠다고 조언했다.

그건 합리적인 제안이었기에 링컨은 기다렸다. 그리고 두 달 뒤, 북군이 승리를 거뒀다.[56] 그제야 링컨은 내각을 소집해 독립선언 이래 미국사에서 가장 유명해질 문서의 선포에 관해 논의했다.

무척 중대하고 엄숙한 순간이었다. 링컨은 그 분위기에 맞게 진지하고

---

55 1862년 6월에 매클렐런은 리 장군을 상대로 반도 전투(7일 전투)를 벌여 대패했고, 8월에는 포프가 제2차 불런 전투에서 패배했다.
56 1862년 9월 5일에 리 장군이 메릴랜드를 침공했고 매클렐런은 메릴랜드주 앤티텀에서 박빙의 승리를 거두었다.

심각하게 행동했을까? 전혀 아니었다. 그는 재밌는 얘기를 들으면 남들과 나누고 싶어 했다. 그는 아테머스 워드의 유머책을 가지고 침대에 들었다. 그리고 웃긴 대목을 만나면 잠옷만 걸친 채로 백악관 복도를 내려가 비서실에 가서 그들에게 읽어주곤 했다.

노예해방령 선포를 의논하기로 한 각료회의 바로 전날, 링컨은 워드의 최신 유머책을 손에 넣었다. 그가 보기에 아주 우스운 얘기가 그 책에 실려 있었다. 그래서 그는 이튿날 회의 시작 직전, 장관들에게 읽어주었다. 제목은 "우티키에서 벌어진 거만한 폭행"이었다.

링컨은 한참을 웃다가 그 책을 한쪽에 치워두고 엄숙하게 입을 열었다. "반군이 프레더릭까지 밀고 올라왔을 때, 저는 남군을 메릴랜드에서 몰아내는 즉시 노예해방령을 선포하리라 결심했습니다. 저는 그 누구에게도 말하지 않고 저 자신과 창조주께 그렇게 하겠노라 약속했습니다. 반군을 이제 메릴랜드 밖으로 쫓아냈으니 저는 그 약속을 지키려 합니다. 제가 써 둔 선언문에 대해 각료 여러분의 의견을 듣고자 이 회의를 소집했습니다. 핵심 주제에 관해선 여러분 의견을 구하지 않겠습니다. 이미 그건 저 스스로 결단한 문제이기 때문입니다. 제가 쓴 초안은 깊이 생각해본 끝에 이렇게 표현해야겠다고 정한 것입니다. 하지만 제 표현이나 기타 사소한 문제들에서 여러분이 바꾸면 좋겠다 싶은 게 있다면 그 제안을 기꺼이 받아들이겠습니다."

슈어드는 어떤 문구를 조금 고치면 좋겠다고 말했다. 그리고 몇 분 뒤 또 다른 수정안을 제시했다. 링컨은 왜 그 두 가지를 한꺼번에 제안하지 않았느냐고 물었다. 그러면서 갑자기 떠오른 듯 재밌는 얘기를 하나 해야겠다며 노예해방령 논의를 잠깐 멈췄다.

그는 옛날 인디애나 시절에 들은 이야기라며 이렇게 들려주었다. 그 지역 일꾼 하나가 농장주에게 달려와 보고했단다. "주인님, 가장 좋은 소 한

쌍 중 한 마리가 죽었습니다." 그리고 잠시 머뭇거리다 이어 말했다. "그리고 그 쌍의 다른 소도 죽었습니다."

"아니, 왜 두 마리가 다 죽었다고 한번에 말하지 않나?" 농장주가 물었다.

"너무 많은 걸 한꺼번에 말해서 주인님 마음을 아프게 하고 싶지 않았습니다."

링컨은 그 선언문을 1862년 9월에 발표했으나 실제 발효는 1863년 1월 1일이었다. 그해 12월, 의회가 개회하자 링컨은 의원들에게 간절히 호소했다. 그 자리에서 그는 일찍이 자신이 쓴 것 중 가장 훌륭한 말을 남겼다. 그건 무의식적이면서도 시정(詩情)이 넘치는 문장이었다.

그는 연방 수호에 관해 이렇게 말했다.

"우리는 이 지상 최후의, 최고의 희망을
고귀하게 구원하거나, 아니면 비천하게 잃게 될 것입니다."

노예해방령의 선포와 그 후의 역경

1863년 1월 1일, 링컨은 백악관을 방문한 손님들과 악수하며 몇 시간을 보냈다. 그날 오후 중반, 그는 집무실로 돌아가 펜을 잉크에 찍고 자유의 선언서에 서명할 채비를 했다. 망설이며 슈어드를 바라보던 그가 입을 열었다.

"장관, 만약 노예제가 나쁜 게 아니라면 이 세상 그 어떤 것도 나쁜 게 아닙니다. 저는 지금 옳은 일을 하고 있다는 확신이 그 어느 때보다 강합니다. 하지만 아침부터 손님을 맞으며 악수를 하다 보니 팔이 뻣뻣해져 감각이 없어졌습니다. 이 문서의 서명은 꼼꼼히 검토될 텐데, 제 손이 떨린 흔적이라도 보인다면 사람들은 '대통령이 양심의 가책을 느꼈나 보군' 할 거예요."

잠시 팔을 펴고 휴식을 취한 그는 천천히 문서에 서명했고, 이로써 350만 노예들에게 해방의 길을 열어주었다.

그러나 당시 이 선언은 대중의 지지를 얻지 못했다. 링컨의 절친하고 든든한 지지자인 오빌 H. 브라우닝은 이렇게 말했다. "노예해방령의 유일한 효과라곤 남부 사람들을 분노케 해 단결시키고, 북부 사람들을 분열시켜 혼란에 빠뜨린 것뿐이었다."

북군 내에선 반란이 일어났다. 연방을 수호하고자 입대한 이들은 노예를 해방해 사회적 동등자로 만들기 위해 총알받이가 되려고 군에 온 게 아니라며 욕설을 내뱉었다. 수천 명의 병사가 탈영했고, 어디에서도 신병 모집이 순조롭지 않았다. 링컨이 지지를 기대했던 보통 사람들은 그를 완전히 실망시켰다. 가을 상하원 의원 선거는 링컨에게 매우 불리한 결과로 끝났다. 심지어 그의 고향 일리노이주마저 공화당을 배척했다.

게다가 이런 선거 참패에 더해, 남북전쟁 중 가장 비참한 패배 중 하나인 전투가 벌어졌다. 번사이드가 버지니아주 프레데릭스버그에서 무모하게 리 장군을 공격하다 1만 3천 명의 병력을 잃은 것이었다. 그건 무모하고 무익한 집단 희생이었다.

이런 일이 지난 18개월간 계속되어왔다. 언제쯤 이 참상이 멈출 것인가? 온 나라가 크게 경악했다. 국민은 엄청난 절망감에 휩싸였다. 대통령은 사방에서 비난을 받았다. 그는 실패했다. 그의 장군들도 실패했다. 국민은 이런 참사를 더는 용납할 수 없었다.

상원의 공화당 의원들마저 반기를 들었다. 그들은 링컨을 백악관에서 끌어내리고 싶어 했고, 상원에 출석시켜 정책을 바꾸고 내각을 총사퇴시키라고 요구했다. 그건 치욕적인 일격이었다. 링컨은 그의 정치 인생에서 그 어떤 것보다 모욕적인 일이었다고 토로했다.

"그들은 저를 제거하려 했습니다." 링컨이 말했다. "저는 그들 요구를 절반쯤 들어주고 싶은 심정이었습니다."

이제 호레이스 그릴리는 1860년 공화당을 뒤에서 조종해 링컨을 대선 후보로 지명케 한 일을 후회했다. "그건 실수였어요. 제 평생 최대의 실수였죠." 그릴리가 말했다.

그릴리와 많은 유명 공화당원은 이런 목표를 가진 운동을 조직했다. 먼저 링컨을 강제로 물러나게 하고 그 자리에 부통령 햄린을 앉힌 뒤, 햄린이 로즈크랜스를 북군 전체의 총사령관으로 임명하게 만든다는 게 그들의 계획이었다.

"우린 지금 파국의 벼랑 끝에 서 있습니다." 링컨이 말했다. "전능하신 하나님마저 우리 편이 아닌 것 같아요. 저는 한 줄기 희망의 빛조차 볼 수 없습니다."

23

1863년, 남북전쟁의 분기점

1863년 봄, 리 장군은 최근의 눈부신 승리에 고무되어 공세로 전환하며 북부 침공을 결심했다. 그는 펜실베이니아의 부유한 제조업 지역을 점령해 누더기를 걸친 병사들에게 식량과 의약품, 새 옷을 공급하고, 가능하다면 워싱턴을 함락시켜 프랑스와 영국이 남부 연합을 독립국으로 인정하게 만들 계획이었다.

한편으로 대단히 대담하면서도 다른 한편 무모하기 짝이 없는 계획이었다! 정말 과감한 행보였지만, 남군 병사들은 자신들 한 명이 북군 세 명은 당해낸다고 자랑했고 실제로 그렇게 믿었다. 그래서 장교들이 펜실베이니아에 가면 하루 두 끼 쇠고기를 먹을 수 있다고 하자, 병사들은 어서 빨리 그곳으로 진격하자며 아우성이었다.

리치먼드를 떠나기 전, 리는 집에서 충격적인 소식을 전해 들었다. 끔찍한 일이 벌어진 것이다! 그의 딸 중 한 명이 장편소설을 읽다가 적발된 것이었다. 위대한 장군은 크게 마음이 상했다. 그는 딸에게 편지를 써서 여가 시간에는 플라톤과 호메로스의 책들, 그리고 『플루타르코스 영웅전』

같은 교훈적인 고전을 읽으라고 간곡히 당부했다. 편지를 마친 후, 리는 평소처럼 성경을 읽고 무릎 꿇고 기도했다. 그리고 촛불을 끄고 잠자리에 들었다.

전쟁의 승부를 결정한 게티즈버그 전투

곧 리 장군은 7만 5천 병력을 이끌고 공격에 나섰다. 굶주린 남군 부대는 포토맥강을 건너 그 일대를 공포에 휩싸이게 했다. 농부들은 소와 말을 몰고 컴벌랜드 계곡에서 급히 대피했다. 공포로 눈이 하얘진 흑인들은 질겁한 채 도망쳤다. 잡혀가 다시 노예가 되는 일은 무슨 수를 써서라도 피해야 했다.

리의 포는 벌써 해리스버그 앞까지 포성을 울렸다. 그는 후방의 북군이 남군 부대의 보급로를 끊으려 한다는 것을 간파했다. 그는 마치 발꿈치를 물려는 개를 뿔로 받아 죽이려는 성난 황소처럼 과감히 방향을 전환했다. 그리고 운명의 장난처럼, 황소와 개는 신학교가 있는 조용한 작은 마을에서 격돌했는데, 그곳의 이름은 게티즈버그였다. 이렇게 해서 게티즈버그 전투는 미국 역사상 가장 유명한 전투가 되었다.

전투 첫 이틀에 북군은 2만 명이라는 큰 사상자를 냈다. 그리고 나흘째가 되던 날, 리는 조지 피켓 장군이 이끄는 신예 병력에 총공격을 명령했다. 그는 이 결정적인 일격으로 북군을 완전히 제압할 수 있으리라 확신했다.

피켓에게 내려진 작전은 리 장군으로서는 새로운 전략이었다. 그동안 리는 남군 병사들을 참호 뒤나 엄폐물 또는 숲속에 숨겨 전투를 수행하게 했다. 하지만 이제 그는 남군을 들판으로 진격시켜 필사적인 돌격전을 벌이게 할 계획이었다.

이 작전은 리의 최고 부장(副將) 롱스트리트 장군을 놀라게 했다. "세상에나!" 롱스트리트가 비명을 질렀다. "리 장군님, 보십시오. 우리 전선과 양키들 전선 사이에는 극복하기 힘든 장애물들이 있습니다. 가파른 비탈, 포대들 그리고 담장이 있어요. 게다가 우리 보병은 적의 포화를 맞으며 행군해야 합니다. 우리가 돌격해야 할 지형을 보세요. 거의 1마일이 적의 대포와 소총 앞에 무방비로 노출돼 있습니다. 이 전투에 투입된 1만 5천 병력으로는 절대 저 고지를 점령하지 못할 겁니다."

그러나 리는 요지부동이었다. "롱스트리트 장군, 우리 남군은 이처럼 막강한 병력을 갖춰본 적이 없소. 제대로 지휘하면 저 병사들은 어디든 가고 무엇이든 해낼 거요."

리는 자기 결정을 고수했고, 이는 그의 군사 경력에서 가장 치명적인 오판이 되고 말았다.

남부 연합은 이미 세미너리 릿지에 150문의 엄호포를 전략적으로 배치해 놓은 상태였다. 오늘날 게티즈버그를 방문하면 여전히 그 능선에 자리한 대포들을 목격할 수 있다. 그 포들은 운명의 7월 어느 날 오후, 들판을 가로질러 돌격하는 남군을 지원하기 위해 설치되었고, 역사상 유례없는 맹렬한 포격을 가했다.

롱스트리트는 이번만큼은 리보다 더 정확한 판단을 내리고 있었다.[57] 그는 남군의 공격이 무의미한 죽음으로 끝날 것이라고 생각했다. 그래서 그는 고개를 떨구고 눈물을 흘리며 남군 공격을 지휘하라는 리의 명령을

---

57 롱스트리트는 게티즈버그 전투 초기에 고지를 점령한 경험을 바탕으로, 3일 차에 남군이 1마일 가까운 무방비 들판을 횡단하여 공격하는 것은 무의미한 희생일 뿐이라고 판단했다. 반면 리 장군은 전쟁을 거시적 관점에서 바라보았다. 남군은 빨리 전쟁의 승부를 결정지어야 했고 그렇지 않으면 더 이상 장기 소모전을 벌일 수 없는 상태에 와 있었다. 그래서 불리한 줄 알면서도 개전 이틀 사이의 높은 사기를 믿고서 과감한 승부수를 던졌으나 실패했다. 이 게티즈버그 전투는 종종 아프리카 북부의 자마 전투와 비교된다. 한니발은 카르타고군이 로마군에 비해 열세임을 알면서도, 전쟁의 승부는 실전에서 가려진다는 믿음으로 자마 전투를 결행했으나 패했다.

따르길 거부했다. 결국 롱스트리트 대신 다른 장군이 공격을 이끌어야 했다. 이렇게 해서 조지 피켓 장군이 서양사에서 가장 극적이고 비참한 공격을 지휘하게 되었다.

기이하게도, 북군 전선을 향해 돌격한 이 장군은 링컨의 오랜 친구였다. 그는 링컨 덕분에 웨스트포인트 사관학교에 입학할 수 있었다. 이 피켓이란 장군은 좀 괴짜 기질이 있는 사람이었다. 그는 머리를 아주 길게 기르고 다녀 갈색 머리카락이 거의 어깨에 닿을 정도였다. 옛날 이탈리아 원정에 나선 나폴레옹 보나파르트처럼, 그는 전장에서 열렬한 연애 편지를 매일같이 썼다. 그가 장군모를 오른쪽 귀 위로 살짝 기울여 쓰고 북군 전선을 향해 의기양양하게 말을 달릴 때, 부하들은 환호성을 질렀다. 남군 병사들은 서로 환호하며 피켓 장군의 뒤를 따랐다.

무더운 7월 3일 오후, 작열하는 햇빛 아래 병사들은 어깨를 맞대고 밀집 대형을 유지한 채, 깃발을 펄럭이며 번뜩이는 총검을 앞세워 적진을 향해 나아갔다. 그 모습은 한 폭의 그림처럼 장엄하고도 비장한 광경이었다. 심지어 북군 진영에서도 그들의 행진을 바라보며 경이로운 탄성이 터져 나왔다.

피켓의 병사들은 빠른 걸음으로 전진하며 과수원과 옥수수밭, 들판을 지나 계곡을 넘었다. 행군하는 내내 북군의 포탄이 대열 사이로 떨어졌다. 하지만 그들은 엄숙한 표정으로 절대 물러서지 않겠다는 듯 계속 나아갔다.

갑자기 북군 보병 부대가 매복해 있던 세미터리 릿지의 돌담에서 함성을 지르며 일어나더니, 방비 없는 피켓의 군대를 향해 일제 사격을 퍼부었다. 그 언덕 위는 불바다요, 도살장이요, 폭발하는 화산이었다. 몇 분 만에 피켓 장군 휘하의 모든 여단장이 한 명만 빼고 다 전사했고, 남군 5천 병력의 5분의 4가 쓰러졌다.

켐퍼가 지휘하는 곳에서 천 명이 쓰러졌고
가넷이 피 흘리는 곳에서 또 천 명이 죽었네
눈 멀게 하는 화염과 숨 막히는 포연을
뚫고서 남은 병사들은 앞으로 나아가
아미스테드[58]와 함께 적진을 돌파했네.

최후 돌격을 이끈 아미스테드는 맹렬히 전진해 적의 돌담을 뛰어넘고, 총검 끝에 꽂힌 자기 장군모를 흔들며 외쳤다. "병사들이여, 저놈들에게 칼맛을 보여줘라!"

병사들은 명령에 따랐다. 그들은 돌담을 뛰어넘고 적을 향해 총검을 휘둘렀으며, 머스킷 개머리판으로 적의 두개골을 부숴 버렸다. 그리고 남부 연합의 전투기를 세미터리 릿지에 휘날렸다.

하지만 그 깃발이 능선에서 펄럭인 것은 잠시뿐이었다. 비록 짧은 시간이었으나, 이는 남부 연합이 이룬 정점이기도 했다.

피켓의 돌격은 장엄하고 영웅적이었지만, 종말의 서막이었다. 리는 실패했다. 그는 북부 침공에 성공하지 못했음을 잘 알고 있었다. 남부는 이제 패망의 길로 들어선 것이었다. 피켓 부대가 최후의 공격에서 실패하고 패잔병들이 물러설 때, 리는 홀로 말을 타고 나가 그들을 맞이했다. 그는 모든 책임을 홀로 짊어지며 부상당한 병사들을 위로했고, 이 순간 패장으로서 그의 모습은 오히려 더욱 숭고해 보였다. 그는 이렇게 말했다.

"이 모든 게 내 잘못이다. 이 전투에서 패한 건 바로 나다."

---

58 켐퍼, 가넷, 아미스테드는 남군 피켓 부대의 여단장들이었다. 켐퍼는 부상 후 퇴역했고, 가넷과 아미스테드는 전장에서 전사했다. 아미스테드가 쓰러진 지점에는 "남부 연합의 절정"(the high tide of Confederacy)이라는 문구가 새겨진 기념탑이 세워져 있다. 이는 남군의 가장 빛나던 순간을 상징한다.

리의 퇴각과 미드의 망설임

7월 4일 밤, 리는 퇴각을 시작했다. 억수같은 비가 쏟아졌고, 그가 포토맥강에 도착했을 땐 수위가 너무 높아 건널 수 없었다.

거기서 리는 함정에 빠졌다. 앞에는 건너갈 수 없는 강이, 뒤에는 승리한 북군 부대가 있었다. 북군의 미드 장군은 리를 독 안에 든 쥐로 만들었다. 링컨은 크게 기뻐했다. 북군이 리의 측면과 후방을 공격해 남군을 궤멸시키거나 포로로 잡아 전쟁을 신속히 끝내길 기대했다. 만약 그랜트 장군이 현장에 있었다면 틀림없이 그랬을 것이다.

그러나 허영심 강하고 학자풍인 미드는 불독 같은 그랜트가 아니었다. 링컨은 한 주 내내 날마다 미드에게 적 후방을 공격해 승부를 결정지으라고 촉구했으나, 미드는 너무 조심스럽고 겁이 많았다. 그는 전투를 회피했다. 망설이며 변명만 늘어놓는 전보를 보내고, 대통령 지시를 정면으로 어기면서 작전회의만 되풀이했다. 그러곤 아무 조치도 취하지 않았다. 그사이 포토맥강 수위는 낮아졌고 리는 탈출에 성공했다.

링컨은 격분했다. "대체 이게 뭡니까?" 그가 소리쳤다. "맙소사! 이게 대체 뭐란 말입니까? 우리는 그들을 독 안에 가뒀습니다. 손만 뻗으면 모두 생포할 수 있었어요. 하지만 제가 뭘 하든 북군을 움직일 순 없었습니다. 그런 상황이라면 그 어떤 장군이라도 리를 완파할 수 있었을 겁니다. 제가 현장에 있었다면 이 손으로 그를 잡았을 거예요."

링컨은 크게 실망해 책상에 앉아 미드에게 보낼 편지를 썼다.

장군, 당신이 리를 놓친 게 얼마나 큰 불행인지 모르고 있다고 봅니다. 그는 거의 우리 손아귀에 있었습니다. 그를 추격해 잡았더라면 최근의 다른 승리들과 함께 이 전쟁을 끝낼 수 있었을 겁니다. 하지만 지금으로선 전쟁이 끝없이 계속될 판입니다. 지난 월요일에도 리를 안전하게 공격하지 못했는데, 포토맥강 남쪽에서 어떻게 다시 공격하겠습니까? 원래 병력의 3분의 2만 가지고 말이에요. 그걸 기대하는 건 불합리하고, 이제 장군이 큰 성과를 거두리라 기대하지 않습니다. 장군의 절호의 기회는 사라졌고, 저는 그 때문에 엄청난 고통을 겪고 있습니다.

링컨은 그 편지를 다시 읽어보고는 멍한 눈으로 창밖을 응시하며 깊은 생각에 잠겼다. "내가 미드의 입장이었다면," 그가 중얼거렸다. "미드의 성격에 소심한 장교들을 거느리고 있었다면, 그리고 미드처럼 여러 날 밤잠 못 자고 그토록 많은 피를 봤더라면, 아마 리를 놓아줬을지도 몰라."

그 편지는 발송되지 않았다. 미드는 그걸 보지 못했다. 그것은 링컨 사후 그의 서류 더미에서 발견되었다.

게티즈버그 전투는 7월 첫째 주에 일어나 6천 명의 사망자와 2만 7천 명의 부상자를 냈다. 교회와 학교, 헛간이 급히 병원으로 개조됐다. 부상으로 고통받는 병사들의 신음소리가 하늘 끝까지 울려 퍼졌다. 매시간 수십 명이 숨졌고, 더위에 들판의 시신들은 빠르게 부패해 갔다. 신속한 매장이 필요했다. 무덤을 팔 시간이 부족해 시신이 있는 곳에 흙을 갖다 덮는 것으로 매장을 대신했다. 폭우가 일주일 내리는 바람에 많은 시신이 반쯤 드러났다. 북군 병사들은 임시 무덤에서 수습돼 한곳에 묻혔다.

이듬해 가을, 공동묘지 위원회는 그곳에서 봉헌식을 열기로 하고, 당시 미국에서 가장 유명한 연설가 에드워드 에버렛을 초청해 봉헌사를 하게 했다.

링컨이 게티즈버그에 초청된 경위

그 봉헌식에 참석해달라는 공식 초청장이 대통령과 내각, 미드 장군, 상하원 의원, 저명인사, 외국 대사들에게 발송됐다. 그중 초청에 응한 이는 아주 적었다. 많은 이가 초청장을 잘 받았다는 회신조차 하지 않았다.

공동묘지 위원회는 대통령이 참석할 것이라고는 전혀 생각지 못했다. 사실 위원회는 대통령에게 친필 초청장을 보낼 의향조차 없었다. 링컨은 인쇄된 초청장만 받았을 뿐이었다. 위원회는 비서들이 그 초청장을 링컨에게 보여주지도 않고 쓰레기통에 던져버릴 거라 짐작했다.

그래서 링컨이 참석하겠다고 회신하자 위원회는 깜짝 놀라 약간 당황하기까지 했다. 어떻게 대응해야 할까? 대통령에게 연설을 부탁해야 할까? 어떤 위원은 링컨이 너무 바빠서 그러진 못할 거라 했다. 또 어떤 이는 연설문을 준비할 시간도 없을 거라고 말했다. 다른 위원들은 솔직히 물었다. "설사 시간이 있다 해도 그럴 능력이 있을까?" 그들은 없다고 봤다.

물론 그는 일리노이 유세장에선 연설할 수 있었다. 하지만 공동묘지 봉헌식에서 연설한다고? 그건 별개의 문제였다. 그것은 링컨 스타일이 아니었다. 그럼에도 대통령이 오겠다니 위원회도 어떤 준비를 갖춰야 했다. 그래서 그들은 마침내 링컨에게 답신을 보냈다. 에버렛 씨가 연설한 다음, 대통령이 "간단한 몇 마디"를 해주면 좋겠다는 내용이었다. 그들은 링컨의 연설을 그렇게 규정했다. "간단한 몇 마디."

그런 초청은 겨우 무례함을 피한 정도였다. 그럼에도 대통령은 기꺼이 수락했다. 왜일까? 흥미로운 뒷이야기가 있다. 그 전해 가을, 링컨은 앤티텀 전투 현장을 찾은 적이 있었다. 그 방문 중 어느 오후, 링컨과 고향 일리노이 친구 워드 래먼은 마차를 타고 드라이브를 나갔다. 대통령이 래먼에게 고개를 돌려, 자신이 "슬픈 소곡"이라 부르는 노래를 들려달라 청했다. 링컨이 좋아하는 노래였다.

래먼은 이렇게 말했다. "일리노이 순회 재판 길에선 수없이 불렀고, 백악관에선 링컨과 단둘이 있을 때 자주 불렀던 노래입니다. 내가 이 노래를 부르면 링컨이 눈물 짓는 걸 봤습니다." 그 노래는 이런 내용이다.

톰, 나는 그 마을에 다녀왔네. 그 나무 아래 앉아 있었지
너와 내가 앉곤 했던 학교 운동장 그 나무 말일세
그러나 나를 반겨줄 이 하나도 없었어, 스무 해 전에 우리가
그 운동장에서 뛰어놀던 걸 아는 사람도 이젠 별로 없어.

샘물 근처 느릅나무, 거기에 너의 이름을 새겼었지
그 아래엔 너의 애인 이름도. 톰, 너도 내 걸 그렇게 했었어
어떤 무정한 자가 그 껍질을 벗겨 나무는 서서히 죽어갔네
자네가 그 이름을 새겨준 처녀가 스무 해 전에 그러했듯이.

오래전에 내 눈은 메말랐지만, 톰, 이제 눈물이 고이더군
내가 그토록 사랑한 그녀, 어릴 적에 덧없이 스러진 인연을 생각해
나는 꽃을 들고서 옛날의 그 교회를 찾아갔지. 스무 해 전에
우리가 사랑했던 사람들의 무덤에 뿌리기 위해.

래먼이 노래 부르는 동안, 링컨은 자신이 사랑한 유일한 여인 앤 러틀리지를 떠올리며, 일리노이 들판의 쓸쓸한 무덤에 누운 그녀를 생각했을 것이다. 그런 아련한 추억에 잠겨 두 눈에 눈물이 고였을 것이다. 래먼은 링컨의 우울한 기분을 바꾸려 우스꽝스러운 흑인 노래를 불렀다.

이게 그 사건의 전말이다. 아무 해도 없고 그저 슬픈 과거를 회상한 것뿐이었다. 그러나 링컨의 정적들은 그걸 왜곡해 거짓말을 퍼뜨리고 국가적 망신으로 만들려 했다. 그들은 그 일을 아주 무례한 행동으로 몰아갔다. 뉴욕 언론 『월드』는 그 스캔들 관련 기사를 거의 석 달간 매일 실었다.

링컨이 "많은 일꾼이 사자를 매장하느라 분주한" 전장을 방문해 농담을 하고 우스운 노래를 불렀다며 맹비난했다.

실상은, 그가 농담을 하거나 노래를 부른 적이 없었고, 그곳은 전장에서 몇 마일 떨어진 곳이었다. 전사자는 이미 모두 안장됐고 그들 묘지엔 비가 내렸다. 이게 객관적 진실이다. 하지만 링컨의 정적들은 진실을 원치 않았다. 그들은 피에 굶주려 있었다. 야만적인 비난이 전국에 메아리쳤다.

링컨은 몹시 고통스러워했다. 너무 괴로워 그런 공격 기사를 읽을 수조차 없었다. 하지만 그런 공격에 대응해선 안 된다는 걸 알았다. 그러면 그들 공격을 정당화해줄 뿐이었다. 그래서 그는 아무 말 않고 참았고, 게티즈버그 공동묘지 봉헌식에서 연설해달라는 초청을 반가이 받아들였다. 정적들의 비방을 잠재우고 명예롭게 전사한 이들에게 소박한 찬사를 바칠 좋은 기회였다.

초청장이 늦게 도착해, 그는 빽빽한 2주 일정 속에서 연설문을 준비해야 했다. 여가 시간, 즉 옷 입을 때, 면도할 때, 점심 먹을 때, 스탠턴의 전쟁 상황실과 백악관을 오갈 때 연설문을 구상했다. 전쟁 상황실 가죽 소파에 다리를 뻗고 누워 최신 전보를 기다리며 생각을 다듬었다. 연푸른 전지에 초안을 써서 중절모 띠에 꽂고 다녔다. 연설 전 일요일, 그는 이렇게 말했다. "두어 번 고쳐 썼는데 아직 완성하지 못했어. 마음에 들게 하려면 마지막으로 한번 더 다듬어야겠어."

본인은 실패작이라 생각한 게티즈버그 연설

그는 봉헌식 전날 밤 게티즈버그에 도착했다. 그 작은 마을은 인파로 북적였다. 평소 인구 1만 3천 명의 마을이 거의 3만 명으로 불어났다. 날씨는 화창하고 밤공기는 청량했다. 하늘 높이 보름달이 떠 있었다. 수많은 방문객 중 일부만이 침대를 구할 수 있었다. 새벽까지 수천 명이 마을 이곳저곳을 누볐다. 인도는 이내 사람들로 꽉 차 걸을 수조차 없었다. 수백 명이 팔짱 끼고 비포장도로 한가운데를 행진하며 "존 브라운의 시신은 무덤에서 썩어가건만"을 합창했다.

링컨은 전날 저녁 내내 연설문 손질에 매달렸다. 밤 11시, 그는 슈어드가 묵는 옆집으로 가 연설문을 크게 읽어주며 의견을 구했다. 이튿날 아침 식사 후 링컨은 연설문 수정을 계속했고, 마침내 노크 소리가 들렸다. 이제 전사자 묘지 봉헌식에 참석할 시간이라는 알림이었다.

행렬이 움직이기 시작할 때 그는 처음엔 말 위에 위엄 있게 앉아 있었다. 하지만 이내 상체가 앞으로 구부러졌다. 머리는 가슴에 파묻혔고 긴 팔은 허리께로 축 늘어졌다. … 그는 사색에 잠겨 짧은 연설문을 되새기며 마지막까지 다듬었다.

주 연사로 초청된 에드워드 에버렛은 게티즈버그에서 두 가지 중대한 실수를 범했다. 둘 다 불필요하고 부적절했다. 그는 한 시간이나 늦게 도착했고, 두 시간에 걸쳐 장황한 연설을 늘어놓았다.

링컨은 에버렛의 원고를 미리 읽었기에 연설이 끝나갈 무렵 자기 차례가 다가옴을 알았다. 그는 준비가 부족하다 느꼈다. 긴장감에 좌석에서 몸을 꿈틀거리며, 프록코트 주머니에서 원고를 꺼내 낡은 안경을 쓰고 급히 내용을 되새겼다.

이윽고 그는 원고를 들고 앞으로 나서더니 2분 만에 연설을 마쳤다.

그때 청중은 알아챘을까? 그 맑은 11월의 오후, 인류 역사상 가장 위대한 연설문 하나가 흘러나왔다는 것을? 아니다. 대부분은 그저 호기심에 그곳에 모인 이들이었다. 그들은 미국 대통령을 보거나 그 목소리를 들어본 적이 없었다. 그들은 링컨의 얼굴 한번 보려고 목을 길게 빼들었다. 그토록 훤칠한 키에 의외로 가늘고 높은 목소리를 가졌으며 남부 억양이 섞여 있다는 점이 의외였다. 그들은 대통령이 켄터키 출신이라 고향의 사투

리를 간직하고 있음을 잊었다. 대통령이 이제 소개받고 연설을 시작하려나 싶을 때 벌써 연설은 끝나고 그는 의자로 돌아갔다.

뭐라고! 벌써 끝난 거야? 대통령이 원고 일부를 까먹은 걸까? 아니면 할 말이 그것뿐이었나? 사람들은 놀라움과 실망감에 박수조차 보내지 않았다.

젊은 시절 인디애나에서 링컨은 봄이 되면 녹슨 쟁기로 밭을 갈아야 했다. 그러면 흙이 쟁기에 들러붙어 엉망진창이 되곤 했다. 쟁기로는 땅을 "파헤치지" 못했다. 고향 사람들은 그런 상황을 묘사할 때 그 단어를 썼다. 링컨은 평생 무언가 실패했음을 말할 때 고향의 옥수수밭에서 쓰던 말을 자주 꺼냈다. 이제 그는 워드 래먼에게 고개를 돌리며 말했다. "그 연설은 완전 졸작이었어, 래먼. 전혀 파헤치질 못했어. 청중들은 실망했지."

그의 말이 맞았다. 대통령과 함께 단상에 앉았던 에드워드 에버렛과 슈어드 장관을 비롯해 모두가 실망했다. 두 사람은 대통령의 연설이 형편없이 실패했다고 여겼다. 링컨은 고민에 괴로워하다 심한 두통까지 얻었다. 워싱턴으로 돌아오는 길에 기차 휴게실에 드러누워 머리를 찬물로 식혀야 했다. 링컨은 죽는 날까지 자신이 게티즈버그에서 완전히 실패했다 믿었다. 현장에서의 반응만 본다면 그는 실패한 게 맞았다.

그는 겸허한 마음으로 일이 이렇게 흘러가길 간절히 바랐다. 세상이 그가 현장에서 한 말을 "주목하지도, 기억하지도 않는" 한편 게티즈버그에서 용맹히 싸우다 전사한 병사들은 기억해주길 소망했다. 그런데 만약 링컨이 부활해 이 시대로 돌아온다면, 자기가 "파헤치지" 못했다고 여겼던 바로 그 게티즈버그 연설을 사람들이 가장 먼저 떠올린다는 사실에 얼마나 깜짝 놀랄까! 그가 게티즈버그에서 남긴 열 문장이 앞으로 수세기 동안, 심지어 남북전쟁마저 잊힌 훗날에도 세상의 문학적 보물로 평가받는 사실을 안다면 얼마나 놀라워할까!

게티즈버그 연설 전문

링컨의 게티즈버그 연설은 단순한 연설 그 이상이다. 그것은 고통 속에서 단련되고 성숙해진 한 고결한 영혼의 신성한 표현이다. 그것은 무의식적 산문시이자 장엄한 서사시로, 그런 시의 웅장한 아름다움과 깊은 감동을 품고 있다.

> 87년 전 우리 조상은
> 이 대륙에 자유로 잉태되고
> 만인은 평등하다는 명제에 헌신하는
> 새로운 국가를 세웠습니다.
>
> 이제 우리는 위대한 내전에 휩싸여
> 그렇게 태어나고 그렇게 봉헌된 국가가
> 과연 오래도록 견딜 수 있을지 시험받고 있습니다.
> 우리는 그 전쟁의 거대한 격전지에서 만났습니다.
> 우리는 이 나라가 살아나도록 목숨 바친 이들의
> 마지막 안식처를 봉헌하고자 이곳에 왔습니다.
> 우리가 이렇게 하는 것은 지극히 적절하고 마땅한 일입니다.
>
> 그러나 더 큰 의미에서 보면
> 우리는 이 땅을 봉헌할 수도, 성별할 수도,
> 신성하게 할 수도 없습니다. 여기서 싸운
> 살아있는 용사와 죽은 용사가 이미 이곳을
> 우리의 보잘것없는 능력이 더하거나 빼기엔
> 불가능할 만큼, 이곳을 성스럽게 만들었기 때문입니다.

세상은 우리가 여기서 말하는 바를 조금도 주목하지 않을 것이며
오래 기억하지도 않을 것입니다.
그러나 그들이 여기서 행한 바를 결코 잊을 수 없을 것입니다.
오히려 우리 살아있는 자들이 이곳에서
그들이 싸우며 이처럼 고귀하게 전진시킨
미완의 업적에 우리 자신을 봉헌해야 합니다.

우리 앞에 남은 위대한 과제에
우리 자신을 이곳에서 봉헌하는 것이
오히려 우리의 책무입니다.
이 고귀한 죽음으로부터 우리는
그들이 최후의 헌신을 다 바친 그 대의에
한층 더 깊이 헌신하겠노라 서약합니다.
우리는 이곳에서 엄숙히 다짐합니다.
이 죽음이 헛되지 않으리라.
하나님 아래 이 나라가 자유의 새 탄생을 맞으리라.
그리고 국민의, 국민에 의한, 국민을 위한 정부는
이 땅에서 결코 사라지지 않으리라.

24

그랜트 장군의 등장

1861년 전쟁이 발발할 무렵, 한 초라하고 의기소침한 남자가 일리노이 주 갈레나의 가죽 상점 포장 상자 위에 걸터앉아 질그릇 파이프로 담배를 피우고 있었다. 그는 변변한 직업이 없었지만 굳이 말하자면 농부들에게서 돼지와 소가죽을 매입하고 장부를 정리하는 허드렛일을 하는 점원이었다.

그랜트의 인생 역전

그 가게 주인은 그랜트의 두 동생이었는데, 과거엔 어떤 일이 있어도 형을 점원으로 쓰려 하지 않았다. 전에 그는 세인트루이스 거리를 몇 달간 헤매며 일자리를 찾았지만 허사였고, 아내와 네 자녀는 굶주리고 있었다. 결국 절망에 빠진 그는 기차 삯을 빌려 켄터키주에 계신 아버지께 도움을 청했다. 노인은 상당한 현금을 갖고 있었지만 내놓길 꺼렸다. 그래서 책상에 앉아 갈레나의 두 아들에게 편지를 써서 형에게 일자리를 주라고 지시했다.

이에 두 동생은 형을 점원으로 받아들였으나, 일손이 필요해서가 아니라 가족의 평화와 형제애를 지키기 위해서였다.

그의 임금은 하루 2달러였다. 하지만 그의 업무 능력은 산토끼만도 못했으므로 받는 급여의 가치조차 하지 못했다. 그는 행동이 느릿느릿하고 게으름이 심했으며 옥수수 위스키에 빠져 항상 빚더미에 허덕였다. 친구들은 길에서 그를 보면 외면하거나 아예 길 건너편으로 피해 갔다.

그가 손댄 일은 모조리 실패와 좌절로 끝났다.

지금까지는 그랬다.

하지만 이제는 달라질 터였다.

길모퉁이를 돌아 좋은 소식과 놀라운 행운이 그에게 다가오고 있었기 때문이다. 곧 그는 빛나는 유성처럼 명예의 밤하늘을 가로지르며 눈부시게 빛날 것이다. 그는 고향에선 존경받지 못했지만, 3년 후면 세상이 일찍이 보지 못한 대군의 존경을 한몸에 받게 될 것이다. 4년 만에 그는 리를 격파하고 전쟁을 끝내며 역사의 금빛 페이지에 이름을 새길 것이다.

그리고 8년 후면 백악관의 주인이 될 것이다.

대통령 임기를 마친 뒤엔 의기양양하게 세계 일주에 나서, 강대국들로부터 영예와 훈장, 축하, 환영사를 받으며 엄청난 명성을 누릴 것이다. 불과 10년 전만 해도 고향 갈레나에서 사람들이 마주치길 꺼려 길 건너편으로 피하던 바로 그 사람이 말이다.

그의 인생은 놀라운 이야기이다.

그와 관련해선 모든 게 기이하다. 심지어 어머니의 태도조차 이상하다. 그녀는 아들을 그다지 좋아하지 않은 듯했다. 그가 대통령이 되어서도 백악관 방문을 거절했고, 태어날 때 이름조차 지어주지 않았다. 친척들이 일종의 제비뽑기로 대신 해줬다. 그가 6주 된 어느 날, 친척들은 종잇조각에 이름을 적어 중절모에 넣고 흔든 뒤 뽑았다. 당시 그의 할머니 심슨은 호메로스 서사시를 읽고 있었는데, 자기 쪽지에 "하이럼 율리시즈"라 썼다. 우연히 그 쪽지가 뽑혀 그는 17년간 고향에서 그 이름으로 불렸다.

그는 지나치게 수줍어하고 총명하지 못해 마을의 익살꾼들은 그를 율리시즈가 아닌 "유스리스"(Useless: 쓸모없는) 그랜트라고 조롱했다.

웨스트포인트에 입학한 뒤엔 또 다른 별명이 생겼다. 추천서를 써준 정치인들이 그의 중간 이름이 모친의 처녀성 심슨일 것으로 짐작하고 "U(율리시즈). S(심슨). 그랜트"라고 적은 것이다. 그래서 육사에선 그 이름이 통용됐다. 사관생도들은 그 이름을 보고 웃음을 터뜨리며 모자를 던지고 소리쳤다. "얘들아, 엉클 샘(Uncle Sam: 미 정부의 별명)이 우리와 함께 입학했어!" 이로써 그는 평생 동기들에게 샘 그랜트로 불렸다.

그는 신경 쓰지 않았다. 친구도 얼마 없었고, 자기를 뭐라 부르든 상관없었으며, 용모에도 무심했다. 그는 제복 단추를 제대로 채우거나, 개인 화기를 완벽하게 정비하거나, 구두를 윤이 나게 광을 내는 데 전혀 관심이 없었다. 점호 시간에 종종 지각하기도 했다. 나폴레옹과 프리드리히 대왕의 병법서를 탐구하기보다는 『아이반호』나 『모히칸족의 최후』 같은 소설에 빠져 여가 시간을 보냈다.

정말 믿기 어려운 사실은 그가 평생 군사 전략서를 읽어본 적이 없다는 것이었다. 전쟁에서 최종 승리를 거두자 보스턴 시민들은 성금을 모아 그에게 서재를 마련해주기로 했다. 관련 위원회를 꾸려 그가 어떤 책들을 갖고 있나 알아보게 했다. 놀랍게도 위원들은 그가 단 한 권의 병법서도 소장하지 않았음을 알게 됐다.

자신을 군인보다는 농부라고 생각한 그랜트

그는 웨스트포인트와 군대, 군과 관련된 모든 것을 싫어했다. 그가 훗날 세계적 유명 인사가 된 후 독일 재상 비스마르크와 함께 독일군을 사열하던 중 이렇게 말했다. "저는 군사적인 일에는 관심이 별로 없습니다. 사실 저는 군인이라기보다 농부에 더 가까운 사람입니다. 두 번의 전쟁[59]에 참전하긴 했지만 입대할 땐 엄청 후회했고 제대할 땐 그처럼 기쁠 수가 없었습니다."

그랜트는 자신의 고질적인 약점이 게으름과 공부 싫증이라는 것을 인정했다. 웨스트포인트를 졸업한 뒤에도 'knocked'는 소리 나는 대로 'nocked'라고 적었고, 'safety'도 'safty'라고 철자 하나를 빼먹고 썼다. 하지만 수학은 아주 잘해 수학 교수가 되길 희망했다. 그러나 교수 자리를 구하지 못해 졸업 후 11년간 육군 장교로 일했다. 생계를 꾸릴 직장이 필요했고, 군 장교가 가장 쉬운 취직 길로 보였다.

1853년 그는 캘리포니아 포트 홈볼트에서 근무했다. 근처 마을에 라이언이란 기인이 살고 있었다. 그는 잡화점을 운영하고 방앗간을 돌리며 평일엔 측량 일을 했다. 일요일에는 사람들에게 설교를 했다. 위스키는 당시에 값이 저렴했고 라이언 목사는 가게 뒤뜰에 커다란 위스키 통을 놓고 깡통 컵을 달아 누구나 마실 수 있게 했다. 그랜트는 그 컵을 자주 이용했다. 그는 외로웠고 무엇보다 지루한 군 생활을 잊고 싶어 했다. 결국 그는 여러 번 고주망태가 되었고, 사실상 고질적인 음주 습관 때문에 군에서 쫓겨났다.

전역 후 그는 돈 한 푼 없이 실직자가 되었다. 그래서 미시시피강 동쪽으로 가서 장인 소유의 80에이커 농장에서 옥수수를 기르고 음식물 찌꺼기로 돼지를 키웠다. 겨울에는 화목을 벌채 후 세인트루이스까지 실어다 시민들에게 팔았다. 하지만 해가 갈수록 수지가 악화돼 점점 더 많은 돈을 빌려야 했다.

---

[59] 멕시코 전쟁과 남북전쟁을 말한다.

결국 그는 농장을 떠나 세인트루이스로 가 일자리를 찾아보기로 했다. 우선 부동산 중개업에 뛰어들었으나 완전히 실패했다. 이어 도시를 돌아다니며 무슨 일이든 간절히 구걸했으나 허사였다. 마침내 그는 너무나 막막한 처지로 내몰려 당장 먹고살 돈을 마련하고자 아내 소유의 흑인 노예들을 타인에게 임대하는 방안까지 검토했다.

여기에 남북전쟁사에서 가장 놀라운 사실 하나가 있다. 리는 노예제가 잘못됐다 여겨 전쟁 훨씬 전에 자기 노예들을 모두 해방했다. 그러나 정작 그랜트의 아내는 남편이 노예제 철폐를 위해 북군을 이끌던 그때까지도 여전히 노예를 소유하고 있었다.

전쟁이 터지자 그랜트는 갈레나 가죽 가게 점원 노릇이 지겨워 군 복귀를 생각하고 있었다. 당시 북군은 수십만 신병을 모집해 훈련시켜야 했으므로 웨스트포인트 출신이 장교가 되는 건 아주 쉬워 보였다. 하지만 현실은 그렇지 않았다. 갈레나에서도 지원병 중대를 꾸렸다. 그 마을에서 군사 훈련을 아는 사람은 그랜트뿐이어서 그가 지원병들을 훈련시켰다. 그러나 정작 그들이 총구에 꽃다발을 꽂고 전장을 향해 떠날 때, 그랜트는 길가에서 바라볼 수밖에 없었다. 그들이 다른 사람을 중대장으로 뽑았기 때문이었다.

이에 그랜트는 전쟁부에 편지를 보내 정규 연대의 지휘관으로 임명해달라고 요청했다. 하지만 답장은 오지 않았다. 그 편지는 훗날 그가 대통령이 되었을 때 전쟁부 서류 더미에서 발견되었다.

일리노이 지원병 연대의 지휘관

마침내 그는 스프링필드 인사참모실에서 자리를 얻어 15세 소녀도 할 만한 서기 일을 했다. 종일 모자를 쓴 채 담배를 피우며 낡은 테이블에 앉아 사령부에서 온 명령서를 베껴 썼다. 그 삼발이 탁자는 너무 휘청거려 벽에 붙여놓아야 겨우 버텼다.

그러던 중 뜻밖의 일이 벌어져 그를 명예의 길로 이끌었다. 일리노이 지원병으로 꾸려진 제21연대가 군기가 문란해져 무장한 폭도 수준으로 전락한 것이다. 병사들은 명령을 무시하고 장교들에게 욕설을 퍼부었으며, 전임 연대장 구드 대령을 쫓아냈다. 대령이 다시 나타나면 가죽을 벗겨 야생 사과나무에 걸겠다고 으름장을 놓았다.

일리노이 주지사 예이츠는 걱정이 태산이었다. 그는 그랜트를 대단한 인물로 보진 않았다. 그러나 웨스트포인트 졸업생이니 자격도 있고 뭔가 해낼 것으로 생각하며 모험을 걸기로 했다. 이리하여 그랜트는 1861년 6월 화창한 날, 스프링필드의 임시 연병장(개조한 장터)으로 가서 누구도 통제 못하는 연대의 지휘권을 넘겨받았다.

그는 막대기 하나 든 채 허리에 붉은 띠를 두르고 있었다. 그게 보이는 권위의 전부였다. 그에겐 말도 군복도 없었고 그것을 살 돈도 없었다. 땀에 절은 중절모 꼭대기엔 구멍이 숭숭 났고 낡은 상의 팔꿈치는 터져 있었다.

병사들은 즉시 그를 조롱하기 시작했다. 어떤 병사는 뒤에서 그의 등을 가볍게 치면서 스파링을 하자고 했고, 다른 병사는 그 권투 선수 뒤로 달려와 세게 밀쳐 그가 앞으로 고꾸라지며 머리로 그랜트의 어깨를 치게 했다.

그랜트는 병사들의 무모한 장난을 즉각 엄중히 단속했다. 명령에 불복하는 자는 나무 기둥에 묶어 온종일 세워두었다. 욕설을 하는 자는 입에 재갈을 물렸다. 점호에 늦는 자는, 모든 병사가 그랬듯이, 24시간 동안 굶게 했다. 갈레나 출신의 가죽 상인은 이렇게 병사들의 거친 기질을 다스리고는 그들을 이끌고 전투를 위해 미주리로 내려갔다.

그 직후 또 한 번의 행운이 그를 찾아왔다. 당시 전쟁부는 수십 명의 장교를 준장으로 진급시켰다. 일리노이 북서부 지역구는 엘리후 B. 와시번을 연방 의회 의원으로 보냈다. 정치적 야심이 넘치는 와시번은 고향 유권자들에게 자신의 능력을 입증하고 싶어 했다. 그는 전쟁부를 찾아가 자기 지역구에서 여단장 한 명을 배출해야 한다고 강력히 요구했다. 좋다. 그럼 누구를 택할까? 대답은 쉬웠다. 와시번 지역구엔 육사 졸업생이 그랜트 한 명뿐이었기 때문이다.

며칠 후 그랜트는 세인트루이스 신문을 읽다가 자신이 준장으로 진급했다는 놀라운 소식을 접했다.

불도저 장군 그랜트

그는 일리노이주 카이로 사령부로 배속되어 즉시 필요한 조치들을 취하기 시작했다. 병력을 선박에 실어 오하이오강을 건너 켄터키주의 전략적 요충지 파두카를 신속히 점령했다. 이어 더 남하해 컴벌랜드강이 내려다보이는 포트 도넬슨을 공격할 작전을 세웠다. 할렉 장군 같은 군사 전문가들은 질겁했다. "말도 안 돼! 그랜트, 자네 미쳤나? 그건 불가능한 작전이야. 거기 쳐들어가는 건 자살행위야." 그랜트는 아랑곳하지 않고 여단을 이끌고 나가 오후 내내 공격을 가해 포트 도넬슨을 함락시켰고 적군 1만 5천 명을 생포했다.

공격 중에 남군 장수가 전령을 보내 항복 조건을 협상하자며 휴전을 제안했다. 하지만 그랜트는 냉정하게 말했다. "내가 받아들일 조건은 즉각 무조건 항복뿐이오. 아니면 당신네 진지를 당장 공격할 거요."

이 거친 메시지를 받은 남군 장수 사이먼 버크너는 육사 시절부터 샘 그랜트를 알고 지냈고, 그가 육군에서 해고될 때 밀린 하숙비까지 빌려준 사이였다. 그런 인연을 생각하면 그랜트가 좀 더 부드럽게 말했어야 하는 거 아닌가 싶었다. 그래도 버크너는 그를 용서하고 즉시 항복한 후 그날 오후 그랜트와 담배를 피우며 즐거웠던 옛날을 회상했다.

포트 도넬슨 점령은 북군의 전쟁 수행에 막대한 전략적 우위를 안겨주었다. 켄터키주 장악으로 북군은 200마일을 저항 없이 진격할 수 있는 결정적 통로를 확보했다. 테네시 대부분에서 남군을 몰아내고 그들의 보급로를 차단했다. 이로 인해 내슈빌과 '미시시피강의 지브롤터'로 불리던 포트 콜럼버스가 함락되었고, 남부 전역의 사기가 크게 저하되었다. 메인에서 미시시피에 이르는 북부 전역에서는 종소리와 모닥불로 승리를 경축했다.

포트 도널슨 점령은 엄청난 승리였고 유럽에서도 큰 반향을 일으켰다. 그것은 전세를 뒤바꾼 주요 사건 중 하나였다.

이때부터 U. S. 그랜트는 "Unconditional Surrender"(무조건 항복)를 요구하는 장군으로 이름을 날렸고, "당신네 진지를 당장 공격하겠소"라는 문장은 북군의 전투 표어가 되었다.

마침내 온 나라가 간절히 기다리던 위대한 군 지도자가 등장한 것이다. 의회는 그를 소장으로 진급시켰다. 그는 서부 테네시 전선 사령관에 임명되어 전 국민의 우상으로 떠올랐다. 한 신문이 그가 전투 중 담배 피우기를 좋아한다고 보도하자, 이내 만 갑이 넘는 엄청난 양의 시가가 그에게 쇄도했다.

서부 전역에서 그의 직속상관은 엄청나게 구제불능인 멍청이 장군 할렉이었다. 할렉을 잘 아는 해군장관 기드온 웰스는 이렇게 평했다.

"할렉은 아무것도 세우지 않고, 기대하지 않고, 제안하지 않으며, 계획하지도 결정하지도 않습니다. 그는 아무것도 안 하기로 유명하고, 부하들만 질책하죠. 그 외엔 담배 피우고 팔꿈치나 긁적이며 시간을 보냅니다."

그런데도 할렉은 자신을 엄청난 인물로 여겼다. 그는 육사 교관 출신에 군사 전략, 국제법, 광업 전문서를 냈고 은광 소장, 철도회사 사장, 성공한 변호사였으며 불어에 능통해 나폴레옹 관련 불어책을 번역하기도 했다. 스스로 보기에 그는 저명한 학자 헨리 웨이저 할렉이었다.

그렇다면 그랜트는? 무명의 술고래에 육군에서 불명예 전역한 자였다. 그랜트가 포트 도넬슨 공격을 보고하러 오자 할렉은 무례하게 구는 것은 물론 그의 제안에 분노와 경멸을 표하며 작전을 말리기까지 했다. 그러나 그랜트가 공격을 단행하여 압도적 승리를 거두고 국민의 열광적 지지를 독차지하는 동안, 할렉은 여전히 세인트루이스에 머물며 팔꿈치나 긁적이며 주목도 받지 못하고 존재감을 상실하고 있었다. 이런 상황 전개가 상관인 할렉을 짜증 나게 만들었다.

게다가 할렉은 이 전직 가죽상인이 자신을 모욕한다고 느꼈다. 적어도 할렉은 그렇게 생각했다. 하지만 그건 오해였다. 그랜트는 꾸준히 전황 보고서를 할렉에게 보냈다. 그러나 도넬슨 함락 후 전신망이 끊겨 그의 전문이 사령부에 도달할 수 없었다. 할렉은 사정은 모른 채 화부터 냈다. 승리와 대중의 인기가 저 그랜트란 자를 건방지게 만들었나 보지. 그렇다면 난데없이 출세한 이 젊은 장군을 혼내줘야겠어. 그래서 그는 북군 총사령관 매클렐런에게 그랜트를 헐뜯는 보고서를 계속 올렸다. 그랜트가 이렇다 저렇다, 오만하고 술주정뱅이에 게으르며 명령도 어기는 무능한 자라고 험담했다. "저는 이런 근무태만과 무능에 질려 지쳐버렸습니다."

총사령관 매클렐런 역시 그랜트의 높은 인기를 시기하고 있었다. 그래서 역사적 관점에서 보면 남북전쟁 중 가장 어이없는 전보를 할렉에게 보냈다. "군의 필요상 적절하다 판단되면 그랜트를 즉각 체포하고 그 자리에 C. F. 스미스를 보임하시오."

할렉은 바로 그랜트의 지휘권을 박탈해 사실상 구금했고, 그다음엔 안락의자에 기대앉아 흡족한 듯 팔꿈치를 긁었다. 전쟁 발발 1년 만에 북군을 위해 유일하게 대승을 거둔 장군이 군권을 빼앗기고 공개적 굴욕을 당하고 있었다.

그랜트의 실로 전투 패배와 빅스버그 승리

그 후 그랜트는 다시 부대를 지휘하게 되었다. 그러나 실로 전투에서 커다란 실수를 범했다. 남군 장수 존스턴이 전투 중 피를 흘리며 죽지만 않았더라면, 그랜트의 사단은 포위당해 전원 생포될 뻔했다. 실로 전투는 당시 아메리카 대륙 최대 규모의 전투였고, 그랜트의 패배는 엄청나 1만 3천여 명의 사상자를 냈다. 그는 어리석게 행동하다 적의 기습에 걸려들었다. 그러자 실로 전투에서 그랜트가 술에 취해 있었다는 거짓 소문이 퍼졌고 수백만 명이 그걸 믿었다. 전국에 엄청난 분노가 휘몰아쳤고, 대중은 그랜트 해임을 요구했다. 하지만 링컨은 계속 그를 밀어주었다.

"저는 이 사람을 내칠 순 없습니다. 그는 악착같이 싸웁니다."

사람들이 그랜트가 위스키를 너무 많이 마신다고 비난하자, 링컨이 물었다. "어떤 브랜드를? 다른 장군들에게도 그 위스키를 몇 통 보내고 싶군요."

그 이듬해(1863년) 1월, 그랜트는 빅스버그 공성전을 맡았다. 빅스버그는 미시시피강변 200피트(약 61미터) 절벽 위에 자리 잡은 천연요새였다. 이 공방전은 길고 고통스러웠다. 요새는 경비가 엄청나게 삼엄했고, 강을 오가는 포함도 요새를 대포 사정 거리 안에 넣을 수 없었다. 그랜트의 고민은 그 요새를 공격할 만큼 가까이 갈 수 없다는 것이었다.

그는 미시시피 중류로 가 거기서 동진해 오는 작전을 짰지만 실패했다.

강둑을 고르게 만든 뒤 병력을 배에 태워 습지를 통해 북쪽에서 요새로 접근하려 했으나, 이것도 실패했다.

이어 운하를 파 미시시피강의 물길을 돌려보려 했지만 역시 여의치 않았다.

그해 겨울은 너무나 고통스러웠다. 비가 거의 쉬지 않고 내렸고 강은 범람해 계속 일대를 뒤덮었다. 그랜트의 부하들은 수 마일에 걸친 늪지와 진흙탕, 습지, 빽빽한 수풀과 덩굴 사이를 허우적거리며 행군해야 했다. 병사들은 허리까지 빠지는 진흙 속에서 밥을 먹고 잠을 잤다. 말라리아가 창궐했고 이어 홍역과 천연두가 덮쳤다. 위생 개선은 거의 불가능했고 사망률은 엄청났다.

빅스버그 전투는 실패작이었다. 전국에서는 이를 어리석고 비극적이며 범죄적인 패배라고 비난했다.

그랜트 휘하의 장군들인 셔먼, 맥퍼슨, 로건, 윌슨도 그의 작전을 바보 같다며 부대가 엄청난 파멸을 맞고 전멸할 거라 여겼다. 전국 언론은 맹렬히 그랜트를 맹비난하며 즉각 해임을 요구했다.

"그에겐 저 말고는 친구가 거의 없어요." 링컨이 말했다.

엄청난 반대에도 링컨은 그랜트를 끝까지 밀었다. 대통령의 신뢰는 큰 보상을 받았다. 겁에 질린 미드가 리의 군대를 게티즈버그에서 도망가게 내버려둔 바로 그날(1863년 7월 4일), 그랜트는 제퍼슨 데이비스 농장에서 압수한 말을 타고 빅스버그로 행군해 들어가, 독립전쟁 때 워싱턴 이래 그 어떤 미국 장군도 거둔 적 없는 대승을 거뒀다.

8개월간의 엄청난 실패를 딛고 그랜트는 빅스버그 남군 4만 명을 생포하고 미시시피강 전역을 북군 통제하에 두어, 남부 연합을 동서로 완전히 분리시켰다.

승전보가 전해지자 온 나라가 흥분의 도가니에 휩싸였다.

북군 총사령관에 임명된 그랜트

의회는 특별법을 통과시켜 그랜트를 중장(中將)으로 진급시켰다. 워싱턴 장군 사후 그런 영예를 안은 장군은 없었다. 링컨은 그랜트를 백악관으로 불러 북군 총사령관에 임명하는 짧은 연설을 했다.

사전에 간단한 수락 연설을 하라는 통보를 받은 그랜트는 주머니에서 구겨진 쪽지를 꺼냈는데, 겨우 세 문장이 적혀 있었다. 그가 읽기 시작하자 손에 든 종이가 떨리고, 얼굴은 상기되며, 무릎은 후들거리고, 목소리는 잦아들었다. 당황한 그랜트는 흔들리는 종이를 양손으로 붙잡고 자세를 가다듬은 뒤 숨을 크게 내쉬며 다시 읽어 내려갔다.

일리노이 갈레나 출신의 가죽 상인에게는 열한 명 앞에서 여든네 단어를 낭독하는 것이 전장에서 적의 총탄을 헤쳐나가는 것보다 더욱 견디기 힘든 시련이었다.

그랜트의 워싱턴 방문을 화려한 사교 행사로 만들고 싶어 했던 링컨 부인은 벌써 장군을 위한 만찬과 파티를 준비해두었다. 하지만 그랜트는 전선에 즉각 복귀해야 한다며 파티 참석 면제를 간곡히 청했다.

"하지만 우린 당신을 빼줄 순 없소." 대통령이 옆에서 말했다. "당신 없는 링컨 부인 만찬은 햄릿 빠진 『햄릿』이나 마찬가지요."

"제게 만찬 행사는," 그랜트가 대답했다. "국가에 하루 1백만 달러의 손실을 입히는 행사입니다. 게다가 전 이런 허례허식에 이미 질렸습니다."

링컨은 이렇게 말하는 남자가 마음에 들었다. 그 사람도 자신처럼 "겉치레와 불꽃놀이"를 싫어하는 사람이었다. 그는 "책임지고 행동에 나서는" 인물이었다.

링컨의 기대는 한층 더 높아졌다. 그랜트가 총사령관이 된다면 모든 것이 순조롭게 진행될 것이라 확신했다.

그러나 이는 대통령의 섣부른 판단이었다. 4개월 후 나라는 이전보다 더 깊은 어둠과 절망의 늪에 빠져들었다. 링컨은 또다시 밤새도록 초췌한 모습으로 백악관 정원을 서성여야 했다.

25

1864년, 새벽이 오기 전의 어둠

1864년 5월, 승리의 기세를 타고 자신감에 충만해진 그랜트는 12만 2천 명의 대군을 이끌고 래피던강을 건너 버지니아로 쳐들어갔다. 그는 리의 군대를 완전히 격파해 전쟁을 단숨에 끝내려 했다.

리는 북부 버지니아의 야생지대 윌더니스에서 그랜트의 대군과 맞섰다. 그곳은 이름 그대로 야생의 들판이었다. 완만한 물결 모양의 언덕들로 이뤄진 밀림이었다. 질퍽한 습지에는 소나무와 참나무가 빽빽했고, 관목은 너무나 우거져 토끼 한 마리도 빠져나가기 버거운 험지였다. 그 어둡고 울창한 숲에서 그랜트는 살벌하고 피비린내 나는 싸움을 벌였다. 사상자가 속출했고, 정글에 발생한 화재로 수백 명의 부상병이 불길에 휩싸여 목숨을 잃었다.

윌더니스 전투의 패배와 후유증

전투 이틀째, 평소 감정을 드러내지 않던 그랜트조차 크게 동요하여 천막으로 물러나 눈물을 흘렸다. 그러나 전투가 벌어질 때마다 승패와 무관하게 그랜트의 명령은 한결같았다. "전진하라! 전진하라!"

6일간의 피비린내 나는 격전 끝에 그랜트는 유명한 전보를 날렸다. "여름 내내 여기 붙들려 있게 되더라도 저는 이 전선에서 물러나지 않겠습니다."

실제로 그 싸움은 여름 내내 이어졌다. 아니, 그뿐만이 아니었다. 가을과 겨울을 넘어 이듬해 봄까지 장기전으로 이어졌다.

이제 그랜트는 야전에서 남군의 두 배나 되는 병력을 거느리고 있었다. 게다가 후방인 북부에는 그가 동원할 수 있는 막대한 예비 전력이 버티고 있었다. 반면 남부는 이미 신병과 보급품이 바닥난 상태였다.

그랜트가 말했다. "반군은 물자가 극도로 부족하여 유아의 요람과 죽은 자의 무덤까지 뒤져야 할 지경에 이르렀습니다."

그랜트에겐 확고한 신념이 있었다. 이 전쟁에서 이기려면 리가 항복할 때까지 계속 그의 병사들을 희생시키는 수밖에 없다는 것이다. 만약 북군 2명이 죽을 때 남군은 1명 죽는다면 어떻게 될까? 그랜트는 그런 손실을 메울 수 있었지만 리는 그럴 수 없었다. 그래서 그랜트는 계속 공격을 퍼부었고, 총격을 가했으며, 살육을 멈추지 않았다.

그는 개전 6주 만에 54,926명의 병사를 잃었다. 그 숫자는 리군 전체 병력과 맞먹었다. 콜드하버 전투에서는 단 한 차례 교전에서 7천 명이 전사했다. 게티즈버그에서 쌍방이 잃은 병력보다 1천 명이나 더 많은 수였다.

그런 막대한 희생을 치르고 북군이 얻은 건 뭘까? 이 질문에 그랜트 자신은 이렇게 답했다. "아무것도 없다." 그게 그의 결론이었다.

콜드 하버 공격[60]은 그랜트 일생일대의 가장 비극적인 실수였다.

그의 휘하 한 군단장은 이렇게 말했다. "36일 내내 내 앞으로 장례 행렬이 줄지어 지나갔소."

링컨은 깊이 상심했지만 계속 싸워야 함을 알고 있었다. 그는 그랜트에게 "불독처럼 물고 늘어져 씹어 죽이고 숨 막히게 하라"라는 전보를 보냈다. 이어 대통령은 50만 명을 3년 복무 조건으로 징집한다는 명령을 내렸다.

그 징집령에 전국이 휘청거렸다. 온 나라가 절망의 심연에 빠져들었다. "이제 모든 게 암흑이고 의심이며 낙담일 뿐이다." 링컨의 비서가 일기에 적었다.

7월 2일, 의회는 구약성서 히브리 예언자들의 애가를 떠올리게 하는 결의안을 통과시켰다. 그 결의는 시민들에게 이렇게 호소했다. "여러분의 갖가지 죄를 자백하고 회개하며, 자비롭고 관용하신 전능의 하나님께 간구하십시오. 우주의 지배자이자 최고 통치자이신 그분께 우리 국민을 멸하지 말아달라고 애원하십시오."[61]

링컨 대통령에게 쏟아지는 맹렬한 비난

이제 링컨은 남부뿐 아니라 북부에서도 맹렬한 저주를 받았다. 그는 강탈자, 배신자, 폭군, 악마, 괴물로 매도당했다. 심지어 "온몸이 피로 범벅된 도살자로, 손에 든 거대한 칼로 전쟁을 부르짖으며 그 칼날로 더 많은 희생자를 바치라고 광포하게 외치는 괴물"이라는 욕설까지 쏟아졌.

그에 철저히 반대하는 정적 몇몇은 링컨을 총살해야 한다고 주장했다.

---

60 콜드 하버 전투는 1864년 5월 31일부터 6월 21일까지 버지니아주에서 벌어졌다. 그랜트 장군은 회고록에서 "콜드 하버 공격 명령을 내린 것을 계속해서 후회해왔다"라고 적었다. 이 전투에서 리 장군은 야전에서의 마지막 승리를 거두었다. 북군은 5만 명, 남군은 3만 2천 명의 병력을 잃었다. 그러나 북군은 병력 보충이 가능했던 반면, 남군은 그렇지 못했다.
61 구약성경 「예레미야애가」의 맨 마지막 부분(5:21-22)은 이렇게 되어 있다. "주님, 우리를 주님께로 돌이켜 주십시오. 우리가 주님께로 돌아가겠습니다. 우리의 날을 다시 새롭게 하셔서, 옛날과 같게 하여 주십시오. 주님께서 우리를 아주 버리셨습니까? 우리에게서 진노를 풀지 않으시렵니까?"(새번역)

어느 날 저녁, 그가 말을 타고 여름 별장인 솔저스 홈(제대군인 휴양소)으로 퇴근하는데 자칭 암살자라는 자가 총격을 가해 그의 높은 비단 중절모 윗부분을 관통했다.

몇 주 후 펜실베이니아주 미드빌의 한 여관 주인은 객실 창문에 이런 낙서가 휘갈겨진 걸 발견했다. "에이브 링컨은 1864년 8월 13일 독살로 죽을 것이다." 그 방의 전날 밤 투숙객은 인기 연극배우 존 윌크스 부스였다.

지난 6월, 공화당은 링컨을 재선 후보로 지명했다. 하지만 이제 공화당원들은 그걸 치명적 실수였다며 후회했다. 당의 유력 인사들 중 일부는 링컨에게 사퇴를 은근히 종용했고, 다른 이들은 노골적으로 요구했다.

심지어 링컨의 절친 오빌 브라우닝도 1864년 7월 일기에 이렇게 적었다. "이 나라는 정부 수반으로서 진정한 역량을 갖춘 지도자를 간절히 갈망하고 있다."

링컨 스스로도 이젠 자신의 처지가 수습 불가능하다고 여겼다. 재선 가능성을 포기한 그는 자신이 실패했고, 자기 장군들도 실패했으며, 전시 정책 역시 실패했다고 인정했다. 국민은 그의 리더십을 신뢰하지 않았고, 그는 연방의 붕괴마저 우려했다.

그는 한탄했다. "하늘마저 어둠에 잠겨 있구나."

결국 링컨을 혐오하는 대규모 강경파가 별도 전당대회를 열어 과시욕 강한 존 C. 프리몬트 장군을 후보로 추대함으로써 공화당은 분열됐다.

상황은 심각했다. 만일 프리몬트가 선거 막판에 사퇴하지 않았더라면 민주당 후보 매클렐런 장군이 분열된 공화당을 압도하며 승리했을 것이고, 그랬다면 이 나라의 역사는 달라졌을 것이다. 프리몬트가 중도 하차한 뒤에도 링컨은 매클렐런을 겨우 20만 표 차로 이겼을 뿐이었다. 쏟아지는 맹렬한 비난에도 링컨은 평정심을 잃지 않고 최선을 다했으며, 그 어떤 비난에도 반박하지 않았다.

"저는 이렇게 국정을 운영하려고 합니다." 링컨이 말했다. "임기를 마치고 권좌에서 물러날 때, 세상의 모든 친구를 잃는다 해도 저에겐 적어도 단 한 명의 벗이 남아 있어야 합니다. 제 마음속 가장 깊은 곳에 있는 그 친구 말입니다. … 저는 이겨야 한다는 의무감보다 진실해야 한다는 의무감을 느낍니다. 성공해야 한다는 생각보다 마음속 진리의 빛을 따라 살아야 한다는 소명의식을 느낍니다."

지칠 대로 지치고 낙담할 때면, 링컨은 종종 소파에 두 다리를 뻗은 채 작은 성경책을 펼쳐 욥기를 읽곤 했다. "이제 허리를 동이고 대장부답게 일어서서, 묻는 말에 대답해보아라"(욥기 38:3).

링컨의 번민과 동정심

1864년 여름, 링컨은 몸도 마음도 모두 수척해져 있었다. 불과 3년 전만 해도 일리노이 대평원에서 씩씩하게 걸어 다니던 저 장신의 거한이 말이다. 세월이 흐를수록 웃음소리는 잦아들었다. 얼굴엔 주름이 깊게 패이고, 허리는 구부정해지며, 양 뺨은 움푹 꺼졌다. 만성 소화불량에 시달렸고 다리는 늘 차가웠다. 밤에는 좀처럼 잠들지 못했고 안색에는 고뇌의 그림자가 짙게 깔려 있었다. 그는 친구에게 이렇게 말했다. "앞으로는 기쁨이란 감정을 아예 느끼지 못할 것 같네."

저명한 조각가 어거스터스 세인트-고든스는 1865년 봄에 만든 라이프 마스크를 보고는 그게 데스 마스크[62]인 줄 알았다고 생각하고 틀림없이 그렇다고 우겼다. 죽음의 그림자가 이미 얼굴에 드리워져 있었던 것이다.

노예해방령 선포 장면을 그리느라 몇 달간 백악관에 묵은 화가 카펜터

---

62 라이프 마스크(Life Mask)는 살아 있는 사람의 얼굴에서 직접 본을 떠 만든 가면이고, 데스 마스크(Death Mask)는 사람이 죽은 직후 그 얼굴의 본을 떠 제작한 가면을 말한다.

는 이런 글을 남겼다.

월더니스 전투 첫 주, 대통령은 거의 잠을 이루지 못했다. 그 주 백악관 구내 사저 홀을 지나다 긴 잠옷 차림의 대통령을 마주쳤다. 그는 양손으로 등짐을 지고 복도를 서성이고 있었는데, 눈 밑엔 검은 그늘이 져 있고 고개는 가슴에 푹 파묻고 있었다. 대통령의 모습에서 슬픔과 고뇌, 불안이 그대로 배어 나왔다. ⋯ 며칠 동안 그분의 주름진 얼굴을 볼 때마다 눈물을 흘리고 말았다.

백악관 방문객들은 안락의자에 풀썩 주저앉아 있는 대통령을 발견했다. 그는 너무 지쳐서 손님이 먼저 말 걸기 전엔 쳐다보거나 입을 여는 법이 없었다.
"가끔 이런 생각이 듭니다." 링컨이 말했다. "날 만나러 오는 이들이 매일같이 엄지와 검지를 내밀어 제 생명의 한 부분을 뜯어가는 것 같아요."
그는 『톰 아저씨의 오두막』의 작가 스토 부인에게 살아서 평화를 보긴 어려울 것 같다고 했다.
"이 전쟁이 절 죽이고 있어요." 그가 말했다.
그의 초췌한 모습을 걱정한 친구들이 휴가를 권했다.
"2~3주 휴가로는 아무 소용없어요." 그가 대답했다. "내 생각들로부터 달아날 수 없으니까요. 어떻게 쉬어야 할지도 모르겠습니다. 지치게 만드는 그게 제 안에 든든히 자리 잡고 있는데 어떻게 빼내야 할지 모르겠습니다."
그의 비서는 이렇게 말했다. "과부와 고아의 절규가 늘 링컨의 귀에 맴돌았습니다."
어머니, 애인, 아내가 날마다 눈물로 호소하며 찾아왔다. 총살형에 처해질 아들, 연인, 남편의 사면을 구하려는 것이었다. 아무리 피곤하고 지쳐도 링컨은 늘 그들의 하소연을 듣고 요청을 들어주었다. 여인의 눈물을 차마 외면할 수 없었기 때문이다. 특히 그 여인이 아이를 안고 있을 땐 더더욱 그랬다.

그가 신음하듯 말했다. "제가 죽고 나면 이렇게 말해주길 바랍니다. 꽃이 필 만한 곳이면 어디든 잡초를 뽑아내고 그 자리에 꽃을 심었다고요."

장군들은 비난하고 스탠턴은 노발대발했다. 링컨의 관용이 군기를 무너뜨리니 군대 일에선 손 떼야 한다고 아우성이었다. 하지만 사실 그는 지휘관들의 잔혹함과 직업 군인들의 오만을 몹시 싫어했다. 반면 전쟁 승리에 없어선 안 될 지원병들은 아꼈다. 그들도 링컨처럼 숲과 농장 출신들이었다.

어떤 지원병이 비겁하게 도망쳐 총살형에 처해질 처지였다면? 링컨은 이렇게 말하며 그를 살려줬을 것이다. "확신할 순 없지만, 나도 전투에 나갔다면 총을 버리고 달아났을지도 몰라."

지원병이 향수병 때문에 탈영했다면? "글쎄, 그런다고 총살형에 처한들 뭐가 좋을까."

버몬트 농장 출신의 지친 소년병이 보초 서다 졸았다는 이유로 총살당할 판이라면? 링컨은 이렇게 말했을 것이다. "나도 그랬을지 몰라."

그가 사면을 베푼 사례를 다 적자면 여러 장이 될 것이다.

링컨은 한번은 미드 장군에게 이런 전보를 보냈다. "18세 미만 소년병은 총살하진 말아 주시오." 북군에는 그 나이대 소년병이 100만 명이 넘었다. 16세 이하도 20만 명, 15세 이하도 10만 명이나 됐다.

때로 대통령은 아주 심각한 메시지에도 약간의 유머를 섞어 넣곤 했다. "바니 D.를 아직 총살하지 않았다면, 하지 마시오."

아들을 잃은 어머니들의 비통한 심정은 링컨의 가슴을 뭉클하게 했다.

1864년 11월 21일, 그는 평생 쓴 것 중 가장 아름답고 유명한 편지를 썼다. 옥스퍼드대학은 이 편지를 "순수하고 간결하면서도 절묘한 수사를 구사한 최고의 편지"라고 평가하며 한 건물 벽에 그 사본을 전시하고 있다.

이 편지는 산문으로 쓰였지만 사실상 청아한 정취가 무의식중에 흘러나오는 서정시나 다름없다.

백악관, 워싱턴, 1864년 11월 21일.
매사추세츠주, 보스턴의 빅스비 부인에게.

친애하는 부인,

전쟁부 서류함에서 매사추세츠 인사참모부가 보낸 문서를 보았습니다. 부인께서는 야전에서 명예롭게 전사한 다섯 아들의 어머니시더군요. 엄청난 상실의 슬픔에 빠진 당신을 위로하려는 제 말이 얼마나 보잘것없고 쓸모없는 것인지 잘 압니다. 하지만 당신의 아들들이 목숨 바쳐 지키려 한 이 공화국을 대신해 이제 당신께 감사를 표하지 않을 수 없습니다. 하늘에 계신 아버지께서 당신의 상실과 고통을 위로해주시어,
사랑했으나 잃어버린 아들들의 아름다운 추억을 간직할 수 있게 해주시고, 자유의 제단에 그토록 값진 제물을 바친 당신에게 고결한 자부심을 안겨주시기를 간절히 기도합니다.

당신을 존경하고 감사하는 마음으로,
A. 링컨.

어느 날 노아 브룩스가 링컨에게 올리버 웬델 홈스의 시집을 한 권 주

었다. 링컨은 책을 펼쳐 〈렉싱턴〉[63]이란 시를 큰 소리로 읽기 시작했다. 그러다가 다음 연에 도달하자 그의 목소리는 떨렸다.

그녀의 순교자들이 누운 그곳엔 풀이 푸르구나!
그들은 수의도 관도 없이 영원한 안식으로 내려갔구나.

링컨은 책을 브룩스에게 도로 건네며 이렇게 말했다. "자네가 읽게. 난 못 읽겠어."
몇 달 뒤 그는 백악관에 있는 친구들 앞에서 그 시 전편을 단어 하나 틀리지 않고 암송해 들려주었다.
1864년 4월 5일, 링컨은 펜실베이니아주 워싱턴 카운티에 사는 슬픔에 잠긴 처녀에게서 편지를 받았다. 그녀는 이런 말로 편지를 시작했다. "전 마침내 제 사정을 당신께 말씀드리기로 결심했습니다." 지난 몇 년간 그녀의 약혼자였던 남자가 입대했다가 투표하러 잠시 귀향했다. 그녀는 상황을 이렇게 설명했다. "우린 너무나 어리석게도 우리 마음대로 부부의 연을 맺었습니다. 이제 그 일의 열매가 우리에게 불법 가정이란 오명을 씌우려 하고 있습니다. 당신이 우리를 불쌍히 여겨 제 약혼자에게 잠시 휴가를 주어 우리의 과거 행실을 바로잡게 해주지 않는다면 말입니다. … 당신이 경멸과 질색 속에 저를 내치지 않기를 하나님께 간절히 기도하고 있습니다."
링컨은 그 편지에 깊이 감동했다. 그는 멍한 눈으로 창밖을 응시했고,

---

[63] 렉싱턴은 매사추세츠주의 도시로, 1775년 4월 19일 미국 독립전쟁의 첫 전투가 벌어진 역사적 장소이다. 시에서 "그녀"는 아메리카 공화국을 상징한다. 독립을 위해 싸우다 전사하여 시신조차 찾지 못한 무명용사들을 시인은 순교자로 표현하고 있다.

두 눈에는 눈물이 고여 있었다. 링컨은 펜을 들어 처녀의 편지 하단에 스탠턴 장관에게 이런 지시를 적었다. "무슨 수를 써서라도 저 약혼자를 이 처녀에게 돌려보내시오."

전세의 반전과 링컨의 재선 성공

1864년의 끔찍한 여름이 지나고 가을이 오자 반가운 소식이 날아들었다. 셔먼이 애틀랜타를 함락하고 이제 조지아를 가로질러 바다로 진격 중이라는 것이었다. 페러거트 제독은 극적인 승리로 모빌만을 장악해 멕시코만 봉쇄를 더욱 굳건히 했다. 기병대 장군 셰리던은 셰넌도어 계곡에서 화려하고 압도적인 연승을 거뒀다. 남군의 리는 이제 포위가 두려워 야전에 마음대로 나설 수 없게 됐다. 그랜트는 이 사정을 훤히 알고 피터즈버그와 리치먼드 포위 공격에 돌입했다.

남부 연합은 이제 숨을 헐떡이고 있었다. 링컨의 장군들은 승승장구하고 있었고, 그의 전시 정책이 옳았음이 입증됐으며, 북부의 사기는 하늘 높이 치솟았다. 그래서 링컨은 11월 대선에서 재선에 성공했다. 하지만 그는 이를 개인의 승리로 여기지 않고, 국민이 "시냇물을 건너는 도중에는 말을 바꾸지 않는다"라고 생각한 결과라며 간명히 말했다.

4년이나 전쟁이 계속되었지만 링컨의 마음속에는 남부 사람들에 대한 증오가 전혀 없었다. 그는 거듭하여 이렇게 말했다. "너희가 심판을 받지 않으려거든, 남을 심판하지 말아라.'[64] 우리도 그들의 입장이었다면 남부 사람들처럼 행동했을 것입니다."

---

[64] 마태복음 7장 1절. 다음은 이렇게 이어진다. "어찌하여 너는 형제의 눈 속에 있는 티는 보면서, 네 눈 속에 있는 들보는 깨닫지 못하느냐?"(7:2) 링컨은 이때 이미 남부 재건의 원대한 계획을 구상하고 있었다.

그래서 1865년 2월, 남부 연합이 비틀거리며 무너지기 직전, 리의 항복이 두 달 앞으로 다가온 시점에 링컨은 연방정부가 남부 여러 주의 노예해방에 대한 대가로 4억 달러를 지불하자고 제안했다. 그러나 내각 전원이 반대하자 그는 이 안을 철회했다.

그다음 달, 두 번째 임기 취임식에서 링컨은 몹시 감동적인 연설을 했다. 영국 옥스퍼드대 학장을 지낸 커즌 백작은 그 연설을 두고 "순금으로 이뤄진 인간의 언변이요, 신의 경지에 가까운 웅변"이라고 평했다.

취임식장 연단에 오른 링컨은 이사야서 5장[65]에 펼쳐진 부분에 입 맞추고는 위대한 연기자가 대사를 읊듯 연설해나갔다.

작가 칼 샌드버그는 이렇게 썼다. "그것은 신성한 시와 같았다. 그 어떤 통치자도 국민에게 저런 말을 건넨 적이 없었다. 미국은 마음속 깊은 곳에서 저런 말을 이끌어낸 대통령을 일찍이 모신 적이 없었다."

샌드버그가 보기에 이 연설의 마지막 단락은 인간의 입에서 흘러나올 수 있는 가장 아름답고 숭고한 언사였다. 그는 그 단락을 읽을 때면 언제나 대성당 안으로 은은히 비치는 햇살 속에서 장엄하게 울려 퍼지는 오르간 선율을 떠올리곤 한다고 고백했다.

우리는 이 전쟁의 큰 상처가 어서 가시기를 간절히 바라며 뜨겁게 기도합니다. 허나 노예들이 지난 250년간 무보수로 땀 흘려 일궈낸 재물이 모두 사라질 때까지, 채찍에 맞아 흘린 피를 검으로 쏟은 피가 대신할 때까지 전쟁을 계속하는 게 하나님의 뜻이라면, 우리는 이렇게 말해야 할

65　구약성경 이사야서 제5장은 포도밭의 노래로, "이스라엘은 만군의 주님의 포도원이고, 유다 백성은 주님께서 심으신 포도나무다"(5:7)라는 내용이다.

것입니다. "주님의 판단은 진실하고 아주 정의로우시다."[66]

누구에게도 악의 없이, 모두에게 자비를. 하나님이 우리에게 바라보라 가르치신 정의를 굳게 믿고 지금 하는 일을 끝까지 해내도록 힘씁시다. 나라의 상처를 꿰매고, 전쟁의 시련을 겪은 이들과 그 과부, 그 고아를 보듬으며, 모든 국민과 함께 바르고 영원한 화평을 이루어 굳건히 지켜 나갑시다.

이 연설을 한 날로부터 꼭 두 달 뒤, 똑같은 연설문이 스프링필드에서 열린 링컨의 장례식에서 낭독되었다.

---

[66] 이 부분은 구약성경 시편 19장 9절에서 인용되었다. "250년의 노예 노동"은 남부의 재산이 모두 파괴될 때를 가리킨다. "채찍에 맞아 흘린 피를 검으로 쏟은 피가 대신한다"라는 표현은 구약성경 민수기 35장 33절, "피가 떨어진 땅은 피를 흘리게 한 그 살해자의 피가 아니고서는 깨끗하게 되지 않는다"를 변형한 것이다. 여기서 '250년'은 1619년 8월, 약 20명의 앙골라 흑인 포로들이 네덜란드 배로 버지니아 식민지 제임스타운에 처음 도착한 시점부터 링컨이 이 연설을 한 1865년까지의 기간을 의미한다.

26

리 장군의 항복

1865년 3월 후반, 버지니아주 리치먼드에서 아주 의미심장한 일이 벌어졌다. 남부 연합 대통령의 부인 제퍼슨 데이비스 여사가 마차용 말들을 처분하고 개인 의류를 포목점에 팔려고 내놓았으며, 나머지 짐을 포장해 더 남쪽으로 이동한 것이었다. 이는 중차대한 사건의 징조였다.

수도를 포기하고 패주하는 남군

그랜트는 9개월 동안 남부 연합의 수도를 포위 공격해왔다. 리의 군대는 넝마를 걸친 굶주린 병사들뿐이었다. 돈은 귀했고 제때 지불되는 일이 드물었다. 설령 지불되더라도 휴지 조각이나 다름없는 남부 연합 지폐였다. 게다가 커피 한 잔에 3달러, 장작 한 덩어리에 5달러, 밀가루 한 통에 1천 달러가 필요했다.

연방 탈퇴와 노예제는 모두 헛된 대의였다. 리와 그의 부하들은 그 사실을 알았다. 이미 10만 명의 남군 병사가 탈영했고, 연대 전체가 떠날 준비를 하고 있었다. 남은 이들은 위안과 희망을 얻고자 종교에 의지했다.

거의 모든 막사에서 기도회가 열렸고, 병사들은 소리 지르고 울부짖으며 환상을 보기도 했다. 전투에 나가기 전에 온 연대가 무릎 꿇고 기도했다.

그러나 이런 경건하고 독실한 태도에도 불구하고, 리치먼드의 함락은 다가오고 있었다.

4월 2일 일요일, 리의 군대는 수도의 목화 담배 창고에 불을 지르고 병기고를 불태우며 건조 중이던 배들을 파괴한 뒤 도시를 빠져나갔다. 거대한 불기둥이 밤하늘로 치솟았다.

그들이 막 수도를 벗어났을 때 그랜트가 7만 2천 병력을 이끌고 뒤쫓아 왔다. 후면과 좌우에서 달아나는 남군을 공격했고, 전면에선 셰리던의 기병대가 철도를 파괴하고 보급품 차량을 압수하며 맹렬히 추격해 왔다.

셰리던은 육군 본부에 전보를 쳤다. "이 작전을 거세게 밀어붙이면 리가 항복할 것 같습니다."

링컨은 즉시 답신했다. "작전을 강력히 추진하시오."

지시대로 80마일을 행군하며 계속 전투를 벌인 끝에, 그랜트는 마침내 사방에서 남군을 포위했다. 그들은 이제 독 안에 든 쥐나 다름없었다. 리는 더 이상은 피 흘리는 게 무의미하다고 판단했다.

두통이 씻은 듯이 사라진 그랜트

그랜트는 심한 편두통으로 거의 실명 직전이었다. 일요일 저녁, 두통 때문에 본진에서 벗어나 한 농가에서 휴식을 취해야 했다.

그랜트는 『회고록』에서 말했다. "나는 그날 밤 겨자를 푼 뜨거운 물에 발을 담그고 보냈다. 다음 날 아침까지 두통이 가라앉길 바라며 손목과 목에 겨자 연고를 발랐다."

아침이 되자 정말 두통이 싹 사라졌다. 하지만 겨자 연고 덕분이 아니라, 리의 항복 편지를 가져온 기병 덕분이었다.

"편지를 든 기병 장교가 다가왔을 때 나는 아직 심한 두통에 시달리고 있었다. 그러나 편지를 읽는 순간 거짓말처럼 통증이 사라졌다."

두 장군은 그날 오후, 항복 조건을 논의하기 위해 앙상하고 좁은 벽돌 건물 응접실에서 마주 앉았다. 그랜트는 여느 때처럼 단정치 않은 복장이었다. 신발은 더러웠고 칼도 차지 않았으며, 북군 병사들과 똑같은 군복을 입고 있었다. 다만 자신이 누구인지 보여주려고 어깨에 은색 별 세 개를 달았을 뿐이다.

이는 귀족적인 리와 큰 대조를 이뤘다. 리는 구슬 장식 장갑에 보석 박힌 칼을 찼다. 청동상에서 막 걸어 나온 정복자 같은 리와 달리, 그랜트는 돼지 몇 마리와 소가죽 몇 장을 팔러 장터에 나온 미주리 농부처럼 보였다. 그랜트는 이날만큼은 자신의 허름한 모습이 부끄러웠던지, 격식에 맞춰 차려입지 못한 것을 리에게 사과했다.

20년 전, 그랜트와 리는 미국이 멕시코와 전쟁을 벌일 때 정규군 장교로 복무했다. 그래서 먼저 지난 시절을 회고했다. 멕시코 국경에서 보낸 겨울, 밤새 벌어지던 포커판, 그랜트가 여성인 데스데모나 역으로 나선 아마추어 〈오셀로〉 공연 등 옛 추억을 나누었다.

그랜트는 이렇게 기록했다. "우리의 대화는 너무 즐거워 나는 그날 만남의 목적을 거의 잊을 뻔했다."

결국 리가 대화를 항복 조건으로 돌렸다. 그러나 그랜트는 그 얘기엔 간단히 대꾸한 뒤, 다시 20년 전으로 돌아갔다. 코퍼스 크리스티 시[67]와 평원에서 늑대 우는 소리가 들리던 1845년 겨울, 바다 위에서 춤추던 햇

---

[67] 코퍼스 크리스티는 텍사스 남부, 멕시코만에 인접한 항구 도시로, 같은 이름의 만(灣)에 접해 있으며, 역사적으로 중요한 의미를 지닌 곳이다. 1846년 미국-멕시코 전쟁의 주요 전장이었으며, 남북전쟁 당시에는 연방군의 해상 봉쇄 작전이 펼쳐진 전략적 요충지였다.

살, 3달러면 살 수 있던 야생마들에 대한 추억으로 말이다.

그랜트의 관대한 항복 조건

만약 리가 그 얘기를 제지하고 방문 목적을 상기시키지 않았더라면, 그랜트는 오후 내내 추억담을 늘어놓았을 것이다.

결국 그랜트는 펜과 잉크를 달라고 해 항복 조건을 작성하기 시작했다. 1781년 요크타운에서 워싱턴이 콘월리스 휘하 영국군에게 내린 굴욕적인 항복식은 생략되었다. 당시 포로가 된 영국군은 비무장 상태로 의기양양한 승리자들 사이를 걸어가야 했다. 이번에는 항복한 병사와 장교에 대한 보복도 없을 터였다. 지난 4년간 북부의 강경파는 국가에 반역한 리와 웨스트포인트 출신 장교들에게 반역죄로 교수형을 내려야 한다고 주장해왔다. 하지만 그랜트의 항복 조건에는 그런 독침이 없었다. 리의 장교들은 무기 휴대가 허용되었고, 병사들은 풀려나 집으로 돌아갈 수 있었다. 군마나 노새를 자기 것이라 우기는 이들은 모두 그 짐승을 타고 농장이나 목화밭으로 가 곧바로 경작에 나설 수 있게 했다.

왜 이렇게 관대하고 온건한 조건이었을까? 에이브러햄 링컨이 직접 그렇게 지시했기 때문이었다.

이렇게 50만 명의 목숨을 앗아간 전쟁은 버지니아의 작은 마을 애퍼매톡스 코트하우스에서 막을 내렸다. 라일락 향기가 진동하는 평화로운 봄날 오후, 드디어 항복 문서에 서명이 이뤄졌다. 그날은 종려 일요일[68]이었다.

---

[68] 종려 주일은 부활절 직전 일요일로, 예수 그리스도가 수난을 앞두고 예루살렘에 입성한 날을 기념한다. 이날의 명칭은 그리스도가 예루살렘으로 들어갈 때 신자들이 승리의 상징으로 그의 길에 종려나무 가지를 깔았다는 성경 기록에서 유래했다.

바로 그날 오후, 링컨은 리버 퀸 호를 타고 워싱턴으로 귀환 중이었다. 그는 몇 시간 동안 친구들에게 셰익스피어를 읽어주다가 이내 『맥베스』의 한 대목에 이르렀다.

> 덩컨은 무덤 속에 들어가 있어.
> 삶의 열병을 다 겪은 후에
> 이제 편히 잠들었지. 반역자는
> 그에게 최악을 저질렀지만
> 이젠 칼도 독도 내란도 외침도
> 더는 그를 괴롭히지 못해.[69]

이 구절은 링컨에게 깊은 울림을 남겼다. 그는 다시 한번 읽고는 허공을 응시하며 멍하니 배 밖을 바라보았다.
곧 그는 그 대사를 다시 한번 읽었다.
닷새 뒤 링컨 자신도 이 세상을 떠났다.

---

[69] 『맥베스』 3막 2장에 등장하는 이 대사는 맥베스 부부의 대화 중 일부다. 맥베스 부인은 덩컨 왕을 살해하고 왕위에 오른 뒤에도 공허함과 불안감을 토로한다. 바로 앞에서 맥베스 부인은 이런 말을 한다. "모든 것을 투자하고도 아무런 소득이 없어. 원하던 것을 얻었지만 만족을 얻을 수 없어. 살인을 하고 이런 의심스러운 즐거움밖에 없다면 차라리 그 살해된 사람이 되는 게 더 안전해." 이 구절은 권력욕을 채우기 위해 범한 죄가 초래한 양심의 가책과 불안감을 드러낸다.

27

링컨 부인의 까다로운 성격

리치먼드가 함락되기 직전, 링컨 대통령이 25년간 숨겨왔던 비참한 가정사의 실상을 드러내는 놀라운 사건이 있었다. 그 일은 그랜트 사령부 근처에서 일어났다. 장군은 링컨 대통령 내외를 전선 근처로 초대해 일주일간 함께 지내게 되었다.

부부는 기쁜 마음으로 초대를 수락했다. 대통령은 거의 탈진 직전이었고, 취임 후 단 한 번도 휴가를 가지 못했기에 백악관에 끊임없이 출입하는 구직자 무리를 피해 잠시나마 벗어날 수 있어 더욱 기뻐했다.

링컨 대통령과 부인은 리버 퀸 호에 승선하여 포토맥강을 따라 내려갔다. 체사피크만의 하류 지역을 지나 올드 포인트 콤포트를 경유한 후, 제임스강을 거슬러 올라가 시티 포인트에 도착했다. 그곳에서 수면으로부터 200피트 높이의 절벽 위에, 갈레나 출신의 전직 가죽 구매업자 그랜트가 앉아 담배를 피우며 나무를 깎고 있었다. 그는 앞으로의 전황에 대해 깊이 생각하고 있는 듯했다.

며칠 뒤, 프랑스 대사 제푸루아를 비롯한 워싱턴의 저명인사들이 대통령 일행에 합류했다. 그들은 12마일 떨어진 포토맥군 최전선을 구경하고 싶어 했고, 이에 다음 날 일행은 전선 시찰에 나섰다. 남자들은 말을 타고, 링컨 부인과 그랜트 부인은 반개(半開) 유개마차를 탔다.

링컨 부인의 질투심과 심술

애덤 바도 장군이 그날 두 부인의 호위 임무를 맡았다. 그는 그랜트의 군사 비서 겸 참모였으며 절친한 친구이기도 했다. 바도 장군은 마차 앞 좌석에 앉아 두 부인을 마주 보고 있었고, 당연히 마부에게 등을 돌리고 있었다. 그는 현장 목격자로서 이 일화를 『평화 시의 그랜트』에 회고했는데, 여기에 356-362쪽을 그대로 가져와 인용한다.

> 대화 중에 나(바도 장군)는 최전선에 있는 장교 부인들에게 후방으로 나오라는 명령이 내려졌다고 말했다. 이는 공격 작전이 임박했음을 뜻했다. 어떤 부인도 전선에 남을 수 없다고 했다. 단, 찰스 그리핀 장군의 부인만 예외였다. 링컨 대통령이 그녀에겐 전선 잔류를 허락했기 때문이다.
> 그 말에 링컨 부인이 화를 냈다. "무슨 얘긴가요, 장군? 내가 대통령더러 어떤 여자든 단둘이 만나지 말라 했다는 걸 아시나요?"
> 그녀는 분명 불쌍하고 못생긴 에이브러햄 링컨을 질투하고 있었다.
> 나는 그녀의 마음을 진정시키며 내 말의 의미를 부드럽게 설명하려 했으나 그녀의 분노는 걷잡을 수 없었다. "참 모호한 말씀이군요, 장군." 그녀가 소리쳤다. "당장 이 마차에서 내리게 해주세요. 내가 직접 대통령에게 그 여자와 단둘이 만났느냐고 물어봐야겠어요."
> 그리핀 부인은 훗날 에스터하지 백작 부인이 된 캐롤이었는데, 워싱턴에서 가장 유명하고 우아한 여인이었다. 캐롤은 그랜트 부인의 절친이기도

했다. 그랜트 부인은 흥분한 링컨 부인을 진정시키려 했으나 소용없었다. 링컨 부인은 다시 마부더러 마차를 세우라 지시했다. 내가 망설이자 그녀는 두 팔을 뻗어 마부의 어깨를 움켜잡았다. 하지만 그랜트 부인이 설득해 일행이 모두 내릴 때까지 기다리게 했다. …

우리가 저녁때 캠프로 돌아오자, 그랜트 부인은 내게 이 황당하고 창피한 일을 비밀로 하자 말했다. 적어도 나는 함구하고, 부인은 장군에게만 말하기로 했다. 그러나 다음 날 나는 침묵의 의무에서 해방되었다. "더 큰 사건이 기다리고 있었기 때문이다."

대통령 일행은 다음 날 오전, 제임스강 북쪽에 있는 오드 장군의 제임스강 부대를 방문하기로 했다. 일행 배치는 전날과 비슷했다. 우리는 증기선으로 강을 거슬러 올라갔고, 남자들은 말을, 링컨 부인과 그랜트 부인은 앰뷸런스용 마차를 탔다. 나는 다시 호위 임무를 맡았는데, 이번엔 동료를 한 명 더 요청했다. 어제의 경험 때문에 마차에 혼자 타기가 꺼려졌기 때문이다. 그래서 호레이스 포터 대령이 합류했다. 오드 부인은 남편과 함께 말을 타고 갔다. 그녀는 사령관의 아내라 후방으로 나와야 하는 의무가 없었다. 하지만 그날이 끝나기도 전에 워싱턴이든 어디든 다른 곳으로 떠나고 싶어질 것이라고 나는 확신했다.

앰뷸런스가 만원이라 오드 부인은 한동안 말을 타고서 대통령 옆에서 나란히 달려야 했고, 그러다가 링컨 부인을 앞질러 갔다.

링컨 부인이 이 상황을 알아차리자마자 그녀의 분노가 폭발하듯 터져 나왔다. "저 여자가 무슨 생각으로 감히 대통령 옆에서 말을 타는 거죠?" 그녀가 격분하여 소리쳤다. "그것도 내 앞에서 말이에요! 대통령이 자기를 곁에 두고 싶어 한다고 착각하는 건가요?"

그녀는 극도로 흥분해 언행이 거칠어졌다.

그랜트 부인은 다시 링컨 부인을 진정시키려 했지만, 이번엔 그녀마저 화를 돋웠다. 포터와 나는 이 말다툼이 끝나길 기다릴 뿐이었다. 우리는 링컨 부인이 마차에서 뛰쳐나가 앞쪽 일행에게 고함칠까 봐 두려웠다. 한번은 너무 흥분한 나머지 그랜트 부인에게 "당신은 언젠가 백악관에 들어가길 바라는 거죠?" 하고 소리쳤다. 그랜트 부인은 침착하고 위엄 있게 대답했다. 지금의 지위에 충분히 만족하며, 그것조차 과분하다는 것이었다. 그러나 링컨 부인은 아랑곳하지 않고 "오, 할 수 있다면 해보세요. 아주 근사할 테니까요!"라고 말했다. 이어 오드 부인 얘기로 돌아갔고, 그랜트 부인은 친구를 변호하다 상황을 더 악화시킬 위험을 감수해야 했다.

마차가 잠시 멈추었을 때, 슈어드 국무장관의 조카이자 오드 장군의 참모인 슈어드 소령이 말을 타고 다가와 농담 섞인 말을 건넸다. "여사님, 대통령 각하의 말이 제법 음흉한 놈입니다. 자꾸 오드 부인 옆에 붙어 가려고 하네요."

그 말은 물론 타오르는 불길에 기름을 부은 격이었다.

"그게 무슨 말씀이세요, 장교?" 그녀가 소리쳤다.

슈어드는 실수를 깨닫고 얼른 말머리를 돌려야 했는데, 말은 마치 주인을 돕는 듯 앞발을 들어 올리며 소령을 마차 뒤로 데려갔다. 덕분에 그는 분노의 폭풍우를 모면할 수 있었다.

마침내 일행이 목적지에 당도하자 오드 부인이 마차로 왔다. 링컨 부인은 대놓고 그녀를 모욕하며, 다른 장교들이 보는 앞에서 욕설을 내뱉고 대통령 옆에서 말을 탄 이유를 추궁했다. 가엾은 오드 부인은 눈물을 흘리며 자신의 잘못에 대해 물었지만, 링컨 부인은 화가 풀리지 않았고 제풀에 지칠 때까지 계속 화를 냈다. 그랜트 부인은 여전히 친구 편에 섰고, 모두가 충격과 경악에 휩싸였다. 모든 행사가 끝나고 우리는 시티 포인트로 돌아왔다.

그날 밤, 대통령 부부는 그랜트 장군 내외와 참모들을 위해 증기선에서 연회를 열었다. 모두가 보는 앞에서 링컨 부인은 오드 장군을 비난하며 대통령에게 해임을 요구했다. 장군 부부 모두 그 직책에 적합하지 않다는 것이었다. 그랜트 장군은 바로 옆에 앉아 오드 장군을 옹호했고, 물론 오드 장군은 해임되지 않았다.

이 방문 기간 내내 유사한 사건들이 계속해서 일어났다. 링컨 부인은 그리핀 부인과 오드 부인 때문에 여러 장교들이 지켜보는 가운데 남편을 끊임없이 비난했다. 나는 대통령과 각별히 가까운 사이는 아니었지만, 국가의 위기 속에서 모든 책임을 짊어진 국가 원수가 이토록 참을 수 없는 공개적 모욕을 당하는 것을 목격하면서 그 어느 때보다도 큰 수치심과 고통을 느꼈다. 그는 그리스도가 발휘했을 법한 인내로 이 모든 것을 견뎠다. 고통과 슬픔이 깊이 파고들었지만 의연하고 위엄 있는 태도를 잃지 않았다. 링컨은 옛 평원 시절처럼 그녀를 "여보"라고 부르며, 눈빛과 말투로 호소했다. 그는 주변 사람들의 불편한 기색을 설명하고 완화하려 애썼다. 하지만 그녀는 마치 성난 호랑이처럼 그에게 달려들었다. 결국 그는 자신의 고귀하지만 초라한 얼굴을 감추고자 잠시 자리를 피했다. 우리에게 그 비참한 표정을 보이지 않으려는 듯했다.

셔먼 장군도 이런 에피소드를 몇 번 목격한 적이 있어서 훗날 회고록에 언급했다.

해군의 반스 대위는 이 사건의 목격자이자 피해자였다. 그는 오드 부인이 대통령 옆에서 말을 탈 때 함께 있었지만, 나중에 오드 부인의 행동이 잘못되었다고 말하기를 거부했다. 이에 링컨 부인은 그를 용서하지 않았다.

며칠 후, 반스 대위가 증기선에서 공식 업무를 위해 대통령에게 접근했을 때, 링컨 부인과 몇몇 사람들이 함께 있었다. 링컨 부인은 주변 사람들이 들을 수 있을 만큼 큰 소리로 그에게 불쾌한 말을 했다. 링컨은 침묵을 지켰다. 잠시 후, 대통령은 젊은 장교에게 다가가 그의 팔을 잡고 자신의 선실로 안내했다. 지도나 문서를 보여주기 위해서라고 설명했다.

반스는 후에 그 일에 대해 내게 이야기해주었다. 선실에 들어선 대통령은 방금 전 사건에 대해 일절 언급하지 않았다. 그는 다른 이들 앞에서 자신의 아내를 나무랄 수 없었던 것이다. 대신 그는 유감을 표하며 젊은 장교의 이해를 구했다. 아마도 그가 할 수 있는 가장 우아한 방식으로 그렇게 했을 것이다.

대통령 일행이 방문하기 직전, 스탠턴 부인이 시티 포인트를 찾은 적이 있었다. 그때 나는 우연히 국방장관 부인에게 링컨 여사에 대해 몇 가지 질문을 던졌다.

"나는 링컨 부인을 방문하지 않습니다"라고 그녀는 단호히 대답했다.

당시 나는 내 귀를 의심했다. 국방장관의 부인이라면 당연히 대통령 부인과 자주 만나는 게 당연하다고 생각했기 때문이다. 그래서 나는 다시 한번 확인했다.

"제 말을 이해 못 하셨나요, 장군?" 그녀가 되물었다. "나는 백악관에 가지 않아요. 링컨 부인과는 일절 교류하지 않는다고요." 나는 스탠턴 부인과 친분이 없었기에 이 특이한 발언을 그저 기억에 남겼다. 이번 대통령 일행 방문을 통해 그녀의 말뜻을 비로소 이해하게 되었다.

링컨 부인은 그랜트 부인을 계속 괴롭혔고 그랜트 부인은 계속 그녀를 달래려 했으나 그러면 링컨 부인은 더욱 화를 냈다. 그녀는 그랜트 부인이 자기가 있는 데서 감히 앉아 있다고 비난하기도 했다. "어떻게 내가 앉으라고 하지도 않았는데 그렇게 앉아 있을 수 있어요?"

그랜트 사령부를 방문하는 길에 링컨 부인과 동행했던 엘리자베스 케클리는 대통령이 부인이 리버 퀸 호의 선상에서 베푼 만찬 파티에 대해 회고했다.

초대된 손님 중 위생 참모부 소속의 한 젊은 장교가 링컨 부인 옆에 앉게 되었다. 그는 농담 삼아 이렇게 말했다. "여사님, 대통령께서 의기양양하게 리치먼드에 입성하시던 날 그 모습을 보셨어야 했습니다. 모든 이의 시선이 그분께 쏠렸죠. 여인들은 손에 입맞춤하고 그것을 날려 보내며, 손수건을 흔들어 환영했습니다. 젊은 미녀들에 둘러싸여 계실 때 정말 위대한 영웅 같으셨습니다."

그 순간 젊은 장교는 당황한 기색으로 말을 멈추었다. 링컨 부인이 노기 어린 눈으로 그를 쏘아보며 그의 무례한 발언이 매우 불쾌하다고 말했기 때문이다.

이후 상황은 걷잡을 수 없이 악화되었다. 링컨 부인의 분노를 자극한 그 대위는 평생 이 특별한 저녁 자리를 잊지 못할 것이다.

"평생 그녀보다 더 괴팍한 성질의 여자를 만난 적이 없습니다." 케클리 부인은 말했다. "전 세계를 뒤져봐도 그녀와 비슷한 여자는 찾지 못할 겁니다."

오노레 윌시 모로는 그녀의 책 『메리 토드 링컨』에 이렇게 적었다. "링컨의 아내는 어떤 여자였을까? 아마 그녀를 만난 100명 중 99명은 이렇게 말했을 것이다. 심술궂은 잔소리꾼이자, 남편에겐 저주 같은 존재며, 천박한 바보이고, 정신이 이상한 여자라고."

링컨의 삶에서 가장 큰 비극은 암살이 아닌 메리 토드와의 결혼이었다. 부스가 방아쇠를 당겼을 때 링컨은 자신이 무엇에 맞았는지조차 몰랐지만, 23년 동안 그는 헌던이 말한 "불행한 결혼 생활이 맺은 쓰디쓴 열매"

를 거의 매일 같이 맛보아야 했다.

바도 장군은 이렇게 말했다. "정당 간 증오와 반역적 갈등 속에서… 십자가의 고통과 같은 깊은 고뇌 속에서… 비참한 가정생활의 우슬초가 링컨의 입술을 짓눌렀고, 그 또한 이렇게 말했다. '아버지, 저들을 용서하소서. 저들은 자기가 무슨 일을 하는지 모릅니다.'"[70]

강짜와 고집이 센 링컨 부인

링컨의 백악관 시절 절친한 친구 중 한 명은 일리노이 출신 상원의원 오빌 H. 브라우닝이었다. 25년 지기인 그들은 브라우닝이 자주 백악관 만찬에 초대받고 때로는 묵어가기도 할 만큼 가까웠다. 그는 상세한 일기를 남겼지만, 링컨 부인에 대해 어떤 말을 했는지는 상상만 할 뿐이다. 일기를 읽으려는 저술가들은 먼저 링컨 부인의 성격을 비난하는 내용을 공개하지 않겠다고 맹세해야 했기 때문이다. 최근 이 일기가 출판을 위해 팔렸을 때, 링컨 부인에 관한 충격적인 이야기를 모두 삭제한다는 조건이 붙었다.

백악관 공식 만찬에서 대통령이 영부인이 아닌 다른 여성과 산책로를 거닐며 대화를 나누는 것은 관례였다. 그러나 관습이든 전통이든, 링컨 부인은 이를 허락하지 않았다. 뭐라고? 내 앞에서 다른 여자가, 그것도 대통령 팔짱을 끼고 걷는다고? 절대 안 돼!

그녀는 제 뜻대로 했고, 워싱턴 사교계는 이를 비웃었다.

---

[70] 누가복음 23장 34절에서 예수가 십자가를 지고 처형장으로 가며 한 말이다. 우슬초는 십자가에 매달린 예수가 갈증을 호소했을 때, 신자들이 신 포도주를 적신 해면을 우슬초 가지에 꽂아 그의 입에 갖다 댄 것을 가리킨다. 바도 장군은 이 성경 구절을 인용하여 링컨의 가정 내 고통을 예수 그리스도의 수난에 비유하면서 가정사의 고통이 얼마나 깊고 견디기 어려운 것이었는지를 강조하고 있다.

대통령이 다른 여성과 걷는 모습을 참을 수 없었을 뿐만 아니라 질투의 눈빛으로 감시하며 링컨이 다른 여자에게 말만 걸어도 비난하고 나섰다.

공식 리셉션을 앞두고 링컨은 질투심 많은 아내에게 누구와 대화를 나눠도 좋을지 물었다. 그녀는 이 여자는 이래서, 저 여자는 저래서 싫다며 싫어하는 여자들을 줄줄이 늘어놓았다.

"하지만 여보, 누군가와는 얘기를 해야 하지 않겠소? 멍하니 서서 아무와도 대화하지 않을 순 없잖소. 대화해도 좋을 사람을 말해줄 수 없다면, 적어도 말을 걸면 안 되는 사람이라도 알려주시오."

그녀는 고집불통이라 어떤 대가를 치르더라도 뜻대로 해야 했다. 한번은 링컨에게 어떤 장교를 진급시키라 요구하면서, 거절하면 모두 보는 앞에서 일부러 진흙 바닥에 뒹굴겠다고 위협하기도 했다.

또 한번은 링컨이 중요한 인터뷰를 하는 사무실로 달려와 기관총처럼 잔소리를 퍼부었다. 링컨은 말없이 침착하게 일어나 그녀를 잡아 방 밖으로 데리고 나가 의자에 앉힌 뒤, 다시 들어와 문을 잠그고 아무 일도 없었다는 듯 계속 인터뷰를 했다.

그녀는 심령술사와 상담했는데, 심령술사가 내각 각료들이 모두 대통령의 적이라고 하자 전혀 놀라지 않았다. 그녀 역시 그들 중 누구도 마음에 들어하지 않았기 때문이다.

그녀는 슈어드 국무장관을 "위선자", "노예제 폐지론자"라고 부르며 경멸했다. 도저히 믿을 수 없는 인물이니 가능한 한 멀리하라고 링컨에게 경고했다.

케클리 부인은 "체이스 재무장관에 대한 링컨 부인의 적개심은 대단했다"라고 말했다. 그 이유 중 하나는 이랬다. 체이스의 딸 케이트는 부잣집에 시집가 워싱턴 사교계의 매력적이고 아름다운 여인이 되었다. 백악관 리셉션에 자주 참석한 그녀는 주위 남성들의 시선을 독차지해 링컨 부인에게 엄청난 혐오감을 안겼다.

케클리 부인은 이렇게 말했다. "남의 인기를 질투한 링컨 부인은 아버지인 체이스 장관에게 정치적 혜택을 줘서 딸의 사교적 지위를 높일 생각이 전혀 없었다."

링컨 부인은 분노와 신경질을 표출하며 남편에게 체이스를 각료직에서 물러나게 하라며 집요하게 압박했다.

그녀는 국방장관 스탠턴도 싫어했다. 스탠턴이 그녀를 비난하자, 그녀는 장관의 성격을 폭력적이고 불쾌하다고 비난한 책이나 신문 기사의 스크랩을 그에게 보내는 방식으로 복수했다.

이처럼 부인이 격앙되어 비난할 때마다 링컨은 이렇게 대답했다. "여보, 당신 생각이 잘못됐소. 당신의 편견이 너무 심해서 잠시 멈추고 깊이 생각해볼 여유가 없는 것 같소. 만약 내가 당신 말을 그대로 다 들어줬다면, 지금쯤 내각에 각료가 한 명도 남아 있지 않았을 거요."

그녀는 앤드루 존슨 부통령을 특히 싫어했고, 매클렐런은 증오했으며, 그랜트 장군은 "고집불통 바보에 학살자"라며 경멸했다. 자신이 총사령관이 된다면 그보다 잘할 수 있고, 그가 대통령이 되면 아예 미국을 떠나버리겠다며 그가 백악관에 있는 동안은 절대 돌아오지 않겠다고 수시로 말하고 다녔다.[71]

링컨은 아내를 달래려 이렇게 말했다. "물론이죠, 여보. 당신에게 북군 지휘를 맡긴다면 그 누구보다 훌륭히 해낼 거예요."

리 장군이 항복한 후, 그랜트 부부가 워싱턴을 찾았다. 도시는 밝은 불

---

[71] 링컨 대통령 서거 후, 부통령이었던 앤드류 존슨이 대통령직을 승계했다. 하지만 존슨은 1868년 대선에 출마하지 않았고, 대신 그랜트가 출마하여 당선되었다. 그랜트는 남북전쟁 승리의 주역으로 인정받아, 1869년부터 1877년까지 8년간 미국 대통령직을 수행했다. 전쟁 영웅으로서의 그의 명성과 국민의 신뢰가 정치적 성공으로 이어진 결과였다.

빛으로 가득했다. 사람들은 노래 부르고 모닥불 피우며 오락 행사로 승리를 축하했다. 링컨 부인은 그랜트 장군에게 편지를 보내, 대통령 부부와 함께 "불빛 축제"를 구경하자고 제안했다. 하지만 그랜트 부인은 초대하지 않았다.

며칠 뒤 밤, 그녀는 연극 관람을 계획하고 그랜트 부부와 스탠턴 부부를 초청해 대통령 특별석에 함께 앉자고 했다. 그 초대장을 받은 스탠턴 부인은 바로 그랜트 부인을 찾아갈 생각이 있느냐 물었다.

스탠턴 부인이 말했다. "당신이 받아들인다면 모를까, 전 거절할 거예요. 당신이 가지 않는 한, 전 링컨 부인과 한자리에 앉고 싶지 않아요."

그랜트 부인도 초대를 수락하길 꺼렸다. 만약 장군이 그 특별석에 들어서면, 관객들은 "애퍼매톡스의 영웅"을 열렬히 환호하며 찬사를 보낼 터였다. 그러면 링컨 부인은 어떻게 반응할까? 그녀가 무슨 짓을 할지 예측하기 어려웠다. 또 다른 치욕스럽고 모멸적인 광경을 연출할지도 몰랐다.

그랜트 부인은 초대를 거절했고, 스탠턴 부인도 그 뒤를 이었다. 덕분에 그들은 남편의 목숨을 구했는지도 모른다. 바로 그날 밤, 부스가 대통령 전용 관람석에 은밀히 잠입하여 링컨을 저격했기 때문이다. 스탠턴과 그랜트가 거기 있었다면, 그들 역시 암살 대상이 되었을 것이다.

28

링컨 암살범 존 윌크스 부스

1863년, 버지니아의 노예 재벌들이 에이브러햄 링컨 암살을 목표로 비밀 결사를 조직하고 자금을 댔다. 1864년 12월, 앨라배마주 셀마의 한 신문에는 같은 목적의 모금 광고가 실렸다. 다른 남부 신문들도 링컨 암살 시 현금 포상을 내걸었다.

하지만 링컨을 실제로 암살한 자의 동기는 애국심도, 금전적 이득도 아니었다. 암살자 존 윌크스 부스는 자신의 명성을 얻고자 이 끔찍한 범행을 저질렀다.

명성을 추구한 연극배우 부스

암살범 존 윌크스 부스는 과연 어떤 인물이었나? 그는 연극배우였고, 엄청난 매력과 카리스마를 지닌 미남이었다. 링컨의 비서들조차 그를 "라트모스의 엔디미온[72]이자 그가 속한 작은 세계의 왕자"라고 칭했다. 프랜시스 윌슨은 자신의 부스 전기에서 이렇게 말했다. "그는 세상에서 가장 성공한 연인 중 한 명이었다. 거리에서 그와 마주칠 때면 여자들은 발길을 멈추고 그의 모습을 바라보며 저절로 매료되었다."

23세 무렵, 부스는 당대 연극계의 대표 스타로 자리 잡았다. 가장 빈번히 맡은 역할은 당연히 로미오였다. 어떤 배역을 해도 열혈 팬들의 달콤한 러브레터가 쏟아졌다. 보스턴 공연 때는 많은 여성이 트레몬트 하우스 앞 거리에 가득 모여, 고개를 내밀며 지나가는 영웅을 한 번이라도 보려 기다렸다. 어느 날 밤, 다른 여배우를 질투한 헨리에타 어빙이 호텔 방에서 그를 칼로 찌르고 자살을 시도하기도 했다. 부스가 링컨에게 총격을 가한 다음 날 아침, 또 다른 애인이자 워싱턴의 고급 창녀 엘라 터너는 연인이 살인자가 되어 도망쳤다는 소식에 절망해 그의 사진을 껴안고 독극물 클로로포름을 다량 흡입하고 쓰러져 죽었다.

그런데 이 같은 여성들의 애정 공세가 부스에게 행복을 가져다주었을까? 그렇지 않다. 그가 연극계에서 거둔 승리는 시골의 교양 없는 관객을 대상으로 한 것이었다. 그의 내면 깊은 곳에선 대도시 지식인들의 칭송을 얻고자 하는 열망이 이글거리고 있었다.

하지만 뉴욕의 연극 평론가들은 그를 신통치 않게 평가했고, 필라델피아에선 관객들의 야유로 무대에서 쫓겨나기도 했다. 이는 그에게 고통스러운 일이었다. 부스 가문의 식구들은 무대에서 명성이 자자했기 때문이다. 아버지 주니어스 브루터스 부스는 30년 가까이 최고 배우로 군림했고, 그의 셰익스피어 해석은 전국적인 화제를 몰고 왔다. 미국 연극사에서 그처럼 명성을 떨친 배우는 없었다. 아버지는 사랑하는 아들 존 윌크스를

---

72 그리스 신화에 등장하는 엔디미온은 달의 여신 셀레네의 사랑을 받은 미소년 목동이다. 전설에 따르면, 셀레네는 그와의 사이에 50명의 딸을 낳았다고 한다. 제우스는 엔디미온에게 영원한 젊음과 생명을 부여하여 라트모스산에서 영원한 잠에 들게 했다. 이후 달의 여신은 매일 밤 그 산으로 내려와 잠든 엔디미온을 품에 안았고, 이로 인해 수많은 자녀를 얻게 되었다는 이야기다. 이 신화는 사랑의 영원성과 신의 은총을 상징적으로 표현하고 있다.

키우며, 그가 부스 일가의 최고 배우가 되리라 믿었다.

그러나 사실 존 윌크스 부스는 재능이 부족했고, 있는 재주도 제대로 살리지 못했다. 잘생긴 얼굴과 달리 버릇없고 게으른 데다 학구열도 없었다. 어린 시절에는 메릴랜드 농장 숲속을 말 타고 누비며, 나무와 다람쥐를 상대로 연설 연습을 하고, 멕시코 전쟁 때 쓰던 낡은 창으로 허공을 찔러대며 빈둥거렸다.

아버지 부스는 식탁에 고기를 내놓지 않았다. 아들들에게 생명을 죽이는 건 나쁜 일이며, 방울뱀일지라도 해쳐선 안 된다고 가르쳤다. 하지만 존 윌크스는 아버지의 가르침을 새기지 않은 듯했다. 그는 총을 쏘고 물건을 부수길 좋아했다. 가끔 노예가 기르는 고양이와 사냥개를 쏘기도 했고, 한 번은 이웃의 암퇘지를 죽이기도 했다.

후에 그는 체서피크만의 굴 도둑이 되었고, 그 후에 연극배우가 되었다. 26세가 된 그는 철없는 여고생들의 우상이었지만, 마음속으론 자신을 실패자로 여겼다. 거기에 엄청난 질투심이 더해졌다. 그의 형 에드윈이 그가 그토록 갈망하던 명성을 얻었기 때문이었다.

그는 깊이 고민한 끝에, 단 하룻밤 만에 영원히 유명해지기로 결심했다.

부스의 황당무계한 링컨 납치 계획

부스는 먼저 이런 계획을 세웠다. 어느 밤 링컨을 극장까지 뒤쫓아간다. 남부 연합의 동료가 거리의 가스등을 끄면, 부스가 달려가 대통령 특별석에서 링컨을 밧줄로 단단히 묶어 무대 아래로 던진다. 그런 다음 뒷문으로 나가 기다리고 있는 마차에 그를 싣고 한밤중에 미친 듯이 달린다.

열심히 가면 새벽 전 포트 토바코라는 오래된 작은 마을에 도착할 수 있을 것이다. 거기서 배를 타고 넓은 포토맥강을 건너 버지니아를 관통해 남하하다 북군 최고사령관을 리치먼드의 남군에게 넘긴다.

그 후 어떻게 될까?

남부가 일방적으로 휴전 조건을 내걸어 전쟁이 즉시 끝날 테고, 그 위업은 천재 존 윌크스 부스의 것이 될 것이다. 그는 지금보다 두 배, 형 에드윈보다 백 배 더 유명해질 터였다. 미국사에서 빌헬름 텔[73]에 버금가는 영웅이 될 터였다. 이것이 부스의 꿈이었다.

그 무렵 부스는 배우로서 연봉 2만 달러를 벌고 있었지만, 전부 포기했다. 돈은 더는 중요치 않았다. 물질적 소유보다 훨씬 큰 무언가를 좇고 있었다. 그는 저축한 돈으로 볼티모어와 워싱턴을 배회하는 남부 동조자들을 모아 지지 세력을 구축했다. 그들 한 명 한 명에게 부자가 되게 해주겠다고 약속했다.

하지만 그들은 어중이떠중이 오합지졸에 불과했다! 스펭글러는 술주정뱅이 무대 스태프에 게잡이 출신이었다. 아트제로트는 무식한 페인트공이자 밀수꾼으로, 그 지저분한 머리칼과 구레나룻만 봐도 깡패임을 알 수 있었다. 아놀드는 게으른 농장 일꾼이자 전직 남군 탈영병이었다. 오르플린은 몸에서 말과 위스키 냄새를 풍기는 마부였다. 서랫은 우쭐대는 무능하고 어리석은 말단 직원이었다. 파웰은 덩치는 크지만 주머니는 빈, 미친 눈으로 사람을 노려보는 반쯤 정신 나간 침례교 목사의 아들이었다. 헤롤드는 항상 헛소리를 늘어놓으며 킬킬거리는 한량으로, 마굿간을 배회하며 말과 여자 얘기만 떠들어대곤 했다. 그는 과부 어머니와 일곱 여동생

---

[73] 윌리엄 텔은 15세기 스위스의 건국 영웅으로 알려진 전설적 인물이다. 그는 스위스를 압제하던 오스트리아의 알베르트 대공에 맞서 독립 투쟁을 벌였다. 전설에 따르면, 알베르트의 폭압적인 집사장 게슬러가 텔에게 가혹한 시험을 강요했다. 텔이 게슬러의 모자에 인사하지 않았다는 이유로, 그의 아들의 머리 위에 놓인 사과를 화살로 쏘아 맞추라고 명령한 것이다. 텔이 놀랍게도 사과를 명중시키자, 게슬러는 그가 준비한 두 번째 화살의 용도를 물었다. 텔의 대답은 단호했다. "만약 첫 화살이 빗나가 내 아들을 죽였다면, 두 번째 화살은 당신을 위한 것이었소."

들이 마련해주는 푼돈으로 연명하는 불량배였다.

부스는 이런 시시껄렁한 부랑자들을 등에 업고 평생 가장 위대한 연기를 펼치려 했다. 그는 세부적인 계획에 돈과 시간을 아끼지 않았다. 수갑을 구입했고, 필요한 곳곳에 준마를 배치했으며, 세 척의 배를 사서 포트 토바코 크릭에 정박시켰다. 배에는 노와 선원이 대기 중이라 언제든 그들을 건너편으로 실어 나를 수 있었다.

마침내 1865년 1월, 부스는 때가 왔다고 판단했다. 1월 18일 링컨이 포드 극장을 찾아 에드윈 포레스트의 『잭 케이드』 공연을 관람할 예정이었다. 부스는 그 정보를 미리 알고 있었다. 손에는 밧줄을, 가슴에는 희망을 품고 그날 밤을 기다렸다. 그 결과는? 아무 일도 일어나지 않았다. 링컨이 나타나지 않은 것이다.

두 달 후 어느 날 오후, 링컨이 도시 외곽의 군 병영에서 연극을 관람하러 간다는 소식이 들려왔다. 부스와 공범들은 말을 타고 대형 사냥칼과 권총으로 무장한 채, 대통령이 지날 삼림에 매복했다. 백악관 마차가 그 근처를 통과하긴 했으나, 링컨은 타고 있지 않았다.

거듭된 좌절에 부스는 미친 듯이 왔다 갔다 하며 욕을 내뱉고 검은 콧수염을 잡아 뜯었으며, 승마용 채찍으로 장화를 내리쳤다. 이제 납치는 신물이 났다. 더는 실패하고 싶지 않았다. 생포가 안 된다면 죽여 버리면 어떨까, 하는 생각이 고개를 들었다.

부스, 링컨 암살로 계획 변경

몇 주 후 리의 항복으로 전쟁이 끝나자, 부스는 대통령 납치가 무의미해졌다고 생각했다. 그래서 즉시 링컨을 저격하기로 마음먹었다. 오래 기다릴 필요도 없었다. 그 주 금요일, 그는 면도를 하고 우편물을 받으러 포드 극장에 갔다가 그날 밤 공연에 대통령 특별석이 마련되어 있다는 사실을 알았다.

"뭐라고!" 부스가 소리쳤다. "그 늙은 악당이 오늘 밤 여기 온다고?"

무대 노동자들은 호화로운 행사를 위해 분주히 준비 중이었다. 왼쪽 관람석을 꾸미기 시작했는데, 검은 레이스를 바탕으로 성조기를 걸고 워싱턴의 초상화로 장식했다. 칸막이를 떼어내 공간을 두 배로 넓힌 뒤 진홍색 벽지를 발랐고, 대통령의 긴 다리를 고려해 특별히 주문한 큼지막한 호두나무 안락의자를 들여놓았다.

부스는 노동자에게 뇌물을 주고 자기가 원하는 곳에 안락의자를 두게 했다. 그는 의자를 관객석 가까이 배치해 몰래 들어가는 모습이 들키지 않게 했다. 의자 바로 뒤, 특별석 안쪽 문에 작은 구멍을 뚫어 엿볼 수 있게 했다. 그리고 옷 보관실에서 특별석으로 통하는 바깥문을 열어 문 뒤쪽 회반죽 도료(塗料)에 일단 눈금을 새겨놓았다. 나중에 그 자리에 널빤지를 끼워 밖에서 그 문 안으로 들어오지 못하게 하려는 것이었다.

그 뒤 부스는 투숙 중인 호텔로 가 『내셔널 인텔리전서』 편집장에게 긴 편지를 썼다. 애국심 때문에 암살을 결행한다며 후대는 자신을 기릴 것이라는 내용이었다. 편지에 서명한 뒤 한 배우에게 건네주며 다음 날 발표하라 지시했다.

이어 그는 말 대여소로 가서, "고양이처럼 빠르다"라고 늘 자랑하던 작은 밤색 암말을 빌렸다. 그리고 공범들에게는 말을 타고 대기하라 했다. 아트제로트에겐 소총을 쥐어 주며 부통령을 쏘라 명령했고, 파웰에겐 권총과 칼을 건네 슈어드를 죽이라 지시했다.

그날은 성금요일[74]로, 보통은 연극계에서 한 해 중 가장 한산한 때였다.

---

[74] 원어는 Good Friday. 부활절 직전 금요일로, 예수 그리스도의 십자가 수난을 기념하는 기독교의 중요한 절기이다. 이 날짜는 앞서 언급된 종려 주일과 함께 링컨의 죽음을 그리스도의 수난에 비유하는 상징적 의미를 갖는다.

그러나 도시엔 군 통수권자를 보려는 군인들로 넘쳐났다. 사람들은 아직도 전쟁 종식을 축하하며 들뜬 상태였다. 펜실베이니아 대로에 거대한 개선문이 세워졌고, 거리는 햇불 행렬로 흥겨웠다. 그들은 극장으로 향하는 대통령 마차를 보며 함성을 질렀다. 포드 극장 안은 발 디딜 틈 없이 가득 찼고, 입장권 없는 수백 명은 발걸음을 돌려야 했다.

대통령 일행은 1막 중반, 정확히 9시 20분 전에 극장에 입장했다. 배우들은 연기를 멈추고 허리 숙여 경의를 표했다. 성장(盛裝)한 관객들은 박수와 환호로 대통령을 맞이했고, 오케스트라는 "대통령 찬가"를 연주했다. 링컨은 고개를 숙여 인사한 후, 연미복을 벗고 붉은 안감의 호두나무 흔들의자에 앉았다.

링컨 부인 오른편에는 그녀가 초대한 손님들이 자리했다. 헌병 참모 본부의 래스본 소령과 그의 약혼녀 클라라 H. 해리스 양이었다. 클라라는 뉴욕 출신 상원의원 아이라 해리스의 딸로, 워싱턴 사교계에서 켄터키 출신 대통령 부부의 까다로운 기준을 충족시킬 만큼 높은 지위의 여성이었다.

배우 로라 킨이 유명 희극 〈우리의 미국인 사촌〉에서 마지막 무대를 펼치고 있었다. 즐겁고 유쾌한 연극이었고 관객들 사이로 웃음소리가 끊이지 않고 메아리쳤다.

그날 오후, 링컨은 아내와 함께 장거리 마차 드라이브를 즐겼다. 메리는 후에 남편이 그날 오후 몇 년 만에 보기 드문 행복한 모습이었다고 회고했다. 당연한 일이었다. 평화, 승리, 연방의 통합 그리고 자유가 이루어졌으니 말이다.

드라이브 중 링컨은 메리에게 두 번째 임기 후의 계획을 털어놓았다. 먼저 유럽이나 캘리포니아로 가서 오랜 휴식을 취하고, 귀국 후엔 시카고에 법률 사무소를 열거나 스프링필드로 돌아가 그가 그토록 즐겼던 순회 재판 출장을 하며 여생을 보낼 생각이었다.

마차에서 내리자 일리노이 시절 친구들이 방문해 있었고, 링컨은 의기양양하게 즐거운 농담을 주고받았다. 대화에 너무 몰두한 나머지 링컨 부인은 그를 저녁 식사 테이블로 불러내는 데 애를 먹을 정도였다.

전날 밤, 링컨은 기이한 꿈을 꾸었다. 다음 날 아침, 각료들에게 꿈 이야기를 들려주었다. "묘사하기 어려울 만큼 특이한 배를 타고 있었어요. 그 배는 엄청난 속도로 어둡고 끝없는 해안을 향해 나아갔죠. 전 중대한 사건이나 전투의 승리를 앞두고 이런 꿈을 꿉니다. 앤티텀, 스톤리버[75], 게티즈버그, 빅스버그 전투 전에도 그랬어요."

그는 이번 꿈 역시 좋은 징조라 여겼다. 멋진 일이 곧 일어날 것 같은 예감이 든다고 말했다.

링컨의 피살 상황

밤 10시 10분, 위스키에 취기가 오른 부스는 검은 승마복 바지에 박차 달린 부츠를 신고서 생애 마지막으로 극장 안으로 들어서서 대통령의 위치를 확인했다. 차양이 처진 검은 중절모를 손에 든 채 옷 보관실로 가는 계단을 올라 의자들이 쌓인 좁은 통로를 조심스레 내려가 특별석으로 통하는 복도에 이르렀다.

대통령 경호원에 의해 저지당하자, 부스는 과시적인 자신감으로 자신의 명함을 내밀며 대통령이 그를 찾는다고 주장했다. 그는 허락도 없이

---

[75] 스톤리버 전투(또는 멀프리스보로 전투)는 1862년 12월 30일부터 1863년 1월 초까지 테네시주 서부 전선에서 벌어졌다. 이 전투에서 북군이 전략적 승리를 거두면서 서부 지역의 전선을 리치먼드 방향으로 더욱 확장할 수 있는 중요한 전기를 마련했다. 이 승리는 북군에게 서부 전선에서의 주도권을 확보하게 해주었고, 남북전쟁의 흐름을 북군에 유리한 방향으로 전환시키는 데 기여했다.

통로로 들어가는 문을 열고, 악보 대에서 나무 막대기를 가져와 미리 표시해둔 눈금에 맞춰 문을 가로막았다.

그는 대통령 뒤 내실 문에 미리 뚫어둔 작은 구멍으로 거리를 가늠한 후, 조용히 문을 열었다. 대구경 데린저 권총을 대통령의 뒷머리에 바짝 갖다 대고 방아쇠를 당긴 뒤, 박스 앞쪽 무대로 뛰어내렸다.

링컨의 머리가 앞으로 숙여지더니, 이내 그의 몸이 안락의자에 힘없이 기울며 한쪽으로 쓰러졌다.

그는 아무런 소리도 내지 않았다.

잠시 동안 관객들은 총성과 무대로 뛰어내린 행위가 연극의 일부라고 여겼다. 아무도, 심지어 배우들조차 대통령이 저격당했다고 의심하지 않았다.

그때 한 여인의 날카로운 비명이 극장 안을 가르며 울렸고, 모든 시선이 휘장으로 둘러싸인 특별석으로 쏠렸다. 한쪽 팔에서 피를 흘리는 래스본 소령이 외쳤다. "저자를 잡아라! 저자가 대통령을 살해했다!"

순간 정적이 감돌았다. 대통령 박스에서 연기가 피어올랐다. 이내 긴장이 폭발했다. 공포와 광기 어린 흥분이 관객들을 사로잡았다. 그들은 자리에서 벌떡 일어나 의자를 뜯어내고 난간을 부수며, 무대로 올라가려 발버둥 치고 서로를 밀치며 노약자들을 짓밟았다. 혼란 속에 골절 사고가 일어나고 여성들은 비명을 지르다 기절했다. 고통의 외침 사이로 "저놈을 목매달아라!", "저놈을 쏴 죽여라!", "극장을 불태워라!"와 같은 격렬한 함성이 뒤섞였다.

누군가 극장이 곧 폭파될 것이라고 소리치자, 군중의 공포는 두세 배로 증폭되었다. 흥분한 보병 중대가 극장으로 달려들어 와 총검을 든 채 관객들에게 소리쳤다. "빨리 나가세요. 서둘러요!"

의사들이 대통령의 상처를 살펴보았다. 그들은 상처가 치명적이며, 죽어가는 대통령을 마차로 백악관까지 이송하는 것이 불가능하다고 판단했다. 네 명의 병사들이 축 늘어진 대통령의 몸을 들어—둘은 어깨를, 둘은 발을— 극장 밖으로 나갔다. 그의 몸에서 떨어지는 피가 포석을 붉게 물들였다. 사람들은 무릎을 꿇고 자신의 손수건으로 그 피를 적셨다. 그들은 이 손수건을 평생의 가보로 여기고, 후에 후손들에게 귀중한 유산으로 물려줄 것이었다.

기병대가 말굽을 치켜들고 번쩍이는 군도로 현장을 정리했다. 보병 네 명이 부상당한 대통령을 길 건너 허름한 하숙집의 방으로 옮겼다. 침대가 장신의 대통령에게 짧아 그의 몸을 비스듬히 눕혔고, 희미한 가스등 아래로 침대를 당겼다.

그 방은 대략 가로 9피트(2.7미터), 세로 17피트(5.2미터) 크기의 작은 하숙방으로, 침대 위에는 로사 보뇌르의 "말 매매 시장" 복제화가 걸려 있었다.

이 비극적 소식은 워싱턴 전역으로 돌풍처럼 퍼져나갔다. 뒤이어 또 다른 참사 소식이 전해졌다. 링컨이 공격받은 바로 그 시각, 국무장관 슈어드가 침실에서 칼에 찔려 생명이 위독하다는 것이었다. 이런 암울한 사실 외에도 끔찍한 소문들이 어둠을 가르며 번개처럼 퍼져나갔다. 존슨이 살해됐다, 스탠턴이 암살됐다, 그랜트도 총에 맞았다는 등 공포스러운 소문들이 계속해서 확산되었다.

사람들은 이제 리의 항복이 술수였다고 확신했다. 남부 연합이 비겁하게 워싱턴을 기습해 정부를 전복하려 한다고 믿었다. 남부가 다시 무장을 하고 일어나, 더 참혹한 전쟁이 곧 시작될 것이라 여겼다.

비밀 전령들이 주거 지역을 빠르게 돌며, 포장도로를 발바닥의 징으로 두 번씩 세 차례 두드렸다. 이는 북부 연맹이라는 비밀결사의 위험 신호였다. 잠에서 깬 회원들은 소총을 들고 거리로 쏟아져 나왔다.

횃불과 밧줄을 든 군중이 거리를 누비며 외쳤다. "극장을 불태워라!", "반역자를 목매달아라!", "반도들을 죽여라!"

이는 미국 역사상 가장 광기 어린 밤이었다!

전신으로 전해진 소식으로 전국이 복수의 광기에 휩싸였다. 사람들은 남부 동조자들과 코퍼헤드(북부의 남부 동조자)를 끌어내 타르와 깃털을 붙이며 배신자라 매도했다. 일부는 남부 동조자의 두개골을 돌로 박살냈다. 부스의 사진이 있을 거란 의심에 볼티모어의 사진관들이 습격당해 부서졌다. 링컨을 비난하는 기사를 실은 메릴랜드의 한 편집인은 총에 맞아 죽었다.

스탠턴 국방장관의 신속한 위기 대처

대통령이 총격으로 사망하고, 부통령 존슨은 만취해 정신없이 누워 있었으며, 국무장관 슈어드는 칼에 찔려 위독한 상태였다. 이에 국가 권력은 즉시 에드워드 M. 스탠턴 국방장관에게 넘어갔다. 그는 퉁명스럽고 변덕스러우며 사나운 성격의 소유자였다.

스탠턴은 정부 고위 각료가 모두 암살 대상이라 생각해 크게 동요하며, 필요한 명령을 즉각 내렸다. 그는 임종을 앞둔 대통령의 침상 곁에 앉아 실크 모자를 받침대 삼아 계속 지시를 써 내려갔다. "국방장관 집과 다른 각료 집을 경비하고(백악관 경호원들에게 내린 지시), 포드 극장을 압수하며 관련자를 모두 체포하라. 워싱턴을 일급 비상지역으로 선포하고, 컬럼비아 지구의 경찰과 군대, 백악관 경호실과 군 헌병대 정보원을 총동원하라. 도시 전역에 50피트(15미터) 간격으로 경계초소를 세우고, 나루를 감시하며 선박으로 포토맥강을 순찰하라."

스탠턴은 신속하게 광범위한 조치를 취했다. 그는 뉴욕 경찰청장에게 최고의 형사들을 파견하도록 요청하고, 캐나다 국경 감시를 강화했다. 볼티모어-오하이오 철도 사장에겐 필라델피아에 있는 그랜트를 즉시 워싱턴으로 호송하라고 지시했다. 이를 위해 그랜트의 기차보다 앞서 예비 기차를 보내 신속한 귀경을 준비했다.

또한 메릴랜드 남부에 보병 1개 여단과 기병 1천 명을 추가 투입해 암살범을 추적하도록 했다. 그는 "범인은 남부로 도주할 것"이라며 워싱턴에서 포토맥강 일대까지 철저한 봉쇄를 지시했다.

부스가 쏜 총알은 링컨의 왼쪽 귀 아래를 관통해 두뇌를 사선으로 지나 오른쪽 눈 바로 앞에서 멈췄다. 허약한 체질이었다면 즉사했을 상처였지만, 링컨은 깊은 신음을 내며 9시간을 버텼다.

링컨 부인은 옆방에서 기다리며, 매시간 남편 곁으로 가게 해달라고 울부짖었다. "오 하나님, 제가 남편을 그냥 죽게 내버려둬야 합니까?"

한번은 그녀가 남편의 얼굴을 쓰다듬으며 눈물로 젖은 뺨을 맞대자, 링컨이 갑자기 더 큰 신음을 내뱉었다. 이에 충격을 받은 아내는 비명을 지르며 기절했다.

스탠턴은 그 소란스러운 소리를 듣고서 방안으로 달려와 소리쳤다. "저분을 다른 곳으로 데려가라. 그리고 다시는 여기 들이지 마."

아침 7시경, 링컨의 신음과 숨소리가 잦아들었다. 그 자리에 있었던 한 비서관은 "말로 표현할 수 없는 평화로운 표정이 고통받던 얼굴에 퍼져나갔다"라고 회상했다.

생의 마지막 순간, 링컨의 의식이 흐려지는 중에도 때때로 맑은 정신이 스쳐 지나갔다. 그 마지막 평화로운 순간, 행복했던 기억의 파편들이 그의 마음 깊은 곳을 반짝이며 떠다녔을 것이다. 오래전 잊혔던 기억들이 되살아났을 것이다.

인디애나 벅혼 계곡의 허름한 오두막 앞에서 밤새 타오르던 통나무,

뉴세일럼의 방앗간 댐을 넘어 힘차게 흐르던 생거먼강의 소리,

방적기 앞에서 노래하던 앤 러틀리지의 모습,

더 많은 옥수수를 달라고 조르던 늙은 말 올드 벅,

말더듬이 판사 이야기를 들려주던 올란도 켈로그,

그리고 벽에는 잉크 자국이 얼룩져 있고 책장 맨 위에는 씨앗이 자라나던 스프링필드의 낡은 법률 사무소.

이 모든 추억이 그의 마지막 순간을 따뜻하게 감쌌을 것이다.

죽음과 싸우던 9시간 동안 군의관 닥터 릴이 침대 곁을 지켰다. 오전 7시 22분, 그는 맥없는 링컨의 양팔을 가지런히 하고, 눈꺼풀에 50센트 동전을 올려 눈을 감기고, 손수건으로 턱을 고정해 벌어지지 않게 했다. 목사가 기도를 올리는 동안 차가운 비가 지붕을 두드렸다.

반스 장군이 대통령의 얼굴 위로 하얀 시트를 조심스레 덮었고, 스탠턴은 눈물을 흘리며 창문 블라인드를 내렸다. 그는 그날 밤 가장 인상적인 말을 남겼다.

"이제 저분은 영원의 품으로 돌아가셨다."

다음 날, 막내아들 태드는 백악관을 찾은 방문객에게 물었다. "아버지가 천국에 가셨나요?"

"틀림없이 그러실 거야." 방문객이 답했다.

"그렇다면 기뻐요." 태드가 말했다. "아버지는 이곳에 계신 내내 한 번도 행복해하신 적이 없었어요. 여기는 아버지께 좋은 곳이 아니었어요."

제4부

비극적 죽음 이후

〈링컨 암살 장면〉(작자 미상, 1900년경)

정치적 고향 스프링필드를 떠나 워싱턴으로 향하던 날, 링컨은 "언제 다시 돌아올 수 있을지 모르겠다"며 눈물로 작별을 고했다. 그 예감은 불길하게도 현실이 되었다. 1865년 4월 14일, 그는 포드 극장에서 암살범의 총탄에 쓰러졌고, 끝내 고향 땅을 다시 밟지 못했다. 통나무집에서 태어난 가난한 소년은 비극적인 최후를 맞았지만, 국민의 가슴 속 전당에는 '가장 위대한 대통령'으로 영원히 남게 되었다.

29

링컨의 장례식

애도하는 인파 사이를 뚫고 일리노이를 향해 천천히 달리는 장례 열차에는 링컨의 시신이 실려 있었다. 기차는 검은 크레이프 상장으로 뒤덮였고, 맨 앞 기관차는 영구 마차를 끄는 말처럼 가장자리가 은색 별로 장식된 거대한 검은 담요로 덮여 있었다.

열차가 북으로 향할수록 철로 양편으로 모여든 사람들의 수는 점점 불어났고, 그들의 얼굴에 스민 슬픔은 더욱 짙어만 갔다. 필라델피아역에 들어설 때까지 기차는 인산인해의 벽을 뚫고 몇 마일을 달렸다. 도시에 들어서자 수천 명의 조문객이 연도에 늘어서서 조문했다. 독립 홀에서 시작된 대기 줄은 3마일이나 뻗어 있었다. 그들은 링컨의 얼굴을 단 1초라도 보기 위해 열 시간 넘게 천천히 앞으로 나아갔다.

토요일 밤 자정에 독립 홀 빈소 문을 닫았지만, 조문객들은 발길을 돌리지 않고 밤이 새도록 자리를 지켰다. 일요일 새벽 3시, 기다리는 사람들은 더 늘어났고 앞자리를 10달러에 파는 소년들까지 나타났다. 군인들과 기마경찰들은 교통정리에 애를 먹었고, 수백 명의 여성이 기절했으며, 게티즈버그 참전 용사들은 질서 유지에 지쳐갔다.

장례식이 열릴 뉴욕에는 이미 24시간 전부터 왕복 열차가 운행되어 밤낮으로 사람들이 물밀듯이 밀려들었다. 군중은 호텔과 민박집을 가득 메웠고, 거기도 넘쳐나 공원과 부둣가로 흘러들었다.

다음 날, 흑인 마부들이 모는 16마리의 백마가 장례 행렬을 브로드웨이 거리로 인도했다. 비통에 젖은 여인들이 꽃잎을 뿌리고, 뒤따르는 16만 명의 발걸음 소리가 웅장하게 울려 퍼졌다. 그들은 이런 애도의 말이 적힌 깃발을 들고 있었다.

"아, 슬픈 일이로다, 이아고, 아 슬픈 일이로다."[76]

"너희는 잠깐 손을 멈추고, 내가 하나님인 줄 알아라."[77]

50만 명이 넘는 사람들이 장례 행렬을 보기 위해 연도에 나와 밀고 당기며 씨름했다. 브로드웨이를 내려다보는 이층집 창문 자리는 40달러에 대여되었고, 더 많은 사람이 내다볼 수 있도록 창유리까지 제거되었다. 합창단은 거리 모퉁이에서 찬송가를 부르고, 악단은 만가를 구슬프게 연주했으며, 60초마다 100문의 조포(弔砲)가 도시 상공으로 울려 퍼졌다.

뉴욕 시청 홀에 안치된 관대 옆에서 수많은 군중이 흐느껴 울었다. 많은 이들이 고인에게 말을 걸었고, 어떤 이는 그 얼굴을 만지려 했다. 경비원이 한눈판 사이, 한 여인은 허리를 숙여 시신에 입을 맞추기도 했다.

화요일 정오, 뉴욕에서의 안치 행사가 끝나자 조문하지 못한 수천 명이

---

[76] 셰익스피어의 비극 『오셀로』 4막 1장에 등장한다. 오셀로가 이아고의 교묘한 술책에 속아 자신의 아내 데스데모나가 불륜을 저질렀다고 오해하는 장면에서 나온다. 이는 오셀로 자신의 대사로, 그의 깊은 고뇌와 배신감을 드러내는 중요한 대목이다.

[77] 구약성경 시편 46장 10절. 이 바로 뒤는 이렇게 이어진다. "내가 뭇 나라로부터 높임을 받는다. 내가 이 땅에서 높임을 받는다. 만군의 주님이 우리와 함께 계신다. 야곱의 하나님이 우리의 피난처시다." 인간의 노력이나 힘으로는 어찌할 수 없는 상황에서도 하나님을 신뢰하고 그분의 주권적 역사를 기다려야 한다는 메시지를 담고 있다.

장례 행렬이 있는 곳이나 서쪽 역들로 급히 달려갔다. 그 후 스프링필드에 도착할 때까지 장례 열차는 교회 종소리와 조포를 맞이하며 계속 앞으로 나아갔다. 낮에는 상록수와 꽃으로 이루어진 아치 아래로 달리거나 아이들이 깃발을 흔드는 산등성이 옆을 지나갔다. 밤에는 대륙을 가로지르는 수많은 횃불과 모닥불로 밝힌 길을 통과했다.

전국이 흥분에 휩싸였다. 그토록 성대한 장례식은 전례가 없었다. 곳곳에서 약한 마음을 이기지 못하고 무너지는 사람들이 있었다. 뉴욕의 한 청년은 "나는 에이브러햄 링컨을 따라갈 거야"라고 외치며 면도날로 목을 그었다.

암살 후 48시간 만에 스프링필드 위원회는 급히 워싱턴으로 와서 링컨 부인에게 시신을 고향에 안장하게 해달라 간청했다. 그녀는 처음에 강하게 거부했다. 스프링필드에는 친구가 거의 없었고, 여동생 셋 중 둘은 싫어하고 하나는 경멸했으며, 입이 가벼운 마을 주민들도 탐탁지 않게 여겼기 때문이다.

"엘리자베스, 난 절대 스프링필드로 돌아갈 수 없어"라고 그녀는 흑인 재단사에게 말했다. 그녀는 시카고나 조지 워싱턴을 위해 지은 국회의사당 돔 아래 안치되기를 바랐다. 그러나 일주일간의 간청 끝에 그녀는 스프링필드 운구에 동의했다. 스프링필드는 성금을 모아 도시의 4개 블록으로 된 땅—지금은 주 의사당이 들어선 땅—을 사들이고, 인부들을 시켜 밤낮으로 땅을 팠다.

오크리지 공동묘지에 안장

5월 4일 아침, 장례 행렬이 마침내 스프링필드에 도착했다. 무덤은 준비되어 있었고, 수천 명의 지인과 친지들이 장례식을 위해 모였다. 그런데 바로 그때, 링컨 부인의 변덕이 발동했다. 갑자기 화를 내며 모든 계획을 취소하고, 시신을 준비된 묘소가 아닌 도시에서 2마일 떨어진 숲속의 오크리지 공동묘지에 안장하라고 일방적으로 선언한 것이다.

그녀의 요구에 이의를 제기하거나 의문을 품는 것은 용납되지 않았다. 그녀는 자신의 요구가 받아들여지지 않으면 "극단적인" 수단을 동원해 시신을 워싱턴으로 되가져가겠다고 위협했다. 그 이유는 뜻밖에도 사소한 것이었다. 스프링필드 도심에 조성된 무덤이 "매더 블록"에 있었는데, 링컨 부인은 매더 가문을 경멸했던 것이다. 오래전 그 가문의 누군가가 그녀를 크게 노엽게 한 일이 있었다. 모두가 엄숙해야 할 이 애도의 시기에도 그녀는 여전히 과거의 불쾌했던 기억에 사로잡혀 있었다. 매더 가문이 소유했다는 이유만으로 그 땅이 '오염되었다'고 여겨, 링컨의 유해가 그 땅에서 안식하는 것을 거부했다.

링컨 부인은 "누구에게도 악의 없이, 모두에게 자비를"이라고 말했던 남편과 25년을 함께 살았다. 하지만 백성의 삶에 무지했던 프랑스 혁명 전 부르봉 왕가처럼, 그녀 역시 아무것도 배우지 못하고 용서하지 못했다.

스프링필드는 미망인의 뜻에 따를 수밖에 없었다. 마지막 순간, 링컨의 시신은 오크리지 공동묘지의 아치형 지하 안치실로 향했다. "파이팅" 조 후커 장군이 영구차를 인도하고, 뒤로 올드 벅이 따랐다. 말에는 적·백·청색이 어우러진 담요가 둘러 있었고, 그 위엔 "올드 에이브의 말"이라 새겨져 있었다.

올드 벅이 마구간으로 돌아갔을 땐 담요 한 조각도 남아 있지 않았다. 기념품 사냥꾼들이 달려들어 모조리 떼어갔기 때문이다. 그들은 독수리 떼처럼 빈 영구차로 달려들어 장식물을 차지하려 싸웠고, 군인들이 총검으로 해산시켜야 했다.

암살 이후 링컨 부인은 5주 동안 백악관에 틀어박혀 울기만 했다. 낮이고 밤이고 자신의 방에서 나오지 않았다. 그 시기 그녀 곁을 지켰던 엘리자베스 케클리는 이렇게 회고했다.

그 광경은 평생 잊지 못할 것이다. 상심한 마음에서 터져 나오는 비탄의 소리, 소름 돋는 비명, 끔찍한 경련, 그리고 영혼 깊숙한 곳에서 솟구치는 격렬한 슬픔의 탄식. 나는 차가운 물로 링컨 부인의 머리를 적셔가며 그 고통스러운 소용돌이를 달래려 애썼다.

막내아들 태드의 슬픔 역시 어머니 못지않게 컸지만, 어머니의 처절한 비명에 소년은 말을 잃고 말았다. … 밤중에 태드는 종종 어머니의 흐느낌 소리를 듣고 흰 잠옷 차림으로 어머니의 침대로 와 말했다.

"울지 마세요, 엄마. 엄마가 우시면 저도 잠을 못 자요! 아빠는 좋은 분이셨으니 천국에 가셨어요. 거기서 행복하실 거예요. 아빠는 지금 하나님과 형 윌리와 함께 계세요. 그러니 울지 마세요, 엄마. 그러면 저도 울 거예요."

30

암살범 부스의 도주 행각

부스가 링컨을 저격한 그 순간, 대통령과 함께 박스석에 있던 래스본 소령이 벌떡 일어나 암살범을 붙잡으려 했다. 하지만 제압하지 못했다. 부스는 필사적으로 단도를 휘둘러 소령의 팔에 깊은 상처를 입혔다. 암살범은 소령의 손아귀에서 빠져나와 박스석 난간을 넘어 12피트(약 3.6미터) 아래 무대로 뛰어내렸다. 그 과정에서 그의 부츠 박차가 대통령 특별석을 장식한 깃발 주름에 걸렸다. 이로 인해 그는 다소 어설프게 떨어졌고, 왼쪽 발목뼈가 부러졌다.

왼쪽 발목뼈가 부러진 부스

극심한 고통이 몸을 관통했지만, 그는 얼굴을 찡그리거나 망설이지 않았다. 그에게 이 순간은 일생일대의 연기 무대였다. 자신의 이름을 역사에 영원히 새길 절호의 기회였다. 그는 곧 정신을 차리고 단도를 휘두르며 버지니아주의 모토인 "시크 셈페르 티란니스"(Sic semper tyrannis, "독재자에게는 철저한 응징을")를 외쳤다. 무대 뒤로 달리면서 그는 앞을 가로막은 음악인을 칼로 찌르고 여배우를 쓰러뜨렸다.

뒷문을 통해 밖으로 나가 대기 중이던 말에 뛰어올랐다. 말고삐를 잡고 있던 소년 "피넛 존"을 때려눕히고 미친 듯이 말에 박차를 가해 거리로 내달렸다. 한밤중 포석 위를 달리는 말발굽에서 불꽃이 튀었다.

시내 2마일을 미친 듯이 달려 의사당을 지나쳤다. 나뭇가지 위로 떠오른 달빛 덕에 어둡지 않았고, 그는 맹렬히 달려 아나코스티아 다리에 도착했다. 그곳에서 북군 초병 코브 하사가 착검한 소총을 들고 나와 부스에게 다그쳐 물었다.

"누구시오? 이 늦은 시간에 왜 돌아다니시오? 아홉 시 이후엔 다리를 통과시키지 않는 게 규칙인 줄 모르시오?"

기이하게도 이때 부스는 자신의 본명을 밝히며, 찰스 카운티에 살고 있는데 시내에 볼일이 있어 나왔다가 달이 뜨기를 기다려 급히 집으로 돌아가는 중이라고 말했다. 그럴듯한 핑계였다. 어쨌든 전쟁은 끝났으니 무슨 소란이 있겠는가? 코브 하사는 소총을 내리고 말 탄 자를 통과시켰다.

잠시 후, 부스 일당인 데이비 헤롤드가 비슷한 핑계로 아나코스티아 다리를 건너 약속 장소에서 부스와 합류했다. 두 도망자는 어둠에 휩싸인 메릴랜드 남부를 질주하며, 남부에서 받게 될 영웅과 같은 환대를 꿈꾸었다.

자정에 그들은 서라트빌의 한 아군 술집 앞에 멈춰 섰다. 지친 말들에게 물을 먹이고, 오후에 서라트 부인에게 맡겼던 망원경, 소총, 탄약을 찾았다. 1달러어치의 위스키를 마시며 링컨 저격을 자랑한 후 어둠 속으로 사라졌다.

원래 계획은 이곳에서 포토맥강까지 곧장 가 다음 날 새벽 강변에 도착해 즉시 노를 저어 버지니아로 건너가는 것이었다. 간단한 계획이었고, 그대로 했다면 아마 붙잡히지 않았을 것이다. 하지만 예상치 못한 문제가 생겼다. 바로 부스의 발목뼈가 부러진 것이었다.

엄청난 고통 속에서도 부스는 스파르타인의 인내심으로 계속 말을 몰았다. 그의 일기에 따르면, 부러진 뼈가 말이 뛸 때마다 "그의 살을 무자비하게 찔렀다." 결국 고통을 견딜 수 없게 되자, 그와 헤롤드는 방향을 틀어 시골 의사 새뮤얼 A. 머드의 집에 멈춰 섰다. 의사는 워싱턴에서 남동쪽으로 20마일(32킬로미터) 떨어진 곳에 살고 있었다.

부스는 너무 쇠약해져 혼자서는 말에서 내릴 수도 없었다. 그는 부축을 받아 간신히 안장에서 내려왔고, 신음하며 2층 침실로 옮겨졌다. 이 외딴 곳엔 전신선도 철도도 없어 주민들은 암살 소식을 전혀 듣지 못했다. 의사는 아무 의심 없이 "어떻게 다치셨습니까?"라고 물었고, 부스는 간단히 "말에서 떨어졌습니다"라고 답했다.

닥터 머드는 일반적인 다리 부상 치료를 했다. 왼쪽 부츠를 잘라내고 부러진 뼈를 맞춘 뒤, 모자 상자로 만든 임시 부목으로 고정했다. 그리고 조잡한 목발과 신발 한 짝을 제공했다.

부스는 하루 종일 닥터 머드의 집에서 잠을 자다가 해질 무렵 고통스럽게 일어났다. 식사를 거부한 채 턱수염을 깔끔히 밀고, 긴 회색 숄로 오른손의 이니셜 문신을 가렸다. 가짜 턱수염으로 변장한 후 의사에게 25달러를 지불했다. 그와 헤롤드는 말에 올라 목표한 강변을 향해 출발했다.

하지만 그들 앞에는 거대한 제키아 늪지대가 가로막고 있었다. 관목과 층층나무가 우거진 이 늪은 진흙으로 끈적거리고 고인 물로 미끄러웠으며, 도마뱀과 뱀들이 우글거렸다. 어둠 속에서 두 사람은 길을 잃고 몇 시간을 헤맸다.

늦은 밤, 그들은 오스월드 스완이라는 흑인에게 구조되었다. 부스의 다리 통증이 너무 심해 말에 바로 앉을 수 없게 되자, 스완에게 7달러를 건네고 그의 수레를 탄 채 밤새 도망을 계속했다. 부활절 일요일 아침, 수레는 유명한 남부 연합의 콕스 대위의 저택 "리치 힐" 앞에 도착했다.

이로써 부스의 덧없는 도주극 제1막이 막을 내렸다.

부스는 콕스 대위에게 자신의 정체와 소행을 고백했다. 손바닥에 인디아 잉크로 새긴 이니셜을 보여주며 신분을 확인시켰다. 그는 다리 부상으로 거동이 불편하고 고통스럽다며 자신을 배신하지 말아달라고 간청했다. 또한 자신의 행동이 남부를 위한 최선이었다고 주장했다.

부스는 다리 통증이 격심하여 이제 말을 타든 수레를 타든 여행을 할 수 없는 상태였다. 그래서 콕스 대위는 두 도망자를 집 근처의 소나무 숲에 숨겨주었다. 이 숲은 계수나무와 감탕나무가 빽빽이 우거진 정글과 같은 곳이었다. 그들은 이곳에서 5일 밤 6일 낮을 숨어 지내며, 부스의 다리가 회복되어 여행을 계속할 수 있기를 기다렸다.

콕스 대위의 수양 동생 토머스 A. 존스는 노예 소유주였으며, 오랫동안 남부 연합 정부를 위해 도망자와 밀수품을 포토맥강 너머로 운송하는 일을 해왔다. 콕스 대위는 존스에게 헤롤드와 부스를 돌보라고 지시했다.

매일 아침 존스는 음식 바구니를 두 도망자에게 가져다주었다. 정부 수색대와 스파이들이 곳곳을 뒤지고 있음을 알기에, 그는 일부러 돼지들을 불러 먹이를 주는 척하며 위장했다.

부스는 음식만큼이나 정보에 굶주려 있었다. 그는 존스에게 자신의 행위가 어떻게 칭송받고 있는지 알려달라며 집요하게 소식을 요구했다.

남부의 비난에 절망하는 부스

존스가 가져다준 신문을 열심히 읽었지만, 부스가 간절히 바라던 칭송은 어디서도 찾을 수 없었다. 신문에서는 환멸과 상심을 맛볼 뿐이었다.

거의 30시간 동안 극심한 육체적 고통을 견디며 버지니아를 향해 달려왔지만, 지금 그가 겪는 정신적 고통에 비하면 그것은 아무것도 아니었다.

북부의 분노는 예상했던 바였다. 그러나 버지니아 신문들마저 그가 사랑해온 남부가 그를 공격하고 비난하며 저주한다는 사실을 보여주었다. 실망과 절망으로 얼이 빠진 부스는, 자신이 제2의 브루투스, 현대판 빌헬름 텔로 칭송받을 줄 알았던 것과는 달리 비겁자, 바보, 하수인, 살인자로 비난받고 있음을 깨달았다. 이러한 비난은 살모사의 독침처럼 그를 찔렀고, 그 고통은 죽음만큼이나 견디기 힘들었다.

하지만 그는 자신을 책망하지 않았다. 오히려 그 반대로, 자신과 신을 제외한 모든 이를 비난했다. 자신이 전능하신 신의 도구일 뿐이라고 여겼다. 이것이 그의 자기방어 논리였다. 그는 링컨을 저격하라는 신성한 명령을 받았고, 유일한 실수는 "너무 타락하여" 자신의 진가를 알아보지 못하는 국민을 위해 봉사하려 했다는 것뿐이라고 생각했다. 그는 일기에 "너무 타락한 사람들"이라고 적었다.

"만약 세상이 내 마음을 안다면, 그 한 방의 저격이 나를 위대한 인물로 만들어줄 것이다. 비록 나는 위대함을 바라지 않았지만 … 나는 너무나 위대한 영혼을 가졌으므로 죄인처럼 죽을 수는 없다."

제키아 늪지대 근처 축축한 땅에서 말 담요 아래 떨며 누운 그는, 비극적인 자기 과시 속에 고통스러운 마음을 털어놓았다.

> 모두가 나를 공격하는 가운데, 축축하고 차갑고 배고픈 채로 절망에 빠져 있다. 왜? 브루투스를 영광스럽게, 빌헬름 텔을 영웅으로 만든 행위를 했기 때문이다. 나는 역사상 가장 지독한 폭군을 쓰러뜨렸다. 그런데도 평범한 살인범처럼 쫓기고 있다. 내 행위는 그 누구보다 순수하다. … 물질적 이득을 바라지 않았다. … 나는 올바르게 행동했고, 내가 가한 타격을 후회하지 않는다.

그가 이런 글을 쓰는 동안, 3천 명의 형사와 1만 명의 기병대가 메릴랜드 남부를 샅샅이 뒤지고 있었다. 그들은 가옥, 동굴, 건물은 물론 제키아 늪지대의 미끄러운 습지까지 수색했다. 거의 10만 달러에 달하는 현상금을 노리고, 그들은 생사 여부와 관계없이 부스를 체포하려 혈안이 되어 있었다. 때때로 부스는 200야드(약 183미터) 정도 떨어진 대로를 달리는 추적 기병대의 말발굽 소리를 들을 수 있었다.

기병대 말들의 울음소리가 들릴 때마다 부스는 공포에 질렸다. 자신들의 말이 이에 반응하면 즉시 발각될 터였다. 그날 밤 헤롤드는 그들의 말을 제키아 늪지대로 끌고 가 총으로 쏴 죽였다.

이틀 후, 대머리 독수리들이 나타났다! 처음엔 하늘의 작은 점에 불과했으나, 점차 가까워지며 죽은 말들 주위를 맴돌았다. 부스는 두려워했다. 독수리들이 수색대의 주의를 끌어 죽은 밤색 암말을 발견하게 할 수도 있었기 때문이다.

게다가 그는 다른 의사의 진료가 필요하다고 판단하고 있었다.

다음 날 밤, 4월 21일 금요일은 암살 일주일째 되는 날이었다. 그는 땅에서 일어나 토머스 A. 존스의 말에 비스듬히 올라탔다. 헤롤드와 함께 다시 한번 포토맥강을 향해 출발했다.

그날 밤은 도주하기에 이상적이었다. 짙은 안개로 주위가 어두컴컴해 가까이 있는 사람도 더듬어야 알 수 있을 정도였다. 충실한 앞잡이 개였던 존스는 그들을 은신처에서 강까지 인도했다. 탁 트인 들판, 공공 도로, 농장 등을 정세를 살펴가며 몰래 건너갔다. 존스는 기병대와 경호실 요원들이 온 사방에 득시글거리는 것을 잘 알았기에 한 번에 50야드 정도 먼저 가서 걸음을 멈추고 주위를 살핀 다음 이상이 없으면 따라오라고 낮게 휘파람을 불었다. 그러면 부스와 헤롤드가 그에게 다가갔다.

그들은 작은 소리에도 놀라며 그런 식으로 몇 시간을 이동했다. 마침내 높은 벼랑에서 강가로 이어지는 가파르고 구불구불한 길에 도착했다. 거센 바람 속에서 그들은 모래사장에 부딪히는 물결의 구슬픈 소리를 들을 수 있었다.

북부군은 일주일 동안 포토맥강 일대를 수색하며 메릴랜드 강가의 모든 거룻배를 파괴했다. 하지만 존스는 그들을 교묘히 속였다. 자신의 흑인 부하 헨리 롤랜드에게 매일 그 배로 청어를 잡게 하고, 매일 밤 덴트의 목초지에 숨기도록 했던 것이다. 이렇게 하여 존스는 도주에 필요한 배를 안전하게 확보할 수 있었다.

부스가 포토맥강을 건너가다

그날 밤 도망자들이 강가에 도착했을 때 모든 준비가 되어 있었다. 부스는 존스에게 감사를 표하며 배와 위스키 한 병에 17달러를 지불하고, 5마일(8킬로미터) 떨어진 버지니아 강변을 향해 출발했다.

짙은 안개가 드리운 어두운 밤, 헤롤드는 노를 저었고, 부스는 선미에 앉아 촛불과 나침반으로 방향을 잡았다.

하지만 그들은 얼마 가지 못해 좁은 수로에서 강한 밀물을 만났다. 이 조류는 그들을 상류로 밀어올려 짙은 안개 속에서 방향을 잃게 했다. 연방정부 순찰선을 가까스로 피한 후, 새벽녘에 그들은 자신들이 출발 지점에서 상류로 10마일이나 떠밀려 왔으며, 버지니아 쪽으로는 전혀 진전하지 못했음을 깨달았다.

그들은 하루 종일 난제모이 소만(小灣)의 늪지대에 숨어 있었다. 다음 날 밤, 축축하고 배고픈 채로 강을 건넜다. 마침내 부스는 외쳤다. "하나님 감사합니다. 드디어 안전해졌어. 영광스러운 옛 버지니아에서."

부스는 서둘러 리처드 스튜어트 박사의 집으로 향했다. 스튜어트는 남부 연합의 대리인이자 킹 조지 카운티 최고의 부자였다. 부스는 남부의 구세주로 환영받을 거라 기대했지만, 스튜어트 박사는 전쟁 중 남부 협력 혐의로 여러 차례 체포된 전력이 있었다. 이제 전쟁이 끝난 마당에 링컨 암살범을 돕는 위험을 감수하고 싶지 않았다. 그는 영리한 사람이었고, 경솔한 행동을 할 생각이 없었다.

결국 그는 부스를 집 안으로 들이지 않았다. 마지못해 약간의 음식을 건네며 헛간에서 먹으라고 했다. 그날 밤, 두 도망자는 흑인의 집에서 묵어야 했다. 그러나 심지어 흑인들조차 그들과 함께 있기를 꺼렸다. 부스는 위협을 가해서야 겨우 몸을 뉠 수 있었다.

아, 버지니아에서 이런 일이 벌어지다니! 그는 이곳에 발을 들이기만 하면 자신의 이름만으로도 산천이 환호성을 지를 것이라 기대했었다.

이제 종말이 가까이 다가오고 있었다. 사흘 후, 부스는 포트 로열에서 래퍼해녹강을 건너는 페리를 탔다. 전쟁에서 돌아오는 남부군 기병 셋과 동행했고, 그들의 말 한 필을 빌려 3마일을 더 남하했다. 그들의 도움으로 한 농가에 들어갔다. 부스는 자신을 리 장군 군대 소속 보이드라 속이고, 리치먼드 전투에서 부상당했다고 거짓말을 둘러댔다.

이후 이틀간 부스는 가렛 농가에 머물렀다. 잔디밭에 누워 햇볕을 쬐며 다리 통증을 견뎠고, 낡은 지도에 리오그란데강과 멕시코로 가는 길에 표시를 해두었다.

가렛 농가에 들어선 첫날 밤, 부스는 그들 가족과 저녁 식사를 함께했다. 이때 가렛의 어린 딸이 이웃에게 들은 암살 소식을 흥분해서 떠들기 시작했다. 누가 그랬는지, 얼마나 받았을지 등을 궁금해했다.

부스가 갑자기 끼어들었다. "내 생각엔, 그는 돈을 받지 않았을 거야. 단지 명성을 위해 그랬겠지."

다음날 4월 25일 오후, 부스와 헤롤드가 아카시아나무 그늘에서 쉬고 있을 때, 래퍼해녹강을 건널 때 도움을 준 남군 기병 러글스 소령이 급히 달려와 외쳤다. "양키들이 강을 건넜어. 조심해야 해."

그들은 서둘러 숲으로 숨었다가, 어둠이 내리자 몰래 농가로 돌아왔다.

가렛은 이들의 행동을 수상하게 여겼다. 그는 이 "손님들"을 당장 내보내고 싶었다. 링컨 암살범이라고 의심했을까? 그건 아니었다. 말 도둑으로 여겼기 때문이다. 두 사람이 저녁 식사 때 말을 사고 싶다고 했을 때 그의 의심은 더 깊어졌다. 잠자리에 들 때 안전상의 이유로 이층 대신 베란다나 헛간에서 자겠다고 고집하자 가렛은 이제 그들이 말 도둑이라고 완전히 확신하게 되었다.

그래서 가렛은 그들을 옛 담배 창고, 지금은 건초와 가구를 보관하는 곳에 재웠다. 창고 문을 잠그고 나서, 추가 안전 조치로 두 아들 윌리엄과 헨리에게 담요를 들고 나가 옥수수 창고 옆에서 밤새 말을 지키라고 지시했다. 그 운명의 밤, 가렛 가족은 잠자리에 들면서 무언가 소란이 일어날지도 모른다는 예감을 떨칠 수 없었다.

그리고 새벽 전, 그 예감은 현실이 되었다.

이틀 동안 북군 기병대는 부스와 헤롤드의 흔적을 쫓았다. 그들은 두 사람이 포토맥강을 건너는 것을 목격한 늙은 흑인과 접촉했고, 이어 래퍼해녹강을 건네준 나룻배 사공 롤린스를 찾아냈다. 롤린스는 부스를 태워준 남부 군인이 윌리 제트 대위라고 말했다. 12마일 떨어진 볼링 그린에 대위의 애인이 있는데 아마도 거기로 갔을 거라는 정보도 얻었다.

기병대는 즉시 달빛 아래 볼링 그린으로 달렸다. 한밤중에 도착한 그들은 집을 급습해 제트 대위를 침대에서 끌어냈다. 그의 갈비뼈에 총구를 들이대며 추궁했다.

"부스는 어디 있나? 그자를 어디에다 숨겼는지 어서 불어. 안 그러면 심장을 박살내 버리겠다."

제트는 조랑말에 안장을 얹고 북군 병사들을 가렛 농장으로 안내했다.

달이 진 그날 밤은 칠흑같이 어두웠다. 9마일을 달리는 동안 말들의 발굽에서 먼지구름이 일었다. 제트의 양옆으로 북군 병사들이 줄지어 따랐고, 그의 말 박차가 그들의 안장에 묶여 있어 어둠 속 도주는 불가능했다.

새벽 3시 30분, 기병대는 페인트가 벗겨진 낡은 가렛 농가에 도착했다.

신속하고 조용히 농가를 포위하고 모든 출입구에 총구를 겨눴다. 기병대장은 권총 개머리판으로 현관을 두들기며 문을 열라고 외쳤다.

리처드 가렛이 촛불을 든 채 문을 열자 개들이 격렬히 짖어댔다. 바람에 그의 잠옷 밑단이 흩날리고 그의 떨리는 두 다리가 드러났다.

베이커 중위는 그의 멱살을 잡고 권총을 그의 머리에 처박으며 부스를 내놓으라고 요구했다. 겁에 질린 늙은 농부는 겁을 먹어 풀리지 않은 혀로 더듬거리며 두 낯선 사람이 숲으로 갔다고 거짓말했다. 기병대는 그 말을 믿지 않고 그를 밖으로 끌어내 밧줄을 내밀면서 마당의 아카시아나무에 목을 매달겠다고 위협했다.

부스의 저항과 피살

그때 옥수수 창고에서 잠들어 있던 가렛의 아들 하나가 집으로 달려와 진실을 털어놓았다. 기병대는 즉시 담배 헛간을 포위했다.

총격이 시작되기 전에 상당한 대화가 오갔다. 15~20분 동안 북군 장교들은 부스와 흥정을 하면서 항복을 요구했다. 부스는 자신이 부상을 입었다고 소리치면서 "다리를 저는 사람에게 공평한 기회를 달라"라고 요구했다. 기병대가 백 야드(약 92미터) 뒤로 물러선다면 헛간에서 나와 그들을 상대로 1대 1 대결을 벌이겠다고 제안했다.

헤롤드는 용기를 잃고 항복할 의사를 표명했다. 부스는 혐오감을 느끼며 소리쳤다. "이 빌어먹을 비겁자야, 여기서 썩 꺼져. 네가 여기 있는 걸 원하지 않아."

그래서 헤롤드는 두 손을 높이 쳐들고 헛간 밖으로 나왔고 즉각 수갑이 채워졌다. 그는 선처를 구걸하며 링컨의 농담을 좋아했고 암살에 직접 가담하지 않았다고 반복했다. 콩거 대령은 그를 나무에 묶은 뒤 입을 다물지 않으면 재갈을 물리겠다며 으름장을 놓았다.

부스는 항복을 거부했다. 그는 후세에 본보기가 되어야 한다고 생각했다. 추적대에게 자신의 사전에 "항복"이란 단어는 없다고 외쳤다. 그들이 "명예로운 옛 깃발에 또 하나의 오점을 남기려 한다면" 자신의 시체를 실어 나를 들것부터 준비하라고 경고했다.

콩거 대령은 연기를 이용해 부스를 헛간 밖으로 몰아내기로 했다. 그는 가렛의 아들에게 헛간 앞에 마른 나뭇가지를 쌓으라고 지시했다. 이를 본 부스는 욕설을 퍼부으며 멈추지 않으면 쏘겠다고 위협했다. 아들이 겁을 먹고 멈추자, 콩거는 헛간 뒤로 가서 틈새로 건초 뭉치를 밀어 넣고 성냥을 켜 불을 붙였다.

그 헛간은 원래 담배 창고였기에 공기 유입을 위한 4인치 빈틈이 있었다. 군인들은 그 틈으로 부스가 테이블로 연기 유입을 막으려 하는 걸 볼 수 있었다. 그는 마치 마지막 무대를 장식하는 비극의 주인공 같았다.

정부는 부스를 생포해 재판에 넘겨 교수형에 처하려 했다. 총살은 원치 않았다. 치밀한 재판을 통하여 그의 죄상을 낱낱이 밝히고 그다음에 교수형에 처하려 했다. 광신도에 바보 같은 "보스턴" 코벳 하사만 아니었다면 생포할 수 있었을지도 모른다.

모든 병사에겐 명령 없이 쏘지 말라는 지시가 거듭 내려졌다. 코벳은 나중에 자신이 받은 명령은 전능하신 주님으로부터 직접 내려온 것이라 진술했다.

불타는 헛간의 틈으로 "보스턴"은 부스가 목발과 카빈 소총을 내던지고, 권총을 높이 쳐들며 출입문 쪽으로 달려나는 모습을 보았다. 그가 밖으로 뛰쳐나와 총을 쏘며 달아나려 한다고 판단한 그는 더 이상의 출혈을 막고자 앞으로 나서서 권총을 왼팔에 걸치고 빈틈으로 조준한 뒤 부스의 영혼을 위해 기도하고 방아쇠를 당겼다.

탕!

부스가 비명을 지르며 공중으로 두어 자 솟구치더니 앞으로 쓰러져 얼굴부터 건초 더미에 쓰러졌다. 치명상이었다.

거센 불길이 건초를 집어삼키자 베이커 중위는 암살범이 타죽기 전에 꺼내고자 뛰어들어 권총을 비틀어 빼앗고, 혹시 죽은 척하는 것일지도 몰라 두 팔을 뒤로 묶었다.

부스는 농가 현관으로 끌려 나왔고, 한 병사가 의사를 부르러 3마일 떨어진 포트 로열로 말을 달렸다.

가렛 부인의 여동생 헬로웨이 양은 언니 댁에 묵으며 학교 교사로 일하고 있었다. 현관 덩굴 아래 누운 이가 낭만적 배우이자 유명한 연애꾼인 존 윌크스 부스임을 알아차리고는 그를 부드럽게 돌봐야 한다고 말했다.

그의 등 밑에는 매트리스를, 머리 밑에는 자신의 베개를 받쳐주고 무릎에 그의 머리를 올려 와인을 한 잔 권했다. 하지만 이미 목구멍이 마비되어 삼키지 못했다. 이어 손수건에 물을 적셔 여러 차례 입술과 혀를 축이고 관자놀이와 이마를 문질러 주었다.

죽어가는 남자는 엄청난 고통 속에 두 시간 반을 버둥거렸다. 얼굴을, 옆구리를, 다시 등을 바닥에 대달라 요구했다. 콩거 대령에겐 목을 조르며 죽여달라 애원했다. 깊은 고통 속에서 계속 소리쳤다. "나를 죽여주시오, 나를 죽여주시오."

더듬거리는 목소리로 어머니께 마지막 전할 말을 속삭였다. "어머니에게… 제가 생각하기에… 최선을 다했고… 조국을 위해… 죽었다고 전해주오."

종말이 다가오자 두 팔을 높이 들어달라 했지만, 이미 완전히 마비된 그 손을 볼 수는 없었다.

"소용없어! 소용없어!" 이것이 그의 마지막 말이었다.

농가 마당의 아름다운 아카시아 나무 위로 해가 떠오를 때 그는 숨을 거뒀다. 턱이 경련하듯 들렸다가 삐뚤어지고, 발끝을 보던 눈은 부풀어 올랐다. 그는 걸걸거리는 거친 숨소리를 내뱉으며 두 다리를 뻗고 고개를 뒤로 젖혔다. 이것이 암살자의 최후였다.

아침 7시, 그는 링컨보다 22분 먼저 세상을 떠났다. "보스턴" 코벳의 총알은 부스가 링컨을 쏜 자리에서 1인치(약 2센티미터) 아래쪽 뒤통수를 관통했다.

의사는 부스의 머리카락 한 움큼을 잘라 핼로웨이 양에게 건넸다. 그녀는 그 머리카락과 피 묻은 베갯잇을 오래 간직하다 만년에 궁핍해져서 반쪽 베개 시트를 밀가루 한 포대와 바꿨다.

31

부스 시신의 처리 과정

부스가 숨을 거두자마자 형사들은 땅에 무릎을 꿇고 그의 몸을 수색했다. 파이프, 사냥칼, 권총 두 자루, 일기, 촛농 묻은 지저분한 나침반, 약 300달러의 캐나다 은행 수표, 다이아몬드 핀, 손톱 다듬는 줄, 그를 흠모했던 다섯 미녀의 사진이 발견되었다. 에피 거몬, 앨리스 그레이, 헬렌 웨스턴, "프리티 페이 브라운", 그리고 후손들의 명예를 위해 이름을 밝힐 수 없는 워싱턴 사교계의 여성이었다.

부스의 시신 운반 작전

도허티 대령은 말 안장 담요를 걷어내 펴고, 가렛 부인에게서 바늘을 빌려 부스의 시신을 담요에 싸서 담요를 꿰맸다. 그리고 늙은 흑인 네드 프리맨에게 2달러를 주며 시신을 포토맥강 선착장으로 운반하라고 지시했다.

라파예트 C. 베이커 중위는 저서 『미국 경호실의 역사』 505쪽에서 시신 운송 과정을 이렇게 묘사했다.

마차가 움직이자 부스의 상처에서 다시 피가 흘러나오기 시작했다. 피는 마차 틈새로 흘러내려 바퀴 축을 적시고 땅에 떨어져 끔찍한 흔적을 남겼다. 널빤지를 더럽히고 담요를 적셨다. … 강가로 가는 내내 시신에서 피가 천천히, 끊임없이 흘러나왔다.

이런 와중에 예상치 못한 사건이 벌어졌다. 베이커 중위의 증언에 따르면, 네드 프리맨의 낡은 마차는 "크게 흔들리는 믿음직스럽지 못한" 물건으로, "곧 해체될 듯 덜거덕거렸다". 결국 마차는 여정의 긴장과 속도를 견디지 못하고 길 위에서 무너지기 시작했다. 마차의 중심 핀이 떨어져 나가면서 앞바퀴 두 개가 뒷바퀴와 분리되었다. 좌석 부분이 쿵 하고 바닥으로 주저앉자, 부스의 시신은 "마지막 도주를 시도하듯" 앞으로 쏠렸다.

베이커 중위는 낡은 장의차를 포기하고 근처 농부에게서 다른 마차를 징발했다. 부스의 시신을 새 마차에 옮겨 실은 후 강가로 급히 달려갔다. 그곳에서 정부 함선 존 S. 아이드 호에 시신을 옮겨 실었고, 배는 워싱턴을 향해 급히 출발했다.

다음 날 새벽, 그 소식이 온 도시에 퍼졌다. 부스가 총에 맞아 죽었고, 시신은 포토맥강에 정박한 몬토크호에 실려 있다는 것이었다. 수도의 시민들은 흥분했고 수천 명이 강변으로 몰려나와 오싹한 호기심으로 그 장의선을 쳐다보았다.

그날 오후, 경호실장 베이커 대령이 스탠턴 장관에게 달려가 보고했다. 한 무리의 민간인이 엄중한 지시를 무시하고 무단으로 함선에 올랐고, 그중 한 여자가 부스의 머리카락을 잘라갔다는 것이다.

스탠턴은 경악했다. "부스의 머리카락 한 올 한 올이 남군에겐 신성한 유물이 될 거요."

장관은 그것이 단순한 유물 이상이 될까 봐 두려웠다. 그는 링컨 암살이 제퍼슨 데이비스와 남부 연합 수뇌부가 꾸민 흉계의 일환이라 확신했다. 그들이 부스의 시신을 확보해 새로운 십자군 운동의 도구로 삼을지 모른다는 우려였다. 시신을 널리 전시하며 다시 무장봉기를 선동해 전쟁을 처음부터 다시 시작하자고 부추길지도 모를 일이었다.

장관은 부스의 시신을 신속하고 은밀하게 매장해야 한다고 결정했다. 빨리 치워 보이지 않게 만들고, 그의 장신구, 옷조각, 머리카락 등이 남부 연합의 성전에 이용되지 않도록 해야 했다.

정부 무기고에 임시 매장

스탠턴은 즉시 명령을 내렸다. 그날 저녁, 해가 서쪽 하늘의 붉은 구름 아래로 사라지자 베이커 대령과 그의 사촌 베이커 중위가 작은 보트를 타고 몬토크 호에 올라 강가 구경꾼들이 지켜보는 가운데 세 가지 일을 했다.

첫째, 소나무 총포 상자에 담긴 부스의 시신을 배 옆구리로 내려 거룻배에 실었다. 둘째, 거대한 쇠구슬과 무거운 쇠사슬도 함께 실었다. 시신이 떠오르지 않게 하기 위해서였다. 셋째, 거룻배에 탄 두 사람은 노를 저으며 하류로 내려갔다.

강변에 모인 호기심 어린 군중은 경호원들이 바라던 대로 행동했다. 그들은 서로 밀치고 부딪히며 강둑을 따라 내달리면서 흥분한 목소리로 지껄이며, 장의선을 예의주시하고 시신이 버려질 지점을 알아내려고 안간힘을 썼다.

사람들은 두 시간 넘게 하류로 가는 두 요원을 뒤쫓았다. 하지만 어둠이 강을 덮고 구름이 달과 별을 가려, 아주 밝은 눈을 가진 이들조차 강 한가운데 떠가는 조그만 배를 볼 수 없었다.

포토맥강에서 가장 한적한 기스보로 포인트에 두 요원이 다다랐을 때,

베이커 대령은 주위에 아무도 없다고 확신했다. 그는 배를 돌려 그곳에서 시작되는 거대한 습지대로 향했다. 악취 나는 질퍽한 갈대숲이 늘어선 그곳은 군에서 폐마와 죽은 노새를 버리는 외딴 장소였다.

음산한 습지에 도착한 두 사람은 몇 시간을 기다리며 뒤쫓는 자가 없는지 살폈다. 그러나 들리는 건 황소개구리 울음소리와 사초를 때리는 물결소리뿐이었다.

자정이 되자, 그들은 숨죽인 채 극도로 조심스럽게 보트를 상류로 저어 갔다. 서로 속삭이지도 않았고, 노 젓는 소리와 뱃전 치는 물소리에도 화들짝 놀랄 정도였다. 마침내 구 형무소 돌담에 이르러 어느 한 지점으로 노를 저었다. 담장 일부를 떼어내 빈 공간이 만들어진 곳으로, 강에서 그 틈을 통해 안으로 들어갈 수 있었다.

경호원들은 암구호에 응답한 장교에게 "존 윌크스 부스"라 새겨진 흰 소나무 관을 넘겨주었다. 30분 뒤, 그 관은 탄약 저장고 한 방의 남서쪽 구석, 얕게 파인 구덩이에 묻혔다. 무덤 위는 조심스레 고르게 해 더러운 바닥과 구분할 수 없게 만들었다.

다음 날 해 뜰 무렵, 긴 갈고리를 든 흥분한 무리가 포토맥강을 샅샅이 뒤졌지만, 기스보로 포인트 뒤편 대습지에서 죽은 노새들만 끌어올렸다.

전국에서 수백만 명이 부스의 시신이 어떻게 되었는지 궁금해했다. 그 진실을 아는 이는 단 여덟 명이었다. 그들은 절대 비밀을 누설치 않기로 맹세했다.

장례가 신비에 휩싸이자 소문이 돌기 시작했고, 전국 신문들이 이를 앞다투어 보도했다. 『보스턴 애드버타이저』는 부스의 머리와 심장이 워싱턴 육군 의학박물관에 보관 중이라 전했다. 어떤 신문들은 시신이 바다에 수장되었다 했고, 또 다른 매체는 완전히 불태워졌다고 보도했다. 한 주간지는 '목격자의 증언'이라면서 한밤중에 포토맥강에 가라앉혔다고 썼다.

부스의 생사에 대한 헛소문

이런 혼란스러운 소문 속에서 또 다른 이야기가 퍼져 나갔다. 수색대가 엉뚱한 사람을 쐈고, 진짜 부스는 살아 있다는 것이었다.

이 소문은 시신이 살아생전의 부스와 너무 달라 보였기에 시작되었을 것이다. 1865년 4월 27일, 스탠턴이 몬토크호에 보낸 이들 중 시신을 확인한 사람은 워싱턴의 저명한 의사 존 프레더릭 메이였다. 그는 방수포를 걷고 시신을 처음 봤을 때를 이렇게 회상했다.

> 그 시신은 내가 알던 사람과 너무나 달라 충격적이었다. 나는 놀라 반스 장군에게 이렇게 말할 정도였다. "이 시신은 부스와 너무 달라 정말 그인지 믿기 어렵습니다."
> 내 요청으로 시신을 앉힌 자세로 만들었다. 그제야 나는 그 앞에 서서 내려다보며 희미하게나마 부스의 모습을 알아볼 수 있었다. 아마 부스만큼 생전과 사후의 모습이 달라진 사람은 없을 것이다. 내가 알던 건강하고 활기 넘치던 부스와, 지금 눈앞의 수척한 시신은 판이하게 달랐다. 피부는 누렇게 변색되었고, 헝클어진 머리카락은 흉측했으며, 얼굴 전체가 야외 노출과 굶주림으로 인해 푹 꺼지고 날카로워져 있었다.

그 시신을 본 다른 이들은 "불완전하게라도" 부스를 알아보지 못하고, 자신들의 의혹을 말하며 돌아다녔다. 그렇게 소문은 빠르게 퍼져 나갔다.

정부는 시신 처리를 비밀리에 진행하고 서둘러 미스터리한 방식으로 매장해버렸으며, 스탠턴 장관은 소문을 잠재워줄 구체적 정보를 내놓기를 꺼렸다. 그러자 상황은 더 악화되었다.

수도 신문 『컨스티튜셔널 유니언』은 전체가 사기극이라 비난했고, 다른 신문들도 가세했다. 『리치먼드 이그재미너』는 "우리는 부스가 도망쳤음을 안다"라고 보도했다. 『루이스빌 저널』은 뭔가 구린내가 난다며 대놓고 비난하고, "경호실장[78] 베이커와 동료들이 재무부를 속이려 고의로 음모를 꾸몄다"라고 썼다.

싸움은 점점 격해졌다. 늘 그렇듯 소위 목격자들이 수백 명 나타나 가렛 농장 총격전 훨씬 뒤에 직접 부스를 만나 대화했다고 주장했다. 부스는 여기저기, 사방팔방에서 목격되었다. 캐나다로, 멕시코로, 남미행 증기선을 타고, 유럽으로 급히 달아났다더라, 버지니아에서 설교를 한다, 동양의 한 섬에 숨어 산다는 등 소문은 소문을 낳았다.

이렇게 미국 역사상 가장 인기 있고 집요하며 신비로운 신화가 탄생했다. 그 전설은 75년 가까이 지속되었고, 오늘날에도 수천 명이 믿고 있다. 그들 중엔 엄청나게 영리한 자들도 많다.

이 신화를 공개적으로 지지하는 학식 있는 대학 교수들도 있다. 미국의 한 유명 목사는 전국을 순회하며 수백 명의 청중 앞에서 부스가 실제로 도주했다고 주장했다. 심지어 이 챕터를 쓰는 동안, 저자는 과학적 사고방식을 가진 사람으로부터 부스의 탈출을 믿는다는 말을 들었다.

그러나 부스가 사살된 것은 의심할 여지 없는 사실이다. 가렛 농가의 담배 헛간에서 총에 맞은 남자는 살기 위해 온갖 변명을 늘어놓았다. 그는 상상력이 풍부했지만, 그 절체절명의 순간에도 자신이 존 윌크스 부스라는 사실을 부인하지 않았다. 그가 확실히 부스였기에, 죽음 앞에서조차 그것을 부인하는 것은 너무나 터무니없고 어리석은 일이었기 때문이다.

부스의 사망을 재확인하기 위해, 스탠턴은 시신이 워싱턴에 도착하자

---

[78] 경호실의 원어는 Secret Service인데, 재무부 산하 조직으로, 화폐 위조 적발 및 방지, 대통령과 그 가족 및 주요 정부 인사의 경호, 정부의 기밀 조사 수행 등을 담당한다. 초기에는 화폐 위조 방지에 중점을 두었으나, 시간이 지나면서 대통령 경호 등으로 업무 범위가 확대되었다. 현재는 국토안보부 소속으로, 국가 안보와 관련된 다양한 임무를 수행하고 있다.

마자 10명을 보내 신원을 확인하게 했다. 그중 한 명이 닥터 메이였다. 그는 생전에 부스의 목에서 큰 섬유성 종양을 제거한 적이 있었는데, 그 수술 자국은 "크고 흉한 상처"로 남아 있었다. 닥터 메이는 이 상처를 통해 부스의 신원을 확인했는데, 그는 이렇게 말했다.

> 보여준 시신은 생전의 부스와 거의 닮지 않았다. 하지만 수술 흔적은 죽음 후에도 남아 있어, 의심의 여지 없이 그의 신원을 확정 지었다. 이는 후에 제기된 모든 의혹에도 불구하고, 대통령 암살범의 정체를 확실히 입증했다.

치과 의사 메릴 박사는 최근 부스에게 해준 보철을 통해 시신을 확인했다. 내셔널 호텔 직원 찰스 도슨은 부스 오른 손바닥의 "J. W. B." 문신으로 신원을 확인했다. 유명한 워싱턴 사진사 가드너와 부스의 절친 헨리 클레이 포드도 시신을 확인했다.

1869년 2월 15일, 앤드루 존슨 대통령의 명으로 부스의 시신을 다시 발굴했을 때도 친구들이 재확인했다. 시신은 볼티모어 그린마운트 공동묘지의 부스 가족묘로 옮겨졌고, 재매장 직전 형제와 어머니, 오랜 친구들이 다시 한번 확인했다.

아마도 부스만큼 사후 신원 확인을 철저히 받은 사람은 없을 것이다.

가짜 부스의 등장

하지만 허황된 전설은 끈질기게 살아남았다. 1880년대, 많은 이들이 리치먼드의 J. G. 암스트롱을 변장한 부스로 여겼다. 그의 검은 눈, 절름발이 걸음, 연극배우 같은 몸짓, 그리고 목뒤 흉터를 가리려 기른 긴 검은 머리가 그 추측의 근거였다.

이후 20여 명에 달하는 "부스"가 계속 나타났다.

1872년, 어떤 "존 윌크스 부스"가 테네시 대학에서 멋진 낭독회를 열고 요술로 관중을 매혹시켰다. 그는 어떤 과부와 결혼했는데 그 여자가 피곤해졌다고 말했다. 그러면서 자신이 진짜 암살범이라고 속삭였다. 뉴올리언스에서 기다리는 큰 재산을 찾으러 간다며 그는 사라졌고, "부스 부인"은 그 후 그의 소식을 듣지 못했다.

1870년대 후반, 텍사스 그랜버리의 한 술집 주인은 천식 환자였는데, 젊은 변호사 베이츠에게 자신이 부스라고 고백했다. 그는 목뒤의 흉터를 보여주며, 부통령 존슨[79]이 링컨 암살을 사주하고 사면을 약속했다고 주장했다.

25년 후인 1903년 1월 13일, 알코올과 마약 중독자 데이비드 E. 조지가 오클라호마주 에니드의 그랜드 애비뉴 호텔에서 스트리크닌 독극물로 자살했다. 죽기 직전 그는 자신이 존 윌크스 부스라고 "고백"했다. 그는 링컨 암살 후 친구들의 도움으로 유럽으로 도주해 10년을 살다 돌아왔다는 것이었다.

변호사 베이츠는 신문 기사를 읽고 오클라호마로 달려가 시신을 검시한 뒤, 데이비드 E. 조지가 바로 텍사스 그랜버리에서 술집을 하던 천식 걸린 주인이라고 선언했다. 25년 전, 그 술집 주인은 베이츠에게 자신이 부스라고 고백한 적이 있었다.

베이츠는 장의사에게 시신의 머리카락을 생전 부스의 머리 모양으로

---

[79] 부통령 앤드루 존슨을 말한다. 링컨 암살 후 대통령직을 승계했으나, 1868년 선거에는 출마하지 않았다. 당시 링컨 부인을 포함한 많은 이들이 존슨을 암살의 배후로 의심했다. 흥미롭게도, 약 100년 후인 1963년 11월 케네디 대통령이 오스왈드에 의해 암살되었을 때도 비슷한 의혹이 제기되었다. 당시 부통령이었던 린든 B. 존슨이 대통령직을 승계하자, 일부에서는 그를 암살의 배후로 의심했다.

빗겨 달라고 했다. 그런 다음 눈물을 흘리며 방부 처리를 하고는 고향인 테네시주 멤피스로 옮겼다. 그는 그 시체를 마구간에 20년간 보관하면서, 부스를 잡을 경우 약속된 정부 포상금을 타내려 했지만 뜻을 이루지 못했다.

　1908년, 베이츠는 『존 윌크스 부스의 탈출과 자살, 혹은 링컨 암살에 관한 최초의 실화, 사건 후 여러 해가 지나 밝혀진 부스 자신의 완벽한 고백』이라는 다소 황당한 제목의 책을 출간했다. 그는 이 선정적인 서적 7만 부를 팔아 제법 파문을 일으켰다. 그는 자동차왕 헨리 포드에게 1,000달러를 주면 그 미라를 넘기겠다고 제안하기도 했다. 마지막으로 남부 전역을 돌며 1회 관람료 10센트를 받고 전시회를 열었다.

　현재 서로 다른 다섯 개의 두개골이 "부스의 두개골"이라는 이름으로 각종 카니발과 야외 천막 행사장에서 전시되고 있다.

32

링컨 미망인의 품위 없는 행동

백악관을 떠난 링컨 부인은 심각한 곤경에 빠졌고, 결국 자신을 전국적 구경거리로 만들어 입방아에 오르고 말았다.

가계 지출과 관련해 그녀는 지나치게 인색했다. 대통령이 매 시즌 여러 차례 공식 만찬을 여는 게 오랜 관례였지만, 링컨 부인은 남편을 설득해 그 전통을 깼다. 그녀는 그런 연회가 "너무 비싸다"며, 전시인 만큼 공식 행사를 "경제적으로" 치러야 한다고 주장했다.

하지만 자신의 허영심을 채워줄 옷이나 보석을 살 때는 검소함은 집어던지고 이성을 잃은 채 마구 사들였다.

1861년, 그녀는 스프링필드 벌판을 떠나며 '영부인'으로서 워싱턴 사교계의 중심이 되리라 자신했다. 그러나 남부 도시 출신의 거만한 귀족들에게 무시당하고 따돌림받자 큰 충격과 치욕을 느꼈다. 그들 눈에는 켄터키 태생인 그녀가 남부 정신을 배신한 것이었다. 남부에 전쟁을 걸고 투박하고 어설픈 "검둥이 애호가"와 결혼한 여자일 뿐이었다.

게다가 그녀는 남의 호감을 얻는 재주도 없었다. 저속하고 평범하며 질투심 많고 허세 부리는 매너 없는 수다쟁이로 널리 알려졌다.

스스로 사교계에서 인기를 얻지 못하자, 그녀는 성공한 이들을 심하게 질투했다. 당시 사교계의 여왕은 링컨 부인의 전 애인 스티븐 A. 더글러스의 아내 아델 커츠 더글러스였다. 더글러스 부인과 체이스 재무장관의 딸에 대한 시기심이 치솟자, 그녀는 돈으로 사교적 승리를 쟁취하기로 결심했다. 자신을 위해 옷과 보석에 막대한 돈을 쏟아부었다.

그녀는 엘리자베스 케클리에게 이렇게 말했다. "체면 유지를 위해선 돈이 있어야 해요. 링컨 대통령이 마련해줄 수 있는 것보다 더 많이요. 그이는 너무 정직해서 봉급 외엔 한 푼도 벌지 않아요. 그래서 난 빚을 질 수밖에 없었고, 지금도 그래요."

사치벽이 있는 링컨 미망인

그렇게 그녀는 빚으로 사치를 이어갔고, 그 규모는 놀랍게도 7만 달러에 달했다! 링컨의 대통령 연봉이 2만 5천 달러였음을 감안하면 엄청난 부채였다. 값비싼 그녀의 장신구를 사려면 2년 9개월 치 봉급을 한 푼도 쓰지 않고 모아야 할 정도였다.

엘리자베스 케클리는 매우 영리한 흑인 여성으로, 돈을 주고 자유를 산 뒤 워싱턴에 와 의상실을 열었다. 그녀는 수도 사교계 유력 인사들을 금방 단골로 만들었다.

1861년부터 1865년까지 그녀는 거의 매일 백악관에 들어가 링컨 부인과 함께 시간을 보냈다. 옷도 만들어주고 개인 시녀 역할도 했다. 결국 그녀는 영부인의 심복이자 조언자, 가장 가까운 친구가 되었다. 링컨이 숨을 거두던 그날 밤, 부인이 계속 찾은 이도 바로 케클리였다.

다행히도 역사를 위해, 케클리 부인은 백악관에서의 삶을 책으로 남겼다. 절판된 지 50년이 넘었지만, 희귀본 서점에서는 10~20달러면 낡은 책을 구할 수 있다. 제목이 좀 길다.『막후에서: 전에 노예였다가 최근에 에이브러햄 링컨 부인의 가까운 친구가 된 엘리자베스 케클리 지음. 혹은 노예로 30년, 백악관에서 4년』.

엘리자베스는 이렇게 적었다. 1864년 여름, 링컨이 재선에 도전하려 할 때 "링컨 부인은 공포와 불안으로 거의 미칠 지경이었다."

왜 그랬을까? 뉴욕의 채권자 한 명이 그녀를 고소하겠다고 위협했기 때문이다. 링컨의 정적들은 그녀의 막대한 빚에 대한 풍문을 알고 있었고, 이를 치열한 선거전에서 폭로할 재료로 삼을지도 몰랐다. 이 생각에 그녀는 거의 미쳐버릴 지경이었다.

"만약 그분이 재선되면 전 이걸 계속 숨길 수 있어요. 하지만 지면 청구서들이 쇄도할 테고 모든 게 탄로 날 거예요." 그녀는 신경질적으로 흐느꼈다.

메리는 링컨에게도 말했다. "무릎 꿇고 빌면서라도 당신을 위해 표를 구걸하겠어요."

"메리," 링컨이 부드럽게 타일렀다. "그렇게 걱정하다간 몸이라도 상할까 두렵구려. 내가 당선되면 별 문제없겠지만, 그렇지 않으면 당신이 크게 실망할 거예요."

"대통령님은 부인이 얼마나 빚졌는지 아세요?" 케클리 부인이 물었다.

『막후에서』 150쪽에 링컨 부인의 대답이 나온다.

"아니요, 절대 몰라요." '절대'는 그녀가 즐겨 쓰는 표현이었다. "게다가 의심 살 만한 행동도 하지 않았어요. 남편이 제 빚의 정확한 액수를 안다면 그 충격에 기절했을 거예요."

케클리가 말했다. "암살로 인해 링컨이 끝내 아내의 빚을 알지 못한 채 세상을 떠났다는 것만큼은 차라리 다행이었다."

그가 무덤에 들어간 지 일주일도 안 돼 링컨 부인은 남편의 이니셜을 새긴 셔츠들을 팔겠다며 펜실베이니아 애비뉴의 한 상점에 내놓았다. 그 소식을 들은 슈어드 국무장관은 무거운 마음으로 가게에 가서 그 모두를 사들였다. 링컨 부인은 백악관을 떠날 때 스무 개의 여행 가방과 오십 개의 상자를 들고 갔다. 이는 상당히 지저분한 가십거리를 만들어냈다.

그녀는 나폴레옹 왕자[80]의 환영 만찬 비용을 부풀려 재무부를 속였다는 비난에 시달렸다. 반대파는 그녀가 오면서는 짐이 가방 몇 개에 불과하더니 나갈 땐 마차 가득이라며, 혹시 백악관 물건을 약탈한 게 아니냐, 손댈 수 있는 건 다 긁어 간 게 아니냐고 힐난했다.

그녀가 워싱턴을 떠난 지 2년 반쯤 뒤인 1867년 10월 6일, 『클리블랜드 헤럴드』는 링컨 부인에 대해 이렇게 썼다.

"국민 여러분께 알립니다. 백악관 약탈 피해 복구에는 10만 달러가 필요한데, 누가 약탈의 수혜자였는지 밝혀내야 합니다."

약탈은 실제 있었다. "장미 왕후" 치하에 많은 백악관 물품이 도난당했다. 하지만 그녀 잘못은 아니었지만, 실수를 저지르긴 했다. 메리 링컨이 백악관에 들어와 제일 먼저 한 일은 집사장과 많은 직원을 해고한 것이었다. 자신이 직접 가사를 감독해 경제적으로 운영하겠다며 나선 것이다.

그녀가 감독에 나서자 하인들은 문고리와 주방 화덕을 제외한 거의 모든 것을 훔쳐 갔다. 『워싱턴 스타』 1861년 3월 9일 자는 이렇게 전한다. "백악관 첫 리셉션에 온 많은 손님이 외투와 저녁 숄을 잃어버렸다. 얼마 지나지 않아 심지어 백악관 가구까지 사라졌다."

생활 형편에 불만인 링컨 미망인

50개 상자와 20개 대형 여행용 가방에는 대체 무엇이 들어 있었을까?

---

[80] 링컨 재임 당시에 프랑스의 국왕이었던 나폴레옹 3세의 아들로 미국을 방문했다.

대부분 쓰레기였다. 쓸모없는 선물, 작은 조각상, 값싼 그림과 책들, 왁스 화환, 사슴 머리, 낡은 옷가지와 구식 모자들과 같이 그녀가 수년 전 스프링필드에서 쓰던 것들이었다.

케클리 부인은 말했다. "그녀에겐 오래된 물건을 모으는 습관이 있었다."

짐을 꾸리는 동안, 막 하버드를 졸업한 장남 로버트가 그 낡은 잡동사니를 다 태워버리자고 제안했다. 어머니가 단칼에 거절하자 아들이 말했다. "시카고까지 수송하는 마차에 불이 나 그 고물들을 싹 태워버리면 좋겠어요."

케클리 부인은 이렇게도 적었다. "링컨 부인이 백악관을 떠나는 아침에도 작별 인사를 하러 온 친구가 거의 없었다. 그 고요한 정적은 고통스러울 지경이었다."

후임 대통령 앤드류 존슨조차 작별 인사를 하러 오지 않았다. 그는 암살 후 그녀에게 위로의 편지 한 줄 보내지 않았다. 그녀가 자신을 경멸한다는 것을 알았기에 같은 감정으로 응수한 것이다.

지금 보면 매우 어리석어 보이겠지만, 링컨 부인은 앤드류 존슨이 암살 사건의 배후라고 확신하기도 했다.

링컨 부인은 아들 태드, 로버트와 함께 시카고로 가서 트레몬트 하우스 호텔에 일주일간 묵었다. 하지만 숙박비가 너무 비싸 하이드 파크라는 여름 휴양지의 "작고 가구 없는" 방으로 옮겨야 했다.

형편이 어려워진 처지를 비관하며 그녀는 옛 친구들과 친척들을 만나거나 연락하는 것을 피했고, 대신 태드에게 철자법을 가르치며 시간을 보냈다.

태드는 아버지의 귀염둥이였다. 본명은 토머스였으나 링컨은 그를 "태드" 혹은 "태드폴"(올챙이)이라 불렀다. 어릴 적 머리가 유난히 컸기 때문이다.

　태드는 주로 아버지와 함께 잤다. 백악관 집무실 주변에서 놀다 잠들면, 대통령이 어깨에 메고 침대로 데려갔다. 약간 말을 더듬는 태드를 아버지는 늘 다정하게 대했다. 영리한 태드는 이 약점을 이용해 슬슬 공부를 피해다녔고, 결국 12살이 되도록 읽고 쓸 줄 몰랐다.

　케클린 부인의 기록에 따르면, 첫 철자법 수업에서 태드는 '멍키'(monkey)의 철자가 'a-p-e'라고 10분간이나 고집을 부렸다. 작은 목판화에 원숭이 그림과 함께 'ape'라고 쓰여 있었기 때문이다. 그의 오해를 풀기 위해 세 사람이 힘을 모아야 했다.

　링컨 부인은 남편이 두 번째 임기를 채웠다면 받았을 10만 달러를 자신에게 지급하라고 온갖 수단을 동원해 의회를 설득하려 들었다. 의회가 거부하자 그 "악마들"을 맹비난했다. "저 지독한 악당 같은 거짓말쟁이들"이 자신의 계획을 방해하고 있다는 것이다.

　그녀가 말했다. "거짓과 악의 우두머리 마왕은 이 백발의 죄인들이 숨을 거둘 때 지옥으로 끌고 갈 거다."

　의회는 결국 링컨이 취임 첫해에 받지 못한 나머지 연봉 2만 2천 달러를 그녀에게 지급했다. 그 돈으로 그녀는 시카고에 대리석 현관 집을 사고 가구를 들여 꾸몄다.

　그러나 링컨의 유산이 정리되기까지는 2년이 걸렸다. 그 사이 생활비가 불어나고 채권자들의 독촉이 빗발쳤다. 이내 그녀는 방을 내주어야 했고, 하숙생까지 받아들여야만 했다. 빚이 늘어나자 결국 그 집을 처분하고 하숙집으로 거처를 옮겼다.

　살림은 나날이 어려워졌고, 1867년 9월 그녀는 자신의 처지를 이렇게 털어놓았다. "경악할 만큼 재정적 압박을 받고 있어 생계 수단조차 막연한 지경이다."

링컨 미망인의 구차한 모금 행각

그녀는 낡은 옷가지와 레이스, 보석들을 챙겨 두꺼운 크레이프 베일로 얼굴을 가린 채 뉴욕에 잠입했다. "클라크 부인"이란 가명으로 투숙한 뒤 케클리 부인을 만나, 낡은 옷 한아름을 안고 7번가의 중고 옷가게로 향했다. 하지만 제시된 가격에 크게 실망하고 말았다.

이어 그녀는 브로드웨이 609번지 다이아몬드 중개상 브래드 앤드 키스 상회로 갔다. 그들이 말했다. "자, 문제를 우리 손에 맡겨주세요. 몇 주 안에 당신을 위해 10만 달러를 모금하겠습니다."

그럴듯한 계획처럼 보였다. 그녀는 요청받은 대로 자신의 가난을 호소하는 편지 두세 통을 썼다.

키스는 그 편지를 공화당 지도자들 면전에서 휘두르며, 현금을 내놓지 않으면 공개하겠다고 으름장을 놓았다. 하지만 돌아온 것은 링컨 부인에 대한 비난뿐이었다.

그녀는 브래드 앤드 키스에게 전국에 15만 통의 편지를 보내 동정심에 호소해달라고 애원했다. 그러나 도움을 요청하는 편지에 저명인사들의 서명을 받아내기란 불가능에 가까웠다.

링컨 미망인은 공화당원들에게 격분하여 링컨의 정적들에게 도움을 요청했다. 민주당 계열의 뉴욕 『월드』지는 과거 정부 명령으로 정간되었고, 그 편집장은 링컨을 맹렬히 비판하다 체포된 적이 있었다. 링컨 부인은 이 신문 칼럼을 통해 자신의 빈곤을 호소하며, 낡은 옷가지들은 물론 "파라솔 커버"와 "드레스 무늬 2본" 같은 사소한 물건들까지 팔겠다고 밝혔다.

뉴욕 주 의원 선거를 앞두고, 『월드』는 링컨 미망인의 편지를 게재하며 『뉴욕 타임스』의 지지를 받는 털로 위드, 윌리엄 H. 슈어드, 헨리 J. 레이먼드 등 공화당 인사들을 강하게 비난했다.

『월드』는 버림받아 고통받는 첫 공화당 대통령 부인에게 기부금을 보내 달라고 빈정대는 투로 호소했다. 그러나 후원금은 거의 들어오지 않았다.

그다음 그녀는 흑인들을 대상으로 모금을 시도했다. 케클리 부인에게 열과 성을 다해 2만 5천 달러를 모아 준다면, 자신이 살아 있는 동안 매년 300달러의 "수수료"를 제공하고, 죽을 때는 남은 액수 전부를 주겠다고 약속했다.

브래디와 키스는 링컨 부인의 옷과 보석을 판매한다고 공고했다. 하지만 많은 이들이 가게로 몰려와 드레스를 만지작거리며 관심을 보이면서도 "유행이 지났다", "너무 비싸다", "낡았어", "겨드랑이랑 치맛단이 들쭉날쭉해", "안감에 얼룩이 있네" 등으로 평가절하했다.

그들은 가게에 기부자 장부까지 펼쳐 놓고, 구경 온 이들이 물건을 사지 않더라도 현금을 내놓기를 바랐다.

절망에 빠진 상인들은 결국 그녀의 옷과 보석을 로드아일랜드주 프로비던스로 옮겨 전시회를 열고 입장료를 받으려 했다. 그러나 시 당국이 허가하지 않았다. 브래디와 키스는 824달러어치를 판매했지만, 자신들의 경비와 서비스 요금으로 820달러를 청구했다.

이처럼 링컨 부인의 모금 운동은 실패로 끝났을 뿐 아니라 대중의 뭇매를 맞았다. 캠페인 내내 그녀는 자신을 수치스러운 구경거리로 만들었고, 국민들도 당혹스러움을 감추지 못했다.

올버니『저널』은 이렇게 외쳤다. "그녀는 자신과 조국, 애도받는 고인의 명예를 모두 더럽혔다."

공화당 정치인 털로는『코머셜 애드버타이저』에 보낸 서한에서 그녀를 거짓말쟁이에 도둑으로 몰아세웠다. 고향 일리노이에선 그녀가 수년간 "스프링필드 시민들에게 공포의 대상"이었고, 그녀의 "기이한 행동은 만인의 입방아에 올랐으며", "인내심 많은 링컨 씨는 집안에서 제2의 소크라테스였다"라고 『하트퍼드 이브닝 프레스』는 조롱했다.

스프링필드의 『저널』은 사설에서 링컨 부인이 오랫동안 정신적 문제를 보여왔으니 그 이상한 행동을 불쌍히 여겨야 한다고 주장했다.

매사추세츠주 스프링필드의 『리퍼블리컨』은 이렇게 불평했다. "한심한 여자 링컨 부인은 수치심도 없이 세상 앞에 역겨운 민낯을 드러내 온 나라가 부끄러워하고 있다."

이런 비난에 모욕감을 느낀 그녀는 케클리 부인에게 보낸 편지에 슬픈 심정을 토로했다.

> 로버트가 간밤에 미친 사람처럼 날뛰며 자살하겠다고 위협했는데 정말 죽을 것 같았어요. 『월드』에 실린 편지들 때문이었죠. … 전 이 편지를 쓰며 눈물을 흘리고 있어요. 오늘 아침 그냥 세상을 떠났으면 좋겠어요. 사랑하는 태디가 그러지 못하게 붙들고 있어요.

언니들과 친척들과도 멀어진 그녀는 급기야 장남 로버트와도 사이가 틀어졌다. 아들에게 반항하고 독설을 퍼부어, 그녀의 편지 일부는 발간 전에 삭제할 수밖에 없을 정도였다.

49세가 된 링컨 부인은 흑인 재단사 케클리에게 이런 편지를 썼다. "이 세상에 당신 말고는 제게 친구가 없는 것 같아요."

미국사에서 에이브러햄 링컨처럼 숭앙받은 인물도 없었고, 링컨 부인처럼 맹렬한 공격을 당한 여성도 없었을 것이다. 링컨 부인이 낡은 옷을 팔려 한 지 한 달도 안 돼 링컨의 유산이 확정되었다. 총액 110,295달러로, 부인과 두 아들이 각각 36,765달러씩 나눠 가졌다. 그녀는 이제 아들 태드와 함께 유럽으로 건너가 프랑스 소설을 읽으며 은둔 생활을 했고,

미국인들과의 만남은 철저히 피했다.

하지만 얼마 지나지 않아 그녀는 다시 궁핍을 호소하기 시작했다. 미 상원에 진정서를 내고 연 5천 달러의 연금을 요청했다. 법안은 방청석의 야유와 의원들의 독설에 직면했다.

"이건 비열한 사기입니다!" 아이오와 출신 하웰 상원의원이 소리쳤다.

"링컨 부인은 남편의 뜻에 따라 살지 않고 있습니다." 일리노이주 예이츠 의원이 외쳤다. "그녀는 과거에 남군을 동정했습니다. 우리에게 자비를 구걸할 자격이 없습니다."

몇 달간의 지연과 비난이 쏟아진 끝에, 그녀는 결국 연 3천 달러의 연금을 받게 되었다.

1871년 봄, 태드가 장티푸스로 심한 고통 속에 숨을 거뒀다. 유일하게 남아 있는 아들 로버트는 이미 결혼했다.

링컨 미망인의 피해망상증

혼자가 된 메리 링컨은 친구도 없이 절망에 빠져 강박증에 시달렸다. 어느 날 플로리다 잭슨빌에서 주문한 커피에 독이 들었다며 욕설을 내뱉고 마시길 거부했다.

시카고행 기차에 오르자마자 주치의에게 급전을 쳐 로버트의 목숨을 살려 달라 애원했다. 하지만 아들은 아무 탈이 없었다. 그는 역으로 어머니를 마중 나와 그랜드 퍼시픽 호텔에서 일주일을 함께 보내며 달래려 했다.

한밤중에 그녀는 종종 아들의 호텔 방으로 뛰어들어 와 황당무계한 소리를 했다. 악마들이 자신을 해치려 한다느니, 인디언들이 "내 뇌에서 전선을 빼내고 있다"느니, "의사들이 내 머리에서 용수철을 꺼내고 있다"라는 식이었다.

낮에는 가게를 돌며 엉뚱한 쇼핑을 했다. 레이스 커튼을 300달러어치나 쓸어 담았지만, 정작 커튼을 설치할 집은 없었다.

장남 로버트는 무거운 마음으로 시카고 카운티 법원에 어머니의 정신 감정을 신청했다. 배심원 12명은 만장일치로 그녀의 정신 이상을 인정했고, 메리는 일리노이주 바타비아의 사립 정신병원에 수용되었다.

13개월 후, 안타깝게도 그녀는 퇴원했다. 병세가 호전된 건 아니었다. 이 불쌍한 병든 여인은 다시 해외로 가 낯선 이들 속에서 떠돌며, 로버트에게 편지 한 통 보내지 않고 행방도 알리지 않았다.

프랑스 포에서 홀로 지내던 어느 날, 벽난로 위에 그림을 걸려고 사다리를 올랐다가 사다리가 부서지는 바람에 추락해 척추를 다쳤다. 그로 인해 오랫동안 걷지를 못했다.

메리 토드 링컨은 생의 마지막을 맞이하기 위해 고향 스프링필드로 돌아와, 언니 엘리자베스 토드 에드워즈의 집에서 지냈다. 그녀는 같은 말을 계속했다. "내가 남편과 아이들 곁으로 갈 수 있게 계속 기도해줘."

상당한 재산(현금 6천 달러와 정부 채권 7만 5천 달러어치)을 가지고 있음에도, 메리는 가난에 대한 비합리적인 두려움에 시달렸다. 또한 당시 전쟁장관이었던 아들 로버트가 아버지처럼 암살될지 모른다는 공포에 괴로워했다.

현실을 피해 도망치고 싶었던 메리는 모든 사람을 멀리했다. 문과 창문을 굳게 닫고 차양을 내려 방을 어둡게 만들었으며, 밝은 대낮에도 실내에 촛불을 켜곤 했다.

주치의가 말했다. "아무리 권유해도 신선한 공기를 쐬러 밖에 나가려 하지 않았습니다."

컴컴한 방, 쓸쓸한 고독, 촛불 아래 고요 속에서 그녀의 기억은 잔인한 세월을 거슬러 올라가 처녀 시절의 낭만적인 꿈에 닿았다. 그녀는 다시금 스티븐 A. 더글러스와 왈츠를 추는 자신을 상상했다. 그의 우아한 매너에 매료되고, 낭랑한 모음과 딱딱한 자음이 어우러진 감미로운 목소리가 빚어내는 풍성한 선율에 심취했다.

때로는 또 다른 연인 에이브러햄 링컨 청년이 밤늦게 청혼하러 찾아오던 때를 떠올렸다. 물론 그는 가난하고 볼품없는 변호사였고, 스피드 잡화점 다락방에서 힘겹게 살아가는 남자였다. 그러나 그녀가 적절히 격려만 해준다면 언젠가 대통령이 될 수도 있으리라 믿었다. 그의 사랑을 얻고 싶어 아름답게 보이려 애썼다. 지난 15년간 검은색 옷만 고집해 온 그녀였지만, 유혹의 욕망이 꿈틀거리면 스프링필드의 상점을 찾아갔다.

"그녀는 엄청난 양의 비단과 드레스를 사들여 트렁크며 마차며 가득 채워 집으로 날랐습니다. 하지만 그 옷을 입어 보는 법이 없었죠. 쌓아만 두었습니다. 마침내 옷방 바닥이 꺼질까 봐 걱정될 지경이었습니다." 주치의의 말이다.

1882년 어느 평화로운 여름날 저녁, 가엾고 지친, 성마른 여인은 오랫동안 기도해온 대로 이 세상으로부터 해방되었다. 급성 심장마비로 몸이 굳은 직후, 언니 엘리자베스의 집에서 고요히 숨을 거두었다. 40년 전 에이브러햄 링컨이 "사랑은 영원하다"라는 글이 안쪽에 새겨진 반지를 그녀 손에 끼워주었던 곳이었다. 향년 64세였다.

33

링컨 시신 도굴 사건

1876년 한 패거리가 링컨의 유해를 훔치려 한 경악할 만한 사건이 있었다. 기존의 링컨 전기에서는 이 이야기가 거의 언급되지 않는다.

"빅 짐" 키닐리 일당은 미국 경호원들을 화나게 만든 교활한 위조지폐범들이었다. 1870년대 그들의 아지트는 옥수수와 돼지를 키우는 한적한 마을에 있었는데 마을 이름은 일리노이주 링컨이었다.

수년간 빅 짐의 부하들은 점잖고 얌전한 태도로 위장해 전국을 돌아다니며, 순진한 상인들에게 5달러짜리 위조지폐를 건네고 거스름돈을 챙겨 진짜 돈을 가로챘다. 수익이 엄청났다. 그러나 1876년 봄, 조직은 치명타를 맞기 시작했다. 기존 위조지폐 재고가 바닥난 것이다. 한 번 쓰고 버리게 되어 있는 위조 판을 만들어주던 조판공 벤 보이드가 감옥에 갔기 때문이다. 석 달을 꼬박 세인트루이스와 시카고를 뒤졌지만 대체 인력을 찾을 수 없었다. 빅 짐은 결국 절대 필요한 보이드를 어떻게든 풀어내기로 마음먹었다.

그리고 에이브러햄 링컨의 시신을 훔쳐 숨겨두겠다는 사악한 계획을 꾸몄다. 이 사실이 알려지면 북부는 분노에 휩싸일 터, 빅 짐은 냉정하고 현실적으로 협상에 나설 수 있을 것이었다. 보이드의 사면과 거액의 돈을 조건으로, 신성한 유해를 돌려주겠다는 계획이었다.

위험하지 않냐고? 천만에. 당시 일리노이주 법에는 시체 도굴을 금하는 조항이 전혀 없었다.

위폐범들의 도굴 계획

그리하여 1876년 6월, 빅 짐은 사전 작업을 개시했다. 부하 다섯을 스프링필드로 보내 술집과 댄스홀을 열고 바텐더로 위장시킨 것이다.

그러나 불운하게도, 소위 "바텐더" 중 하나가 어느 토요일 밤 술에 취해 스프링필드의 창녀촌으로 흘러 들어가서 지나치게 입을 놀렸다. 자신이 곧 엄청난 돈을 벌게 될 거라며 큰소리를 친 것이다.

그는 계획의 전모를 은밀히 귀띔했다. 다음 달 7월 4일 독립기념일 전야, 스프링필드 시민들이 불꽃놀이에 한눈팔 때 오크리지 공동묘지로 가서 "올드 에이브의 시체를 훔치겠다"라는 것이었다. 그리고 그날 밤 생거먼강 다리 아래 모래톱에 숨겨 둘 작정이라고 했다.

한 시간 뒤 홍등가 마담은 곧장 경찰서로 달려가 그 놀라운 얘기를 털어놓았다. 다음 날 오전까지 그녀는 십여 명에게 소문을 퍼뜨렸고, 이내 온 동네 사람들이 그 얘기를 알게 되자 자칭 바텐더들은 타월을 링에 내던지고 줄행랑을 쳤다.

하지만 빅 짐이 물러선 건 아니었다. 그저 일정이 늦춰졌을 뿐이었다. 그는 아지트를 스프링필드에서 시카고 서쪽 매디슨가 294번지로 옮겼다. 거기에 술집을 하나 갖고 있었다. 앞쪽에선 부하 테렌스 멀렌이 노동자들에게 술을 팔았고, 뒤쪽엔 밀실이 있어 위조범들의 은밀한 접선 장소가 되었다. 바에는 에이브러햄 링컨의 흉상이 놓여 있었다.

몇 달 동안 루이스 C. 스웨글스라는 도둑이 그 집에 출입하며 빅 짐 무리와 가까워졌다. 그는 말 도둑질로 두 번 감방에 갔다 왔다며, 지금은 "시카고 최고의 시체 도둑"이라 자랑했다. 시내 의대들에 해부용 시체 대부분을 자신이 공급한다는 것이었다. 그럴듯한 이야기였다. 당시 시체 도굴이 전국적인 공포였기 때문이다. 의대에선 실습용 시체가 필요했고, 도둑들에게 사들일 수밖에 없었다. 도둑들은 모자를 눈썹까지 눌러쓰고 부푼 자루를 멘 채 새벽 두 시쯤 뒷문으로 살금살금 들어와 시체를 팔곤 했다.

스웨글스와 키닐리 패거리는 링컨 묘를 도굴할 치밀한 계획을 세웠다. 긴 자루에 시신을 쑤셔 넣어 짐마차 바닥에 던져 놓고, 힘 좋은 말들을 번갈아 타고 인디애나 북부까지 쌩쌩 내달릴 참이었다. 그리고 그곳 외로운 물새들만 날아드는 사구에 유해를 묻어 두면, 호숫가에서 불어오는 바람이 주변의 자취를 싹 지워 줄 터였다.

시카고를 떠나기 전, 그들은 런던 신문 한 부를 사서 일부를 찢어내고 나머지는 서쪽 매디슨가 294번지 술집의 링컨 흉상에 쑤셔 넣었다. 11월 6일 밤, 스웨글스와 빅 짐의 부하 둘은 그 찢어낸 신문 조각을 들고 시카고-앨튼 기차를 타고 스프링필드로 향했다. 시신을 훔친 뒤 빈 관 곁에 그 종이 쪼가리를 남겨둘 참이었다. 형사들이 그 종이를 발견하면 당연히 단서로 보관할 것이다. 그러다 국가가 흥분의 도가니에 빠져 있을 때, 일당 중 한 명이 주지사에게 접근하여 20만 달러의 금화와 벤 보이드의 석방을 대가로 링컨의 시신을 돌려주겠다고 제안할 계획이었다.

그 대변인이라는 자가 사기꾼이 아님을 주지사가 어떻게 믿을 수 있겠나? 그자는 런던 신문을 가져갈 것이다. 형사들은 신문 찢어진 면을 맞춰 보고 그가 진짜 시체 도둑의 대변인임을 알아볼 것이다.

도굴범들은 계획대로 스프링필드에 도착했다. 스웨글스가 말한 모험을 벌이기에 "더없이 좋은 때"였다. 11월 7일은 선거일이었다. 몇 달째 민주당원들은 그랜트 대통령 2기 중에 벌어진 뇌물수수와 부패상을 성토해왔다. 반면 공화당은 민주당원들의 코앞에 남북전쟁의 "피 묻은 셔츠"을 내저었다. 그 선거는 미국 역사상 가장 치열한 선거 중 하나였다.

그날 밤, 들뜬 군중이 신문사에 몰려들고 주점을 메우는 동안 빅 짐의 패거리는 재빨리 오크리지 묘지로 달려갔다. 묘지는 어두웠고 적막이 흘렀다. 무덤 철문의 자물쇠를 톱으로 끊고 안으로 들어간 그들은 관의 대리석 뚜껑을 비틀어 연 뒤 관을 반쯤 끄집어냈다.

일당 중 하나가 스웨글스더러 마차와 말을 끌고 오라 지시했다. 링컨의 묘소에서 북동쪽으로 200야드쯤 떨어진 골짜기에 말과 마차를 대기시키라는 임무였다. 스웨글스는 재빨리 가파른 언덕을 내려가 어둠 속으로 사라졌다.

경호실의 정보원인 스웨글스

하지만 스웨글스는 무덤 도굴꾼이 아니었다. 그는 개과천선한 전과자로, 현재는 경호실의 밀정으로 일하고 있었다. 골짜기에 마차와 말을 대기시키는 대신, 그는 링컨 묘역 기념관에 여덟 명의 형사를 매복시켰다. 약속된 장소로 달려간 그는 성냥을 그어 담배에 불을 붙이고 암호 "씻어내라"를 속삭였다.

8명의 경호실 요원은 신발을 벗고 양말 바람으로 은신처에서 나와 안전장치를 푼 권총을 들고 있었다. 그들은 스웨글스와 함께 비석 뒤를 돌아 무덤 안으로 진입해 도굴꾼들에게 항복을 명령했다.

아무 대답이 없자 티렐 경호 대장이 성냥을 그었다. 석관 밖으로 반쯤 빠진 관이 보였다. 하지만 시체 도둑들은 어디에? 요원들은 사방으로 수색에 나섰다. 달이 나뭇가지 위로 떠오르고 있었다. 티렐은 기념관 테라스로 뛰어가 조각상 무리 뒤에서 자신을 노려보는 두 남자를 발견했다. 흥분과 혼란 속에 그는 양손에 든 총을 발사했고, 저들도 응사했다. 그러나 그들은 도둑이 아니었다. 그는 자기 부하들을 향해 방아쇠를 당긴 것이었다.

100피트 떨어진 어둠 속에서 스웨글스의 복귀를 기다리던 도둑들은 뭔가 낌새를 알아차리고 숲속으로 달아났다.

열흘 후, 그들은 시카고에서 체포되어 스프링필드 감옥으로 압송되었고, 24시간 엄중 감시를 받았다. 이 사건은 대중의 분노와 흥분을 불러일으켰다. 링컨의 맏아들 로버트는 부유한 풀맨 가문[81]과 혼인한 상태였고, 시카고 최고의 변호사들을 고용해 일당을 기소하려 했다.

변호인들은 최선을 다했으나 난관에 부딪혔다. 당시 일리노이엔 시체절도를 금하는 법이 없었다. 만일 그들이 실제로 관을 훔쳐갔다면 기소가 가능했겠지만, 무덤 밖으로 치우지 않았기에 절도죄가 성립되지 않았다. 결국, 고액의 시카고 일류 변호사들이 할 수 있는 최선은 75달러짜리 관을 훔치려 한 죄목으로 도굴꾼들을 고발하는 것뿐이었다. 이 죄목의 최고 형량은 고작 5년이었다.

그러나 8개월이 지나도록 사건이 재판에 회부되지 않자 여론의 분노도 수그러들었고, 정치적 개입이 시작되었다. 1차 평결에서 배심원 4명이 무죄에 표를 던졌다. 몇 차례 더 표결한 끝에 배심원들은 절충안으로 시체 도둑들에게 1년 형을 선고하고 졸리엣 교도소에 수감하기로 결정했다.

링컨의 지인들은 다른 도둑들의 재범 가능성을 우려했다. 이에 링컨기념협회는 그의 유해를 철제관에 안치한 뒤, 허름한 판자로 위장한 지하

---

81 풀맨은 침대차를 발명하여 전국의 철도 회사들에 이 차량을 납품함으로써 큰돈을 번 조지 풀맨(1831-1897)을 가리킨다. 그는 직원들을 위해 시카고 남쪽에 '풀맨 타운'을 조성했는데, 이는 후에 시카고시에 편입되었다. 풀맨 타운은 다양한 편의 시설을 갖춘 직원 복지의 선구적 모델로, 당시 주목할 만한 사회적 실험으로 평가받았다.

무덤 뒤편의 습한 지하실 어두운 통로에 2년간 숨겨두었다.

여러 이유로 링컨의 관은 17차례나 옮겨졌다. 그러나 이제는 더는 움직일 일이 없어졌다. 묘실 바닥 아래 6피트 지점, 강철과 콘크리트로 만든 거대한 구형 공간 안에 안치되었기 때문이다. 1901년 9월 26일의 일이었다.

그날 관이 열렸고, 사람들은 마지막으로 고인의 얼굴을 볼 수 있었다. 직접 본 이들에 따르면 그 얼굴은 매우 자연스러워 보였다. 서거한 지 36년이 흘렀음에도 말이다. 장의사들이 어찌나 염습 작업을 잘했던지 그는 생전의 모습과 아주 흡사하게 보였다. 얼굴이 약간 더 거무스름해지고 검은 넥타이 가닥에 곰팡이가 피어난 것 외에는 다를 바 없었다.

〈에이브러햄 링컨 초상〉(앤서니 버거 촬영, 1864년)

남북전쟁이 한창이던 1864년, 백악관 사진사 앤서니 버거는 이 사진을 남겼다. 깊게 팬 눈가 주름과 굳게 다문 입술, 다소 수척한 얼굴에는 전쟁과 고뇌의 시간이 고스란히 담겨 있다. 그의 맏아들 로버트는 "아버지의 진짜 모습을 가장 잘 담은 사진"이라 회상했다. 묵묵히 국가의 짐을 짊어졌던 한 위대한 지도자의 내면이, 흑백의 사진 한 장에 온전히 응축되어 있다.

해설

위대한 평범함:
한 인간의 깊이, 한 나라의 운명

이종인

이 책은 데일 카네기의 『우리가 알지 못했던 링컨』(*Lincoln The Unknown*, 1932)을 완역한 것으로, 1930년대 초에 출간된 일반 교양인을 위한 링컨 전기 중 유일하게 현재까지 발간되고 있다. 그 비결은 링컨의 인간성과 리더십을 생생하게 부각했기 때문이다. 전문 서적은 당대의 정치, 사회, 경제적 맥락을 중점적으로 다루어 배경지식이 부족하면 접근하기 어렵고 재미가 없다. 반면 이 책은 링컨이 미국의 16대 대통령이자 노예 해방의 주역이라는 점만 알면 누구나 쉽게 읽을 수 있도록 구성되어 있다. 또한 그의 위대한 리더십의 원천을 국가, 정부, 가정, 개인의 4가지 차원에서 구체적인 사례와 함께 설명한다.

링컨은 태어날 때부터 위인이 아니었다. 동부 귀족도, 하버드 출신도, 서부 대농장 주의 아들도, 애덤스 가문처럼 두 명의 대통령을 배출한 명문가의 후손도 아니었다. 오히려 우울증 기질을 타고난 평범한 인물이었다. 그는 켄터키, 인디애나, 일리노이의 대평원을 옮겨 다니며 서부를 개척한 개척민의 자식으로 자라났고, 초등 교육도 제대로 받지 못했다. 스무 살 이후에는 아버지의 도움 없이 혼자서 맨주먹으로 인생의 가시밭길을 헤쳐 나온 사람이었다.

이런 링컨이 어떻게 연방의 분열을 막아내고 남북전쟁의 승리를 이끌어내며, 노예 해방이라는 역사적 과업을 완수한 미국 최고의 대통령으로 우뚝 설 수 있었을까? 바로 그의 위대한 리더십 덕분이었다. 평범한 사람도 때론 천년에 한 번 나올 법한 위인이 될 수 있다. 링컨이 그런 경우였다. 그래서 그의 생애는 우리 같은 보통 사람들에게 무한한 용기와 영감을 준다. 이 책은 그의 점진적 성장과 비약적 도약 과정을 일상의 생생한 일화들과 함께 감동적으로 그려낸다.

이 책의 뛰어난 명성 덕분에 국내에서도 이미 세 종류의 번역본이 출간된 바 있다. 현대지성에서 새롭게 선보이는 본 번역서는 링컨의 고매한 인품과 위대한 리더십이 형성된 배경을 심도 있게 조명하는 데 중점을 두었다. 원저자 카네기가 미국 독자들에게 익숙하다는 이유로 과감히 생략한 링컨 시대의 역사적 배경을 이 역서에서는 한국 독자들을 위해 풍부하게 보강했다.

이 해설은 링컨 이전 미국의 역사적 흐름과 남북전쟁의 전개 과정에 대한 간결한 소개를 담았으며, 링컨의 우울증적 성향, 복잡했던 부부관계, 탁월한 리더십의 본질, 그리고 그가 남긴 역사적 유산을 체계적으로 이해할 수 있도록 전개하고자 한다.

1. 링컨 이전의 미국 역사

1787년 필라델피아 회의에서 제정된 미국 헌법은 불완전함을 안고 있었다. 한편으로 자유가 인간의 천부적 권리라 말하면서도, 다른 한편으로는 그 자유를 침해하는 노예제를 용인했다. 건국의 아버지들은 13개 주를 아우르는 연방 수립이 급선무라 보고, 주마다 불균등하게 분포한 노예제 문제는 후대에 맡겼다. 사실 헌법에는 노예를 암시하는 대목이 여럿 나오는데, "서비스나 노동에 묶인 사람"(Person held to Service or Labour)이라고만 표현해 언젠가 노예제가 폐지될 때를 대비하고 있다.[82] 하지만 노예제는 링컨이 등장하기까지 미국의 심장부를 찌르는 가시였고, 연방 해체를 예고하는 시한폭탄이나 다름없었다.

북미에 아프리카 흑인 노예를 처음 들여온 때는 1619년이었다. 본래는 원주민을 노동력으로 썼으나 그들은 체질이 약해 병들거나 죽는 일이 잦았다. 그 대안으로 영국이 주도하던 노예무역을 통해 흑인이 유입되었다. 1619년 네덜란드 선박이 미국 동부 해안을 따라 항해하다 버지니아주 제임스타운에 정박해 흑인 노예를 영국 식민지 주민에게 매매한 것이 시초였다. 17세기 말에는 남부의 담배 농장에서 흑인 노예가 주 노동력이 되었다. 반면 북부는 산업혁명이 활발히 일어나 기계 중심 산업이 발달했기에, 남부의 농업경제만큼 흑인 노동력에 의존할 필요성이 크지 않았다.

이러한 차이는 미국 남부와 북부 사이에 산업적 단층선을 형성했고, 경제 구조의 변화로 이 격차는 더욱 심화되었다. 링컨 시대가 도래하기 전,

---

[82] 이 표현은 미국 헌법 제4조 2절 3항에서 찾아볼 수 있으며, 원문은 다음과 같다. "No Person held to Service or Labour in one State, under the Laws thereof, escaping into another, shall, in Consequence of any Law or Regulation therein, be discharged from such Service or Labour, but shall be delivered up on Claim of the Party to whom such Service or Labour may be due."(한 주에서 법에 따라 서비스나 노동에 묶여 있는 사람이 다른 주로 도망갔을 때, 그 다른 주의 어떤 법률이나 규정 때문에 그 서비스나 노동의 의무에서 벗어날 수 없다. 오히려 그 서비스나 노동의 권리를 가진 당사자의 요구가 있으면 그 사람은 반드시 돌려보내져야 한다.) 이 조항은 도망 노예법(Fugitive Slave Clause)으로 알려져 있으며, 노예제를 직접적으로 언급하지 않으면서도 그 존재를 인정하고 있다. "서비스나 노동에 묶인 사람"이라는 표현을 사용함으로써, 향후 노예제 폐지 시 해당 조항의 해석이 변경될 수 있는 여지를 남겼다고 볼 수 있다. – 편집자

미국의 심리적 지형을 크게 변화시킨 시장 혁명과 산업 혁명은 남북 간의 이질감을 한층 강화했다. 북부 주들은 노예제가 아닌 해방된 흑인들의 임금 노동에 기반한 경제 체제를 발전시켰지만, 남부 주들은 흑인 노예들의 노동력에 의존하여 목화를 재배함으로써 수익을 창출했다. 북부의 공장들은 남부에서 생산된 목화를 가공하여 제품을 생산하고 확장되는 소비자 시장에 판매했다. 이런 시장 구조 속에서 북부에는 부유한 엘리트 계층과 자유노동자 계급이 형성되었고, 자연스럽게 노예제를 배척하는 사회적 분위기가 조성되었다.

반면 남부는 목화 수출에 의존하는 경제 구조를 가졌으며, 이는 그 지역의 문화를 북부와 완전히 다른 방향으로 이끌었다. 목화 제조기와 기계식 수확기의 도입, 그리고 흑인 노예들의 강제 노동에 힘입어 미국 남부의 목화 생산량은 1791년 200만 파운드에서 1860년에는 10억 파운드로 급격히 증가했다. 이전까지 노예제를 불가피한 악으로 인식하던 남부의 언론과 교회마저 이제는 필수적인 제도로 수용하게 되었다. 더욱이 흑인 노예의 출산율이 백인보다 현저히 높아 경제적 가치가 더욱 상승했다.

그러나 이 제도는 본질적으로 비윤리적 행위들을 내포하고 있었다. 일부 무분별한 백인 농장주들은 흑인 여성을 성적 대상으로 취급했으며, 그 사이에서 태어난 혼혈아들을 시장에 판매하기도 했다. 이에 북부는 남부의 이러한 관행을 강하게 비난하며 남부 전체를 거대한 매음굴로 규정했다. 또한 노예제도는 인간을 물건처럼 취급하면서도 역설적으로 그 노예에게는 상급자에 대한 복종과 같은 인간적 행동을 요구하는 이중적이고 위선적인 시스템이었다.

미국의 서부 확장 정책은 노예제를 둘러싼 남북 간의 견해 차이를 더욱 더 드러나게 했다. 독립 선언 당시 미국의 영토는 주로 미시시피강에 이르는 대륙 동부에 국한되어 있었다. 그러나 1803년 프랑스로부터 루이지애나 지역을 매입함으로써 미국의 영토는 서쪽으로 로키산맥까지 확장되었는데, 이는 현대 미국 국토의 3분의 1에 해당하는 광활한 영역이었다. 이후 미국 정부는 1845년 텍사스를 병합하고, 1846년 오리건 영토 문제로 영국과 협약을 체결했으며, 1848년 과달루페 이달고 조약을 통해 멕시코로부터 뉴멕시코와 캘리포니아 지역을 획득했다. 이로써 미국의 국토는 서쪽으로는 태평양, 남쪽으로는 리오그란데강, 북쪽으로는 49도 선까지 대폭 확장되었다.

이처럼 새롭게 획득된 영토에서 노예제를 어떻게 다룰 것인가의 문제, 즉 자유주로 지정할 것인지 노예주로 할 것인지, 그리고 누가 그 결정권을 가질 것인지를 둘러싼 이견이 연방의 결속에 심각한 균열을 초래했다. 최초의 논쟁은 1819년 미주리가 노예주로 연방에 가입하겠다고 요청하면서 표면화되었다. 북부 출신 상원의원들이 이를 강력히 반대하자, 남부 출신 의원들은 격분했다. 그들은 연방 의회가 장차 주로 편입될 지역의 제도, 특히 노예제도에 관여할 권한이 있는지 근본적인 의문을 제기했다. 이는 연방정부와 주정부 간의 권한 다툼으로 번졌으며, 결국에는 연방의 근간을 뒤흔드는 중차대한 문제로 확대되었다.

미국 역사에서 각 주가 연방 탈퇴를 시도한 사례들은 주로 경제적 이해관계와 밀접하게 연관되어 있었다. 일례로 연방정부가 인두세 부과를 위해 각 주의 인구 조사에 흑인 노예도 포함시키려 하자 남부 주들은 격렬히 저항하며 연방 탈퇴라는 카드를 꺼내들었다. 또한 1812년 전쟁 당시 뉴잉글랜드의 일부 정치인들은 연방 정책에 불만을 품고 연방 탈퇴를 심각하게 고려했으나, 앤드루 잭슨 대통령의 단호한 저지로 무산되었다. 1828년 잭슨 대통령의 관세 인상 정책 역시 남부의 극심한 반발을 야기했다. 노예 노동에 필요한 물품을 해외에서 수입할 때 고율의 관세를 부과하는 방침에 남부 농장주들은 추가적인 세금 부담을 감당해야 했기에 강력히 반발하며 각 주의 권리가 우선함을 주장했다. 특히 사우스캐롤라이나주는 이 관세 정책에 정면으로 맞서 연방 탈퇴를 위협함으로써 연방정부로부터 정책 완화를 이끌어내는 데 성공했다. 이처럼 각 주 정부는 경제적 손실 문제를 맞닥뜨릴 때마다 연방 탈퇴라는 극단적 방안을 거론했으나, 그때마다 정치적 타협으로 봉합되곤 했다.

그러나 19세기 초반에 이르러 노예제 문제는 더욱 악화되어 남북 갈등을 국가적 위기 수준으로 고조시켰고, 연방의 존속 자체에 심각한 위협으로 작용했다. 이 위기는 켄터키 출신의 수완 좋은 상원의원 헨리 클레이의 탁월한 중재로 일단락되었다. 그는 1819년 미주리 협정을 제안하여 루이지애나 준주의 서쪽 경계선을 설정했다. 이 경계선 남쪽은 노예제를 유지하고 북쪽은 자유주로 지정하되, 남쪽에 위치한 미주리는 예외적으로 노예주로 인정하는 타협안이었다. 미주리 협정은 1850년까지 30년간 끊임없는 논란 속에서도 효력을 유지했으나, 결국 양측이 자기 영향력을 확대하려는 치열한 경쟁 속에서 그 실효성을 상실하게 되었다.

링컨이 대통령에 당선되기 10년 전부터 남북 관계는 극도로 악화되어 두 지역 간 무력 충돌에 대한 우려가 공공연히 표출되었다. 사우스캐롤라이나 출신 상원의원 존 캘훈은 북부의 압력과 간섭이 남부의 정당한 자기방어 권리를 침해한다고 주장했다. 이때 미주리 협정의 주역이었던 헨리 클레이가 다시 한번 중재자로 나섰다. 이제 팔순의 노련한 정치인이 된 그는 캘리포니아를 자유주로 인정하고 컬럼비아 특별구의 노예 매매를 금지하는 한편, 자유주로 도피한 남부 노예들을 엄격히 단속하여 원래 소유주에게 송환하는 도망노예법을 강화하는 타협안을 제시했다.

그러나 도망노예법 강화는 갈등을 누그러뜨리기는커녕 되레 증폭시키는 결과를 가져왔다. 북부에서는 이 법의 가혹한 집행을 목격하며 노예제의 비인간성을 더욱 절실히 체감하게 되었고, 남부에서는 이 조치가 일시적인 미봉책에 불과하다고 간주했다. 이러한 상황에서 해리엇 비처 스토 부인은 도망노예법에 강력히 반대하는 사회 고발 소설 『톰 아저씨의 오두막』(1852)을 발표하여 큰 반향을 일으켰다. 1850년대 미국 정치인들에게 가장 시급한 과제는 노예 문제의 해결이었으며, 그들은 각자 자신의 지역구 유권자들의 지지를 얻기 위해 다양한 해법을 제시하며 정치적 입지를 다지고자 했다. 이 과정에서 북부는 서부의 신생주에 노예제가 허용된다면 이 제도가 영구적으로 존속할 것이라는 우려를 표명한 반면, 남부는 서부 개척지로 노예를 확장하지 못한다면 막대한 경제적 손실은 물론 남부의 노예제도 자체가 위기에 처할 것이라는 두려움을 드러냈다.

이즈음인 1858년, 일리노이주 상원의원 선거에서 링컨과 맞붙은 더글러스는 주권재민 원칙을 제안했다. 즉, 새롭게 형성되는 주의 노예제 채택 여부를 그 지역 주민들이 직접 결정하자는 것이었다. 그러나 이 주권재민 원칙은 사실상 노예제에 굴복하기 위한 표면적 장치에 불과했다. 처음부터 신생 주에서 노예제를 명시적으로 금지하지 않는다면 노예 소유 재벌들의 진출을 효과적으로 차단할 수 없었고, 일단 노예제가 뿌리내리게 되면 이를 제거하는 것은 사실상 불가능했기 때문이다.

노예제에 대한 남북의 이해관계는 근본적으로 달랐다. 남부인들은 노예제에 대해 직접적이고 구체적인 경제적 이해관계를 갖고 있었다. 남부의 4백만 흑인 노예의 가치는 약 1억 달러로 추산되었으며, 이들을 아무런 제한 없이 신생 주로 확장할 수 있다면 그 가치는 즉각 2억 달러로 폭등할 것이었다. 이러한 경제적 이해관계가 남부인들을 강력하게 결속시켰다. 반면 노예제 확장을 저지한다고 해서 북부인들이 직접적인 경제적 이득을 얻는 것은 아니었다. 북부인들에게는 도덕적 정당성이라는 추상적 가치만 있을 뿐 실질적인 금전적 이익은 부재했다. 비록 다소 느슨한 도덕적 원칙으로 연대했지만, 궁극적으로 도덕을 수호하는 국가가 승리한다는 신념이 북부인들의 연방 수호 명분이었다. 미국은 근본적으로 자유를 신봉하는 국가이며, 자유는 도덕적 기반 없이는 온전히 존속할 수 없고, 비도덕적인 노예제는 잔혹한 자의와 무자비한 이익 추구를 정당화하는 제도였기 때문이다.

이처럼 남부는 경제적 이익을, 북부는 연방과 자유의 가치를 우선시했다. 이러한 국가 분열의 위기 속에서 다니엘 웹스터와 헨리 클레이가 미국 역사상 위대한 정치인으로 평가받는 이유는 자유의 원칙을 수호하고 연방의 분열을 방지하기 위해 헌신적 노력을 기울였기 때문이다. 링컨 역시 이들의 정신을 충실히 계승했다. 그는 일리노이 상원의원직에 낙선하더라도 노예제 확산을 저지해야 한다는 확고한 소신을 견지했다. 반면 더글러스는 정치적 기회주의에 편승하여 상원의원 선거에서는 승리했으나, 2년 후인 1860년 대선에서 링컨에게 패배하고 말았다. 링컨의 진정한 위대함은 개인적 성공을 희생하더라도 원칙에 충실한 철학을 굳건히 지켰다는 점에 있으며, 역사의 필연성에 따라 결국 대통령직에 올라 연방의 분열을 막아내는 중추적 역할을 수행할 수 있었다.

2. 미국의 운명을 가른 전쟁: 남북전쟁의 흐름과 승패

1) 전쟁의 명분과 북부·남부의 전략

남북전쟁은 1861년부터 1865년까지 미국에서 전개된 내전으로, 최종적으로 북부의 승리로 종결되었다. 주목할 점은 북부가 처음부터 흑인 노예 해방을 전쟁의 명분으로 내세운 것은 아니었다는 사실이다. 링컨 대통령은 이 전쟁을 "연방의 존속을 위해 불가피하게 치르게 된 전쟁"으로 규정하고, 이러한 기조를 유지하고자 했다. 그러나 북부의 노예제 폐지론자들은 지속적으로 대통령에게 노예 해방을 강력히 촉구했다. 이에 링컨은 노예 해방이 북부의 입장에 도덕적 정당성을 부여함으로써 전쟁 승리에 결정적으로 기여할 것이라 판단하고, 노예 해방 문제를 심도 있게 검토하기 시작했다.

반면 남부는 노예제 수호를 대의명분으로 전쟁에 돌입했다. 산업 기반과 물류 인프라에서 북부에 크게 열세였던 남부는 영국의 개입을 암묵적으로 기대했다. 남부의 목화 수입에 의존하던 유럽 강대국, 특히 영국이 남부의 편에 선다면 승산이 있다고 판단했던 것이다. 남부의 궁극적 전략은 전면적 승리보다는, 남북 분단 상태를 지속하면서 영국과 프랑스 같은 해외 열강으로부터 남부연합의 독립국가 지위를 인정받아 전쟁을 무승부로 마무리하는 데 초점이 맞춰져 있었다. 그러나 전쟁 직전 남북의 산업 역량 차이는 너무나 컸기에 북부의 신속한 승리가 유력시되었다. 인구 측면에서 북부는 23개 주에 2억 2천만 명이 거주한 반면, 남부는 11개 주에 9백만 명에 불과했으며, 그중 4백만은 흑인 노예였다.

북부 경제는 다양한 산업 구조를 갖추고 있던 반면, 남부는 목화 단일 품목에 의존하는 농업 중심 경제였다. 북부는 농작물 생산량에서도 남부를 크게 앞섰을 뿐 아니라, 제조업 역량은 5배, 가용 노동력은 10배나 우위에 있었다. 또한 북부는 전국 철도망의 70퍼센트, 철도 설비의 96퍼센트, 은행 예금의 81퍼센트를 장악하고 있었다. 이러한 격차는 전쟁이 장기화될수록 북부는 인적·물적 자원을 지속적으로 동원할 수 있는 반면, 남부는 전력 손실을 보충할 여력이 제한적임을 의미했다. 국가 무기 공장의 대부분이 북부에 위치해 있었고, 함선 건조에 필요한 기반 시설 역시 북부에 집중되어 있었다. 남부는 전쟁 준비 과정에서 무기, 정밀 기계, 군수 물자를 해외, 특히 영국과 프랑스로부터 수입해 왔으나, 해군력에서 우위를 점한 북부의 효과적인 해상봉쇄로 물자 조달에 심각한 차질을 빚게 되었다. 군수품뿐 아니라 생필품까지 부족해지면서 남부연합은 곧 극심한 인플레이션의 타격을 받게 되었다.

2) 주요 전투와 전세의 변화

그러나 남부는 북부를 능가하는 강인한 투지와 확고한 의지로 무장하고 있었다. 특히 로버트 리 장군의 남부군 합류는 북부에 치명적인 타격을 입혔다. 더욱이 북부는 개전 초기에 결정적인 전략적 약점을 안고 있었다. 전쟁에서 승리하기 위해 북부는 남부 영토를 침공하여 점령하고 수백만 명의 주민을 통제해야 하는 과제를 떠안고 있었다. 반면 남부는 전략적 요충지를 효과적으로 방어하기만 하면 되었다. 군사 원칙상 공격 측이 방어선을 돌파하기 위해서는 최소 3배의 병력과 탁월한 지휘관의 전술적 역량이 필수적인데, 북부는 초기에 그러한 조건을 충족시키지 못했다.

남북전쟁의 구체적 전개 양상을 살펴보면, 주요 전투는 동부와 서부의 두 전선을 중심으로 전개되었다. 동부 전선은 대서양 연안에서 애팔래치아산맥에 이르는 지역으로, 노스캐롤라이나, 애팔래치아산맥, 서스케하나강, 체사픽만으로 둘러싸인 전략적 요충지에서 결정적 전투가 벌어졌다. 서부 전선은 애팔래치아산맥에서 미시시피강까지 확장되었으며, 때로는 강 너머 지역까지 전장이 확대되기도 했다. 서부 전선의 핵심 목표는 남군의 수도인 버지니아주 리치먼드 남쪽으로 진격하여 적의 중심부를 함락시키는 것이었다.

전쟁 초기에는 전황이 북부에게 불리하게 전개되었다. 북부의 매클렐런, 번사이드, 후커, 미드 등 주요 사령관들은 남군 총사령관 로버트 리 장군에 대한 과도한 경계심으로 적극적인 교전을 회피했고, 일시적으로 승기를 잡았을 때조차 적을 단호하게 추격하여 결정적 타격을 가하지 못했다. 마치 삼국지에서 사마중달이 제갈량을 지나치게 두려워했던 상황과 유사했다. 매클렐런은 수적 우위에도 불구하고 적군의 규모를 과장하여 링컨 대통령에게 끊임없이 증원을 요청했으며, 전투에 임할 때도 패배를 전제로 한 소극적 태도로 임했기에 리 장군의 전술적 우위를 극복할 수 없었다. 패배를 예상하며 싸우는 지휘관이 어떻게 승리할 수 있겠는가.

1861년의 전투는 주로 동부 전선에 집중되었다. 그해 7월, 남북전쟁 최초의 대규모 전투인 제1차 불런 전투가 발발했다. 맥도웰 장군이 지휘하는 북군은 여론의 압박을 견디지 못하고 선제공격에 나섰다. 당시 남군은 연방 경계 인근에 두 개의 전략적 병력을 배치하고 있었다. 하나는 존스턴 장군의 지휘하에 하퍼스페리 상류 셰넌도어 계곡에 주둔했고, 다른 하나는 보레가드 장군의 군대로 포토맥강 연안에서 워싱턴을 직접적으로 위협하고 있었다. 북군 맥도웰 장군의 3만 대군은 7월 20일, 포토맥강의 지류인 불런에서 보레가드군과 첫 대규모 전투를 벌였다. 충분한 훈련을 받지 못한 북군은 결국 패주했고, 보레가드의 남군은 효과적인 추격을 전개하지 못했다. 예상치 못한 승리에 남군 역시 일시적 혼란에 빠졌던 것이다.

링컨은 7월 21일 매클렐런 장군을 포토맥군 사령관으로 임명하여 북군의 재편성을 총괄하도록 했다. 11월 1일 최고사령관으로 승진한 매클렐런은 그해 말까지 북군 재정비가 완료되는 즉시 남부에 대한 대대적인 공세를 펼치겠다고 공언했으나 실질적인 행동으로 옮기지는 않았다. 그는 내심 남군의 리 장군에 대한 불필요한 두려움에 사로잡혀 있었다. 1862년에 들어서야 매클렐런은 링컨의 강력한 독촉을 받고 마지못해 리치먼드 공격 작전에 착수했다. 그는 남부 수도를 공략하는 최적의 전략은 정면 돌파가 아닌 우회 기동이라고 판단했다. 그의 계획은 해상 경로를 통해 북군을 요크강과 제임스강 사이의 반도 지역으로 이동시킨 후 그곳에서 리치먼드를 공격하는 방식이었다. 이 작전은 역사적으로 "반도 캠페인"(또는 "7일 전쟁")으로 알려지게 되었다.

이 작전은 북군 전 병력을 투입함으로써 워싱턴 방어가 취약해진다는 심각한 위험성을 내포하고 있었다. 이에 링컨은 북군 병력 중 3개 군단을 워싱턴 주변에 잔류시키고, 전황을 주시하면서 이 예비군을 리치먼드 공성전에 단계적으로 투입할 전략을 세웠다. 그러나 남군의 전술적 천재 스톤월 잭슨 장군의 교묘한 기동작전으로 인해 이 3개 군단은 워싱턴 방어에 고착되어 움직일 수 없었다. 한편 스톤월은 신속한 기동력을 발휘하여 자신의 병력을 리치먼드 방어를 지휘하던 리 장군의 주력군에 합류시키는 데 성공했다. 1862년 6월 25일 개시된 리치먼드 공성 7일 전투에서 매클렐런의 북군은 결정적인 패배를 당하고 말았다.

이 위기 상황에서 링컨은 워싱턴 방어를 담당하던 3개 군단의 지휘권을 매클렐런에서 포프에게 이양하고 적극적인 공세를 독려했다. 그러나 포프의 지휘 역시 기대에 미치지 못했다. 1862년 8월 말, 그는 제2차 불런 전투에서 패배를 맛보았다. 9월 2일, 링컨은 다시 매클렐런에게 포토맥군 지휘권을 부여했다. 그는 남군을 느릿느릿 추격하다가 마침내 9월 17일 메릴랜드주 샤프스버그 인근 포토맥강 지류인 앤티텀 크릭에서 리 장군의 군대와 격돌했다. 매클렐런은 막대한 희생을 치르며 간신히 승리를 거두었다. 링컨은 그에게 리 장군을 즉각 추격하여 전쟁을 종결시키라고 강력히 촉구했다. 그러나 매클렐런은 여전히 리 장군에 대한 심리적 공포에 사로잡혀 5주 동안이나 추격을 망설이는 바람에 남군이 안전하게 퇴각할 기회를 제공하고 말았다.

1862년 11월, 링컨은 매클렐런을 해임하고 번사이드 장군을 후임자로 임명했다. 그러나 번사이드마저 버지니아 프레데릭스버그 전투에서 남군에게 참패했다. 한편 링컨은 앤티텀 전투의 제한적 성과 후에도 북군이 조만간 전세를 역전시킬 것이라 확신하고, 1862년 9월 노예해방령을 준비하여 이듬해 1월 1일 공식 선포했다. 만약 전황이 불리해진다면 영국이 개입하여 남부를 독립국으로 인정할 가능성이 있었으나, 이미 노예제를 폐지한 영국으로서는 노예제를 고수하는 남부를 지지하기에는 도덕적·국제적 명분이 크게 약화될 수밖에 없었다. 동부 전선의 전세는 그랜트가 북군 총사령관으로 부임하는 1864년 3월까지 교착 상태를 벗어나지 못했으며, 남군의 항복을 이끌어낼 결정적 승리는 거두지 못했다.

서부 전선에서는 전황이 북군에게 상대적으로 유리하게 전개되었다. 무엇보다 북군에는 그랜트 장군이라는 뛰어난 전략가가 있었다. 남군은 미시시피강, 테네시강, 컴벌랜드강 세 지점에 견고한 방어선을 구축하여 북군이 강을 건너 테네시주와 켄터키주로 진격하는 것을 저지하고자 했다. 북군은 1862년 이 방어선 공략에 본격적으로 착수했다. 그랜트 부대는 2월 6일 남군의 헨리 요새를 함락시켰고, 이어 2월 16일에는 도넬슨 요새마저 점령했다. 이는 북군의 첫 번째 주요 승리였다. 연이어 북군은 샤일로 전투에서 두 번째 대승을 거두고, 미시시피강 유역의 전략적 요충지인 빅스버그시 인근까지 장악하여 강 하류를 통제하는 데 성공했다. 1863년 7월 4일, 그랜트 장군은 끈질긴 포위 공세 끝에 빅스버그시를 완전히 함락시켰다. 링컨은 이때 그의 뛰어난 투지와 전략적 식견을 높이 사서 장차 그를 중용하리라 결심했다. 그랜트의 전공을 시기하는 익명의 투서와 비방이 계속되었고, 심지어 그가 술에 취해 전투를 지휘했다는 악의적 소문까지 퍼졌다. 이에 링컨은 이렇게 응수했다고 전해진다. "그랜트 장군이 마신다는 위스키 이름이 무엇인지 알려주시오. 그 이름을 알면 다른 장군들에게도 한 통씩 보내주고 싶소. 그랜트처럼 적극적으로 공격하라고 말이오." 이로써 북군은 미시시피강을 완전히 장악하여 남부를 효과적으로 포위할 수 있게 되었다. 이후 북군은 9월과 11월 조지아의 치카모

가와 채터누가 전투에서도 승리를 거두었다. 그리하여 1863년 겨울에 이르러 서부 전선에서 북군은 남군보다 훨씬 유리한 전략적 위치를 확보하게 되었다.

반면 동부 전선의 전황은 1863년에도 여전히 암울했다. 번사이드의 후임으로 부임한 후커 장군은 5월 챈슬러스빌 전투에서 남군에게 패배했다. 6월 후커가 경질되고 미드 장군이 새 지휘관으로 임명되었다. 7월 3일, 미드의 북군은 역사적인 게티즈버그 전투에서 리 장군의 남군과 맞닥뜨렸다. 당시 리 장군은 승리를 확신하지 못했으나, 남군의 제한된 자원과 병력으로는 장기전을 지속할 수 없었기에, 결정적 승부를 통해 영국의 남부 승인을 이끌어내려는 절박한 시도였다. 이는 마치 카르타고의 한니발이 불리한 상황을 알면서도 자마 전투에서 로마군에게 최후의 승부를 건 것과 같았다. 리 장군은 롱스트리트 장군의 신중한 만류에도 불구하고 게티즈버그 전투에 과감히 돌입했다. 그러나 북군은 유리한 지형적 이점을 최대한 활용하며 완강히 저항하여 결국 남군을 격퇴하는 데 성공했다. 하지만 미드 장군 역시 리 장군에 대한 지나친 경외심으로 인해 적극적인 추격을 펼치지 못했다. 이로 인해 리 장군은 버지니아로 안전하게 철수하여 리치먼드 방어를 재정비할 수 있었다.

게티즈버그 승리는 1863년 7월 3일, 서부 빅스버그 승리는 7월 4일에 각각 이루어졌다. 이로써 북군은 전쟁 승리의 확고한 기반을 마련했으며, 그해 11월 링컨은 게티즈버그 전몰장병 묘지를 찾아 역사에 길이 남을 "국민의, 국민에 의한, 국민을 위한" 연설로 전쟁의 의미를 승화시켰다.

3) 북부의 반격과 전쟁의 종결

리 장군의 뛰어난 방어 전략은 1864년에도 여전히 그 효과를 발휘했다. 1864년 3월 10일 서부 전선에서 혁혁한 공을 세운 그랜트 장군이 북군 총사령관으로 임명되었다. 그랜트는 셔먼 장군과 긴밀한 연합 작전을 펼쳐 남군을 남북서 삼면에서 동시에 압박함으로써 그 전력을 무력화시키는 대대적인 전략을 수립했다. 그러나 동부 전선에서는 이 계획의 실행이 순탄치 않았다. 그랜트는 5월 5일 윌더니스 전투, 5월 10일 스포트실베이니아 법원 전투, 5월 31일 콜드하버 전투에서 남군과 격돌했으나 결정적 승리를 쟁취하지 못했다. 특히 콜드하버 전투는 그랜트의 전략적 오판으로 기록되었다. 링컨은 전국적인 비난 여론에도 불구하고 그랜트에 대한 신뢰를 굳건히 유지했다.

그랜트는 남군의 전력을 점진적으로 소모시킬 수는 있었으나 아직 결정적인 타격을 가하기는 어려웠다. 북군은 거의 무제한으로 병력과 물자를 보충할 수 있었던 반면, 해상봉쇄로 외부 보급이 차단된 남군은 그러한 여력이 없었기에 장기전으로 진행될수록 북군의 승리 가능성은 더욱 높아진다는 확신이 있었다. 그랜트는 일시적으로 병력을 후퇴시킨 후 1864년 6월 리치먼드 남쪽 20마일 지점에 위치한 애퍼매톡스 강변의 피터즈버그를 포위하면서, 남쪽에서 리치먼드를 압박하는 새로운 전술을 구사했다. 이 포위 작전은 1864년 말까지 지속되었다.

당시 리 장군 휘하의 남군은 전력이 현저히 약화되어 있었는데, 이는 서부 전선에서 활약한 셔먼 장군의 공이 컸다. 셔먼은 1864년 5월 그랜트가 윌더니스에서 치열한 전투를 벌일 때 채터누가를 출발하여 서부대서양 철도를 따라 110마일 떨어진 조지아주의 전략적 요충지 애틀랜타로 진격해 9월 2일 마침내 이 도시를 함락시켰다. 셔먼은 남군의 핵심 병참 기지였던 이 도시의 군수 공장과 창고 시설을 철저히 파괴했다. 이어 그는 조지아주를 가로질러 대서양을 향해 진격을 이어갔고 12월 21일 해안 도시 서배너에 도달했다. 셔먼이 1864년 가을에 거둔 일련의 눈부신 승리는 링컨의 대통령 재선에 결정적인 동력이 되었다.

1865년에 접어들면서 전세는 북군의 승리로 완전히 기울었다. 셔먼은 1월 14일 서배너에서 북상을 시작하여 한 달 후 사우스캐롤라이나의 주도 컬럼비아를 점령하고 계속해서 북진했다. 한편 리 장군은 이제 그랜트와 대치 중이던 피터즈버그는 물론 남부의 수도 리치먼드의 함락이 불가피하다고 판단했다. 리는 불필요한 인명 피해를 최소화하기 위해 전략적 철수를 결정했고, 그랜트는 3월 29일 즉시 리의 군대를 추격했다. 4월 2일 피터즈버그가 함락되었고, 4월 3일 제퍼슨 데이비스 대통령과 남부 정부는 수도 리치먼드에서 황급히 철수했다. 4월 4일 링컨은 승전의 상징으로 리치먼드를 직접 방문했다. 마침내 1865년 4월 9일, 더 이상의 저항이 무의미해진 리 장군은 버지니아주 애퍼매톡스 법원에서 그랜트에게 공식적으로 항복했다.

3. 링컨의 우울증

데일 카네기는 링컨의 우울증 원인으로 앤 러틀리지와의 비극적 이별과 정치적 좌절이라는 두 가지 요인을 지목했다. 그러나 실상 링컨은 앤을 만나기 이전, 정치에 입문하기 전부터 이미 깊은 우울증에 시달리고 있었다. 이 만성적 우울증은 1841년 1월 메리 토드와의 결혼 계획을 파기하는 주요 원인이 되기도 했다. 링컨의 부모 모두 우울증적 기질을 가지고 있었으며, 링컨의 어려운 성장 환경이 이러한 증상을 더욱 심화시킨 것으로 보인다.

또한 링컨에게는 주변 환경을 인식하지 못하고 일시적으로 멍해지는 증상도 나타났다. 평생 그를 따라다닌 우울증과 이러한 일시적 멍한 상태는 주로 그의 내면에 자리 잡은 깊은 슬픔에서 비롯된 것으로 추정된다.

링컨의 절친했던 조슈아 스피드의 증언에 따르면, 링컨은 앤을 만나기도 전인 스프링필드로 이주해 스피드의 잡화점을 처음 방문했을 당시에도 이미 세상에서 가장 우울해 보이는 사람의 모습을 하고 있었다고 한다.

링컨은 어머니가 불과 35세라는 젊은 나이에 세상을 떠나고, 누나마저 출산 중에 목숨을 잃는 연이은 비극을 겪으면서 우울증이 더욱 심화되었다. 일부 의학자들은 그의 우울증 원인으로 유전병인 마르팡 증후군을 주목한다. 이 희귀 질환은 2만 명당 1명 꼴로 발병하며, 근육에서 심장판막에 이르는 신체의 지지 구조인 결합조직에 이상이 발생하는 증상을 특징으로 한다. 이 증후군 환자들은 대개 신장이 크고 체형이 마르며 사지가 특이하게 길다는 점에서 링컨의 신체적 특징과 상당한 유사성을 보인다. 1962년 한 내과의사가 7세 소년에게서 마르팡 증후군을 진단하고 가계도를 추적한 결과, 그 아이가 링컨의 고조부 모데카이 링컨 2세의 8대손임이 밝혀져 의학계의 주목을 받았다. 대통령 암살 현장에서 응급 처치를 담당했던 의사 찰스 릴은 링컨의 혈흔이 묻은 와이셔츠 소매를 소중히 보존했으며, 이는 현재까지 그의 후손들에 의해 보관되고 있다. 또한 링컨 기념관에는 그의 뼈조직과 머리카락 일부가 귀중한 유물로 보존되어 있다. 이러한 유물에는 유전자 구성 물질인 DNA가 잔존해 있어 링컨의 유전적 분석이 가능하지만, 현재까지 미국 당국의 공식적인 결론은 나지 않은 상태이다.

링컨의 우울증에 관한 또 다른 학술적 논의는 그의 증상이 양극성 장애, 즉 조울증일 가능성에 대한 것이다. 양극성 장애는 깊은 우울감과 들뜬 기분이 주기적으로 번갈아 나타나는 특징이 있다. 즉, 일정 기간 심각한 우울 상태에 빠졌다가 이후 비정상적인 활력이 솟구쳐 독창적인 상상력과 무모한 행동을 보이는 조증 상태로 전환되는 패턴을 나타낸다. 그러나 역사적 기록을 면밀히 검토해보면, 링컨은 뚜렷한 우울 증상은 보였지만 이러한 조증적 경향은 거의 드러내지 않았다. 그는 주로 우울한 심리 상태에 머물러 있었을 뿐, 극단적인 기분 변화 양상은 나타나지 않았다.

링컨의 특징적인 멍한 상태는 구약성경 에스겔서 1장의 묘사를 연상시킨다. 에스겔 예언자는 천상의 수레를 타고 하늘로 올라가 신의 현현을 목격한 후 성령의 인도로 지상에 귀환하여 일주일간 멍한 상태로 지냈다고 기록되어 있다. 에스겔이 이러한 초현실적 상태에서 천상의 계시를 받았듯이, 링컨 역시 유사한 상태에서 미국의 미래에 대한 선견적 통찰을 얻었을 가능성을 상상해볼 수 있다.

실제로 링컨은 지방 순회 재판을 다니며 현지 숙소에서 동료 변호사와 함께 머물 때, 한밤중에 멍한 상태로 깨어나 "자유냐, 노예냐?"라는 의미심장한 말을 중얼거렸다는 증언이 남아 있다. 데일 카네기의 저서에도 그가 허공을 응시하며 멍한 눈으로(unseeing eyes) 주변을 살피는 장면이 여러 차례 묘사되는데, 이는 그의 평생에 걸친 특이한 정신 상태의 일면을 보여준다.

링컨의 이러한 멍한 증세는 결혼 이후에도 지속되어 부인 메리에게 적지 않은 당혹감을 안겼다. 대니얼 엡스타인의 저서 『링컨 부부: 결혼의 초상』(2008)은 이 증상에 대해 다음과 같이 상세히 기록하고 있다.

"링컨은 야간에 특이한 행동 양상을 보였다. 그는 한밤중에 몸을 떨며 잠에서 깨어나 알아들을 수 없는 말을 중얼거렸다. 메리는 두려움을 느끼면서도 그를 안정시키기 위해 노력했다. 그러나 그가 몽유병처럼 멍한 상태에 빠지면, 그는 아내와의 정서적 연결이 완전히 단절된 채 전혀 다른 차원의 세계를 방황하는 듯했다. 이러한 현상은 대낮에도 나타나, 그가 일종의 백일몽에 사로잡히면 주변의 모든 사람들과 상황을 완전히 인식하지 못하는 상태에 빠졌다."

다행히도 링컨은 이러한 우울증과 멍한 증세에 맞설 수 있는 두 가지 효과적인 방어 기제를 발달시켰다.

첫째는, 신앙심이었다. 그는 셰익스피어의 『햄릿』에 등장하는 "우리의 목적을 결정짓는 하나님이 계신다. 우리가 아무리 계획을 엉성하게 세워도 말이다"(5막 2장)라는 구절을 자주 인용했다. 백악관에 입주한 이후에는 더욱 빈번하게 무릎을 꿇고 기도에 전념했다고 전해진다. 링컨은 성경에 대한 해박한 지식을 갖추었으며, 이 번역서에서도 그의 수많은 연설문에 녹아 있는 성경 구절과 표현을 확인할 수 있다.

두 번째는, 유머 감각이었다. 링컨의 유머 중 하나를 소개하자면, 당시 많은 이들이 링컨의 외모를 매력적이지 않다고 평가했는데, 흥미롭게도 링컨 자신도 이 사실을 솔직히 인정했다. 그래서 그는 이런 자기비하적 일화를 즐겨 나누었다. 어느 날 링컨이 못생긴 남자에 관한 이야기를 들려주었다. 한 못생긴 남자가 좁은 골목길을 걸어가다 맞은편에서 다가오는 여성과 마주치게 되었다. 그 여성이 남자를 유심히 살펴본 후 이렇게 말했다.

"당신은 제가 지금까지 만나본 남자 중 가장 못생겼어요."

이에 남자는 슬픈 목소리로 대답했다.

"그럴지도 모르겠습니다만, 전 이 얼굴에 대해 어찌할 도리가 없네요."

그러자 여자가 단호하게 대꾸했다.

"어쩔 수 없다고요? 차라리 집에 처박혀 있으면 될 일이지요."

링컨을 가까이에서 지켜본 이들의 증언에 따르면, 그의 유머의 진정한 매력은 단순한 이야기 자체가 아니라 그의 독특한 목소리와 표현력에 있었다고 한다. 링컨은 타인의 말투와 억양을 놀라울 정도로 정확하게 모방했고, 익살스러운 표정과 생동감 넘치는 몸짓, 적절한 어휘 선택, 결정적 대사의 완벽한 타이밍 감각을 지니고 있었다. 링컨의 유머는 철학적 관점에서도 분석할 수 있다. 플라톤은 『향연』의 마지막 부분에서 소크라테스를 통해 진정한 희극의 천재는 동시에 비극의 천재이기도 하다는 통찰을 제시했다. 링컨의 유머 이면에는 깊은 내면의 고통이 자리하고 있었으며, 동시에 그 유머는 그러한 슬픔에 맞서 정신적 균형을 회복하게 해주는 강력한 치유제로 작용했을 것이다.

세 번째는 이야기를 통한 승화였다. 이야기의 힘을 논할 때 가장 상징적인 인물은 『천일야화』의 주인공 셰에라자드일 것이다. 그녀는 자신을 죽이려는 잔혹하고 불행한 왕에게 매일 밤 이야기를 들려주며 자신의 목숨을 하루하루 연장해 나간다. 셰에라자드에게 이야기는 상대방의 행복을 도모하는 동시에 자신의 절망적 상황에서 탈출하는 유일한 수단이었다. 결국 그녀의 천일 동안의 이야기 덕분에 그녀는 생명을 보존했을 뿐 아니라, 불행에 빠져 있던 왕과의 결혼 생활에서 안정을 찾고 자녀까지 얻게 된다. 이 고전적 이야기는 인간이 아무리 절망적인 상황에 있더라도 그것을 이야기로 재구성할 수 있다면 극복할 수 있다는 보편적 진리를 보여준다. 링컨은 자신의 역경과 내면의 고통을 이야기로 승화시키는 특별한 재능을 갖추고 있었고, 이러한 이유로 이야기를 듣고, 전하는 모든 과정에서 깊은 치유를 경험했다.

네 번째는 문학적 상상력이었다. 그는 셰익스피어의 작품을 특히 애독했다. 데일 카네기도 링컨이 셰익스피어를 빈번히 인용했음을 언급하며, 그가 『로미오와 줄리엣』, 『리어왕』, 『맥베스』, 『오셀로』의 명장면을 인용한 다양한 사례를 소개하고 있다. 셰익스피어의 이러한 문학적 통찰은 링컨이 자신의 깊은 슬픔과 아들 윌리의 비극적 죽음, 그리고 자신에게 닥칠지 모를 운명을 더욱 객관적으로 직시할 수 있는 정신적 지주가 되었다. 백악관에 입성할 무렵 링컨에게 가장 중요했던 과제는 내적 조화를 이루는 일이었는데, 이는 셰익스피어의 풍부한 문학적 상상력에서 상당한 영감을 얻은 것으로 보인다. 셰익스피어는 자신의 만년 걸작 『템페스트』에서 원숙한 인격체인 마법사 프로스페로를 통해 "이 어둠의 것을 나 자신의 것으로 인정합니다"(This thing of darkness I acknowledge as mine, 5막 1장)라는 심오한 통찰을 제시한다. 인생의 완숙기에 도달한 링컨 역시 자신의 내면에 자리한 우울증과 특이한 정신 상태를 마침내 자신의 정체성의 일부로 수용하고 화해에 이르게 되었다.

내면의 어둠을 받아들인다는 것은 자연스럽게 그것을 정화하고자 하는 열망으로 이어진다. 이는 일상의 소소한 행복과 축복을 더욱 소중히 여기는 역량으로 발전한다. 링컨은 이러한 작은 기쁨들을 디딤돌 삼아 자신의 만성적 우울증과 끊임없이 대면했다. 그 시작은 미미했을지 모르나 그 결실은 실로 위대했다. 이러한 과정을 통해 링컨은 궁극적으로 자기 자신과의 온전한 화해에 도달했다. 이러한 내적 조화와 평정심이 링컨의 유명한 좌우명 "누구에게도 악의 없이, 모두에게 자비를"이라는 고귀한 철학을 탄생시킨 정신적 토양이 되었다.

마지막으로, 링컨은 흔들림 없는 확고한 비전을 간직하고 있었다. 그는 20세 때 루이지애나에서 흑인 노예들의 참혹한 현실을 직접 목격하면서 이것을 "hit it hard"(노예제를 철저히 부숴버리자)라고 굳게 결심했으며, 마치 천상의 시야에서 내려다본 듯한 노예제 폐지에 관한 선견지명을 품고 있었다. 1960년대 미국 시민권 운동을 주도한 마틴 루서 킹 목사가 "I've been to the mountaintop"(저는 산 정상에 다녀왔습니다), "I have a dream"(저에게는 꿈이 있습니다)이라는 감동적인 표현으로 그 운동을 밀고 나갔는데, 이러한 비전에 결정적 영감을 제공한 인물이 바로 링컨이었다. 20년 동안 함께 법률사무소를 운영하고 순회 재판을 함께 다녔던 절친한 동료 헌던은 "링컨은 이해하기 어렵고 신비로운 사람"이라고 평했다. 우울증과 명한 상태를 평생에 걸쳐 극복하며 걸어온 그의 정신적 여정을 되짚어보면, 헌던의 이러한 평가가 얼마나 예리한 통찰인지 깊이 공감하게 된다.

4. 링컨과 링컨의 부인: 사랑과 결혼

데일 카네기는 이 책에서 링컨이 임종을 맞이하던 순간, 그의 의식을 스쳐 지나갔을 이미지들을 다음과 같이 섬세하게 묘사했다.

> 그 마지막 평화로운 순간, 행복했던 기억의 파편들이 그의 마음 깊은 곳을 반짝이며 떠다녔을 것이다. 오래전 잊혔던 기억들이 되살아났을 것이다.
> 인디애나 벅혼 계곡의 허름한 오두막 앞에서 밤새 타오르던 통나무,
> 뉴세일럼의 방앗간 댐을 넘어 힘차게 흐르던 생거먼강의 소리,
> 방적기 앞에서 노래하던 앤 러틀리지의 모습,
> 더 많은 옥수수를 조르던 늙은 말 올드 벅,
> 말더듬이 판사 이야기를 들려주던 올란도 켈로그,
> 그리고 벽에는 잉크 자국이 얼룩져 있고 책장 맨 위에는 씨앗이 자라나던 스프링필드의 낡은 법률 사무소.

이 회상 장면에서 특히 눈여겨볼 점은 첫사랑 앤 러틀리지는 등장하지만, 평생의 반려자였던 메리 토드 링컨은 언급되지 않는다는 사실이다. 이 책 전체를 통틀어 메리는 앤과 지속적으로 대비되며 상대적으로 열등한 배우자, 심지어는 부정적인 아내의 이미지로 묘사된다. 사실 이상화된 첫사랑 앤 러틀리지와 현실의 아내를 비교할 때, 현실은 항상 이상보다 부족해 보이기 마련이다. 현실 속 메리가 기억 속에서 미화된 앤을 능가하기 어려운 구도라 할 수 있다. 링컨이 앤 러틀리지를 깊이 사랑했다는 사실은 의심의 여지가 없다. 헌던의 링컨 전기에 따르면, 대통령 당선 후 취임 전 고향 뉴세일럼을 방문한 링컨이 옛 이웃에게 다음과 같이 고백했다

고 한다. "나는 지금도 러틀리지 가문의 이름을 사랑합니다. 뉴세일럼을 떠난 이후로도 그 가문의 소식을 지속적으로 관심 있게 지켜보았습니다. 나는 앤을 진심으로 사랑했습니다. 그녀는 아름다운 여성이었고 분명히 남편을 진심으로 아끼는 훌륭한 아내가 되었을 것입니다. 그녀는 자연스러움이 있었고 정규 교육은 많이 받지 못했지만 총명했습니다. 나는 정말로 그 여인을 사랑했고, 오늘날에도 그녀를 자주 떠올립니다."

그렇다고 해서 링컨이 이러한 과거의 추억에 사로잡혀 메리와의 결혼생활을 소홀히 했다고 단정하기는 어렵다. 링컨은 머리로는 이상을 좇으면서도 두 발은 단단히 현실에 딛고 있는 현실주의자였다. 노예제 폐지라는 숭고한 이상을 한결같이 지향하면서도 연방 존속이라는 현실적 과제에 충실했던 것처럼 말이다. 링컨의 이러한 복합적인 인간성을 고려할 때, 메리 링컨과 앤 러틀리지 사이의 관계는 보다 면밀한 검토가 필요한 주제다.

링컨 1세대 전기 작가였던 헌던은 메리 링컨에 대해 호의적이지 않았다. 그래서 헌던의 전기에서는 앤에 관한 이야기가 두드러진 반면, 메리는 대체로 부정적으로 그려졌다. 이러한 흐름은 1950년대에 들어 미국의 링컨 학자 J. G. 랜들이 러틀리지 이야기를 단순한 신화로 규정하고, 메리와 불화가 있었던 헌던이 그녀의 가치를 평가절하하기 위해 의도적으로 앤 러틀리지를 미화했다는 주장을 제기하면서 새로운 국면을 맞았다. 이에 따라 1950년대부터 1970년대에 걸쳐 랜들의 영향력이 지배적이었던 미국 역사학계에서는 앤 러틀리지 이야기를 역사적 사실이 아닌 창작된 신화로 간주하는 경향이 강했다.

그러나 1980년대에 들어서면서 미국 의회도서관에 보관된 "헌던-웨이크 컬렉션"이라는 헌던의 원고와 서신들을 학자들이 새롭게 분석하기 시작했다. 이 자료를 면밀히 검토한 1980년대 미국 학계는 앤 러틀리지 이야기가 신화가 아닌 실제 역사적 사실이라는 방향으로 견해를 전환했으며, 오히려 J. G. 랜들의 앤 러틀리지에 대한 평가가 역사적 진실을 왜곡했다고 결론지었다. 이로써 1930년대 데일 카네기가 당시의 통설에 근거하여 서술한 앤 러틀리지 이야기는 2000년대에 이르러 역사적 사실로 널리 인정받게 되었다.

데일 카네기는 링컨 우울증의 주요 원인으로 앤 러틀리지와의 사랑과 이별을 지목했는데, 이러한 주장은 간접적으로 메리가 그의 우울증을 악화시켰다는 비난으로 읽힐 수 있다. 그러나 역사적 사실을 살펴보면, 링컨은 메리를 만나기 훨씬 이전부터 이미 우울증을 앓고 있었다. 카네기는 또한 링컨이 앤과 헤어지지 않았다면 더 행복한 삶을 살았을 것이며, 정계에 발을 들이지 않았을 것이라고 추측했다. 하지만 그가 정치인이 되지 않았다면, 우리가 오늘날 숭앙하는 위대한 지도자 링컨은 존재하지 않았을 것이다. 카네기는 자신의 주장을 뒷받침하기 위해 오노레 윌시 모로의 저서 『메리 토드 링컨』에서 다음과 같은 구절을 인용했다. "링컨의 아내는 도대체 어떤 여자였을까? 그녀를 만난 100명 중 99명은 아마 이렇게 말했을 거다. 그녀는 성질 고약한 잔소리꾼이고, 남편에겐 저주이며, 천박한 바보이고, 정신이 이상한 여자라고."

이처럼 카네기는 요절한 아름다운 연인 앤과 실제 결혼 생활을 함께한 메리를 극명하게 대비시키면서, 메리를 고집 세고 폭력적인 다혈질에 제멋대로인 성격, 사치스러운 습관, 남편을 통제하려는 욕구, 비합리적인 행동, 끊임없는 의심과 맹렬한 질투심, 음모를 꾸미는 경향, 타인을 업신여기는 오만함, 다른 이의 약점을 조롱하기 좋아하는 정신적 불안정성을 지닌 여성으로 묘사하고 있다. 이 책은 링컨 부부를 "위대한 남편과 초라한 아내"라는 틀로 규정한다. 심지어 카네기는 "링컨의 삶에서 가장 큰 비극은 암살이 아닌 메리 토드와의 결혼이었다"(27장)라는 극단적인 평가까지

내린다.

그러나 이는 메리의 복합적인 인격 중 부정적인 측면만을 지나치게 강조한 것은 아닐까? 더욱 공정한 시각을 위해 데일 카네기의 책에 담긴 정보를 토대로 메리의 다른 면모를 살펴볼 필요가 있다.

첫째, 메리의 놀라운 인내심과 헌신은 주목할 가치가 있다. 결혼을 약속하고도 정작 결혼식 당일 아무런 설명 없이 나타나지 않은 사람은 링컨이었다. 관계를 원치 않았다면 남자답게 솔직히 밝혔어야 마땅했으나, 혼인을 약속해놓고 결혼식에 모습을 드러내지 않은 것은 분명 신사적인 행동이 아니었다. 그럼에도 메리는 링컨을 혼인 의무에서 관대하게 해방시켜 주며, 그의 마음이 변한다면 언제든 다시 받아들이겠다는 열린 자세를 보였다. 그녀는 파혼의 사회적 불명예를 견디며 무려 2년이나 링컨이 돌아오기를 기다렸다. "가난한 변호사와 유복한 집안의 여성" 사이의 연애에서, 이 정도의 인내심과 헌신은 높은 평가를 받아 마땅하다. 링컨은 이 점에서 메리에게 상당한 정신적 빚을 졌으며, 아마도 그는 이를 충분히 인식하고, 과거 친구 베리와 함께 운영했던 잡화점 부채 1,100달러를 14년에 걸쳐 성실히 상환했듯이, 그 정신적 부채를 평생의 결혼 생활을 통해 갚아나가려 했을 것이다.

둘째, 결혼 이후 메리의 아버지는 링컨 부부에게 매달 150달러의 재정적 지원을 제공하여 그들의 어려운 가계에 상당한 도움을 주었으며, 이러한 지원은 장인이 세상을 떠날 때까지 지속되었다. 은혜를 잊지 않는 성품의 링컨이 아내를 통해 받은 이러한 도움에 대해 어떻게든 보답하고자 했을 것이다. 더욱이 결혼 초기부터 링컨의 특이한 멍한 증세가 한밤중에도 자주 나타나 메리가 번번이 당황스러워했다는 점도 감안해야 한다. 그러한 특별한 어려움이 있는 남편과의 결혼 생활을 메리가 인내하며 유지해 나간 것이다.

셋째, 부부 관계의 진실은 당사자들만이 온전히 이해할 수 있다. 가장 중요한 관점은 링컨 자신이 메리를 어떻게 생각했느냐는 점이다. 이들은 25년간 함께 살면서 네 명의 자녀를 낳았고, 그중 두 명은 어린 나이에 세상을 떠나는 비극을 겪었다. 이런 아픔과 시련을 함께 이겨내며 두 사람 사이에는 깊은 정이 싹텄을 것이다. 무엇보다 주목할 점은 그들의 결혼생활 전체를 통틀어 링컨이 단 한 번도 메리와의 이혼을 언급하지 않았다는 사실이다.

또한 링컨이 지방 변호사 시절 6개월간 순회 재판을 다녔다는 사실도 염두에 두어야 한다. 다른 변호사들은 주말마다 가정으로 돌아가 아내와 시간을 보냈지만, 링컨은 그러지 않았다. 카네기는 이것이 메리를 피하기 위한 선택이었다고 해석하지만, 이는 "달걀이 먼저인가, 닭이 먼저인가"와 같은 순환적 문제이다. 링컨이 오랫동안 집을 비우고 아내에게 제대로 된 관심을 주지 않았기에 메리도 화를 내고 불만을 드러냈을 법하다. 6개월씩 가정을 떠나 있는 남편을 어떤 아내가 달가워하겠는가? 그럼에도 이들은 서로를 인내하며 가정의 결속을 유지해 나갔다.

넷째, 링컨이 일리노이주 상원의원 선거에 도전할 때부터 대통령 선거에 나서기까지, 메리는 그의 정치적 야망을 일관되게 지지하고 강화하는 중요한 원동력이었다. 이와 관련해 데일 카네기는 다음과 같이 언급했다. "만약 링컨이 앤 러틀리지와 결혼했다면 아마 행복했겠지만, 대통령은 되지 못했을 것이다. 그는 생각과 행동이 느린 사람이었고, 앤은 정치적 목표를 위해 그를 밀어붙일 타입이 아니었다. 반면 메리 토드는 백악관에 살고자 하는 강박에 사로잡혀, 결혼하자마자 링컨에게 휘그당 지명을 받아 연방의회 선거에 출마하도록 강요했다"(12장). 실제로 메리는 뛰어난 정치적 내조자였다. 대통령직에 오르기 위해서는 무엇보다 확고한 의지가 있어야 하는데, 그 의지의 상당 부분이 메리의 격려와 지원에서 비롯

되었다고 볼 수 있다.

다섯째, 메리는 기쁨과 슬픔의 순간 모두에서 링컨 곁을 지켰다. 한국 속담에 "상처(喪妻)가 망처(亡妻)고, 아무리 못해도 악처가 효자보다 낫다"라는 말이 있다. 이는 젊어서 세상을 떠난 아내는 불행한 아내이며, 다소 성격이 고약한 아내라도 끝까지 함께 살아준다면 그것이 남편에게는 효도하는 자식보다 더 큰 위안이 된다는 의미이다. 메리는 온갖 어려움 속에서도 끝까지 링컨과 가정을 지켜나갔다.

여섯째, 링컨의 부인이 고집스럽고 다혈질에 격정적인 기질을 지녔던 것은 사실이지만, 바로 그러한 강인한 특성이 있었기에 남편의 깊은 우울증을 견디고, 그의 정치적 성장을 적극적으로 뒷받침하며, 수많은 시련을 함께 극복할 수 있었다. 메리가 까다롭고 요구가 많은 아내였던 것은 부인할 수 없지만, 그녀의 그런 추진력과 집요함이 있었기에 링컨이 정치적 야망을 포기하지 않고 결국 백악관에 입성할 수 있었으며, 재임 기간 중 노예제도에 맞서 "세게 때려 부술" 수 있었던 것이다.

따라서 메리에 대한 평가는 한 가지 측면만을 강조하기보다 이러한 다양한 특성을 종합적으로 고려해야 한다. 그렇게 할 때, 메리가 링컨의 역사적 성공에 상당히 기여했음을 인정하지 않을 수 없다. 링컨의 위대한 업적은 그가 백악관에 입성함으로써 비로소 가능했는데, 그 과정에서 메리의 역할은 결정적이었다. 무엇보다 링컨이 내면의 깊이와 인격의 원숙함을 갖추게 된 데에는 그녀의 존재가 결정적이었다. 따라서 데일 카네기의 책에서 메리를 일방적인 악처로, 또한 링컨 사후에는 정신적으로 불안정한 초라한 여인으로 묘사한 부분은 이러한 폭넓은 맥락을 고려하며 균형 있게 해석할 필요가 있다. 링컨 부부의 관계에 대해 옥스퍼드대 훼어 교수는 『에이브러햄 링컨』(1948)에서 다음과 같이 균형 잡힌 평가를 내렸다.

메리 링컨의 기질은 쉽게 흥분하고 또한 제어하기 어려웠던 것으로 보인다. 그녀는 신경질적이었고 질투심도 강했다. … 하지만 공정성을 기하자면, 메리 링컨이 이러한 성격적 결함을 상쇄하는 지혜도 함께 지니고 있었다는 점을 언급해야 할 것이다. 그녀는 남편 링컨의 정치적 야망에 적극 동참했으며, 그의 성공을 위해 링컨 못지않은 열정을 쏟았다. 그들의 결혼 생활 중 교환된 몇 통의 편지가 남아 있는데, 이를 통해 그들이 서로를 배려하고 성실한 부부이자 현실적이고 서로에 대한 깊은 이해심을 지닌 관계였음을 엿볼 수 있다. 어떤 여성도 메리만큼 링컨의 깊은 애정을 받은 이는 없었다고 보는 것이 타당하다. 그럼에도 링컨이 결국 결혼생활에서 완전한 행복을 찾지 못했다는 사실은 부인하기 어렵다. 그가 다른 여성과 결혼했다면 더 행복했을까? 우리로서는 확언하기 어렵다. 메리 오언스가 링컨 사후에 남긴 간결하면서도 따뜻한 글에서 해답의 실마리를 찾을 수 있을 것이다. "링컨 씨에게는 여인의 행복이라는, 큰 사슬을 구성하는 작은 고리 하나가 빠져 있었다고 생각합니다." 링컨은 불행한 여인을 행복하게 해주고자 특별히 노력하는 성향의 남성은 아니었던 것으로 보인다.

5. 링컨의 위대한 리더십: 분열된 집을 재건한 리더

링컨은 초대 대통령 워싱턴부터 현재에 이르기까지 역대 미국 대통령 중 가장 탁월한 지도자로 평가받고 있다. 그는 노련한 정치인이자 여론에 민감하게 반응하는 대중적 지도자였을 뿐만 아니라, 대립하는 이해관계 사이에서 절묘한 균형을 잡을 줄 알았고 경쟁 세력에 영감을 불어넣어 공동의 목표를 향해 단결시키는 능력을 갖추었다. 남북전쟁 초기에는 북측과 남측 사이에서 입장을 고민하던 4개 경계주를 북부 진영으로 이끌어 내는 정치적 수완을 발휘했으며, 1862년 내각 전면 개편을 시도했던 연방의회의 압박도 효과적으로 제어했다. 또한 1864년 대선 당시 휴전 문제가 대두되자 남부가 협상을 거부하도록 유도함으로써 그 쟁점을 효과적으로 무력화시켰다. 그는 어떠한 위기 상황에서도 남북전쟁의 대의를 견고히 지켜냈으며, 국가적 현안이 발생할 때마다 유연하게 대응했는데, 노예해방령과 종전 후 남부 재건 정책은 이러한 그의 원숙한 통치술을 보여주는 대표적인 사례이다.

미국 역사상 가장 위대한 대통령으로 평가받는 링컨은 동양 고전『대학』에서 언급된 "수신제가(修身齊家)한 뒤에야 치국평천하(治國平天下)할 수 있다"라는 이상적 군자상에 가장 근접한 지도자였다. 링컨의 수신—제가—치국—평천하 4단계는 더글러스와의 상원의원 선거 유세에서 그가 언급한 "분열된 집"(the divided house) 이미지를 통해 명확히 설명된다. 이 분열된 집의 개념은 신약성경 마태복음 12장에서 비롯된 것으로, 해당 구절은 다음과 같다. "어느 나라든지 서로 갈라지면 망하고, 어느 도시나 가정도 서로 갈라지면 버티지 못한다." 링컨 리더십의 핵심은 자신의 내면, 가정, 정부 그리고 국가라는 네 차원에 걸친 분열된 집을 성공적으로 다스려 위대한 국가 지도자로 우뚝 서게 되었다는 점에서 찾을 수 있다.

이러한 4차원의 분열을 극복해 나가는 과정은『대학』에서 제시하는 수신—제가—치국—평천하의 4단계와 정확히 일치한다. 우선 링컨이 자신의 내면에 존재하는 분열된 집을 어떻게 다스렸는지 살펴보자.

앞서 언급했듯 링컨은 심각한 우울증과 멍한 증세를 겪고 있었다. 이는 링컨의 내면에 분열된 집이 형성될 가능성을 시사하는 징후였다. 그러나 링컨은 철저한 자기 수양을 통해 내적 분열의 싹을 효과적으로 제거했다. 이 과정에서 링컨의 유머 감각은 깊은 고통과 슬픔을 승화시키는 결정적인 역할을 했는데, 『논어』의 표현을 빌리자면 "슬퍼하되 감상에 빠지지 않고"(哀而不傷, 애이불상), "즐거워하되 방종하지 않는"(樂而不淫, 낙이불음) 경지에 도달한 것이었다. 그는 유머를 통해 내면의 분열된 집을 재건하여 온전한 상태로 복원시켰다. 또한 "오, 인간의 정신이 교만해질 이유가 무엇인가?"라는 자문을 통해 자신의 겸손한 덕성을 함양하고자 끊임없이 노력했다. 이것이 바로 수신의 과정이었다.

가정 내 분열은 주로 아내 메리의 강인하고 고집스러운 성격에서 기인한 불화였으나, 링컨은 아내를 탓하기에 앞서 자신의 과오를 성찰하며 의지가 강한 여인과의 고된 가정사를 인내심으로 감내하고 결국 극복해냈다. 이는 제가(齊家)의 수련과 완성을 의미한다.

치국(治國)의 측면에서는 어떠했을까? 대통령으로서 링컨은 자신을 경시하던 스탠턴을 국방장관으로 임명할 때, 개인적 체면보다 국가의 미래를 우선시하는 결단력을 보여주었다. 당시 그는 친구에게 이렇게 털어놓았다. "나는 내 자존심은 모두 내려놓기로 결심했네. 자존심은 자존감의 일부일 뿐이지. 그래서 나는 스탠턴을 전쟁장관에 임명했다네"(21장). 국가의 대의를 위해서라면 개인의 자존심쯤은 얼마든지 희생할 수 있었던 것이다. 내각의 장관 7명 모두가 자신을 대통령보다 우월하게 여기며 거만하게 굴었지만 링컨은 오히려 그들의 자부심을 인정해주며 결국 모두를 자신의 지지 세력으로 확보했다. 링컨의 리더십이 없었다면 1862년 거국 내각 논의가 제기되었을 때 그들은 모두 사임해야 했을 것이다.

평천하(平天下)는 남북으로 분열되고 자유주와 노예주로 갈라진 미국이 내전의 소용돌이에 휩싸인 상황에서, 링컨이 역사상 유례없는 규모의 남북전쟁을 승리로 이끌어 궁극적으로 연방을 수호하고, 나아가 남부 재건 정책까지 수립한 위대한 업적을 의미한다. 이는 분열된 국가를 다시 하나로 통합하여 평화를 이룩한 것으로, 링컨 리더십의 정점을 보여주는 성취였다. 평천하라는 이념을 가장 명확하고 구체적으로 실천에 옮긴 정치 지도자를 꼽으라면, 서양 역사에서 링컨에 필적할 만한 인물은 찾아보기 어렵다.

링컨의 리더십이 얼마나 위대했는지 가늠하려면 남북전쟁의 승전 장군인 그랜트와 비교해보면 쉽게 이해할 수 있다. 이 두 인물은 모두 미천한 가문 출신으로 인생을 시작했다. 빈손으로 시작했기에 크게 실패해 처음으로 돌아가더라도 본래의 상태로 회귀할 뿐이었으므로 어떤 도전도 두려워할 필요가 없었다. 같은 일리노이주 대평원 출신으로서 권위에 대한 두려움이 전혀 없었다. 한 사람은 우울증을 앓았고, 다른 한 사람은 "유스리스"(쓸모없다는 의미)라는 별명을 지녔다. 그랜트는 선천적인 권위와 위엄이 결여되어 있었기에 오히려 리 장군을 제압할 수 있었다. 다른 명문가 출신 북군 장수들은 가문이나 학벌, 경력 측면에서 자신들이 리보다 열등하다고 여겼다. 그러나 그랜트는 그러한 기존의 명성에 전혀 개의치 않았다. 전쟁은 실제 전투력으로 겨루는 것이지 그러한 명성으로 하는 것이 아니라고 확신했다. 링컨 역시 그러한 기득권을 조금도 인정하지 않았다. 이것이 워싱턴 정계를 장악할 수 있었던 원동력이었다. 뛰어난 장수 그랜트는 윌더니스 전투와 콜드하버 전투의 위기 상황에서도 승부는 실제로 겨루어봐야 알 수 있다며 도전 정신을 조금도 꺾지 않았고, 링컨 또한 대선에서 승부는 직접 부딪혀봐야 안다며 초선과 재선에 과감히 도전하여 모두 승리를 거두었다. 그랜트 역시 종전 후 전쟁 영웅으로서의 명성을 바탕으로 8년간 미국 대통령직을 수행했다.

이처럼 두 인물을 어느 정도 유사한 차원에서 비교해볼 수 있으나, 리더십의 차이는 분명하게 드러난다. 그랜트는 전투라는 특정 영역에서는 탁월한 지도자였으나 치국과 평천하의 측면에서는 링컨에 크게 미치지 못했다. 그랜트 재임 시기에는 미국 정부의 부패와 무능이 절정에 달했다.

따라서 통치 역량 측면에서 그랜트는 링컨의 리더십에 비견할 수 없다.

그렇다면 링컨은 어떻게 미국 역사상 견줄 만한 인물이 없는 대통령으로서의 리더십을 발휘할 수 있었을까? 그 핵심 비결은 분열된 집을 조화롭게 재건하는 탁월한 능력에 있었다. 이러한 능력은 관용과 봉사, 겸손, 미래 지향적 사고 그리고 일관된 비전의 리더십을 창출하는 원동력이 되었다.

그러나 링컨이 이러한 치국평천하의 경지에 도달하기까지는 형언할 수 없는 고통과 번민을 감내해야 했다. 이는 『맹자』 '고자'(告子) 편에 기록된 구절과 정확히 일치한다. "하늘이 어떤 이에게 큰 임무를 맡기려 할 땐 반드시 그 사람의 마음을 괴롭히고, 그 뼈를 피곤케 하고, 그 몸을 굶주리게 하고, 그 살을 궁핍하게 하여 하는 일마다 모조리 꼬이게 만들어 단련시킨다"(天將降大任於斯人也천장강대임어사인야, 必先苦其心志필선고기심지, 勞其筋骨로기근골, 餓其體膚아기체부, 空乏其身공핍기신, 行拂亂其所爲행불란기소위, 所以動心忍性소이동심인성, 曾益其所不能증익기소불능).

우리는 링컨이 먼저 수많은 시련을 극복했기에 하늘이 부여한 위대한 소명을 완수할 수 있었음을 명심해야 한다. 평생 무수한 실패와 좌절을 경험했기에 국가적 위기를 헤쳐 나가고 국가 번영의 토대를 마련한 최고의 대통령이 될 수 있었다. 이는 우리 일상의 삶에서도 깊이 새겨야 할 소중한 교훈이 아닐 수 없다.

6. 링컨의 유산: 위대한 평범함

에이브러햄 링컨은 미국 역사상 가장 혼란스러운 시기에 대통령직을 수행했으나, 공동체주의적이고 평등주의적인 공화당 정치철학을 가장 완벽하게 구현해낸 지도자였다. 그는 개인적으로나 도덕적으로 기회균등을 강력히 주창했으며, 더 나아가 미국의 국가체제를 수호해야 한다는 숭고한 대의명분을 제시했다. 마지막 순간까지 그는 연방의 해체를 방지하고자 헌신적으로 노력했다. 남북전쟁이 종료된 후 두 번째 임기 취임 연설에서는 미국이 다시금 하나의 공동체로 결속되어야 한다고 역설하며 "누구에게도 악의 없이, 모두에게 자비를"이라는 슬로건을 제창했다.

1877년 남부 재건사업이 완료되고 산업혁명이 가속화되면서 미국 경제는 비약적인 성장을 이루어, 20세기 초반에는 세계 최대의 경제대국으로 우뚝 서게 되었다. 이러한 국가 발전의 근본적인 원동력이 바로 링컨 대통령이었다. 연방의 유지란 50개 주가 하나의 나라로 결속된 상태를 뜻한다. 이러한 연방체제를 지속가능하게 한 핵심 요소는 링컨의 연방우선주의와 평등주의 사상이었다. 미국은 흔히 포장마차와 카우보이로 상징되는 나라이다. 포장마차가 서부 영토의 개척과 공동체 정신 전파 과정의 상징이라면, 번영하는 국가의 자유로운 시민생활과 개인주의 철학은 카우보이로 상징된다.

이러한 포장마차와 카우보이의 조화로운 공존은 링컨이 남긴 유산인 공동체주의와 개인의 자유를 존중하는 평등사상 속에서 견고하게 이어져 왔다. 링컨의 고귀한 희생으로 연방이 보전되었기에 현재 미국의 어떤 주도 감히 자신이 연방보다 우월하다고 주장하지 못한다. 경제적 관점에서 링컨의 공동체주의와 평등사상은 정부가 부유층의 소득을 세금으로 징수하여 빈곤층에게 부를 재분배해야 한다는 의미이며, 정치적 측면에서는 빈부와 인종, 성별, 신분에 관계없이 모든 시민에게 자유를 보장함으로써 국가의 주인으로서의 지위를 부여해야 한다는 이념이다. 이러한 사상이 발현되어 미국은 1900~1920년대 진보 시대를 맞이했고, 일시적 침체기를 거친 후 1960년대에는 시민권 운동이 활발히 전개되었다. 이러한 역사적 전환점마다 링컨의 유산이 재조명되어 미국 국민에게 깊은 영감을 불어넣었다.

그렇다면 21세기를 살아가는 현대의 독자들에게 링컨이 남긴 유산은 무엇일까? 그것은 바로 "평범함의 위대함"이다. 링컨은 출신 가문이나 간헐적으로 몽상 상태에 빠지곤 했던 사색가적 기질, 아내와의 가정생활, 일리노이 정계에서의 위상 등 어느 것 하나 장차 위대해질 조짐이 엿보이지 않았다. 바로 이 점에 주목해야 한다. 이토록 평범한 이력의 인물이 그렇게도 위대한 역사적 변화(전쟁 승리, 연방 유지, 노예 해방)를 이끌어냈다는 사실 말이다. 이는 무엇을 시사하는가? 평범한 사람일지라도 자신의 노력 여하에 따라 언제든지 그러한 위대한 리더십을 발휘할 수 있다는 것이다. 우리 일반 시민들에게 이는 무한한 영감을 제공하고 삶의 의욕을 높여주는 소중한 교훈이 아닐 수 없다.

끝으로, 링컨은 인품 측면에서도 그리스도를 가장 닮은 인물이었다. 데일 카네기는 링컨을 두고 "그리스도와 같은 인내심"을 지녔다고 평가했으며, 이 책에 등장하는 여러 인물 역시 링컨이 그리스도를 닮았다고 한결같이 증언했다. 타인을 이해하고 동정하는 마음, 사랑과 관용, 포용의 자세 그리고 타인을 위해 자신을 희생하려는 정신 등에서 그러하다는 것이다.

특히 링컨의 희생은 극히 중요한 의미를 지닌다. 미국은 1619년 흑인 노예를 최초로 들여온 이래 링컨 시대인 1860년까지 250년간 수많은 노예의 피를 흘려왔다. 피와 관련하여 구약성경 창세기 9장 5절에는 이런 구절이 있다. "생명이 있는 피를 흘리게 하는 자는, 내가 반드시 보복하겠다. 그것이 짐승이면, 어떤 짐승이든지, 그것에게도 보복하겠다. 사람이 같은 사람의 피를 흘리게 하면, 그에게도 보복하겠다." 또한 민수기 35장 33절에는 다음과 같은 말씀도 있다. "너희가 사는 땅을 더럽히지 말아라.

피가 땅에 떨어지면, 땅이 더러워진다. 피가 떨어진 땅은 피를 흘리게 한 그 살해자의 피가 아니고서는 깨끗하게 되지 않는다." 링컨의 희생은 말하자면 노예제에 대한 피의 속죄였다. 미국의 불행했던 과거를 청산하고 미래를 향해 나아가기 위해, 지난 250년간 흘린 피의 죗값을 자신의 피로 갚은 것이다.

뉴욕에서 거행된 링컨 추모식에서 한 조문객이 헌정한 만장(輓章)에는 다음과 같은 성경 구절이 기록되어 있었다. "너희는 잠깐 손을 멈추고, 내가 하나님인 줄 알아라." 이는 구약성경 시편 46장 10절에 나오는 말씀으로, 이어지는 구절은 다음과 같다. "내가 뭇 나라로부터 높임을 받는다. 내가 이 땅에서 높임을 받는다." 이 만장은 링컨의 죽음이 신의 뜻이니 받아들여야 한다는 의미를 담고 있다.

링컨은 1861년 2월, 대통령 취임을 위해 고향 스프링필드를 떠나며 동료 변호사 헌던에게 살아서 고향으로 돌아오지 못할 것 같다는 예감을 솔직히 토로했다. 헌던이 그것이 무슨 황당한 이야기냐고 반문하자, "그 생각은 내 철학과도 부합하는 거야"라고 답했다. 아마도 이 말은 『햄릿』의 "호레이쇼, 이 세상엔 자네 철학으로는 상상도 못 할 일이 많다네"(1막 5장)를 변용한 표현일 것이다.

링컨의 철학은 이러했다. 지상의 소임을 다하는 동안에는 하나님의 보호막이 자신을 지켜주지만(욥 1:10), 그 이후에는 모든 것이 전적으로 하나님의 뜻에 달려 있다는 것이다. 이런 관점에서 보면 하나님께서 링컨에게 그동안 수고가 많았으니 이제 남은 과업은 후배들에게 맡기고 천상에 올라와 평안히 쉬라고 명하신 것인지도 모른다. 그리하여 링컨은 비록 표면적으로는 암살자의 총탄에 맞아 생을 마감했지만, 그의 영혼은 평소 몽상 상태에서 종종 경험했던 천상의 수레를 타고 하늘 높이 승천하여 천국으로 향했으리라.

* * *

　내가 이 책을 처음 접한 것은 약 40년 전인 1980년대 중반, 출판사에 근무하던 시절이었다. 당시 링컨의 인품에 깊은 감명을 받았으며, 부인의 까다로운 성격에는 상당한 거부감을 느꼈다. 링컨 부부의 삶은 분명히 셰익스피어의 4대 비극에 견줄 만한 웅장함과 비극적 아름다움이 깃들어 있었다. 이런 인상을 받게 된 것은 데일 카네기가 두 사람의 성정과 품성을 구체적인 사건들로 생생하게 그려냈기 때문이었다. 그래서 당시 내가 소속된 출판사에서 이 책을 번역 출간하고자 했으나 여러 여건상 실현하지 못했다.

　이후 2009년, 『링컨의 우울증』을 번역하는 과정에서 링컨 관련 전기를 더 깊이 연구할 필요성을 느껴 여러 권을 집중적으로 탐독했다. 링컨의 전기는 수없이 많은 책으로 출간되었는데, 개인 비서였던 존 니콜레이, 법률사무소 동업자 윌리엄 헌던, 1950년대 링컨 학자 J. G. 랜들, 저명한 전기작가 벤저민 토머스, 옥스퍼드대 교수 케니스 훼어, 랜들의 제자 데이비드 도널드 교수 등이 저술한 책들이 널리 알려져 있다. 이 중에서도 헌던의 저서가 가장 기본적인 사료로 인정받고 있다. 이번에 데일 카네기의 링컨 전기를 번역하면서 헌던의 책을 재검토하여 많은 도움을 얻었다.

　이 기회에 40년의 세월이 흐르는 동안 링컨 부인에 대한 나의 시각도 변화했음을 고백하지 않을 수 없다. 이 책을 처음 접했을 당시 나는 결혼한 지 3년밖에 되지 않았으며, 그로 인해 부부 관계에서 아내, 나아가 여성의 역할이 무엇인지 정확히 이해하지 못했다. 자연스럽게 링컨 부인의 까다로운 행동에 분개했다.

　그러나 40년간의 결혼 생활을 경험한 후 이 책을 다시 살펴보니, 카네기의 링컨 부인에 대한 서술이 다소 앤 러틀리지에 우호적이고 메리 토드에 비판적인 방향으로 기울어진 것이 아닌가 하는 의구심이 들었다. 그럼에도 데일 카네기는 링컨 부인의 장점 역시 관련 상황과 맥락에 따라 충실하게 기록하는 것을 간과하지 않았다. 이러한 측면에서 카네기는 공정한 전기 작가라는 인상을 준다. 독자 여러분도 링컨 부인에 관한 이야기가 나올 때 그녀를 단순히 악처의 관점으로만 바라보지 말고, 장단점을 종합적으로 고려하며 읽어주길 바란다.

앞서 링컨 전기를 다수 읽었다고 언급했지만, 데일 카네기의 저서만큼 깊은 감동을 주지는 못했음도 아울러 밝혀두고자 한다. 평이한 문체로 풍부한 일화와 구체적 내용을 담아내면서도 링컨 부부의 인품과 성격을 객관적으로 묘사한 저작으로는 이 책에 필적할 만한 작품이 없다고 생각한다. 끝으로 원서에는 본문 중 소제목이 없으나 독자의 편의를 위해 역자가 임의로 추가했음을 알려드린다.

링컨 연보

1809년(탄생)
켄터키 호젠빌의 허름한 통나무집에서 아버지 토머스 링컨과 어머니 낸시 행크스 사이에서 2월 12일 태어났다. 두 살 위의 누나 사라가 있었다. 어머니는 루시 행크스의 사생아로, 그녀의 친부(링컨의 외조부)는 버지니아 지역의 귀족 농장주로 전해진다. 링컨은 자신의 뛰어난 자질이 링컨 가문이 아닌, 이 미지의 귀족 농장주로부터 유래했다고 생각했다.

1816년(7세)
아버지 토머스가 가족을 이끌고 켄터키에서 인디애나주 남부로 이주했다.

1818년(9세)
어머니 낸시가 개척지를 휩쓴 전염병인 '우유병'으로 세상을 떠났다. 링컨은 원래 우울증 기질과 멍한 몽상적인 증세가 있었는데, 모친의 죽음으로 이러한 성향이 더욱 심화되었다.
이 해에 후일 링컨의 배우자가 될 메리 토드가 켄터키주 렉싱턴에서 태어났다.

1819년(10세)
자녀들만 집에 남겨두고 일터로 나가던 아버지 토머스는 가정 관리가 제대로 이루어지지 않음을 깨닫고, 이전에 구혼했다가 거절당했던 사라 부시 존스턴과 재혼했다. 새어머니는 링컨을 각별히 아꼈으며, 그의 독서에 대한 열망을 알아보고 적극 지원했다.

1826년(17세)

누나 사라가 아론 그릭스비와 혼인했다. 링컨은 오하이오주에서 뱃사공으로 일하기 시작했다.

1828년(19세)

누나 사라가 출산 도중 사망하면서 링컨의 우울증은 한층 깊어졌다.

그는 미시시피강을 따라 뉴올리언스까지 항해하며 그곳에서 흑인 노예들의 참혹한 현실을 직접 목격했다. 이때 링컨은 이 비인간적 제도를 반드시 철폐해야겠다는 결의를 다지게 되었는데, 이 경험은 "hit it hard"(세게 쳐부숴라)로 응축된다. 이 짧은 문구는 링컨의 노예해방령과 관련하여 자주 인용되는 명언이자, 그의 생애에서 결정적인 전환점으로 기록되고 있다.

1830년(21세)

인디애나주에서 일리노이주 디케이터로 거주지를 옮겼다.

아버지 토머스와 링컨의 관계에는 긴장감이 흘렀다. 링컨이 사색적 기질로 인해 농사일에 큰 관심을 보이지 않고 오직 독서에만 몰두했기 때문이었다. 그는 책을 통해 지식을 넓히며 위인들을 흠모했고, 일찍부터 부친으로부터 독립하여 더 넓은 세계로 나아가고자 하는 포부를 품었다.

1831년(22세)

부친의 곁을 떠나 독립적인 삶을 시작했으며, 이후 아버지 곁으로 돌아가지 않았다. 일리노이주 뉴세일럼에 정착하여 덴턴 오폿 상점의 점원으로 근무했다. 이후 농장 임시직, 측량기사, 우체국장 등 다양한 생계형 직업을 전전하며 법률을 독학했고, 장래에 법조인으로 성장하겠다는 결심을 다졌다. 뉴세일럼에서 보낸 6년은 링컨의 인격이 형성되는 중요한 시기였다.

이 시기에 그는 매력적인 여인 앤 러틀리지를 만나 사랑에 빠졌으나, 앤이 장티푸스로 요절하면서 비통한 이별을 겪었다. 앤은 링컨의 가장 유명한 어록인 "malice toward none, charity for all"(누구에게도 악의 없이, 모두에게 자비를)에 영감을 준 인물로 알려져 있다. 링컨은 이 문구를 대통령 2기 취임사에서 인용했다.

1832년(23세)
인디언 진압을 위한 블랙호크 전쟁에 의용군 대장으로 참전했다. 전역 후 일리노이주 의원직에 도전했으나 낙선했다. 윌리엄 베리와 함께 잡화점을 개업했으나, 베리의 음주 문제와 업무 태만 그리고 링컨 자신의 열정 부족으로 인해 가게는 결국 파산했다. 이때 발생한 부채를 동업자 베리의 사망 후에도 타인에게 떠넘기지 않고 오랜 세월에 걸쳐 홀로 완전히 변제했다. 이는 링컨의 강직한 인품을 보여주는 대표적 일화이다.

1833년(24세)
잡화점을 정리하고 지역 우체국장으로 일하며 측량기사 자격시험에 합격했다. 당시 우체국은 별도의 사무 공간이 마련된 것이 아니라, 마을에 도착한 우편물을 우체국장이 개인적으로 보관했다가 주민들에게 전달하는 간소한 체계였다.

1834년(25세)
측량기사 업무를 수행하는 한편, 임기 2년의 주의회 의원에 당선되었다. 이후 1840년까지 연속해서 네 차례 연임에 성공했다. 이 시기부터 본격적으로 정치적 안목을 키우기 시작했다.

1836년(27세)
9월, 일리노이주 대법원으로부터 변호사 자격을 취득했다.

1837년(28세)
스프링필드로 거주지를 이전하여 (메리 토드의 혈족인) 존 스튜어트와 공동으로 법률사무소를 열었다. 조슈아 스피드의 잡화점 2층에서 그와 함께 주거 공간을 공유했다. 스피드는 그의 정신적 동반자로, 후일 링컨보다 먼저 결혼생활을 시작하여 가정의 행복을 전하며 링컨에게 혼인을 권유한 인물이다.

1841년(32세)

1월 1일, 메리 토드와의 결혼식이 예정되어 있었으나, 링컨이 예식장에 나타나지 않아 파혼되었다.

1842년(33세)

메리 토드는 파혼의 수치를 경험하고도 링컨을 혼인 의무에서 해방시켜 주면서, 그의 마음이 변한다면 다시 받아주겠다는 뜻을 비쳤다. 결국 링컨은 메리 토드와 결혼에 이르렀다. 메리는 링컨의 법률사무소 동업자 헌던에게 혹독한 배우자로 평가받았는데, 후대 역사학자들 대다수가 이 관점을 수용하고 있으나 최근에는 메리에 대한 새로운 해석을 제시하는 연구자들도 등장하고 있다.

1843년(34세)

8월 1일 장남 로버트가 탄생했다. 링컨은 네 아들을 두었으나 대부분 요절하고, 로버트만이 1926년까지 83세의 수명을 누렸다. 로버트는 철도차량 제조 재벌 풀맨가와 혼인했으며 국방장관을 역임했다.

1844년(35세)

윌리엄 헌던과 법률사무소를 공동 운영했다. 헌던은 음주 습관이 있고 몽상가적 기질과 게으른 성향을 보였으나, 링컨은 포용적 자세로 모든 단점을 수용했으며 동업 기간 내내 단 한 차례도 그를 질책하지 않았다. 헌던은 후일 링컨과 함께한 20년간의 경험을 바탕으로 링컨 전기를 집필했는데, 이는 백악관 재임 이전 링컨의 생애를 연구하는 데 가장 신뢰할 수 있는 자료로 평가받고 있다.

1846년(37세)

임기 2년의 연방 하원의원에 선출되면서 링컨의 정치적 시야가 전국적 차원으로 확장되었다. 3월 10일 차남 에드워드(에디)가 태어났다. 이 아들은 불과 4세의 나이로 스프링필드에서 세상을 떠났다.

1849년(40세)

연방 하원의원 연임에 실패한 후 일리노이주 스프링필드에서 변호사 업무에 전념했다.

1850년(41세)

12월 21일 삼남 윌리엄이 탄생했다. 이 자녀는 백악관 시절 야외 활동 중 독감에 감염되어 1862년, 열두 살의 나이로 사망했다. 당시 링컨은 북군 최고사령관으로서 남북전쟁을 지휘하고 있었는데, 전세가 불리하여 깊은 고뇌에 잠겨 있던 상황에서 아들마저 잃게 되어 정신적 시련이 가중되었다.

1851년(42세)

1월 17일, 링컨의 부친 토머스가 별세했다.

1853년(44세)

막내 아들 태드가 출생했다. 이 아들은 1871년, 열여덟 살의 나이로 세상을 떠났다.

1856년(47세)

일리노이 상원의원직을 놓고 민주당 후보 스텀블과 선거전을 벌였으나 낙선했다.

1858년(49세)

민주당의 스티븐 더글러스와 일리노이주 상원의원 자리를 두고 경합했으나 패배했다.
링컨은 더글러스와 노예제 존폐 문제를 놓고 7차례에 걸친 공개 토론을 벌여 전국적 명성을 얻었다. 당시 더글러스는 노예제의 허용 여부는 각 주(州)의 주민이 결정할 사안이라는 실용주의적 입장을 견지했으나, 링컨은 서부 신생 주에 노예제를 도입하는 것에 단호히 반대하는 원칙을 고수했다. 링컨의 이러한 소신은 일리노이주 남부 지역 유권자들의 지지를 얻는 데 불리하게 작용했지만, 정치는 원칙이 먼저라며 자신의 신념을 굽히지 않았다. 이로 인해 상원의원 선거에서는 패배했으나, 의외로 2년 후 대선에서 승리하는 토대가 되었다.
링컨은 1860년 대통령 선거 출마 가능성을 염두에 두고 더글러스와 그토록 열정적인 논쟁을 펼친 것이 아니었다. 그는 개인적 정치 성공보다 원칙의 승리를 갈망했다. 그리고 일관되게 그 원칙을 수호했기에 대통령으로 선출될 수 있었고, 그 직무를 탁월하게 수행할 수 있었다. 링컨의 정치 생애는 '사필귀정'(事必歸正, 모든 일은 반드시 올바른 길로 돌아간다)이라는 말로 요약된다.

1860년(51세)

11월 6일, 제16대 미국 대통령에 당선되었다. 1860년 대선은 공화당의 링컨, 민주당의 더글러스, 민주당에서 분리된 브레킨리지, 그리고 입헌통일당의 존 벨 등 4파전으로 전개되었다. 링컨은 북부 지역에서 압도적 지지를 획득하여 당선되었다. 선거인단 투표 결과는 링컨 180표, 브레킨리지 72표, 벨 39표, 더글러스 12표였다. 그러나 일반 유권자 투표로는 링컨이 40퍼센트에 해당하는 1,766,452표를 얻었고, 더글러스 1,375,157표, 브레킨리지 849,781표, 벨 588,879표로 집계되었다. 북부 중심의 후보가 당선되자 남부는 연방 탈퇴 의지를 더욱 굳혔다.
12월 20일, 사우스캐롤라이나주가 최초로 연방 탈퇴를 공식 선언했다.
백악관 입성 이전, 오랜 지기인 조슈아 스피드를 방문하여 그의 생활 형편을 살폈다. 필요하다면 정부 자리를 마련해주겠다는 뜻이었으나 스피드는 자신은 공직에 적합하지 않다며 정중히 사양하고 링컨의 국정 운영 성공을 기원했다.

1861년(52세)

2월 9일, 연방을 이탈한 남부 7개 주(텍사스, 루이지애나, 미시시피, 앨라배마, 조지아, 사우스캐롤라이나, 플로리다)가 남부 연합을 구성하고 제퍼슨 데이비스를 대통령으로 선출했다. 이후 접경 지역인 버지니아, 아칸소, 테네시, 노스캐롤라이나가 합류하여 남부 연합 소속 주는 총 11개로 확대되었다. 반면 노예제를 인정하는 접경 주인 메릴랜드, 델라웨어, 켄터키, 미주리는 연방(북부) 소속을 유지했다.
4월 13일, 사우스캐롤라이나주 포트섬터가 남군에 항복하면서 남북전쟁이 본격적으로 시작되었다.

7월 20일, 제1차 불런 전투에서 북군은 대패하여 퇴각했다.
11월 1일, 고령으로 건강이 악화된 윈필드 스코트를 대신하여 매클렐런이 북군 총사령관으로 임명되었다.

1862년(53세)

1월 16일, 그랜트 장군이 서부 전선의 포트 도넬슨을 함락시키는 전과를 올렸다.
4월 4일, 매클렐런이 동부 전선에서 반도 전투를 개시하여 리치먼드를 공격했으나 남군 리 장군에게 패해 철수했다.
4월 6일, 그랜트가 서부 전선 실로 전투에서 심각한 패배를 경험했다.
6월 25일, 매클렐런과 로버트 리가 버지니아주에서 7일간의 격전을 벌였고 매클렐런이 패하여 후퇴했다.
8월 29일, 남군의 스톤월 잭슨과 롱스트리트 장군이 제2차 불런 전투에서 북군 포프 장군을 압도적으로 제압했다.
9월 17일, 매클렐런이 메릴랜드로 침공한 로버트 리를 메릴랜드 앤티텀에서 맞아 간신히 승리를 쟁취했다.

1863년(54세)

1월 1일, 링컨 대통령이 노예해방령을 발표했다. 이는 노예 해방이라는 숭고한 이념을 실현하는 조치일 뿐만 아니라, 영국과 프랑스 등 유럽 강대국들이 남부 연합을 독립 국가로 승인하려는 시도를 사전에 차단하기 위한 외교적 행보이기도 했다.
2월 13일, 로버트 리가 버지니아주 프레데릭스버그에서 북군 번사이드 장군을 대파했다. 이후 번사이드는 "파이팅 조" 후커로 교체되었다.
5월 2일, 남군의 명장 스톤월 잭슨은 챈슬러스빌에서 후커를 격퇴했으나, 야간 정찰 귀환 중 아군의 오인 사격으로 부상을 입고 전사했다.
7월 1~3일, 북군은 펜실베이니아주 게티즈버그에서 로버트 리를 제압했으며, 이 전투는 남북전쟁의 중대한 전환점이 되었다. 리는 북진에 실패하고 후퇴했다.
7월 4일, 서부 전선의 그랜트 장군은 장기간의 공방 끝에 전략적 요충지 빅스버그를 함락시켰다.

11월 19일, 게티즈버그 전투 희생자 추모 묘지 봉헌식에 참석하여 "국민의, 국민에 의한, 국민을 위한 정부"라는 문구로 널리 알려진 역사적 연설을 했다.

1864년(55세)

3월 12일, 그랜트 장군이 북군 총사령관으로 임명됐다.
5월 5일, 그랜트는 버지니아주 윌더니스에서 심각한 병력 손실을 입었음에도 퇴각하지 않고 남부 연합의 수도 리치먼드를 향해 지속적으로 압박을 가했다.
5월 31일, 그랜트는 버지니아주 콜드하버에서 또다시 큰 타격을 받았다.
8월 2일, 북군의 셔먼 장군은 전략적 요충지 애틀랜타를 점령했다.
11월 8일, 링컨은 민주당 후보 조지 매클렐런을 물리치고 재선에 성공했다. 당초 링컨은 전쟁이 교착 상태에 빠져 재선 가능성이 희박할 것으로 전망되었다. 이에 공화당 급진파는 링컨 대신 전 재무장관 새먼 체이스를 대체 후보로 검토했으나 결국 링컨이 공식 후보로 확정되었다. 민주당은 포토맥군 전 총사령관 조지 매클렐런을 후보로 내세웠다. 링컨은 우유부단한 태도와 공세 회피 등을 사유로 그를 총사령관직에서 해임한 바 있었다. 매클렐런에게는 일종의 정치적 복수전이었다. 링컨의 재선이 순탄치 않을 것이라는 분석도 있었으나, 그랜트 장군이 버지니아에서 선전하고 9월 셔먼 장군이 애틀랜타를 함락시키는 승전 소식이 전해지면서 재선의 기반을 다졌다. 링컨이 전선의 군인들에게 원격 투표 권한을 부여한 정책도 압도적 승리에 기여했다. 최종 득표 결과는 링컨 2,206,938표, 매클렐런 1,803,787표였다. 선거인단 득표는 링컨 212표, 매클렐런 21표로 링컨의 압승으로 귀결되었다.
11월 15일, 셔먼 장군은 애틀랜타를 철저히 파괴한 후 대서양을 향한 진격을 개시했으며, 12월 21일 조지아주 서배너를 점령하여 이를 링컨에게 크리스마스 선물로 헌정했다.

1865년(56세)

1월 31일, 연방 의회가 수정헌법 제13조를 통과시켜 노예제를 최종적으로 폐지했다.

2월 17일, 셔먼이 사우스캐롤라이나 주도(州都) 컬럼비아를 점령했다.

3월 4일, 링컨 대통령 2기 취임식을 거행했다. "누구에게도 악의 없이, 모두에게 자비를"이라는 불후의 명언이 담긴 취임사를 낭독했다.

4월 2일, 남부 연합 정부는 리치먼드에서 탈출했으며, 그랜트 장군의 북군이 도시를 탈환했다. 링컨은 적진이었던 수도를 직접 방문하여 북군 장병들을 격려했다.

4월 9일, 로버트 리는 버지니아주 애퍼매톡스 법원에서 그랜트 장군과 회동하여 공식 항복했다.

4월 14일, 존 윌크스 부스가 포드극장에서 링컨 대통령을 저격했으며, 대통령은 이튿날 서거했다. 유해는 고향 일리노이로 이송되어 오크리지 공동묘지에 안장됐다.

1882년

여름, 링컨의 부인 메리 링컨이 심장마비로 별세했다. 향년 64세였다.

데일 카네기 내면성장론

1판 1쇄 발행 2025년 6월 2일
1판 2쇄 발행 2025년 7월 3일

지은이 데일 카네기
옮긴이 이종인
발행인 박명곤 **CEO** 박지성 **CFO** 김영은
기획편집1팀 채대광, 백환희, 이상지, 김진호
기획편집2팀 박일귀, 이은빈, 강민형, 박고은
기획편집3팀 이승미, 김윤아, 이지은
디자인팀 구경표, 유채민, 윤신혜, 임지선
마케팅팀 임우열, 김은지, 전상미, 이호, 최고은

펴낸곳 (주)현대지성
출판등록 제406-2014-000124호
전화 070-7791-2136 **팩스** 0303-3444-2136
주소 서울시 강서구 마곡중앙6로 40, 장흥빌딩 10층
홈페이지 www.hdjisung.com **이메일** support@hdjisung.com
제작처 영신사

ⓒ 현대지성 2025

※ 이 책은 저작권법에 따라 보호받는 저작물이므로 무단 전재와 복제를 금합니다.
※ 잘못 만들어진 책은 구입하신 서점에서 교환해드립니다.

"Curious and Creative people make Inspiring Contents"
현대지성은 여러분의 의견 하나하나를 소중히 받고 있습니다.
원고 투고, 오탈자 제보, 제휴 제안은 support@hdjisung.com으로 보내 주십시오.

현대지성 홈페이지

이 책을 만든 사람들
편집 채대광 **디자인** 유채민

> "인류의 지혜에서 내일의 길을 찾다"
> # 현대지성 클래식

1 **그림 형제 동화전집**
그림 형제 | 아서 래컴 그림 | 김열규 옮김 | 1,032쪽

2 **철학의 위안**
보에티우스 | 박문재 옮김 | 280쪽

3 **십팔사략**
증선지 | 소준섭 편역 | 800쪽

4 **명화와 함께 읽는 셰익스피어 20**
윌리엄 셰익스피어 | 존 에버렛 밀레이 그림
김기찬 옮김 | 428쪽

5 **북유럽 신화**
케빈 크로슬리-홀런드 | 서미석 옮김 | 416쪽

6 **플루타르코스 영웅전 전집 1**
플루타르코스 | 이성규 옮김 | 964쪽

7 **플루타르코스 영웅전 전집 2**
플루타르코스 | 이성규 옮김 | 960쪽

8 **아라비안 나이트(천일야화)**
작자 미상 | 르네 불 그림 | 윤후남 옮김 | 336쪽

9 **사마천 사기 56**
사마천 | 소준섭 편역 | 976쪽

10 **벤허**
루 월리스 | 서미석 옮김 | 816쪽

11 **안데르센 동화전집**
한스 크리스티안 안데르센 | 한스 테그너 그림
윤후남 옮김 | 1,280쪽

12 **아이반호**
월터 스콧 | 서미석 옮김 | 704쪽

13 **해밀턴의 그리스 로마 신화**
이디스 해밀턴 | 서미석 옮김 | 552쪽

14 **메디치 가문 이야기**
G. F. 영 | 이길상 옮김 | 768쪽

15 **캔터베리 이야기(완역본)**
제프리 초서 | 송병선 옮김 | 656쪽

16 **있을 수 없는 일이야**
싱클레어 루이스 | 서미석 옮김 | 488쪽

17 **로빈 후드의 모험**
하워드 파일 | 서미석 옮김 | 464쪽

18 **명상록**
마르쿠스 아우렐리우스 | 박문재 옮김 | 272쪽

19 **프로테스탄트 윤리와 자본주의 정신**
막스 베버 | 박문재 옮김 | 408쪽

20 **자유론**
존 스튜어트 밀 | 박문재 옮김 | 256쪽

21 **톨스토이 고백록**
레프 톨스토이 | 박문재 옮김 | 160쪽

22 **황금 당나귀**
루키우스 아풀레이우스 | 장 드 보쉐르 그림
송병선 옮김 | 392쪽

23 **논어**
공자 | 소준섭 옮김 | 416쪽

24 **유한계급론**
소스타인 베블런 | 이종인 옮김 | 416쪽

25 **도덕경**
노자 | 소준섭 옮김 | 280쪽

26 **진보와 빈곤**
헨리 조지 | 이종인 옮김 | 640쪽

27 **걸리버 여행기**
조너선 스위프트 | 이종인 옮김 | 416쪽

28 **소크라테스의 변명·크리톤·파이돈·향연**
플라톤 | 박문재 옮김 | 336쪽

29 **올리버 트위스트**
찰스 디킨스 | 유수아 옮김 | 616쪽

30 **아리스토텔레스 수사학**
아리스토텔레스 | 박문재 옮김 | 332쪽

31 **공리주의**
존 스튜어트 밀 | 이종인 옮김 | 216쪽

32 **이솝 우화 전집**
이솝 | 아서 래컴 그림 | 박문재 옮김 | 440쪽

33 유토피아
토머스 모어 | 박문재 옮김 | 296쪽

34 사람은 무엇으로 사는가
레프 톨스토이 | 홍대화 옮김 | 240쪽

35 아리스토텔레스 시학
아리스토텔레스 | 박문재 옮김 | 136쪽

36 자기 신뢰
랄프 왈도 에머슨 | 이종인 옮김 | 216쪽

37 프랑켄슈타인
메리 셸리 | 오수원 옮김 | 320쪽

38 군주론
마키아벨리 | 김운찬 옮김 | 256쪽

39 군중심리
귀스타브 르 봉 | 강주헌 옮김 | 296쪽

40 길가메시 서사시
앤드류 조지 편역 | 공경희 옮김 | 416쪽

41 월든·시민 불복종
헨리 데이비드 소로 | 허버트 웬델 글리슨 사진
이종인 옮김 | 536쪽

42 니코마코스 윤리학
아리스토텔레스 | 박문재 옮김 | 456쪽

43 벤저민 프랭클린 자서전
벤저민 프랭클린 | 강주헌 옮김 | 312쪽

44 모비 딕
허먼 멜빌 | 레이먼드 비숍 그림 | 이종인 옮김 | 744쪽

45 우신예찬
에라스무스 | 박문재 옮김 | 320쪽

46 사람을 얻는 지혜
발타자르 그라시안 | 김유경 옮김 | 368쪽

47 에피쿠로스 쾌락
에피쿠로스 | 박문재 옮김 | 208쪽

48 이방인
알베르 카뮈 | 윤예지 그림 | 유기환 옮김 | 208쪽

49 이반 일리치의 죽음
레프 톨스토이 | 윤우섭 옮김 | 224쪽

50 플라톤 국가
플라톤 | 박문재 옮김 | 552쪽

51 키루스의 교육
크세노폰 | 박문재 옮김 | 432쪽

52 반항인
알베르 카뮈 | 유기환 옮김 | 472쪽

53 국부론
애덤 스미스 | 이종인 옮김 | 1,120쪽

54 파우스트
요한 볼프강 폰 괴테 | 외젠 들라크루아 외 그림
안인희 옮김 | 704쪽

55 금오신화
김시습 | 한동훈 그림 | 김풍기 옮김 | 232쪽

56 지킬 박사와 하이드 씨
로버트 루이스 스티븐슨 | 에드먼드 조지프 설리번 외 그림 | 서창렬 옮김 | 272쪽

57 직업으로서의 정치·직업으로서의 학문
막스 베버 | 박문재 옮김 | 248쪽

58 아리스토텔레스 정치학
아리스토텔레스 | 박문재 옮김 | 528쪽

59 위대한 개츠비
F. 스콧 피츠제럴드 | 장명진 그림 | 이종인 옮김 | 304쪽

60 국화와 칼
루스 베네딕트 | 왕은철 옮김 | 408쪽

61 키케로 의무론
마르쿠스 툴리우스 키케로 | 박문재 옮김 | 312쪽

62 주홍글씨
너새니얼 호손 | 휴 톰슨 그림 | 이종인 옮김 | 400쪽

63 페스트
알베르 카뮈 | 유기환 옮김 | 408쪽

64 일리아스
호메로스 | 페테르 파울 루벤스 외 그림
박문재 옮김 | 848쪽

65 오디세이아
호메로스 | 페테르 파울 루벤스 외 그림
박문재 옮김 | 672쪽

66 시지프 신화
알베르 카뮈 | 유기환 옮김 | 240쪽

현대지성 클래식 살펴보기